I0815201

Édité en 2022

Takeshi MATSUMURA

LE SENTIMENT VA VITE EN VOITURE
RECUEIL DE *NUNU* BALZACIENS

Préface de Madame Hélène CARRÈRE D'ENCAUSSE,
Secrétaire perpétuel de l'Académie française

Introduction de Monsieur Michel ZINK,
de l'Académie française,
Secrétaire perpétuel honoraire de l'Académie des Inscriptions et Belles-Lettres

Académie française & Académie des Inscriptions et Belles-Lettres
Paris • 2022

PRÉFACE

Comment qualifier l'ouvrage si savant et divertissant à la fois de Takeshi Matsumura ? Voyage en Balzacie ? Vagabondage dans le monde de Balzac ? Ou mieux, « fréquentation vagabonde de *La Comédie humaine* », pour reprendre la définition que l'auteur lui-même donne de son entreprise ? Il faut constater que Takeshi Matsumura fait ici preuve de modestie. Ce qu'il traite de vagabondage est en réalité l'esquisse d'un dictionnaire de la langue de Balzac, dont rêvent tous les lecteurs de *La Comédie humaine*, projet auquel aucun des grands spécialistes de Balzac n'a osé s'attaquer, mais dont tous ont pressenti la nécessité. Marc Fumaroli a écrit que l'œuvre de Balzac se situe dans « la perspective par l'écrit d'un bonheur oral français oublié ». Les recherches de notre vagabond en Balzacie illustrent fort heureusement ce propos.

Au hasard, ou au bonheur de sa lecture des romans dont l'ensemble constitue l'immense *Comédie humaine*, Takeshi Matsumura a collecté ce que Balzac, ou plutôt l'une de ses héroïnes, Constance Birotteau, a appelé des *nunu*, ce qui veut dire des *bagatelles*, voire des *sornettes*. Ces *nunu* sont des mots, des expressions, parfois des phrases entières. Et à chaque *nunu* découvert, notre auteur de s'interroger. D'où vient ce *nunu* ? A-t-il attiré l'attention des érudits qui ont consacré leur existence à étudier le monde de Balzac, passé leur vie en Balzacie, tels Maurice Bardèche, Pierre Citron, Marcel Bouteron, Pierre-Georges Castex, Charles Brunot, Rose Fortassier pour n'en citer que quelques-uns ? Non content d'explorer à fond tous les travaux savants consacrés à Balzac, à *La Comédie humaine*, notre érudit a mobilisé l'immense communauté des lexicologues, mais aussi prospecté les études régionales et cherché, chez les écrivains contemporains de Balzac, l'écho de ses *nunu* ou leur origine. Pour constater souvent que de nombreuses inventions langagières de Balzac sont passées inaperçues ou ont été négligées par les auteurs de son temps, et par ceux qui plus tard se sont attachés à décrire et à faire comprendre le monde et la langue de Balzac.

Certes ce n'est pas un dictionnaire des *nunu* que nous livre cet amoureux de Balzac, mais un échantillon de ses découvertes. Et tous les *nunu* présentés justifient le propos de Marc Fumaroli : il s'agit bien ici d'un « bonheur oral oublié ». Tout est surprenant et séduisant de ces *nunu*, mots ou expressions que l'auteur arrache à l'oubli, confronte au savoir cumulé des dictionnaires et des savantes thèses, et pour lesquels il propose, en l'absence de références certaines, ses propres hypothèses. Ces mots qu'il identifie sont toujours plaisants au regard et aisés à énoncer. Qu'est-ce qu'un *idémiste*, terme utilisé par un pensionnaire de la maison Vauquer décrite par Balzac dans *Le Père Goriot* ? Ce mot a retenu l'attention des contemporains et plus tard des érudits, qui l'ont généralement tenu pour une invention balzacienne. Si l'on peut comprendre le sens de ce mot en isolant le radical *idem* – celui qui approuve, qui pense et dit comme les autres –, d'autres mots balzaciens sont bien plus déconcertants. Qui imagine à la lecture, qui comprend qu'un *bourguignon* est une étincelle ? Ici encore la science de l'auteur fait merveille, qui se meut aussi à l'aise dans les répertoires des régionalismes que dans les dictionnaires traditionnels. Le verbe *se ramicher* que l'on trouve dans *César Birotteau* n'est-il pas tout aussi déconcertant? Qui penserait le rattacher à *se refaire*, *se remplumer*, rétablir ses finances ? Et l'interjection *sakerlotte* utilisée par un jeune clerc normand donne lieu à une réjouissante dissertation sur des variations – *sacrelotte*, *saperlotte* – et l'auteur débat à ce propos de ce qui relève des parlers normand ou picard. Avec ce mot, c'est aussi dans les usages langagiers des provinces françaises que Takeshi Matsumura vagabonde, et il fait appel, pour en saisir les nuances, aux rédactions successives des romans de Balzac – *L'Illustre Gaudissart*, *Le Colonel Chabert* – s'interrogeant avec pertinence sur les variantes qu'y a apportées l'auteur.

Le terme *nunu* ne couvre pas seulement des mots forgés ou non par Balzac, mais aussi des expressions, voire des phrases souvent déconcertantes. Si *le nez à la Roxelane*, ou nez retroussé, qui figure dans plusieurs œuvres, notamment dans *La Rabouilleuse*, est aisé à comprendre, les recherches faites par l'auteur pour retrouver les origines de l'expression le conduisent vers la tradition orientale qui nourrit l'opéra-comique de Favart, *Les Trois sultanes*, et une nouvelle de Marmontel. Comment Matsumura est-il arrivé à des sources si difficiles à identifier ? Grâce, surtout, au *Dictionnaire des Belles-Lettres* de Boiste, lexicologue du début du XIXe siècle, que peu de lecteurs de Balzac songeraient à consulter aujourd'hui. Comment ne pas savoir gré à l'érudit japonais, si acharné à répondre à chaque question qu'il se pose, de signaler au lecteur l'existence de telles sources si précieuses et si méconnues.

D'autres expressions non moins parlantes surprennent et demandent à être expliquées : ainsi « Les femmes sont des poêles à dessus de marbre », ou encore « Les astronomes vivaient d'araignées ». La dernière sentence, qui rend compte des certitudes de César Birotteau, et que l'on retrouve chez Chateaubriand, méritait un commentaire. Pour le faire notre érudit s'est plongé dans maints dictionnaires et dans des répertoires biographiques. À le lire on aura tout appris et de la justification de cette assertion et surtout de la personnalité de l'astronome Lalande à qui on la doit. Quant à la première phrase caractérisant les femmes, qui fut qualifiée « d'horrible sentence » dans divers textes, l'auteur en a retrouvé le responsable, le philosophe Charles-Louis Lemesle, guère connu des lecteurs. Encore une découverte !

Lorsque notre érudit lit la phrase « Ne fais pas le prince si tu n'as pas appris à l'être », il est convaincu d'en trouver de nombreuses occurrences, mais il entend la rattacher à Solon. Sa recherche nous montre combien Balzac était familier des philosophes de son siècle, et particulièrement Holbach. Mais en définitive, l'auteur de *La Comédie humaine* ne serait-il pas lui-même l'auteur de la phrase qu'il a prêtée à Solon ? L'inventivité langagière de Balzac, si parfaitement démontée, démontrée et analysée par l'auteur de ce livre, le suggère. Elle paraît, à le lire, ne pas connaître de limites.

On n'en finirait pas de donner des exemples de ces créations de langage, dont Balzac est si fécond et qui sont le sujet de ce livre. Mais il faut aussi en venir à la méthode de Takeshi Matsumura. Il a non seulement pris pour domaine d'étude toute *La Comédie humaine*, mais aussi pris soin de regarder les diverses rédactions de chaque roman, y traquant les différences, voire les moindres nuances, s'interrogeant sur les raisons de chacune d'entre elles et sur les intentions de Balzac. Il a aussi cherché pour chaque mot ou expression qui s'était imposé à son attention, ce qu'en disaient, ou non, les spécialistes de Balzac et constaté que nombre de ses interrogations ou découvertes avaient été ignorées des plus illustres *balzacologues*. À cet égard, sa contribution à la connaissance de la langue de Balzac est inestimable, elle ouvre un champ d'exploration infini.

Confronté à cette traque d'un vocabulaire inconnu, au recours constant aux dictionnaires et études de haut niveau, le lecteur ne serait-il pas tenté de conclure qu'il s'agit d'un ouvrage savant et fort aride ? Il n'en est rien. Ce qui est au contraire remarquable de ce livre, c'est qu'en dépit de cet immense travail d'érudition, Takeshi Matsumura offre à son lecteur ce qu'il revendique pour lui-même, un vagabondage joyeux dans une œuvre qui reste mystérieuse et dont il souligne à chaque moment, grâce à la présentation de ses *nunu*, la diversité, la saveur, le bonheur de la découverte. Et avant tout le constat qu'au-delà de l'écrit, Balzac use d'une langue parlée, vivante, savoureuse, presque charnelle. Ces *nunu* vont éveiller la curiosité du lecteur, qui attendra désormais de Takeshi Matsumura qu'il lui raconte toujours davantage Balzac, comme une belle histoire qui fait rêver.

Hélène CARRÈRE D'ENCAUSSE,
Secrétaire perpétuel de l'Académie française

INTRODUCTION

Ce livre est à tous égards hors du commun. Il l'est d'abord parce que c'est le premier ouvrage né d'une collaboration entre l'Académie française et l'Académie des Inscriptions et Belles-Lettres. Une collaboration justifiée : l'auteur, M. Takeshi Matsumura, est correspondant étranger de l'Académie des Inscriptions et Belles-Lettres et a été en 2016 lauréat du Grand Prix de la Francophonie de l'Académie française. Mais ce qui rend le livre vraiment extraordinaire tient à la personnalité et au travail de M. Matsumura lui-même.

Le lecteur sera peut-être surpris de découvrir, sous un titre léger, un ouvrage aussi savant. « Le sentiment va vite en voiture » ? Nul n'en doute, mais est-ce bien raisonnable ? Des « nunu » ? Voilà qui sent la nursery. Mais s'attend-il à voir ce sentiment-là et ces nunu-là être l'objet d'une érudition proprement vertigineuse ? Qu'il se rassure. Cette érudition est amusante. Il objecte que cela ne le rassure nullement et que l'érudition amusante est la plus redoutable ? Qu'il voie plutôt M. Matsumura comparer minutieusement tous les états et toutes les éditions d'un même texte, consulter tous les dictionnaires, même les plus oubliés, débusquer le mot ou l'expression surprenants que les balzaciens paresseux ont prétendu inventés par Balzac et que les balzaciens consciencieux n'ont repérés avant lui que dans une occurrence intermédiaire, sans remonter à sa première attestation ! Je lui garantis qu'il suivra l'enquête avec passion, fasciné comme on peut l'être par un jongleur qui jongle avec dix objets à la fois ou par un prestidigitateur qui tire un lapin de son chapeau et un mouchoir du vôtre. Loin de moi l'idée de comparer notre savant lexicographe à un phénomène de foire. Mais le plaisir est du même ordre.

Facile ! dira notre lecteur difficile. L'auteur repère des mots et des expressions vieillis ou obscurs ? C'est bien le moins qu'il sache le français ! Oui, mais M. Matsumura est japonais. Ces mots et ces expressions, il les élucide, il en fait l'histoire, il en nuance le sens, il en montre l'évolution, il en résout les difficultés ou les ambiguïtés en en dénichant les occurrences les plus improbables chez les auteurs les plus oubliés ou dans les pages méconnues des auteurs connus ? Fort bien, mais c'est son métier ! N'est-il pas lexicographe ? Oui, M. Matsumura est lexicographe, mais c'est un médiéviste. Le domaine d'étude qui l'a fait connaître est l'ancien français (des origines de la langue à la fin du XIIIe s.) et le moyen français (du XIVe au XVIe s.). Qui s'attendait à ce qu'il montrât leur béjaune aux spécialistes de Balzac ?

Je sens qu'il me faut dire deux mots de M. Takeshi Matsumura. L'œuvre de ce professeur de français à l'université de Tokyo est si remarquable que depuis quelques années les honneurs pleuvent sur lui comme une averse de printemps sur les cerisiers en fleurs. C'est l'Académie française qui a commencé avec l'attribution à M. Matsumura du Grand Prix de la Francophonie, à la suite duquel la France l'a fait Officier dans l'ordre des Palmes académiques. En 2018, il a reçu le Prix de l'Académie du Japon, récompense rare et glorieuse. Mais elle a été presque éclipsée par le Prix impérial qui lui a été décerné la même année. Le Prix impérial est au Japon une distinction extraordinairement prestigieuse. Tous les média s'en font l'écho. Sur toutes les chaînes de télévision, on voyait M. Matsumura, en jaquette, recevoir son prix des mains de Sa Majesté l'Empereur (c'était encore l'empereur Akihito, aujourd'hui émérite) avant de déjeuner avec S. M. l'Empereur et sa famille. En 2019 M. Matsumura a été élu correspondant de l'Académie des Inscriptions et Belles-Lettres, qui lui avait décerné un de ses prix dès 2000.

Je reprends l'histoire à ses débuts. Il y a une quarantaine d'années, j'étais professeur à l'université de Toulouse. En 1983-1984, j'ai dirigé ce qu'on appelait alors le mémoire de maîtrise, aujourd'hui master 2, d'un jeune étudiant japonais, nommé Takeshi Matsumura. Je pouvais deviner que c'était un excellent étudiant, car il arrivait à Toulouse comme boursier de la très sélective Fondation Rotary, après avoir bénéficié dès l'âge de vingt ans, en 1980-1981, d'une bourse d'études du Ministère français des Affaires étrangères qui lui avait permis d'étudier à l'université de Paris-Sorbonne (Paris IV). Ces bourses sont, on ne s'en étonnera pas, attribuées au compte-gouttes. En 1986, M. Matsumura devait pourtant, non seulement en obtenir une autre, mais être classé premier de tous les candidats, ce qui lui a permis de passer trois ans à l'École normale supérieure de la rue d'Ulm.

J'en reviens à sa maîtrise toulousaine. Il avait, l'année précédente, présenté à l'université de Tokyo un mémoire sur le *Roman de la Rose*, le grand poème allégorique du XIIIe siècle de Guillaume de Lorris et Jean de Meun. Ce mémoire, qu'il m'avait donné à lire, était d'une qualité exceptionnelle, s'agissant d'un étudiant si jeune et d'une œuvre aussi énorme et complexe. Pour son mémoire de maîtrise, je lui ai proposé comme sujet : « Les interventions du narrateur et la présence du poète dans le roman français du XIIIe siècle. » Le résultat a été largement à la hauteur de mes attentes, alors que ce sujet, en relation avec mes propres travaux de l'époque, était beaucoup trop vaste. Comme celui sur le *Roman de la Rose*, ce mémoire révélait, non seulement une connaissance parfaite du français ancien et moderne, non seulement une puissance de travail et une clarté d'esprit exceptionnelles, mais aussi une très grande finesse littéraire.

Pourtant, de retour au Japon, après un troisième mémoire, celui-là sur les vies de saints en ancien français, et après avoir été très vite nommé assistant à l'université de Tokyo, M. Matsumura a vite préféré aux travaux purement littéraires des recherches philologiques plus rigoureuses, qui satisfont mieux son exigence de précision. La thèse qu'il a entreprise alors sous la direction de Daniel Poirion puis de Claude Thomasset et qu'il a très brillamment soutenue en 1997 à l'université de Paris-Sorbonne, comprenait à la fois l'édition et, pour me faire plaisir, l'étude littéraire d'une chanson de geste du XVe siècle, *Jourdain de Blaye*, version en alexandrins de près de 25 000 vers, jusqu'alors inédite, d'une chanson de la fin du XIIe ou du début du XIIIe siècle, comptant à peine plus de 4 000 décasyllabes. L'édition de *Jourdain de Blaye en alexandrins* a paru en 1999 dans la prestigieuse collection des Textes littéraires français de Droz en deux gros volumes, 1 162 pages en tout. Elle a reçu en 2000 le Prix Lantier de l'Académie des Inscriptions et Belles-Lettres.

À cette époque, Takeshi Matsumura était déjà un lexicographe confirmé de l'ancien et du moyen français. Il est rapidement devenu un maître dans ce domaine. Ses apports, ses découvertes, ses mises au point, ses rectifications ne se comptent plus. On les trouve dans ses nombreux articles, mais aussi dans ses longs et minutieux comptes rendus de la *Revue de Linguistique romane*, qui apportent toujours à l'ouvrage recensé des corrections fondées et ajoutent presque toujours des informations inédites et sûres.

En 2008, désespérant, après plusieurs expériences malheureuses, de trouver un savant français disposé à réaliser un dictionnaire de l'ancien et du moyen français à la fois original, sûr, suffisamment maniable sans être un glossaire rudimentaire, type d'ouvrage qui manquait à l'époque, je me suis tourné vers M. Matsumura, entre-temps devenu professeur à l'université de Tokyo. En cinq ans, délai incroyablement rapide pour un tel ouvrage, il a mené à terme un *Dictionnaire du français médiéval* de 56 000 entrées et 3 500 pages de grand format. Il ne s'agit pas d'une compilation des dictionnaires antérieurs, mais d'un ouvrage réfléchi et neuf, nourri d'exemples originaux, corrigeant de nombreuses erreurs commises par ses prédécesseurs, apportant de nouvelles datations. C'est ce dictionnaire, publié aux Belles Lettres en 2015, qui a attiré sur son auteur l'attention de l'Académie française. Il est devenu immédiatement un classique. Malgré un prix, certes raisonnable pour un tel volume, mais en soi non négligeable, il ne cesse depuis d'être réimprimé. J'ajoute que, si la couverture de l'ouvrage me désigne comme son directeur, cette mention est due uniquement à la reconnaissance et à l'élégance de M. Matsumura. Je ne l'ai aidé en rien. J'en aurais été bien incapable.

Mais entre temps, Takeshi Matsumura a élargi son champ de recherches à la lexicographie du français moderne et contemporain. Il a l'art de repérer le mot ou l'expression rares, l'emploi marginal ou décalé au regard de l'usage, le recours à des parlers régionaux ou populaires. Comme ses lectures sont immenses, il se livre à cet exercice chez les auteurs les plus variés : Racine, La Fontaine, Proust, Verlaine, Mallarmé, Valery Larbaud, Romain Rolland, Brasillach, Philippe Soupault, Émile Guillaumin, Henri Pourrat, qu'il me semble lui avoir fait découvrir, Henri Bachelin.

Le livre qui paraît aujourd'hui n'est donc pas une fantaisie isolée dans le parcours d'un médiéviste. M. Matsumura en avait plusieurs à proposer, portant sur la littérature française du XVIIe au XXIe siècle. Celui sur Balzac avait l'avantage de l'unité. Il y avait une autre raison de le privilégier. La Bibliothèque de l'Institut de France détient le prodigieux fonds Spoelberch de Lovenjoul, où figurent 90 % des manuscrits de Balzac. Grâce à la générosité de M. Xavier Darcos, de l'Académie française, chancelier de l'Institut, et à celle de Mme Françoise Bérard, alors directrice de la Bibliothèque de l'Institut, la plupart des chapitres sont accompagnés du fac-similé d'une page de Balzac qui est en rapport avec leur contenu. Voilà qui rend plus attrayants encore ces savants « nunu ».

Michel ZINK, de l'Académie française,
Secrétaire perpétuel honoraire de l'Académie des Inscriptions et Belles-Lettres

AVANT-PROPOS

Dans son article « Apologie pour Madame Hanska », Marcel Bouteron écrivait en 1924 : « [...] nous qui lisons Balzac à travers nos idées actuelles, [nous] interprétons peut-être à contresens un auteur dont nous sommes séparés aujourd'hui par près d'un siècle »[1]. Presque un siècle après cette mise en garde du *prince des balzacistes*[2], il n'y a donc rien d'étonnant à ce que nous qui lisons ou lisottons les œuvres balzaciennes rencontrions souvent des mots ou des expressions difficiles et des allusions ou des citations peu limpides. Heureusement, depuis le début de l'essor des études méthodiques[3], les spécialistes ont proposé des explications, qui remplissent maintenant l'apparat critique des éditions de qualité. Nous bénéficions tous des efforts de nos prédécesseurs. Une fréquentation vagabonde de *La Comédie humaine* m'a cependant conduit parfois à me demander si tel ou tel commentaire transmis par plusieurs générations d'érudits n'aurait pas besoin d'être vérifié et si les annotateurs n'auraient pas passé sous silence une question qui méritait d'être posée. Serais-je trop naïf et présomptueux ? Sans doute. Mais malgré une accumulation impressionnante de publications, Roger Pierrot ne disait-il pas en 1999 que « beaucoup de travail reste à faire »[4] ? Son constat ne serait-il pas valable encore ?

Le présent recueil est une partie de ce que j'ai glané en essayant de mieux comprendre le travail du romancier, son vocabulaire et sa culture littéraire. Ce que j'avance est naturellement des hypothèses ponctuelles, qu'il faudra remettre en cause et rejeter sans doute, puisque « Tous les

1. Marcel Bouteron, « Apologie pour Madame Hanska », *Revue des Deux Mondes*, 1924, p. 829.

2. Selon l'expression de Hugues Delorme, « Marcel Arnac », *Paris-Soir*, le 4 août 1924, p. 1.

3. Adjectif que dans sa lettre à Lamulle et Poisson du 2 décembre 1898, Charles de Spoelberch de Lovenjoul s'applique à lui-même, voir Catherine Faivre d'Arcier, *Lovenjoul (1836-1907). Une vie, une collection*, Paris, Kimé, 2007, p. 86 : « je suis l'homme le plus régulier, le plus *méthodique* en tout [...]. »

4. Roger Pierrot, « Les éditions de Balzac depuis 1950 », *AB*, 1999 (I), p. 426.

discours sont des sottises, Partant d'un Homme sans éclat »[5]. Cependant, Madame de Mortsauf n'écrivait-elle pas à son ami (sans penser aux études littéraires et lexicographiques, il est vrai) : « allez toujours au fait, marchez résolument à la question, et ne vous battez jamais que sur un point, avec toutes vos forces »[6] ? Si ces *nunu* (cf. l'avant-dernier chapitre) pouvaient amuser ou intéresser certains des lecteurs qui ne veulent pas être *idémistes* (cf. le premier chapitre), j'en serais ravi.

Toute ma reconnaissance va d'une part à l'Académie française et de l'autre à l'Académie des Inscriptions et Belles-Lettres et à son secrétaire perpétuel Monsieur Nicolas Grimal, qui ont accepté de publier le présent livre. Je ne saurais comment remercier Madame Hélène Carrère d'Encausse et Monsieur Michel Zink d'avoir bien voulu le préfacer et l'introduire, la Bibliothèque de l'Institut de France et ses directrices successives, Mesdames Françoise Bérard et Sabrina Castandet-Le Bris, qui m'ont autorisé à reproduire de précieux documents de la Collection Spoelberch de Lovenjoul, ainsi que Madame Marion Stanislas et Messieurs Hervé Danesi et Matthieu Guyot pour toute leur aide à la préparation.

Takeshi MATSUMURA

5. Molière, *Amphitryon*, Acte II, scène I, vers 839-840, dans *Id.*, *Œuvres complètes*, éd. dirigée par Georges Forestier avec Claude Bourqui, t. I, Paris, Gallimard (*Pl*), 2010, p. 885.
6. *Le Lys dans la vallée*, éd. par Jean-Hervé Donnard, *CH*, t. IX, p. 1092.

ABRÉVIATIONS

AB = *L'Année balzacienne.*

BHVF = *Base historique du vocabulaire français*, consultable sur : http://www.cnrtl.fr/ definition/bhvf/.

BO = *Œuvres complètes illustrées de Balzac*, dirigées par Jean A. Ducourneau, Paris, Les Bibliophiles de l'originale, 1965-1976, 30 vol.

CFL = *L'Œuvre de Balzac, publiée dans un ordre nouveau* sous la direction d'Albert Béguin et de Jean A. Ducourneau, Paris, Formes et reflets, 1950-1963, 16 vol. ; réimpression, Paris, Le Club français du livre, 1965, 16 vol.

CH = Balzac, *La Comédie humaine*, Édition publiée sous la direction de Pierre-Georges Castex, Paris, Gallimard (Bibliothèque de la Pléiade), 1976-1981, 12 vol.[1].

CHH = *Œuvres complètes de Balzac*, Édition nouvelle établie par la Société des Études Balzaciennes, Paris, Club de l'Honnête homme, 1955-1963, 28 vol. ; nouvelle édition, 1968-1971, 24 vol.

Conard = *Œuvres complètes de Honoré de Balzac*, Texte révisé et annoté par Marcel Bouteron et Henri Longnon, Paris, Louis Conard, 1912-1940, 40 vol.

Corr. = Balzac, *Correspondance*, Édition établie, présentée et annotée par Roger Pierrot et Hervé Yon, Paris, Gallimard (Bibliothèque de la Pléiade), 2006-2017, 3 vol.

éd. = édité ; édition.

FEW = Walther von Wartburg éd., *Französisches Etymologisches Wörterbuch*, Bâle, etc., Zbinden, etc., 1922-2002, 25 vol.

GrLarousse = Louis Guilbert, Robert Lagane et Georges Niobey éd., *Grand Larousse de la langue française en sept volumes*, Paris, Larousse, 1971-1978, 7 vol.

1. Pour chaque volume, j'utilise son retirage récent afin de tenir compte des corrections introduites au cours des réimpressions (sur ce point, voir *Corr.*, t. I, p. LXVI) : t. I, mai 2013 ; t. II, février 2012 ; t. III, octobre 2015 ; t. IV, juin 2014 ; t. V, août 2011 ; t. VI, février 2013 ; t. VII, novembre 2017 ; t. VIII, novembre 2017 ; t. IX, novembre 2016 ; t. X, juin 2008 ; t. XI, août 2016 ; t. XII, février 2007.

GrRobert = *Grand Robert de la langue française*, Deuxième édition dirigée par Alain Rey du *Dictionnaire alphabétique et analogique de la langue française* de Paul Robert, Paris, Le Robert, 2001, 6 vol.

Intégrale = Balzac, *La Comédie humaine*, Préface de Pierre-Georges Castex, Présentation et notes de Pierre Citron, Paris, Seuil (L'Intégrale), 1965-1966, 7 vol.

LH = Balzac, *Lettres à Madame Hanska*, Édition établie par Roger Pierrot, Paris, Robert Laffont (Bouquins), 1990, 2 vol.

Littré = Émile Littré, *Dictionnaire de la langue française*, Paris, Hachette, 1873, 4 vol.

OD = Balzac, *Œuvres diverses*, Édition publiée sous la direction de Pierre-Georges Castex, Paris, Gallimard (Bibliothèque de la Pléiade), 1990-1996, 2 vol. parus.

Pl = Bibliothèque de la Pléiade.

Quarto = Balzac, *Nouvelles et contes*, Édition établie, présentée et annotée par Isabelle Tournier, Paris, Gallimard (Quarto), 2005-2006, 2 vol.

TLF = Paul Imbs éd., *Trésor de la langue française*, Paris, CNRS et Gallimard, 1971-1994, 16 vol.

N. B. Dans les citations, sauf indication contraire c'est moi qui souligne ou mets en italique.

1.
POIRET L'IDÉMISTE

On dit souvent que Balzac est néologue[1] et les éditeurs de ses romans ne manquent pas de faire remarquer en note qu'il a forgé tel ou tel terme. Il est vrai que les mots qu'il a créés sont assez nombreux, mais il ne serait pas inutile de savoir que toutes les créations que l'on lui prête ne méritent pas cette qualification. Il y a des cas où une étude attentive ou même un coup d'œil rapide sur de bons instruments de travail nous permettent de retrouver leur histoire inattendue et partant de mieux apprécier le style de notre auteur. Dans le présent chapitre, je vais examiner le mot *idémiste*, qui passe pour un néologisme balzacien.

Le substantif masculin *idémiste* au sens de « celui qui est toujours de l'avis des autres » se lit dans *Le Père Goriot*, roman qui a paru dans la *Revue de Paris* des 14 et 28 décembre 1834 et du 25 janvier et du 11 février 1835 avant d'être publié en deux volumes chez Werdet en mars 1835. Le mot apparaît dans la description d'une discussion qui se tient dans la Maison Vauquer, au moment où Eugène de Rastignac vient d'y rentrer, à dix heures du matin, au milieu des pensionnaires à table pour déjeuner. Pour bien comprendre le terme qui nous intéresse, citons le contexte d'après l'édition fondée sur le « Furne corrigé »[2] que Rose Fortassier a procurée pour la Pléiade ; à titre de curiosité[3] je donne en note les variantes de la *Revue de Paris*[4] :

1. Voir les matériaux qu'Henri Bachelin a réunis pour *Témoignages et jugements sur Balzac. Essai bibliographique, recueil de jugements* de Marc Blanchard, Paris, Champion, 1931, p. 286-294, et, plus près de nous, José-Luis Diaz, « Mots nouveaux, mots à la mode : Balzac théoricien et praticien du néologisme », *in* Éric Bordas éd., *Balzac et la langue*, Paris, Kimé, 2019, p. 105-136.

2. Nom qui désigne l'édition Furne de *La Comédie humaine*, parue en dix-sept volumes de 1842 à 1848, et corrigée à la main par l'auteur.

3. Car le relevé des variantes n'est pas complet dans les éditions de référence.

4. Voir *Revue de Paris*, Nouvelle série, t. XII, 1834, p. 112, que je désigne par *RP*.

Mlle[5] Taillefer coula timidement un regard sur le jeune étudiant.
« Dites-nous votre aventure, demanda Mme[6] Vauquer.
– Hier j'étais au bal chez Mme[7] la vicomtesse de Beauséant, une cousine[8] à moi, qui possède une maison magnifique, des appartements habillés de soie, enfin qui nous a donné[9] une fête superbe, où[10] je me suis amusé comme un roi...
– Telet, dit Vautrin en interrompant net[11].
– Monsieur, reprit[12] vivement Eugène, que voulez-vous dire ?
– Je dis *telet*, parce que les roitelets s'amusent beaucoup plus que les rois[13].
– C'est vrai : j'aimerais[14] mieux être ce petit oiseau sans souci que roi, parce que... fit Poiret l'*idémiste*[15].
– Enfin, reprit l'étudiant en lui coupant la parole, je danse avec une des plus belles femmes du bal, une comtesse ravissante, la plus délicieuse créature que j'aie jamais vue[16].

Comme on peut le constater, la ponctuation du texte définitif n'est pas identique à celle de la préoriginale, et dans celle-ci le mot qui nous occupe est imprimé « idemiste » sans accent et en romain et non pas « *idémiste* » avec accent et en italique comme dans le Furne corrigé ; ces détails, jugés sans doute futiles, ne sont pas relevés dans l'apparat critique de la Pléiade ni dans les autres éditions consultées[17]. L'absence de l'accent aigu provient-elle de la leçon de l'auteur ? Ou bien est-elle due à une mauvaise lecture du typographe ? Le problème n'est peut-être pas tout à fait dépourvu de sens, ainsi qu'on le verra plus loin.

5. « Mademoiselle », dans *RP*. Le choix de l'édition de la Pléiade qui abrège les titres de civilité (voir Pierre-Georges Castex, « Avertissement », *CH*, t. I, p. CXXI) néglige les instructions « Les mots monsieur madame ou mademoiselle ne se mettent jamais en abrégé, mais en entier », que le romancier a inscrites à la main sur la page de garde du début du Furne corrigé (voir *BO*, t. I, p. 3, où « abrégés mais » semble être à lire « abrégé, mais »), comme le rappelle Anne-Marie Meininger, voir son édition de *Modeste Mignon*, Paris, Gallimard (Folio classique), 1982, p. 342.

6. « madame », dans *RP*.

7. « madame », *ibid.*

8. « Beauséant, une des femmes les plus à la mode de Paris, une cousine », *ibid.*

9. « qui nous a donné » *manque à RP*.

10. « superbe où », dans *RP.*

11. « l'interrompant net », *ibid.*

12. « Monsieur ! reprit », *ibid.*

13. « rois ! », *ibid.*

14. « C'est vrai, j'aimerais », *ibid.*

15. « l'idemiste », *ibid.*

16. *Le Père Goriot*, éd. par Rose Fortassier, *CH*, t. III, p. 85-86 ; c'est l'auteur qui souligne.

17. Dont je parlerai dans un instant.

Le mot *idémiste* du *Père Goriot* a été considéré comme un néologisme de Balzac au moins dès 1869. En effet, *La Pensée nouvelle* du 3 janvier 1869 contient l'article « La Personne humaine » d'André Lefèvre, qui commence comme suit :

> [...] tant et si bien que le public *idémiste* (un mot de Balzac ; La Fontaine eût dit *singe du maître*[18]) s'y laisse prendre et va répétant : Ces matérialistes sont vraiment absurdes ; ils prétendent partir du fait et ils nient l'évidence[19] !

Cette affirmation de 1869 n'est pas restée sans écho. Car on lit la même indication en 1877 dans la thèse *De la création actuelle de mots nouveaux dans la langue française et des lois qui la régissent* d'Arsène Darmesteter[20] et dans celle de Leo Spitzer[21] en 1910. Par la suite, le mot a fait l'objet de commentaires dans plusieurs éditions du *Père Goriot*. Alors que Marcel Bouteron et Henri Longnon[22] et Maurice Bardèche[23] ne l'ont pas annoté, en 1960 Pierre-Georges Castex a certifié, en se fondant peut-être sur *La Langue de Balzac* de Charles Bruneau[24] : « Balzac fabrique le mot »[25]. Ses successeurs lui ont été tous fidèles[26].

L'unanimité de ces éditeurs, auxquels l'on pourrait ajouter d'autres linguistes ou érudits[27], signifie-t-elle que le caractère néologique du mot ne fait aucun doute et qu'il est établi après un examen lexicographique approfondi ?

18. Voir la fable *Les Obsèques de la Lionne*, vers 21 : « Peuple caméléon, peuple singe du maître », dans La Fontaine, *Œuvres Complètes*, éd. par Jean-Pierre Collinet, t. I, Paris, Gallimard (*Pl*), 1991, p. 315.

19. *La Pensée nouvelle*, 1868-1869, numéro du 3 janvier 1869, p. 258 ; c'est l'auteur qui souligne.

20. Paris, Vieweg, 1877, p. 212.

21. Leo Spitzer, *Die Wortbildung als stilistisches Mittel exemplifiziert an Rabelais. Nebst einem Anhang über die Wortbildung bei Balzac in seinen Contes drolatiques*, Halle, Niemeyer, 1910, p. 141.

22. Conard, *Études de mœurs : scènes de la vie privée*, t. VI, p. 265.

23. *CHH*, t. IV, p. 68.

24. Paris, Centre de documentation universitaire, 1954, p. 77, où il l'a rangé dans la catégorie des « néologismes plaisants ».

25. *Le Père Goriot*, éd. par Pierre-Georges Castex, Paris, Garnier, 1960 ; 1986, p. 56.

26. Sauf Philippe Berthier qui ne se prononce pas dans son édition du *Père Goriot*, Flammarion, 1995 ; 2006, GF Flammarion, p. 322, voir *Intégrale*, t. II, p. 231 ; *BO*, t. IX, p. 23 ; éd. par Thierry Bodin, Paris, Gallimard, 1971, Folio classique, p. 420 ; *CH*, t. III, p. 1245 ; éd. par Stéphane Vachon, Paris, Librairie Générale Française, 1995 ; 2018, Le Livre de poche, Classiques, p. 147.

27. Voir par exemple Éric Bordas, *Balzac, discours et détours. Pour une stylistique de l'énonciation romanesque*, Toulouse, Presses universitaires du Mirail, 1997, p. 182 ; Ion Manoli, « Balzac et son vocabulaire néologique », *Intertext* 1/2, 2017, p. 98-99.

Ne serait-il pas un peu curieux que, sauf Jean-François Sablayrolles[28] qui renvoie à Littré, personne n'évoque d'instruments de travail pour étayer sa déclaration ? Il est vrai que le *TLF*, la *BHVF*, le *GrLarousse* et le *GrRobert* ignorent *idémiste* et que *Frantext* ne connaît que l'occurrence du *Père Goriot*. Mais si l'on se reporte au *Französisches Etymologisches Wörterbuch* (*FEW*), son article *idem* (t. IV, p. 537b[29]) enregistre comme dérivés de l'expression *dire ad idem* deux emplois, dignes d'attirer notre attention :

> *docteur idémiste* « celui qui, dans les assemblées, se contente de dire *idem*, sans apporter de raison » ('t. d'hist.' Trév 1704 – 1866),
>
> *idémiste* m. « celui qui, dans les votes, est toujours de l'avis des autres, sans rien motiver » ('familier et peu usité' Flick 1802 – Besch 1858).

Cette indication, très condensée comme dans tous les articles du *FEW*, nous apprend que le syntagme *docteur idémiste*, considéré comme « terme d'histoire », est attesté entre deux dates : la première attestation désignée par « Trév 1704 » renvoie au *Dictionnaire universel françois et latin* de Trévoux[30] paru en 1704, tandis que la dernière date, « 1866 », peu limpide, semble désigner le *Grand Dictionnaire Universel du XIXe siècle* de Pierre Larousse[31], dont la publication a commencé en 1866, à moins qu'il ne s'agisse d'une coquille pour « 1867, Littré[32] ». En second lieu, Wartburg recueille le substantif masculin *idémiste* en lui donnant les fourchettes chronologiques de 1802 à 1858. « Flick 1802 » est une abréviation pour le *Nouveau dictionnaire françois-allemand et allemand-françois* publié chez S. Flick[33] en 1802 et « Besch 1858 » se réfère à la septième édition du *Dictionnaire national ou grand dictionnaire classique de la langue française* de Bescherelle aîné[34] paru en 1858. Si ces renseignements sont exacts, en 1834 Balzac n'a donc pas forgé le terme *idémiste*, puisque celui-ci existe en tant qu'adjectif au moins depuis le début du XVIIIe siècle et que son emploi substantivé a trente ans d'existence à l'époque du *Père Goriot*.

Naturellement, pour savoir si Wartburg n'a pas imprimé de fausses références et si ses données sont complètes, il convient de vérifier ses

28. Jean-François Sablayrolles, *La néologie en français contemporain. Examen du concept et analyse de productions néologiques récentes*, Paris, Champion, 2000, p. 377 et 438, mais il s'arrête au renvoi à Littré.

29. Article paru dans le fascicule de 1951.

30. Trévoux, Ganeau, 1704, 3 vol.

31. Paris, Administration du Grand Dictionnaire Universel, 1866-1876, 15 vol. ; j'y reviens dans un instant.

32. Voir plus bas, sur sa tranche *i-mandat* parue en 1867.

33. Bâle, S. Flick, 1802, 2 vol.

34. Paris, Garnier, 1858.

sources tout en y ajoutant éventuellement d'autres occurrences qui lui auraient échappé.

En fait, contrairement à ce que dit le *FEW*, la première apparition du mot *idémiste* paraît être dans son emploi substantivé. D'après ma petite recherche, elle figure dans la Sixième lettre du jésuite Jacques-Philippe Lallemant, publiée en 1701 dans son *Journal historique des assemblées, tenues en Sorbonne, pour condamner les Memoires de la Chine, &c*[35]. Voici le passage qui, tout en donnant le substantif, mentionne son étymologie :

> Voici, dit en cet endroit un de mes Mémoires, une bande d'*Idemistes*, & il nomme Monsieur Vivant Vicegerant, Monsieur Courcier le Cadet, Monsieur Hennequin, Monsieur Herlau, Monsieur Jollain Curé de S. Hilaire, Monsieur Darnaudin, Monsieur Sarrazin, Monsieur Brunet, c'est-à-dire que ces huit Docteurs dirent sans grand discours leur *Idem cum Deputatis*[36].

Si l'auteur a souligné le mot *idemiste* en l'expliquant par son étymologie, c'est sans doute parce qu'il était conscient de son caractère insolite. Est-il son créateur ? Il est difficile de l'affirmer, mais il n'est pas impossible que ce terme péjoratif qu'il appliquait aux docteurs qui participaient sans trop de contribution aux discussions théologiques à la Sorbonne fasse partie de l'argot de son milieu. Cette attestation, due à un jésuite, aurait sans doute inspiré trois ans plus tard les auteurs, jésuites eux aussi, du *Dictionnaire universel françois et latin* de Trévoux lorsqu'ils ont enregistré pour la première fois dans l'histoire du français le syntagme *docteur idemiste* dans leur article *idem*. Citons ce dernier pour voir comment ils définissent l'expression :

> IDEM. adv. Terme Latin dont on se sert au Palais, quand on veut donner le même jugement, la même réponse, la même taxe sur un article, qu'on a fait sur le précédent. On a appellé Docteurs *Idemistes*, ceux qui dans les assemblées se contentoient d'opiner du bonnet, & de dire, *idem, cum*, & sans apporter de raison[37].

On constate que l'adverbe *idem* appartient au vocabulaire du Palais, tandis que les *docteurs* qui sont *idemistes* désignent plutôt des théologiens, comme le suggère le contexte de l'ouvrage cité de Jacques-Philippe Lallemant. De plus, il est intéressant de noter que dans ces deux premières occurrences, le mot qui nous occupe est imprimé sans accent comme dans *Le Père Goriot* de la *Revue de Paris*. On peut supposer qu'aux yeux des jésuites, l'accent aurait été superflu dans ce dérivé de l'adverbe *idem*.

35. Sans lieu, 1701.
36. *Ibid.*, p. 195 ; c'est l'auteur qui souligne.
37. *Op. cit.*, t. II, sans pagination.

En revanche, quand le même article est repris dans l'édition de 1721 de Trévoux[38], on y lit la graphie *idémiste* avec accent aigu, sans doute pour marquer que le premier *e* n'est pas muet.

Après l'exemple de 1701, on rencontre en 1710 et 1716 deux occurrences de l'emploi substantivé, toujours imprimées sans accent. Elles se lisent d'une part dans l'*Histoire du cas-de-conscience signé par quarante docteurs de Sorbonne, contenant les Brefs du Pape, les Ordonnances Episcopales, Censures, Deliberations de la Faculté de Paris, Lettres & autres Ecrits pour & contre ce Cas, avec des reflexions sur plusieurs de ces piéces*, dans laquelle on trouve une note en bas de page qui nous apprend quels sont les *idemistes* :

> On appelle ainsi ceux qui sont simplement de l'avis des Docteurs qui ont parlé les premiers & qui n'y ajoutent rien. On leur donne ce nom, parce qu'en opinant, ils en sont quittes pour dire, *Idem*[39].

De l'autre, la Première partie de la *Nouvelle relation en forme de lettre de toutes les assemblées de Sorbonne sur le sujet de la Constitution* Unigenitus, *jusqu'à la fin de Janvier 1716, Où l'on découvre toutes les intrigues du Sindic & de ceux de son Parti*[40], contient une *Lettre d'un docteur de Paris à un provincial, touchant la Constitution de Nôtre Saint Pere le Pape Clement XI. du 8. Septembre 1713* et, dans cette lettre, on a un alinéa qui nous montre comment le mot est utilisé :

> Je croirois abuser de vôtre patience, si je mettois les noms de tous les Docteurs qui n'ont rien dit de remarquable, qu'on peut ranger au nombre des *Idemistes* ; je ne rapporterai donc de suite que les avis de ceux qui ont dit quelque chose de particulier[41].

On a l'impression que l'auteur critique ici Jacques-Philippe Lallemant, qui, comme on l'a vu, a énuméré dans son *Journal historique des assemblées* de 1701 les noms des *idémistes* malgré leur peu d'importance.

Si l'on continue à chercher les attestations de l'emploi substantivé, le *Nouveau dictionnaire des passagers françois-allemand et allemand-françois* de Johan Leonhard Frisch et Mauvillon, paru en 1763 à Leipzig, a un article

38. *Dictionnaire universel françois et latin*, Trévoux et Paris, Delaulne, etc., 1721, 5 vol., t. III, col. 818c.

39. T. VI, sans lieu, 1710, p. 50 ; c'est l'auteur qui souligne. La note porte sur l'attestation qui figure à la même page : « Tout le reste livré plus ou moins aux mêmes preventions, quoique d'un caractère plus supportable, conclut comme les anciens, & entra dans le nombre des *Idemistes*, sans rien prouver n'y examiner. » (c'est l'auteur qui souligne).

40. Sans lieu, 1716.

41. *Ibid*., p. 51 ; c'est moi qui souligne.

idemiste (sans accent) dans lequel les auteurs précisent que ce terme est utilisé par plaisanterie à la fois comme substantif masculin et adjectif et qu'il correspond à l'allemand *Ja-Herr* :

> Idemiste, *s.m. & adj.* (im Scherz) ein Ja-Herr, der eben das sagt und gut heist, was ein anderer gesagt hat, ohne vernünftige Ursache hinzu zu setzen[42].

Les attestations ainsi relevées de 1701 à 1763 antidatent le *FEW* qui ne connaît le substantif que depuis 1802. Par la suite, l'emploi substantivé figure entre autres, peu avant la publication du *Père Goriot*, dans le *Dictionnaire général de la langue française*[43] de François Raymond daté de 1832. Et il est recueilli également en 1878, en compagnie du syntagme *docteur idémiste*, dans le *Supplément* du *Grand Dictionnaire Universel du XIXe siècle* de Pierre Larousse[44].

L'histoire n'étant pas terminée, le mot est encore attesté à une époque plus proche de nous. Dans son *Manuel de la volonté* paru en 1929, Georges Polti range l'*idémiste* dans la catégorie des *malades du verbe*, à côté de *l'homme aux parenthèses*, *l'esprit sautillant* et *le rabâcheur*[45]. De son côté, L. F. Bourgeois affirme en 1932 dans *Le Libre penseur de France. Organe à décrasser les cerveaux* qu'être libre penseur, c'est de ne pas être *idémiste*[46]. La dernière occurrence que j'aie trouvée se lit dans *L'Hydre* de Guillaume Loubet[47], roman paru en 1959. Avec ces attestations, on pourra élargir les fourchettes chronologiques (« Flick 1802 – Besch 1858 ») que Wartburg a assignées à l'emploi substantivé en les remplaçant par « 1701-1959 ».

42. Leipzig, 1763, p. 1139a.

43. François Raymond, *Dictionnaire général de la langue française et vocabulaire universel des sciences, des arts et des métiers*, Paris, André, Crochard et Levrault, 1832, 2 vol., t. I, p. 736b : « IDÉMISTE. s. m. Celui qui, dans les assemblées délibérantes, est toujours de l'avis du préopinant sans en apporter aucune raison. (Boiste.) *inusité.* » (c'est l'auteur qui souligne). Voir aussi *Id.*, *Supplément au Dictionnaire de l'Académie française, Sixième édition*, Paris, Barba, 1836, p. 449a.

44. Pierre Larousse, *Grand Dictionnaire Universel du XIXe siècle*, t. XVI, *Supplément*, Paris, Administration du Grand Dictionnaire Universel, 1878, p. 974a : « IDÉMISTE adj. et s. m. Se dit d'un homme qui n'a pas d'opinions propres, qui admet toujours celles des autres, qui les laisse parler les premiers et répète après eux les mêmes paroles : *Un docteur* IDÉMISTE. » (c'est l'auteur qui souligne).

45. Georges Polti, *Manuel de la volonté*, Paris, Montaigne, 1929, p. 150 : « Quelques malades du verbe : / L'homme aux parenthèses dans des parenthèses à l'infini. L'esprit sautillant, incapable de suivre une idée. Le rabâcheur. L'*idémiste*, redisant en d'autres termes ce que l'on vient de dire. »

46. L. F. Bourgeois, « Être libre penseur », *Le Libre penseur de France. Organe à décrasser les cerveaux* du 27 avril 1932, p. 2 : « Être libre penseur c'est se refuser d'être un simple *idémiste*, c'est-à-dire un suiveur. »

47. Paris, Seuil, 1959. Voir p. 30 : « Qu'est-ce que c'est que ce bled ? répétait Mégala, véritable *idémiste* grincheux depuis quelque temps. »

En ce qui concerne le syntagme *docteur idémiste*, après sa première apparition dans Trévoux de 1704, on peut observer que parmi les différentes versions du *Dictionnaire universel* d'Antoine Furetière, si celles de 1690, de 1701 et de 1708 l'ignorent, celle de 1727, due à Brutel de La Rivière[48], l'enregistre dans son article *idem*, en conservant sa graphie sans accent. De son côté, dans la lignée du *Dictionnaire de la langue françoise* de Pierre Richelet, celle de 1728[49] est la première à suivre Trévoux, sans doute son édition de 1721, avec sa graphie avec accent.

Ensuite, le syntagme est enregistré dans plusieurs lexiques français-allemand et allemand-français[50], avant de figurer en 1823 dans la sixième édition du *Dictionnaire universel de la langue française* de Pierre-Claude-Victoire Boiste[51], qui y ajoute *opinant idémiste*. Dans la seconde moitié du XIXe siècle, le *Dictionnaire de la langue française* d'Émile Littré dans la livraison de 1867 a un article *idémiste* adjectif (t. III, p. 5c) dans lequel il cite notre groupe nominal, tandis qu'en 1878, Pierre Larousse accueille aussi dans son *Supplément* ce dernier (à côté de l'emploi substantivé) comme on l'a vu plus haut.

Il n'est pas impossible de relever à la même époque des occurrences de l'expression. Je pense à *La Revanche de Joseph Noirel* (1872) de Victor Cherbuliez[52]. On en trouve même un peu plus tard, dans la revue *Lyon médical* (1893[53]). Si l'on cherchait bien, on en rencontrerait davantage. En

48. *Dictionnaire universel, Contenant generalement tous les mots françois, tant vieux que modernes, & les Termes des sciences & des arts, [...] Recueilli & compilé premierement par Mre. Antoine Furetiere, abbé de Chalivoi, de l'Académie françoise : Ensuite corrigé & augmenté par* M. Basnage de Beauval : *et en cette nouvelle edition, Revû, corrigé, & considerablement augmenté par M. Brutel de La Riviere*, La Haye, Husson, etc., 1727, 4 vol., t. II, sans pagination.

49. *Dictionnaire de la langue françoise, ancienne et moderne, de Pierre Richelet, augmenté de plusieurs additions d'histoire, de grammaire, de critique, de jurisprudence, et d'un nouvel abregé de la vie des auteurs citez dans tout l'ouvrage*, Paris, Estienne, 1728, 3 vol., t. II, p. 409a, s. v. *idem*.

50. Voir par exemple *Nouveau dictionnaire françois-allemand et allemand-françois*, Troisième édition, Strasbourg, Armand König, 1782, t. II, p. 544a ; *ibid.*, Cinquième édition, Strasbourg et Paris, Armand Koenig, 1800, t. I, p. 649.

51. Pierre-Claude-Victoire Boiste, *Dictionnaire universel de la langue française, avec le latin et les étymologies*, Sixième édition, Paris, Verdière, 1823, p. 352b, s. v. *idémiste*.

52. Paris, Hachette, 1872, p. 302 : « Ne la grondez pas, dit la tante Amarante. Elle avait les joues trop pleines ; je la trouve plus distinguée et plus belle ainsi. / – Et moi de même, dit la cousine Grillet, *docteur idémiste* qui était volontiers de l'avis du préopinant. »

53. « Bulletin du Lyon médical », *Lyon médical. Gazette médicale et journal de médecine réunis*, t. LXXIII, 1893, p. 309 : « Dans nos Sociétés médicales, il y a des chefs d'emploi, des *docteurs idémistes* et des muets. La séance est intéressante si les muets sont intéressés. »

attendant, la dernière date (« 1866 ») que le *FEW* a donnée au syntagme est à lire provisoirement « Lyon médical 1893 ».

Pour revenir à Balzac, aurait-il découvert le mot *idémiste* dans les écrits jésuites du début du XVIIIe siècle ? Ce ne serait pas impossible pour un auteur de l'*Histoire impartiale des Jésuites*, brochure parue en 1824[54]. En tout cas, quelle que soit sa source, il sera peu adéquat de dire qu'en caractérisant son Poiret aîné, il a fabriqué ce terme. Un simple coup d'œil sur le *Französisches Etymologisches Wörterbuch*, complété par un examen critique de ses références, ou au moins une consultation rapide de quelques dictionnaires du début des années 1830 que j'ai évoqués plus haut, auraient permis aux balzaciens de corriger ce qu'André Lefèvre, Arsène Darmesteter et Charles Bruneau affirmaient en 1869, 1877 et 1954 et que Pierre-Georges Castex répétait en 1960, et leur auraient évité d'être *idémistes* dans leur commentaire.

54. *OD*, t. II, p. 17-96.

2.
QUINZE CENTS FRANCS ET MA SOPHIE

L'expression choisie pour titre du chapitre se lit au moins trois fois chez Balzac : deux fois dans *La Comédie humaine* et une fois dans sa correspondance. Les balzaciens qui ont commenté ces occurrences ne s'étant pas accordés tout à fait sur l'identification de la source, je vais examiner quel est le texte qui aurait inspiré l'écrivain.

Rappelons dans l'ordre chronologique les contextes où apparaît notre expression. Son attestation la plus ancienne se trouve dans *Ferragus, chef des Dévorants*, qui a paru dans la *Revue de Paris* en mars et avril 1833 avant d'être publié en volume chez Madame Charles-Béchet en 1834. Le narrateur, qui décrit le *programme* de Clémence Desmarets pour faire de sa chambre à coucher « un lieu sacré »[1] pour elle et son époux Jules, déclare que la pauvreté n'est pas acceptée par les amoureux, y compris les couples qui s'aiment réciproquement. Voici le contexte, tel que Rose Fortassier l'imprime pour la Pléiade :

> Mme Jules savait à quoi l'engageait ce programme, et avait tout mis chez elle en harmonie avec un luxe qui allait si bien à l'amour. Les *Quinze cents francs et ma Sophie*, ou la passion dans la chaumière, sont des propos d'affamés auxquels le pain bis suffit d'abord, mais qui, devenus gourmets s'ils aiment réellement, finissent par regretter les richesses de la gastronomie. L'amour a le travail et la misère en horreur. Il aime mieux mourir que de vivoter[2].

Parmi les éditeurs que j'ai consultés, Marcel Bouteron et Henri Longnon, Pierre-Georges Castex, Pierre Citron, Maurice Bardèche et Jean A. Ducourneau[3] n'ont pas jugé nécessaire d'annoter l'expression soulignée *quinze cents francs et ma Sophie*, sans doute parce qu'elle leur paraissait une allusion limpide. Par contre, dans l'« Index des personnes réelles et des

1. *Ferragus, chef des Dévorants*, éd. par Rose Fortassier, *CH*, t. V, p. 838.
2. *Ibid.*, p. 839 ; c'est l'auteur qui souligne.
3. Conard, *Études de mœurs : scènes de la vie parisienne,* t. I, p. 70 ; *Histoire des Treize*, éd. par Pierre-Georges Castex, Paris, Garnier, 1956, p. 93 ; *Intégrale*, t. IV, p. 29 ; *CHH*, t. VIII, p. 97 ; *BO*, t. IX, p. 49.

Pendant le dîner, qui fut d'une excessive magnificence et admirablement bien servi, le duc remporta sur Canalis un grand avantage. Modeste, qui la veille avait reçu ses habits de cheval, parla de promenade. Par le tour que prit la conversation, elle fut amenée à manifester le désir de voir une chasse à courre. Aussitôt le duc proposa de donner à mademoiselle Mignon le spectacle d'une chasse dans une forêt de la Couronne, à quelques lieues du Havre. Grâce à ses relations avec le prince de Cadignan, Grand Veneur, il entrevit les moyens de déployer aux yeux de Modeste un faste royal. Des coups d'œil échangés avec surprise par Canalis, disaient assez : « Nous remporterons une victoire signalée ! » pour que le poète, réduit à ses splendeurs personnelles, se hâtât d'obtenir un gage d'affection. La partie de chasse était une manière de rendre aux Mignon la politesse de leur dîner. Presque effrayée de s'être avancée au delà de ses intentions avec les d'Hérouville, Modeste, après le dîner, trouva l'occasion de se promener dans le parc avec Melchior, et d'aller un peu en avant de la compagnie. Par une curiosité de jeune fille assez légitime, elle laissa deviner les calomnies dites par la sœur du Grand-Écuyer; et, sur une exclamation de Canalis, elle lui demanda le secret qu'il promit.

— Ces coups de langue, dit-il, sont de bonne guerre dans le grand monde; votre probité s'en effarouche, et moi j'en ris, j'en suis même heureux. Ces demoiselles croient leur frère bien en danger pour y avoir recours.

Et, profitant aussitôt de l'avantage que donne une communication de ce genre, Canalis mit à sa justification une telle verve de plaisanterie, une passion si spirituellement exprimée en remerciant Modeste d'une confidence où il se dépêchait de voir un peu d'amour, qu'elle se trouva tout aussi compromise avec le poète qu'avec le Grand-Écuyer. Canalis, sentant la nécessité d'être hardi, se déclara nettement. Il fit à Modeste des serments où sa poésie, la lune invoquée, où la description de la beauté de cette charmante fille habillée admirablement pour cette fête de famille, entraînèrent cet avide amant au delà de toute raison ; car il parla de son désintéressement et sut rajeunir par les grâces de son élocution le fameux thème : *Quinze cents francs et ma Sophie*, de Diderot, ou *Une chaumière et ton cœur!* de tous les amants qui savent la fortune du beau-père.

— Monsieur, dit Modeste après avoir savouré la musique du concert si admirablement exécuté, la liberté que me laissent mes parents m'a permis de vous entendre ; mais c'est à eux que vous devriez adresser.

— Eh ! bien, s'écria Canalis, dites-moi que, si j'obtiens leur aveu, vous ne demanderez pas mieux que de leur obéir.

— Je sais d'avance, répondit-elle, que mon père a des fantaisies qui peuvent contrarier le juste orgueil d'une vieille maison

FIG. 2. – *Modeste Mignon*, épreuves, Bibliothèque de l'Institut de France, Collection Spoelberch de Lovenjoul, ms Lov. A 151, fol. 38.

allusions littéraires » que Fernand Lotte a donné pour l'ancienne Pléiade, cette Sophie est considérée comme « Sophie (de Monnier). Destinataire des fameuses *Lettres à Sophie* de Mirabeau »[4]. Cependant, dans leurs publications plus récentes, Rose Fortassier, Roger Borderie, Stéphane Vachon[5] et Michel Lichtlé nous dirigent vers une autre source. Comme ces quatre éditeurs sont d'accord sur ce point, citons la note du dernier nommé, datée de 2014, pour voir comment l'énigme y est résolue :

> Allusion à Diderot et à son amie Sophie Volland. Dans *Modeste Mignon* (*CH*, t. I, p. 659), Balzac évoque de même « le fameux thème : *Quinze cents francs et ma Sophie* de Diderot, ou *Une chaumière et ton cœur !* de tous les amants qui connaissent bien la fortune d'un beau-père. »[6]

L'éditeur le plus récent affirme donc que le romancier a évoqué l'amour de Diderot et de Sophie Volland. Quoique ces balzaciens ne donnent pas de précisions, on peut supposer qu'ils pensent évidemment aux nombreuses lettres que Diderot a adressées à son amie.

Avant d'examiner les sources proposées, citons le passage de *Modeste Mignon*. Ce roman, qui a été publié dans le *Journal des Débats* en 1844 avant d'être recueilli à la fin de la même année en quatre volumes chez Chlendowski, contient aussi, comme on vient de le voir, l'expression qui nous intéresse. Cette fois, le narrateur l'applique au poète Canalis. Celui-ci, qui croit que le père de l'héroïne est très riche, fait une cour pressante à la jeune fille, d'autant plus que le duc d'Hérouville lui fait de l'ombre (voir fig. 2) :

> Canalis, sentant la nécessité d'être hardi, se déclara nettement. Il fit à Modeste des serments où sa poésie rayonna comme la lune ingénieusement invoquée, où brilla la description de la beauté de cette charmante blonde admirablement habillée pour cette fête de famille. Cette exaltation de commande, à laquelle le soir, le feuillage, le ciel et la terre, la nature entière servirent de complices, entraîna cet avide amant au-delà de toute raison ; car il parla de son désintéressement et sut rajeunir par les grâces de son style le fameux thème :

4. Fernand Lotte, « Index des personnes réelles et des allusions littéraires », dans Balzac, *Contes drolatiques précédés de La Comédie humaine (Œuvres ébauchées, II. Préfaces)*, éd. par Roger Pierrot, Paris, Gallimard (*Pl*), 1959, p. 1274.

5. *CH*, t. V, p. 1441 ; *Ferragus, chef des Dévorants*, éd. par Roger Borderie, Paris, Gallimard (Folio classique), 2001, p. 121 ; *La Comédie humaine*, éd. sous la direction de Claude Blum et Didier Alexandre avec la collaboration de Stéphane Vachon, t. VIII, Paris, Classiques Garnier, 2008, p. 288

6. *Histoire des Treize, Premier et troisième épisodes, Ferragus, La Fille aux yeux d'or*, éd. par Michel Lichtlé, Paris, Flammarion, 1988 ; édition mise à jour en 2014, GF Flammarion, p. 143 ; c'est l'auteur qui souligne.

> *Quinze cents francs et ma Sophie* de Diderot, ou *Une chaumière et ton cœur !* de tous les amants qui connaissent bien la fortune d'un beau-père[7].

Ce contexte montre quelle est la signification de l'expression *quinze cents francs et ma Sophie*. Le chiffre représente pour les prétendants une somme dérisoire, comparable à *une chaumière*, dont ils se contenteront volontiers s'ils peuvent se marier avec leur bien-aimée et gagner son cœur. Mais la phrase finale nous apprend également que ce *désintéressement* de Canalis n'est qu'apparent, puisqu'il était convaincu que le père de Modeste avait gagné une fortune colossale au cours de son séjour outre-mer.

Sur l'allusion à Sophie, alors que les éditeurs comme Marcel Bouteron et Henri Longnon, Maurice Bardèche et Jean A. Ducourneau[8] ne disent rien et que l'index cité de Fernand Lotte pour l'ancienne Pléiade y voit toujours la destinataire des lettres de Mirabeau[9], Pierre Citron en 1965 et Maurice Regard en 1976 affirment qu'il s'agit de Sophie Volland[10]. Dans son édition pour la collection « Folio », Anne-Marie Meininger est plus pédagogique, mais le contenu est le même : « Louise-Henriette, dite Sophie, Volland (1716-1784) »[11]. Quant à *une chaumière et ton cœur*, aucune des éditions consultées ne donne d'explication ; j'y reviendrai à la fin du chapitre.

Avant d'étudier de près les sources évoquées, citons la troisième occurrence de l'expression chez Balzac. Elle se trouve dans sa lettre à Madame Hanska du 23 août 1847, dans laquelle il se plaint d'un trop long délai que sa destinataire lui impose pour leur mariage. Voici le passage :

> Vous parlez de 2 ans dans votre lettre, mais chère imbécile, si je ne passe pas ces 2 ans près de v[ous], je serais [*sic*] mort et enterré en 6 mois. Ce n'est pas une phrase de copie, ce n'est pas *1 500 fr. et ma Sophie*, c'est l'exacte vérité[12].

Ici aussi, l'expression soulignée est présentée comme une phrase creuse qu'un prétendant prononce sans y croire pour obtenir la main de sa bien-aimée. C'est cette insincérité qui aurait fait écrire à Roger Pierrot une petite note sur l'expression, qui va dans le même sens que Fernand Lotte :

7. *Modeste Mignon*, éd. par Maurice Regard, *CH*, t. I, p. 659 ; c'est l'auteur qui souligne.

8. Conard, *Études de mœurs : scènes de la vie privée*, t. II, p. 232 ; *CHH*, t. I, p. 620 ; *BO*, t. IV, p. 294.

9. *Op. cit.*, p. 1274.

10. *Intégrale*, t. I, p. 263 ; *CH*, t. I, p. 1414.

11. *Modeste Mignon*, éd. par Anne-Marie Meininger, Paris, Gallimard (Folio classique), 1982, p. 369.

12. *LH*, t. II, p. 678 ; c'est l'auteur qui souligne.

Nouvelle allusion désagréable aux lettres de Mirabeau à Sophie de Monnier. Cf. t. I, p. 656[13].

Le passage auquel renvoie l'éditeur est la fin de la lettre de Balzac à Madame Hanska du 19 mars 1843, dans laquelle le romancier compare les lettres de Madame de Staël à Madame Récamier, qui, grâce à leur « amour continu de cœur », surpassent « tout ce qu'on peut imaginer » et qui ont « je ne sais quoi de bleu », avec celles du comte de Mirabeau à Sophie de Monnier qu'il a trouvées « misérables ; même quand [il avait] 17 ans »[14].

L'hypothèse de Fernand Lotte et de Roger Pierrot est-elle à rejeter tout de suite, dès lors que dans *Modeste Mignon* Balzac lui-même attribue à Diderot l'expression *quinze cents francs et ma Sophie* ? Il ne faudra pas se précipiter, parce qu'il arrive assez souvent à notre auteur de se tromper de références. Dans le cas qui nous occupe, il aurait pu confondre Diderot et Mirabeau. Cependant, une recherche rapide dans la correspondance de ce dernier[15] ne m'a pas permis de retrouver le passage qui eût pu inspirer Balzac. Le silence des autres balzaciens sur cette attribution paraît signifier qu'eux non plus n'ont pas réussi à découvrir l'endroit d'où provient notre expression.

En dehors des éditeurs de textes, il y a des chercheurs qui se sont penchés sur l'expression en question[16]. À ma connaissance, sauf Fernand Lotte et Roger Pierrot, ils pensent tous que Balzac fait allusion à l'amour de Diderot et de Sophie Volland. Citons par exemple le commentaire que Sigbrit Swahn a consacré au passage de *Modeste Mignon* :

> En 1830, tout d'abord, la légende l'emporte et de beaucoup sur les faits historiques dans la connaissance de Diderot. Cette légende se compose d'anecdotes sur sa personnalité fougueuse, sa facilité d'écriture et son immoralité. Le mot amoral, peut-être plus adéquat, n'était pas encore en usage. Balzac montre une connaissance précise de tous ces éléments. Il

13. *Ibid.*

14. *Ibid.*, t. I, p. 655-656. Dans *Les Opinions littéraires de Balzac*, Paris, Presses universitaires de France, 1961, p. 135, Geneviève Delattre pense à tort qu'il s'agit des lettres de Diderot à Sophie Volland. Il en va de même pour Stephen J. Gendzier, « Balzac's changing Attitudes toward Diderot », *French Studies*, t. XIX, 1965, p. 125-143 (surtout p. 135).

15. *Lettres originales de Mirabeau, écrites du donjon de Vincennes pendant les années 1777, 78, 79 et 80, contenant tous les détails sur sa vie privée, ses malheurs, et ses amours avec Sophie Ruffei, marquise de Monnier, recueillies par P. Manuel*, Paris, Garnery, 1792, 4 vol.

16. Cependant, Lucienne Frappier-Mazur, *L'Expression métaphorique dans La Comédie humaine*, Paris, Klincksieck, 1976, p. 256, qui cite le passage de *Modeste Mignon* passe l'allusion sous silence. D'autre part, dans son article cité, Stephen J. Gendzier, qui mentionne de nombreux renvois de Balzac à Diderot, ne parle pas de notre expression.

> rappelle ainsi comment le poète avide Canalis sut « rajeunir » le fameux thème de Diderot : « Quinze cents francs et ma Sophie ! » L'argent vient en premier, il est condition *sine qua non* de l'amour selon plus d'un Canalis dans *La Comédie humaine* ! C'est dans *Modeste Mignon* dont l'action se déroule en 1830 que ce thème est développé [...][17].

Dans cette citation, l'érudite suédoise paraît accepter telle quelle l'interprétation communément admise selon laquelle Sophie désigne Sophie Volland, amie du philosophe. De plus, en affirmant que l'argent « est condition *sine qua non* de l'amour », elle semble considérer, si je ne m'abuse, que *quinze cents francs* est la dot à laquelle Canalis aspire en épousant l'héroïne. Mais ce personnage se serait-il contenté d'une somme si modique qui ne convient qu'aux petites gens[18] ? S'il s'est rendu au Havre en compagnie de son secrétaire Ernest de La Brière afin de le supplanter, n'est-ce pas parce que celui-ci lui avait appris que le comte de La Bastie, père de Modeste, devait « avoir quelque chose comme six millions[19] »? Bien sûr, pour ce poète narcissique, « l'argent vient en premier », mais le passage en question de *Modeste Mignon* le présente comme quelqu'un qui a été momentanément entraîné « au-delà de toute raison » et qui déclare se désintéresser de la fortune du futur beau-père.

Quelle est la *légende* de Diderot dont Sigbrit Swahn parle dans la citation et sur laquelle elle paraît se faire une idée assez précise ? Aurait-elle trouvé dans les lettres du philosophe à son amie une histoire qui aurait pu donner naissance à l'expression qui nous occupe ? Et les éditeurs que j'ai évoqués plus haut auraient-ils aussi à l'esprit une source certaine qui les eût amenés à proposer ou à répéter cette identification ? Pour ma part, j'avoue n'être parvenu à retrouver, ni dans les seize volumes de la *Correspondance* du philosophe publiés par Georges Roth[20] ni dans la publication récente de

17. Sigbrit Swahn, « Balzac et la littérature révolutionnaire », *AB*, 1990, p. 408-409; c'est l'auteur qui souligne.

18. Rappelons-nous les *douze cents francs de rentes* qui ailleurs font rêver le petit bourgeois, voir une variante manuscrite de *La Fille aux yeux d'or*, éd. par Rose Fortassier, *CH*, t. V, p. 1535 : « Au nom de l'économie, de l'honneur, en vue de *douze cents francs de rentes viagères*, les domestiques, les employés, les gens de petit commerce et de grande probité, les fripons, les hommes dévoués, les premiers et les derniers commis, tous excèdent leurs forces. » On se souvient aussi de la pension de retraite de 1 695 francs que toucha le père de Balzac en 1819 et qui contraignit sa famille à quitter le Marais pour s'installer à Villeparisis ; voir Marcel Bouteron, « Balzac au Marais », dans *Id.*, *Études balzaciennes*, Paris, Jouve, 1954, p. 46.

19. *Modeste Mignon*, *CH*, t. I, p. 595.

20. Denis Diderot, *Correspondance*, éd. par Georges Roth, Paris, Minuit, 1955-1970, 16 vol.

ses *Lettres à Sophie Volland*[21], de passage qui contienne une expression identique à ou au moins proche de la nôtre.

En revanche, il me semble y avoir une autre œuvre de Diderot dans laquelle l'on pourrait voir une source de l'expression qu'affectionne Balzac. Ce qui nous y amène est un témoignage (tardif, il est vrai) qui rapporte un épisode de l'acteur Talma jouant une pièce du philosophe. Il figure dans *La Lecture en famille* (1882) d'Ernest Legouvé. Dans le chapitre III, l'auteur insiste sur l'importance de la respiration et, pour illustrer son propos, il cite une histoire intéressante :

> Talma, encore jeune, jouait le *Père de famille* de Diderot. Arrivé à la fameuse tirade : « *1 500 livres de rente, et ma Sophie !* » il part, il s'emporte, il crie et rentre dans la coulisse, épuisé, hors d'haleine, et s'appuie contre un décor en soufflant comme un bœuf.
>
> « Imbécile ! dit Molé[22], en le regardant, et il veut jouer la tragédie ! Viens me voir demain matin et je t'apprendrai comment on peut être passionné sans s'époumonner. »[23]

La phrase soulignée par Ernest Legouvé n'est-elle pas proche de celle qu'on lit chez Balzac ? Certes, celui-là, né en 1807, n'a pu assister à la scène qui dut avoir lieu avant la mort de Molé survenue en 1802, et l'on n'est pas sûr non plus qu'il ait rencontré Talma (1763-1826). Mais même s'il ne fait que raconter une anecdote qu'il a entendue ou lue quelque part, il ne serait pas superflu de voir si la pièce qu'il évoque nous aide à résoudre l'énigme.

Le Père de famille[24] de Diderot a été publié en 1758 à Amsterdam (en fait à Paris). Dans cette pièce, Saint-Albin, fils de M. d'Orbesson, s'éprend d'une jeune fille inconnue et pauvre appelée Sophie et il décide de l'épouser malgré l'opposition de son père et de son oncle, le Commandeur d'Auvilé. Le Père de famille (M. d'Orbesson), qui n'arrive pas à faire renoncer son fils à ce projet, le confie à son beau-frère en espérant que l'autorité de ce dernier sera plus efficace que la sienne. Au cours du dialogue de la scène VIII de l'Acte II, le Commandeur détaille à son neveu quelle situation financière l'attendrait au cas où la mésalliance aurait lieu. Leur dialogue me paraît digne d'intérêt :

21. Diderot, *Lettres à Sophie Volland 1759-1774*, éd. par Marc Buffat et Odile Richard-Pauchet, Paris, Non lieu, 2010.

22. Sans doute le comédien François-René Molé (1734-1802).

23. Paris, Hetzel, 1882, p. 21 ; souligné par l'auteur.

24. Diderot, *Le Père de famille, avec un Discours sur la poésie dramatique*, éd. par Jacques Chouillet et Anne-Marie Chouillet dans *Id.*, *Œuvres complètes*, sous la direction de Herbert Dieckmann, Jacques Proust et Jean Varloot, t. X, Paris, Hermann, 1980, p. 163-322 ; voir aussi *Théâtre du XVIIIe siècle*, éd. par Jacques Truchet, Paris, Gallimard (*Pl*), 1974, t. II, p. 57-141.

LE COMMANDEUR – Sais-tu ce qui te revient du bien de ta mère ?

ST ALBIN – Je n'y ai jamais pensé, et je ne veux pas le savoir.

LE COMMANDEUR – Écoute. C'était la plus jeune de six enfants que nous étions, et cela dans une province où l'on ne donne rien aux filles. Ton père, qui ne fut pas plus sensé que toi, s'en entêta et la prit. Mille écus de rente à partager avec ta sœur. C'est *quinze cents francs* pour chacun ; voilà toute votre fortune.

ST ALBIN – J'ai *quinze cents livres* de rente ?

LE COMMANDEUR – Tant qu'elles peuvent s'étendre.

ST ALBIN – Ah, *Sophie*, vous n'habiterez plus sous un toit ! Vous ne sentirez plus les atteintes de la misère. J'ai *quinze cents livres* de rente !

LE COMMANDEUR – Mais tu peux en attendre vingt-cinq mille de ton père, et presque le double de moi. St Albin, on fait des folies, mais on n'en fait pas de plus chères.

ST ALBIN – Et que m'importe la richesse, si je n'ai pas celle avec qui je la voudrais partager ?

LE COMMANDEUR – Insensé !

ST ALBIN – Je sais. C'est ainsi qu'on appelle ceux qui préfèrent à tout une femme jeune, vertueuse et belle, et je fais gloire d'être à la tête de ces fous-là.

LE COMMANDEUR – Tu cours à ton malheur.

ST ALBIN – Je mangeais du pain, je buvais de l'eau à côté d'elle, et j'étais heureux.

LE COMMANDEUR – Tu cours à ton malheur.

ST ALBIN – J'ai *quinze cents livres* de rente.

LE COMMANDEUR – Que feras-tu ?

ST ALBIN – Elle sera nourrie, logée, vêtue, et nous vivrons.

LE COMMANDEUR – Comme des gueux.

ST ALBIN – Soit[25].

Au cours de cet entretien, le groupe nominal *quinze cents francs* ou *livres* (en tant qu'unité monétaire les deux mots sont synonymes) est répété quatre fois. Cette répétition a dû impressionner très fort le public lors des représentations. Il ne serait donc pas étonnant qu'Ernest Legouvé (ou son informant) désigne la scène par « la fameuse tirade : "*1 500 livres de rente, et ma Sophie !*" » et que Balzac la résume par *quinze cents francs et ma Sophie* comme une manière de présenter un type de jeune amoureux qui accepte des

25. *Le Père de famille*, Acte II, scène VIII, éd. citée de Jacques et Anne-Marie Chouillet, p. 236-237 ; éd. citée de Jacques Truchet, p. 94.

conditions modestes en ne pensant qu'à vivre avec sa bien-aimée. Serait-ce une hypothèse trop hasardée ? Il me semble qu'elle est plus convaincante que l'interprétation admise, qui se fonde sur une image vague de l'amour du philosophe.

Quant à l'expression *une chaumière et ton cœur* qu'on lit dans *Modeste Mignon* à la suite de *quinze cents francs et ma Sophie* et qu'aucun des éditeurs consultés n'a commentée, elle aussi peut être considérée comme une allusion à une certaine tradition théâtrale. Selon le *Dictionnaire des expressions et locutions* d'Alain Rey et Sophie Chantreau[26], c'est un vaudeville de Scribe et Alphonse qui en 1835 mit à la mode la formule *une chaumière et un cœur*. Dans son *Dictionnaire historique et philologique du français non conventionnel*[27], Pierre Enckell complète cette indication en précisant que la pièce de Scribe et Alphonse a pour titre *Une chaumière et son cœur*[28], que cette dernière forme est attestée dès 1792, dans *Robert, chef de brigands* de Lamartellière[29] et que l'on en trouve plusieurs variantes depuis la fin du XVIIIe siècle jusqu'au milieu du XIXe siècle. Il ne serait pas difficile d'augmenter le nombre d'œuvres où figure l'expression, je pense par exemple à *Cendrillon*[30] de 1810. On pourrait supposer qu'en l'utilisant, Balzac aurait pensé soit à Scribe soit à d'autres pièces de théâtre. En tout cas, ces informations ne seraient sans doute pas superflues pour ceux qui lisent *Modeste Mignon*.

26. Paris, Le Robert, 1984 ; nouvelle édition, 1988, p. 183.

27. Paris, Classiques Garnier, 2017, p. 236.

28. *Une chaumière et son cœur, Comédie-vaudeville en deux actes et trois parties, par MM. Scribe et Alphonse, Représentée pour la première fois, à Paris, sur le théâtre du Gymnase-Dramatique, le 12 mai 1835, Le Magasin théâtral*, sans date, qui donne à la fin de la scène XII de l'Acte II, p. 26, une chanson contenant l'expression : « JENNY, *au public.* / AIR *du Vaudeville des Frères de lait.* / Je me trompais, exaltée et légère, Quand je disais: *Sa chaumière et son cœur*. Pour être heureux, un cœur, une chaumière, Ne suffisent pas, j'en ai peur ; Et cependant, reprenant mon erreur, Moi, débutante, inconnue, étrangère, Je me croirais au comble du bonheur, Si je pouvais ce soir, dans ma chaumière, De mes juges gagner le cœur. » (c'est l'auteur qui souligne).

29. *Robert, chef de brigands, Drame en cinq actes en prose imité de l'allemand par* le citoyen La Marteliere, Paris, Maradan, 1793, Acte III, scène VI, p. 65 : « ROBERT *avec chaleur.* / Lui, vous abandonner ! mais quoi banni de la maison paternelle, deshérité, proscrit, persécuté de toutes parts, que pourrait-il vous offrir ? / SOPHIE. / Une chaumière et son cœur, je n'aurais rien à désirer. » (c'est l'auteur qui souligne).

30. *Cendrillon, Opéra-féerie en trois actes et en prose, paroles de M. Etienne, musique de M. Nicolo Isouard, de Maltre, Représenté, pour la première fois, sur le théâtre impérial de l'Opéra-Comique, par les comédiens ordinaires de sa majesté l'empereur et roi, le 22 février 1810*, Paris, Vente, 1810, Acte III, scène III, p. 59 : « TISBÉ. / Une chaumière et votre cœur, voilà tout ce que je désire. » et scène VI, p. 63 : « TISBÉ. / Qu'a-t-il à nous offrir ? / DANDINI. / Une chaumière et mon cœur. »

Bien sûr, les identifications que je viens de proposer ne sont que des hypothèses, qui seraient à réexaminer et éventuellement à remplacer par d'autres rapprochements plus plausibles. Mais en attendant, si, lors d'une future réimpression, les éditeurs de *Ferragus*, de *Modeste Mignon* et des *Lettres à Madame Hanska* renvoyaient au *Père de famille* de Diderot à propos de *quinze cents francs et ma Sophie* et si pour *Modeste Mignon* ses éditeurs ajoutaient une note sur *une chaumière et ton cœur*, ils rendraient un réel service aux lecteurs en leur rappelant que la culture théâtrale de Balzac était loin d'être négligeable.

3.
FAIRE DE L'USURE AVEC DIEU

L'« Index des œuvres citées par Balzac dans "La Comédie humaine" » que dans le dernier volume de l'édition de la Pléiade Pierre Citron a établi avec la collaboration d'Anne-Marie Meininger[1] nous rend toujours de grands services en nous offrant les références exactes des citations que l'on trouve non seulement dans le texte mais aussi dans les variantes et les notes. Comme tout outil, il mériterait néanmoins d'être revu et corrigé au fur et à mesure que les études approfondissent tel ou tel détail. On pourrait ainsi ajouter à la liste *Le Père de famille* de Diderot que j'ai proposé dans le deuxième chapitre comme source de *quinze cents francs et ma Sophie*. Dans le présent chapitre, je me propose d'y ajouter un autre titre du même auteur. Il s'agit de l'*Entretien d'un philosophe avec la maréchale de* *** qui, après avoir paru en 1775 dans la *Correspondance littéraire*, a été publié en 1777 avec les *Pensées philosophiques* en français et italien[2]. Balzac aurait pu le lire par exemple dans le premier volume des *Œuvres de Denis Diderot* publiées en 1798 et 1800 par Jacques-André Naigeon[3]. Sauf erreur de ma part, ce texte ne figure pas dans la liste établie par Stephen J. Gendzier[4] et Sigbrit Swahn[5], alors qu'il me semble avoir inspiré le romancier au moins dans deux passages de *La Comédie humaine*.

Le premier se lit dans *La Maison Nucingen*, dont l'édition originale a paru chez Werdet en 1838. Au cours d'un souper avec Bixiou, Couture et

1. *CH*, t. XII, p. 1857-1924.

2. Sur l'historique des éditions, voir la notice de l'*Entretien d'un philosophe avec la maréchale de* ***, dans Diderot, *Œuvres philosophiques*, éd. sous la direction de Michel Delon, Paris, Gallimard (*Pl*), 2010, p. 1298-1302.

3. Paris, Desray et Deterville, an VI – 1798, p. 461-495 ; Paris, Deterville, an VIII [1800], p. 423-454.

4. « Balzac's changing Attitudes toward Diderot », *French Studies*, t. XIX, 1965, p. 125-143.

5. « Balzac et la littérature révolutionnaire », *AB*, 1990, p. 403-420.

Finot, Émile Blondet – ce « jugeur » selon le mot d'Alain[6] – fait mention d'une anecdote de La Fontaine. Voici le passage tel qu'il est imprimé par l'édition procurée par Pierre Citron pour la Pléiade :

> LE BONHEUR, comme LA VERTU, comme LE MAL, expriment quelque chose de relatif, répondit Blondet. Ainsi *La Fontaine espérait que, par la suite des temps, les damnés s'habitueraient à leur position, et finiraient par être dans l'enfer comme les poissons dans l'eau.*
> – Les épiciers connaissent tous les mots de La Fontaine ! dit Bixiou[7].

L'éditeur de la Pléiade n'a pas annoté cette allusion à La Fontaine[8]. Il en va de même dans l'édition de Marcel Bouteron et Henri Longnon, celle de Maurice Bardèche, celle de Jean A. Ducourneau et celle d'Anne-Marie Meininger[9]. Puisqu'il s'agit du poète, cherchons l'histoire dans la notice que Balzac avait rédigée douze ans auparavant pour son édition des *Œuvres complètes* de La Fontaine. La recherche s'avère fructueuse, car on l'y trouve en effet. Je la cite d'après l'édition procurée par l'équipe de Pierre-Georges Castex :

> Comme sainte Thérèse, il ne pouvait croire à l'éternité des peines, et le Bonhomme espérait que les damnés finiraient par se trouver en enfer comme *des poissons dans l'eau*[10].

Pour ce passage non plus, les éditeurs balzaciens consultés – Maurice Bardèche, Jean A. Ducourneau[11] et l'équipe des *Œuvres diverses* de la Pléiade – n'ont pas jugé nécessaire de le commenter. Auraient-ils considéré que l'histoire provenait des œuvres du poète ? Mais j'avoue ne pas l'y avoir retrouvée. Parmi les témoignages contemporains, seule la « Lettre du R. P. Poujet, Prêtre de l'Oratoire, à M. l'Abbé D'Olivet, de l'Académie Françoise, ou Rélation de la conversion de Monsieur de La Fontaine, de l'Académie Françoise » nous fournit le mot du poète septuagénaire qui pourrait être rapproché de notre épisode. Le vicaire de Saint-Roch y rapporte ce que La Fontaine lui a dit en février 1693, soit deux ans avant de mourir :

6. *Avec Balzac*, dans Alain, *Les Arts et les Dieux*, éd. par Georges Bénézé, Paris, Gallimard (*Pl*), 1958, p. 979 : « Toutefois le vice de Blondet, si l'on peut dire, est de glisser du récit à l'analyse, et enfin d'être jugeur, ce que Bianchon n'est jamais. »

7. *La Maison Nucingen*, éd. par Pierre Citron, *CH*, t. VI, p. 341-342. Voir *infra*, fig. 3 A et 3 B pour des états antérieurs de ce passage.

8. Aucune note non plus dans *Intégrale*, t. IV, p. 238.

9. Conard, *Études de mœurs : scènes de la vie parisienne*, t. II, p. 360 ; *CHH*, t. VIII, p. 668 ; *BO*, t. XI, p. 13 ; *La Maison Nucingen précédé de Melmoth réconcilié*, éd. par Anne-Marie Meininger, Paris, Gallimard (Folio classique), 1989, p. 143.

10. « Notice sur la vie de La Fontaine », *OD*, t. II, p. 145 ; c'est l'auteur qui souligne.

11. *CHH*, t. XXII, p. 28 ; *BO*, t. XXVI, p. 82.

> *Je me suis mis*, dit-il, *depuis quelque temps à lire le nouveau Testament : je vous assure*, ajoûta-t-il, *que c'est un fort bon livre, oui par ma foi c'est un bon livre : mais il y a un article sur lequel je ne suis pas rendu, c'est celui de l'éternité des peines : je ne comprends pas*, dit-il, *comment cette éternité peut s'accorder avec la bonté de Dieu*[12].

On voit que le problème de *l'éternité des peines* – syntagme qui se lit dans la notice écrite par Balzac – a embarrassé le poète qui réfléchissait sur les dogmes catholiques. Mais la comparaison des âmes des damnés avec les poissons dans l'eau, comparaison dans laquelle on pourrait voir une extension généreuse ou abusive d'une « métaphore traditionnelle dans les œuvres de spiritualité », comme le dit Jacques Le Brun[13], ne figure pas dans le récit de l'oratorien. Or si l'on se reporte à *La Fontaine devant ses biographes. Deux siècles de lecture critique indirecte (1650-1850)*[14] de Damien Fortin, on verra que l'auteur, tout en citant la notice de Balzac, consacre une note à la partie soulignée et y affirme que l'anecdote a été inventée par Diderot dans son *Entretien d'un philosophe avec la maréchale de* ***.

Cette attribution n'est pas une idée neuve, puisqu'elle remonte à 1824. À ma connaissance, Charles-Athanase Walckenaer l'a le premier proposée dans la troisième édition de son *Histoire de la vie et des ouvrages de J. de La Fontaine*[15]. Cependant elle me semble désormais (ou plutôt depuis 1938) périmée. Car Michel Delon[16] nous apprend que cette histoire a fait sa première apparition[17] dans les anonymes *Objections diverses contre les écrits de différents théologiens*, manuscrit clandestin d'environ 1750, qui a servi à Diderot pour ses *Additions aux Pensées philosophiques* parues en 1763 dans la *Correspondance littéraire*. La découverte du document est due à Franco Venturi qui l'a retrouvé à la Bibliothèque de l'Ermitage pour le

12. Publiée dans *Œuvres diverses de M. de La Fontaine, de l'Académie Françoise*, t. I, La Haye, Isaac van der Kloot, 1729, p. XIII ; c'est l'auteur qui souligne.

13. Voir sa note sur *Les Aventures de Télémaque*, dans Fénelon, *Œuvres*, éd. par Jacques Le Brun, t. II, Paris, Gallimard (*Pl*), 1997, p. 1445, qui renvoie à Harphius, Benoît de Canfield, Surin, Renty, la mère Mechtilde et Madame Guyon.

14. Paris, Classiques Garnier, 2019, p. 774.

15. Paris, Nepven, 1820, p. 550, note 1.

16. Voir son éd. citée de l'*Entretien d'un philosophe avec la maréchale de* ***, p. 1312.

17. Voir pourtant *Pensées secrettes, et observations critiques attribuées à feu M. de Saint-Hyacinte*, Londres, 1769, p. 48, qui attribue l'anecdote à Fontenelle : « Au rapport de M. de Fontenelle La Fontaine dit un jour à Madame de la Sablière au sujet des damnés ; vous verrez, Madame, que ces gens-là se feront à leur état, & que le feu deviendra leur élément comme l'eau est celui des Poissons. » D'où Saint-Hyacinthe (1684-1746) a-t-il tiré cette information ? Je n'ai rien trouvé dans l'ouvrage cité de Damien Fortin.

6

à l'homme; il était sain et entier; il n'avait ni taie sur un œil, ni faux toupet, ni faux mollets; ses jambes ne rentraient ni en dedans ni en dehors; ses genoux n'étaient point engorgés; son épine dorsale était droite; il avait la main blanche et jolie, les cheveux noirs, un teint qui n'était pas rose comme celui d'un garçon épicier, ni trop brun comme celui d'un Calabrois; enfin, il était mince; et, ce qui peut paraître essentiel, il n'était pas trop joli homme, comme quelques-uns de nos amis qui ont l'air de faire état de leur beauté, de ne pas avoir autre chose; mais ne revenons pas là-dessus, c'est infâme! Il tirait bien le pistolet, montait fort agréablement à cheval; il s'était battu pour une vétille, et n'avait pas tué son adversaire. Vous n'êtes pas au bout du détail de son bonheur, l'inventaire doit être complet; car, pour faire connaître de quoi se compose un bonheur entier, pur, sans mélange, au dix-neuvième siècle, à Paris, et un bonheur de jeune homme de vingt-six ans, il faut entrer dans les infiniment petites choses de la vie; son bottier avait attrapé son pied et le chaussait bien, son tailleur aimait à l'habiller; il ne grasseyait pas, ne gasconnait pas, ne normandisait pas, il parlait purement et correctement, et mettait fort bien sa cravate, comme Finot. Il était le cousin par alliance du marquis d'Aiglemont, qui avait été son tuteur, car il était orphelin de père et de mère. Il pouvait donc aller et allait dans les meilleures maisons de tous les quartiers, sans que le faubourg St-Germain lui reprochât de hanter la banque, car heureusement un jeune homme a le droit de faire du plaisir son unique loi, de courir où l'on s'amuse, et de fuir les recoins sombres où fleurit le chagrin; il avait été vacciné. Tu me comprends, Blondet! Malgré toutes ces grandes facultés, il aurait pu se trouver très-malheureux. Hé! hé! le bonheur a le malheur de paraître signifier quelque chose d'absolu; ce qui fait que tant de niais disent: « Qu'est-ce que le bonheur? » Une femme de beaucoup d'esprit disait: « Le bonheur est où on le met. » Elle proclamait une immense vérité morale; car LE BONHEUR, comme LA VERTU, comme LE MAL, expriment quelque chose de relatif. Ainsi La Fontaine espérait que, par la suite des temps, les damnés s'habitueraient à leur position, et finiraient par être dans l'enfer comme les poissons dans l'eau. Le bonheur d'un homme de vingt-six ans, qui vit à Paris, n'est pas le bonheur d'un homme de cinquante ans qui vit à Passy. Ceux qui partent de là pour déblatérer contre l'instabilité des opinions sont des fourbes ou des ignorants. La médecine moderne, dont le plus beau titre de gloire est d'avoir, de 1799 à 1837, passé de l'état conjectural à l'état d'une science positive, et ce par l'influence de la grande école de Paris, a démontré que, dans une certaine période, l'homme s'est complétement renouvelé à la manière du couteau de Jeannot, et que vous le croyez toujours le même. Il y a donc plusieurs losanges dans cet habit d'Arlequin que nous nommons le bonheur, et Godefroid de Beaudenord n'y avait ni trous ni taches. Un jeune homme de vingt-six ans, qui serait heureux en amour, c'est-à-dire aimé, non à cause de sa florissante jeunesse, non pour son esprit, non pour sa tournure, mais irrésistiblement, pas même à cause de l'amour en lui-même, mais quand même cet amour serait abstrait, pour revenir au mot de Royer-Collard, pourrait fort bien ne pas avoir un liard dans la bourse que l'objet aimé lui aurait brodée, il pourrait devoir son loyer à son propriétaire, ses bottes à ce bottier déjà nommé, ses habits au

un œil, ni faux toupet, ni faux mollets; ses jambes ne rentraient point, ne sortaient point en dedans ni en dehors; ses genoux n'étaient point engorgés; son épine dorsale était droite; il avait la main blanche et jolie, les cheveux noirs, un teint qui n'était pas rose comme celui d'un garçon épicier, ni trop brun comme celui d'un Calabrois; enfin, il était mince; et, ce qui peut paraître essentiel, il n'était pas trop joli homme, comme quelques-uns de nos amis qui ont l'air de faire état de leur beauté, de ne pas avoir autre chose; mais ne revenons pas là-dessus, c'est infâme! Il tirait bien le pistolet, montait fort agréablement à cheval; il s'était battu pour une vétille, et n'avait pas tué son adversaire. Savez-vous que pour faire connaître de quoi se compose un bonheur entier, pur, sans mélange, au dix-neuvième siècle, à Paris, et un bonheur de jeune homme de vingt-six ans, il faut entrer dans les infiniment petites choses de la vie? Son bottier avait attrapé son pied et le chaussait bien, son tailleur aimait à l'habiller; il ne grasseyait pas, ne gasconnait pas, ne normandisait pas, il parlait purement et correctement, et mettait fort bien sa cravate, comme Finot. Cousin par alliance du marquis d'Aiglemont, son tuteur, car il était orphelin de père et de mère, il pouvait aller et allait dans les meilleures maisons de tous les quartiers, sans que le faubourg St-Germain lui reprochât de hanter la banque, car heureusement un jeune homme a le droit de faire du plaisir son unique loi, de courir où l'on s'amuse, et de fuir les recoins sombres où fleurit le chagrin; puis il avait été vacciné. (Tu me comprends, Blondet!) Malgré toutes ces vertus, il aurait pu se trouver très-malheureux. Hé! hé! le bonheur a le malheur de paraître signifier quelque chose d'absolu; apparence qui induit tant de niais à demander : « Qu'est-ce que le bonheur? » Une femme de beaucoup d'esprit disait : « Le bonheur est où on le met. »

— Elle proclamait une immense vérité, dit Blondet.

— Et morale, demanda Finot.

— Archi-morale! LE BONHEUR, comme LA VERTU, comme LE MAL, expriment quelque chose de relatif, répondit Blondet. Ainsi La Fontaine espérait que, par la suite des temps, les damnés s'habitueraient à leur position, et finiraient par être dans l'enfer comme les poissons dans l'eau. Le bonheur d'un homme de vingt-six ans, qui vit à Paris, n'est pas le bonheur d'un homme de cinquante ans, qui vit à Passy. Ceux qui partent de là pour déblatérer contre l'instabilité des opinions sont des fourbes ou des ignorants. La médecine moderne, dont le plus beau titre de gloire est d'avoir, de 1799 à 1837, passé de l'état conjectural à l'état d'une science positive, et ce par l'influence de la grande école de Paris, a démontré que, dans une certaine période, l'homme s'est complètement renouvelé....

— A la manière du couteau de Jeannot, et vous le croyez toujours le même, reprit Bixiou. Il y a donc plusieurs lozanges dans cet habit d'Arlequin que nous nommons le bonheur, eh bien, mon Godefroid n'y avait ni trous ni taches. Un jeune homme de vingt-six ans, qui serait heureux en amour, c'est-à-dire aimé, non à cause de sa florissante jeunesse, non pour son esprit, non pour sa tournure, mais irrésistiblement, pas même à cause de l'amour en lui-même, mais quand même cet amour serait abstrait, pour revenir au mot de Royer-Collard, ce susdit jeune homme pourrait fort bien, comme Blondet

FIG. 3A et 3B. – *La Maison Nucingen*, 6ᵉ et 7ᵉ épreuves, Bibliothèque de l'Institut de France, Collection Spoelberch de Lovenjoul, ms Lov. A 125, fol. 6 et 47.

publier en 1938[18]. Dans la note du paragraphe 65 des *Objections diverses*, on lit l'épisode qui nous est familier :

> M. de La Fontaine dit un jour à Mme de La Sablière, au sujet des damnés : « *Vous verrez, Madame, que ces gens-là s'y feront et que le feu deviendra leur élément, comme l'eau est celui des poissons.* »[19]

Balzac aurait-il lu cette première attestation ? Vu l'extrême rareté du document, qui n'est pas conservé même à la Bibliothèque nationale de France, c'est peu probable. Sa source immédiate est sans doute, comme dans d'autres parties de sa notice, la « Vie de La Fontaine » que Louis-Simon Auger fit figurer en tête des *Œuvres complettes de J. La Fontaine*. La présentation de l'histoire y est proche de celle de Balzac :

> Il finit pourtant par *se rendre* sur ce dogme terrible ; mais du moins il se persuada que les tourmens éternels, en raison de leur éternité même, auroient, à la longue, moins d'intensité : *J'aime à croire*, disoit-il, *que les damnés s'accoutumeront à leur état, et finiront par se trouver dans l'enfer comme le poisson dans l'eau*[20].

Cependant, notre romancier disposait d'autres sources d'information qui l'auraient frappé également. Parmi de nombreuses possibilités, on peut en évoquer au moins deux. L'une est Chamfort et l'autre Diderot. Du premier, il s'agit, non pas de l'*Éloge de La Fontaine* (1774) ni de *Notes sur les Fables de La Fontaine* (1773-1774 ou 1776-1780)[21], mais de *Caractères et anecdotes*, publiés après sa mort en 1795. Le passage qui aurait pu attirer l'attention de Balzac est le suivant :

> La Fontaine, entendant plaindre le sort des damnés au milieu du feu de l'enfer, dit : « Je me flatte qu'ils s'y accoutument, et qu'à la fin ils sont là comme le poisson dans l'eau. »[22]

18. « Addition aux "Pensées philosophiques" », *Revue d'Histoire littéraire de la France*, t. XLV, 1938, p. 23-42 et 289-308.

19. *Ibid.*, p. 293.

20. Louis-Simon Auger, « Vie de La Fontaine », dans *Œuvres complettes de J. La Fontaine, précédées d'une nouvelle notice sur sa Vie, Fables*, t. I, Paris, Lefèvre, 1814, p. XXXVI ; c'est l'auteur qui souligne. Voir Damien Fortin, *op. cit.*, p. 695.

21. Nicolas Chamfort, *Œuvres complètes*, éd. par Lionel Dax, Paris, Sandre, 2015-2016, 2 vol., t. I, p. 42-163.

22. *Ibid.*, t. II, p. 91. Balzac aurait pu lire le passage dans les *Œuvres complètes de Chamfort*, Troisième édition, t. II, Paris, Maradan, 1812, p. 145.

Le rapprochement[23] de Chamfort et de *La Maison Nucingen* pourrait être ajouté au dossier « Balzac lecteur de Chamfort »[24] de Pierre Citron.

Quant à Diderot, c'est son *Entretien d'un philosophe avec la maréchale de* *** qui fait mentionner l'anecdote de La Fontaine par un des interlocuteurs, appelé Diderot. C'est un résumé moins développé que les textes de Chamfort et d'Auger :

> – Tout ce que vous croyez faux serait vrai, et vous seriez damné. Monsieur Diderot, c'est une terrible chose que d'être damné ; brûler toute une éternité, c'est bien long. – *La Fontaine croyait que nous nous y ferions comme le poisson dans l'eau.* – Oui, oui ; mais votre La Fontaine devint bien sérieux au dernier moment ; et c'est où je vous attends[25].

Même si l'expression du philosophe n'est pas tout à fait identique à celle que Balzac a utilisée dans sa notice et sa nouvelle, il n'est pas impossible que ce dernier ait lu l'épisode non seulement chez Auger et Chamfort mais aussi chez Diderot et qu'il s'en soit souvenu en composant la brillante conversation qu'est *La Maison Nucingen*.

Une preuve plus probable que Balzac connaissait l'*Entretien d'un philosophe avec la maréchale de* *** se trouve dans un de ses autres romans. C'est *Ursule Mirouët*, dont l'édition originale a été publiée chez Souverain en 1842. Dans son article sur « Balzac's changing Attitudes toward Diderot », Stephen J. Gendzier considérait que le tuteur de l'héroïne, docteur Denis Minoret, « was probably modelled on Denis Diderot »[26], et mettait en parallèle leurs deux carrières et leurs intérêts scientifiques. Si l'on relit le roman, on peut y relever une expression assez particulière que Balzac aurait empruntée au philosophe et qui me semble être susceptible de renforcer le lien des deux personnages. Citons le passage d'*Ursule Mirouët* qui la contient d'après l'édition de la Pléiade :

> En accomplissant ses bienfaits sans l'espoir d'une moisson céleste, il [= Denis Minoret] se trouvait plus grand que le catholique, auquel il reprochait toujours de *faire de l'usure avec Dieu*[27].

Bien que dans leur édition ni Marcel Bouteron et Henri Longnon ni Pierre Citron ni Maurice Bardèche ni Jean A. Ducourneau[28] ni Madeleine

23. Ce rapprochement a été fait par Isabelle Tournier, *Quarto*, t. II, p. 781.
24. Article paru dans *AB*, 1969, p. 293-301.
25. *Op. cit.*, p. 650.
26. *Op. cit.*, p. 138.
27. *Ursule Mirouët*, éd. par Madeleine Ambrière, *CH*, t. III, p. 820.
28. Conard, *Études de mœurs : scènes de la vie de province*, t. I, p. 64 ; *Intégrale*, t. II, p. 178 ; *CHH*, t. V, p. 82 ; *BO*, t. V, p. 48.

Ambrière[29] ne commentent la partie soulignée et que Philippe Berthier la rapproche de Stendhal[30] dans la sienne, elle me semble provenir de l'*Entretien d'un philosophe avec la maréchale de* ***, où est énoncée la célèbre critique du pari de Pascal. Voici les répliques qui auraient inspiré Balzac :

> Pour moi, je mets à fonds perdu. – C'est la ressource des gueux. – M'aimeriez-vous mieux usurier ? – Mais oui ; on peut *faire l'usure avec Dieu* tant qu'on veut, on ne le ruine pas. Je sais bien que cela n'est pas délicat, mais qu'importe ? Comme le point est d'attraper le ciel d'adresse ou de force, il faut tout porter en ligne de compte, ne négliger aucun profit. Hélas ! nous aurons beau faire, notre mise sera toujours bien mesquine en comparaison de la rentrée que nous attendons. Et vous n'attendez rien, vous ? – Rien. – Cela est triste. Convenez donc que vous êtes bien méchant, ou bien fou. – En vérité, je ne saurais, madame la duchesse[31].

Que l'article employé soit défini ou partitif, l'expression *faire (de) l'usure avec Dieu* qui figure dans les deux citations me semble être trop rare pour que leur rencontre soit fortuite. Si, comme l'a observé Stephen J. Gendzier, Balzac a composé le personnage de Denis Minoret sur le modèle de Denis Diderot, il ne serait pas étonnant qu'il ait repris la formule frappante de ce dernier dans son roman. Peut-être celui-ci contiendrait-il d'autres échos du philosophe. En tout cas, si mon hypothèse était valable, elle nous conduirait à introduire le titre de l'*Entretien* dans l'index des œuvres citées dans *La Comédie humaine*.

29. Dans *CH*, t. III, p. 1574 comme dans *Ursule Mirouët*, éd. par Madeleine Ambrière, Paris, Gallimard (Folio classique), 1981, p. 376, l'éditrice insiste sur le fait que Minoret est un philanthrope plutôt qu'un chrétien sans s'intéresser à l'expression que j'ai soulignée.

30. *Ursule Mirouët*, éd. par Philippe Berthier, Paris, Flammarion (GF Flammarion), 2013, p. 97 : « C'est ce que Stendhal, par exemple, a toujours reproché au christianisme : ne pas aimer le bien de façon désintéressée, mais spéculer sur une récompense d'outre-tombe. »

31. *Op. cit.*, p. 644.

4.
L'HONNEUR DE LA FRANCE VESTIMENTALE

Lorsqu'ils lisent un texte français de la première moitié du XIXe siècle, les lecteurs d'aujourd'hui sont naturellement guidés par leur sentiment linguistique. S'ils y trouvent l'adjectif *vestimental*, leur réaction spontanée sera sans doute d'y voir un mot curieux, dont ils comprendront le sens mais qu'ils n'utiliseront pas eux-mêmes, tandis que s'ils y rencontrent l'adjectif *vestimentaire*, ils n'en remarqueront sans doute même pas la présence, puisque c'est un mot qui leur paraît tellement courant et dont la signification leur est si évidente qu'à leurs yeux il ne méritera pas d'attirer leur attention. La spontanéité de leur réaction est-elle pourtant toujours la garantie d'une compréhension exacte ? Leur sentiment linguistique ne serait-il pas parfois trompeur ? Le présent chapitre se propose d'étudier rapidement l'histoire de ces deux termes pour suggérer que quelquefois un recours aux bons dictionnaires n'est pas superflu pour bien comprendre Balzac.

Examinons d'abord l'adjectif *vestimentaire* au sens de « qui a rapport aux vêtements ». On n'en trouve qu'une seule occurrence dans *La Comédie humaine*, et les autres écrits de notre auteur semblent l'ignorer complètement. Le terme figure dans le *Traité de la vie élégante*, ouvrage paru dans *La Mode, Revue des Modes, Galerie de mœurs, Album des salons* en octobre et novembre 1830. La phrase qui le contient se trouve dans le chapitre V, publié dans le numéro du 6 novembre. Elle est reproduite fidèlement dans l'édition procurée par Rose Fortassier de la manière suivante :

> Les divisions de ce chapitre résultent donc d'observations consciencieuses, qui ont ainsi dicté l'ordonnance de la matière *vestimentaire*[1].

L'éditrice n'a pas annoté le mot *vestimentaire*. Il en va de même dans les autres éditions consultées[2]. Or si l'on consulte les différentes versions du *Dictionnaire de l'Académie française*, il faut attendre jusque sa huitième édition de 1932-1935 pour que l'adjectif y soit enregistré. Serait-ce un oubli de la part d'anciens Académiciens ? Apparemment non, car dans la

1. Balzac, *Traité de la vie élégante*, éd. par Rose Fortassier, *CH*, t. XII, p. 252.
2. *Intégrale*, t. VII, p. 579 ; *CHH*, t. XXIII, p. 573 ; *BO*, t. XX, p. 205.

lexicographie abondante du XIXe siècle, le *Supplément au Dictionnaire de l'Académie française, Sixième édition* de François Raymond[3], par exemple, et le *Complément du Dictionnaire de l'Académie française* de Louis Barré[4] ignorent tous deux l'adjectif qui nous occupe. On ne le trouve pas non plus dans toute la lignée du *Dictionnaire universel de la langue française* de Pierre-Claude-Victoire Boiste depuis 1800 jusqu'à 1857[5] ni dans le *Dictionnaire de la langue française* d'Émile Littré ni dans le *Grand Dictionnaire universel du XIXe siècle* de Pierre Larousse[6]. La base de données *Frantext* et l'article *vĕstīmentum* (t. XIV, p. 351b) du *Französisches Etymologisches Wörterbuch* (*FEW*) confirment cette absence du mot jusqu'à la fin du XIXe siècle, parce que les 301 occurrences que relève celle-là appartiennent toutes au XXe et au XXIe siècle et que celui-ci indique qu'il apparaît pour la première fois en 1907 dans *Le Larousse pour tous*, publié par Claude Augé. Si le *GrLarousse* fait remonter la première attestation au *Nouveau Larousse Illustré* de 1904, le *GrRobert* propose une indication chronologique sans références précises : « depuis la fin du XIXe siècle ».

Ainsi, l'occurrence du mot *vestimentaire* dans le *Traité de la vie élégante* brille par son caractère précoce. L'article *vestimentaire* du *TLF* a donc bien fait de la donner comme une première attestation. Cependant ce n'est pas le témoignage le plus ancien. D'après ma petite enquête, le mot apparaît pour la première fois en 1800, dans le tome VI du *Système des connaissances chimiques et de leurs applications aux phénomènes de la nature et des arts* d'Antoine-François Fourcroy. Voici le passage qui le contient :

> [...] l'or se multiplie encore sur les vêtemens de plusieurs peuples, en broderie, en tissus, en gallons. Tantôt il annonce l'opulence et le luxe de ceux qui s'en couvrent ; tantôt il sert de décoration et marque les dignités parmi les hommes. On l'associe dans les tissus à la soie, au lin, à la laine, aux crins, à la plume ; on le marie avec toutes les nuances de couleur ; on le fait briller même à travers des petites couches de verre qui adoucissent ou modèrent son éclat, qui projettent ou multiplient les rayons brillans réfléchis par sa surface ; et l'on sait assez combien, sous les formes *vestimentaires*, il attire les regards et semble se concilier le respect et presque l'obéissance ; [...][7].

3. Paris, Barba, 1836.

4. Paris, Didot, 1842.

5. *Dictionnaire universel de la langue française, avec le latin et l'étymologie*, Quatorzième édition par Charles Nodier et Louis Barré, Paris, Didot, Rey et Belhatte, 1857.

6. Paris, Administration du Grand Dictionnaire Universel, 1866-1876, 15 vol.

7. Antoine-François Fourcroy, *Système des connaissances chimiques et de leurs applications aux phénomènes de la nature et de l'art*, t. VI, Paris, Baudouin, Brumaire an IX [1800], p. 400.

Cette citation est tirée du chapitre K « Usages » de l'article XXI « De l'or ». Cet article a été ensuite repris dans l'*Encyclopédie méthodique. Chimie et métallurgie*[8] que le même auteur a publiée en 1808, et le passage cité s'y retrouve sans presque aucun changement, y compris le mot *vestimentaires* (p. 302). On se souvient à ce propos que dans *La Recherche de l'Absolu*, dont l'édition originale date de 1834, lors d'une discussion avec son mari Balthazar, Joséphine van Claës prononce le nom de ce chimiste :

> – Tu me diras ce que tu cherches, Balthazar ?
> – Mais, pauvre enfant, tu n'y comprendrais rien.
> – Tu crois ?... Hé ! mon ami, voici près de quatre mois que j'étudie la chimie pour pouvoir en causer avec toi. J'ai lu *Fourcroy*, Lavoisier, Chaptal, Nollet, Rouelle, Berthollet, Gay-Lussac, Spallanzani, Leuwenhoëk, Galvani, Volta, enfin tous les livres relatifs à la Science que tu adores. Va, tu peux me dire tes secrets.
> – Oh ! tu es un ange, s'écria Balthazar en tombant aux genoux de sa femme et versant des pleurs d'attendrissement qui la firent tressaillir, nous nous comprendrons en tout[9] !

La première place qu'Antoine-François Fourcroy occupe dans cette liste des ouvrages lus par Madame Claës semble suggérer l'importance que celle-ci et le romancier attribuent à l'auteur du *Systèmes des connaissances chimiques* et du volume *Chimie et métallurgie* de l'*Encyclopédie méthodique*. Balzac le lisait-il avant de publier en 1830 le *Traité de la vie élégante*[10] ?

Quoi qu'il en soit, après les deux ouvrages de Fourcroy, on rencontre le mot *vestimentaire* dans des ouvrages scientifiques. On le retrouve ainsi dans l'article *trépan* que Pierre-François Percy et Charles Laurent ont publié dans le tome LV du *Dictionnaire des sciences médicales par une société de médecins et de chirurgiens*[11] :

> L'un de nous a trépané plusieurs fois l'os dit des îles, pour vider une collection purulente et extraire des corps étrangers, balles et débris *vestimentaires* établis intérieurement autour du psoas ou de ce qu'on appelle ainsi, soit à la suite d'un coup de feu, soit par l'effet d'une amputation d'une partie du membre abdominal[12].

8. Voir *Id.*, *Encyclopédie méthodique. Chimie et métallurgie*, t. V, Paris, H. Agasse, 1808, p. 283-303.

9. *La Recherche de l'Absolu*, éd. par Madeleine Ambrière, *CH*, t. X, p. 700. Voir aussi l'éd. par Éric Bordas, Paris, Librairie Générale Française (Le Livre de poche, Classiques), 1999, p. 112.

10. Question que je n'ai pu résoudre ; voir Madeleine Ambrière, *Balzac et La Recherche de l'Absolu*, Paris, Hachette, 1968.

11. Paris, C. L. F. Panckoucke, 1821.

12. *Ibid.*, p. 541.

Plus près de la publication du *Traité de la vie élégante*, afin de critiquer l'« Acte de la Commission municipale et exécutive de Paris, sur l'approvisionnement de la capitale pendant l'état de siège »[13], un pamphlet signé Philolaus a été publié peu après : *Vote populaire, ou Plaintes adressées aux 40 signataires de l'acte (de Schonen) du 30 juillet 1830, par L*******, citoyen français, membre du Gouvernement populaire, protecteur des lois*[14]. Ce texte curieux, qui recourt à un vocabulaire spécialisé, contient l'adjectif qui nous préoccupe :

> Le luxe que doit avoir un souverain n'est pas le luxe immédiat que procure la dépense, n'est pas le luxe *vestimentaire* et architectural que l'on achète avec l'or, n'est pas le luxe des appartemens et des équipages que l'on achète avec la sueur du peuple ; le seul luxe que permettent les lumières actuelles, la splendeur que réclament les besoins de l'existence humaine, c'est la parure végétale, le parfum de ce vêtement, c'est la création d'un grand-maître [p. 13] des eaux et forêts, président des sept ministres que vous désignez, c'est le boisement et la liquéfaction des montagnes, c'est l'assurance des récoltes et la floraison des bosquets qui en résultent, c'est l'établissement de pépinières dans vos collines, c'est la salubrité à communiquer aux vivres, c'est l'assainissement de l'atmosphère, c'est la fécondation d'un sol appauvri et en butte aux intempéries[15].

L'auteur (est-ce Joseph Jacotot [1770-1840], auteur de *Droit et philosophie panécastiques*, entre autres ?), qui se présente comme « fondateur des pandidacts » et « chef du panamyntisme »[16], donne l'impression d'être très au courant de l'agronomie. Son emploi des syntagmes comme *la parure végétale*[17], *le boisement et la liquéfaction des*

13. Voir J. B. Duverger éd., *Collection complète des Lois, Décrets, Ordonnances, Réglemens, Avis du Conseil-d'État*, t. XXX, Deuxième édition, Paris, A. Guyot et Scribe, 1838, p. 82.

14. Paris, chez l'auteur, rue St-André-des-Arts, n° 18, 5 août 1830.

15. *Ibid.*, p. 12-13.

16. Qu'il explique par « secours sanitaire universel, prospérité individuelle, théocratie représentative, substitution pratique de l'ordre naturel aux efforts de l'industrie, grand amendement aux météores et aux climats, sagesse humaine rectifiant le cours des saisons, des nuages et des astres, cessation des études purement spéculatives et des occupations sérieuses parmi les hommes, seule doctrine écrite qui réponde à toutes les objections, et dont l'auteur ait commencé à les résoudre par des leçons orales, réfutation de tous les systèmes politiques et de toutes les méthodes gymnastiques, hygiéniques et d'éducation, critique générale et impartiale de toutes les maximes que professe la civilisation ainsi que de tous les travaux qu'elle exécute » (*ibid.*, p. 31).

17. Sur ce syntagme, voir Hoess, « Sur le changement de la superficie de la terre, ou sur la production, la destruction, ou le rétablissement des terrains, surtout relativement aux forêts » (*Annali Universali di Technologia*, etc. Milan, 1826), traduit par J. B. Levée,

montagnes[18], *l'assainissement de l'atmosphère*[19], etc. ne suggère-t-il pas qu'il est proche d'Antoine Duvaure ou de François-Antoine Rauch, « le père de l'écologie moderne »[20] ? Il cite du reste leur nom élogieusement.

Quelle que soit l'identité de Philolaus, son témoignage et les autres attestations citées plus haut nous suggèrent, me semble-t-il, que *vestimentaire* avait un caractère scientifique à cette époque. Sans doute créé sur le latin *vestimentarius*, ce terme rare était considéré comme un mot de formation savante[21]. C'est probablement pour cette raison que Balzac l'a utilisé dans son *Traité de la vie élégante*, ouvrage qui fait partie de la « *Pathologie de la vie sociale*, ou *Méditations mathématiques, physiques, chimiques et transcendantes sur les manifestations de la pensée, prises sous toutes les formes que lui donne l'état social, soit par le vivre et le couvert, soit par la démarche et la parole, etc.* (*Supposez trente*, etc.) »[22].

Examinons maintenant l'adjectif *vestimental* qui signifie également « qui a rapport aux vêtements ». Il apparaît trois fois dans *La Comédie humaine*. Rappelons les trois occurrences selon l'ordre chronologique de leur parution.

Le plus ancien témoignage figure dans la nouvelle *La Bourse*, dont l'édition originale chez Mame-Delaunay date de 1832. En décrivant le comte de Kergarouët qui vient chez les dames Leseigneur, le narrateur attire notre attention sur son vêtement :

dans François-Antoine Rauch (dir.), *Annales européennes ou Journal spécial de la Société de fructification générale*, t. XI, mai 1826, p. 459 : « Une montagne, au contraire, que la violence des causes naturelles a dépouillée de son vêtement et de sa *parure végétale*, ou qui en a été privée par l'imprudence de l'homme, doit être bientôt exposée aux effets destructeurs de l'atmosphère, et les torrens transporteront ailleurs, en peu de temps, la couche de terre végétale. »

18. Voir Jacques Joseph Baudrillart, *Mémoire sur le déboisement des montagnes et sur les moyens d'en arrêter les progrès et d'opérer le repeuplement des parties qui en sont susceptibles*, Paris, Huzart, 1835, p. 226 : « Heureux effets du *boisement des montagnes.* »

19. Voir Léon-François-Adolphe Simon, *Résumé complet d'hygiène publique et de médecine légale*, Paris, Bureau de l'Encyclopédie portative, 1830, p. 85 : « Parmi les moyens généraux propres à arrêter la propagation des maladies contagieuses et épidémiques, se trouve, en première ligne, *l'assainissement de l'atmosphère*. »

20. Selon Michel Cointat, « Modernité et mémoire », *in* Paul Robin, Jean-Paul Aeschlimann et Christian Feller éd., *Histoire et agronomie : entre ruptures et durée*, Paris, Institut de recherche pour le développement, 2007, p. 178.

21. Il ne me paraît pas nécessaire d'y voir un emprunt à l'anglais *vestimentary*, attesté depuis 1803 selon l'*Oxford English Dictionary*, c'est-à-dire trois ans après la première attestation du mot français chez Fourcroy.

22. « Préambule » du *Traité des excitants modernes*, éd. par Rose Fortassier, *CH*, t. XII, p. 304 ; souligné par l'auteur.

10.

retour de Beaudenord. Quand il fut installé quai Malaquais, ..., il arriva que mille francs au-dessus de ses besoins furent insuffisans pour sa part de loge aux Italiens et à l'Opéra ; puis, quand il perdait vingt-cinq ou trente louis au jeu dans un pari, il payait ; quand il les gagnait, il les dépensait. Il se trouvait donc gêné dans ses dix-huit mille livres de rente, ... ce que nous appelons aujourd'hui *le fonds de roulement.*

— A propos, dit Blondet, ... les provinciaux croient que tout roule déjà trop à Paris.

— Godefroid alla consulter son tuteur, car il tenait *à ne pas s'enfoncer lui-même*, et voici ce que lui dit le marquis : « Mon cher enfant, les rentes arrivent au pair, vends tes rentes, j'ai vendu les miennes et celles de ma femme. Nucingen a tous mes capitaux et m'en donne six pour cent ; fais comme moi, tu auras un pour cent de plus, et ce un pour cent te permettra d'être tout-à-fait à ton aise. » En trois jours, ... Godefroid ... fut à son aise, ses revenus étaient dans un équilibre parfait avec son nécessaire et son superflu ; son bonheur matériel fut complet. ... s'il était possible de interroger tous d'un seul regard, comme il paraît que la chose se fera lors du jugement dernier pour les milliards de générations qui ont pataugé sur tous les globes, en gardes nationaux ou en sauvages, et de leur demander si le bonheur d'un jeune homme de vingt-six ans ne consiste pas :

A pouvoir sortir à cheval, en tilbury, ou en cabriolet avec un tigre gros comme le poing, frais et rose comme Joby, Toby Paddy ;

A avoir, le soir, pour douze francs, un coupé de louage très-convenable ;

A se montrer élégamment tenu suivant les lois vestimentales qui régissent huit heures, midi, quatre heures et le soir ;

A être bien reçu dans toutes les ambassades, et y recueillir les fleurs éphémères d'amitiés cosmopolites et superficielles ;

A être d'une beauté supportable, et à bien porter son nom, son habit et sa tête ;

A loger dans un charmant petit entre-sol arrangé comme je vous ai dit qu'était arrangé l'entre-sol quai Malaquais ;

A pouvoir inviter des amis à vous accompagner au Rocher de Cancale sans avoir interrogé préalablement son gousset ;

A pouvoir renouveler les bouffettes roses qui embellissent la tête de ses trois chevaux pur sang ;

A n'être arrêté dans aucun de ses mouvements raisonnables par ce mot : — Ah ! et de l'argent ?

Tous, ... et nous-mêmes, gens supérieurs, répondraient que ce bonheur est incomplet, que c'est le temple sans la divinité, qu'il faut aimer et être aimé, ou aimer sans être aimé, ou être aimé sans aimer, ou pouvoir aimer à tort et à travers. Ceci tient au bonheur moral. ... Quand ... en janvier 1824 il se trouva bien assis dans ses jouissances, ... pris pied et langue dans les différentes sociétés parisiennes où il lui plut d'aller, il sentit la nécessité de se mettre à l'abri d'une ombrelle, d'a-

FIG. 4. – *La Maison Nucingen*, épreuves, Bibliothèque de l'Institut de France, Collection Spoelberch de Lovenjoul, ms Lov. A 125, fol. 10.

> Âgé d'environ soixante ans, le premier portait un de ces habits inventés, je crois, pour Louis XVIII alors régnant, et dans lesquels le problème *vestimental* le plus difficile fut résolu par un tailleur qui devrait être immortel[23].

Sur l'adjectif souligné, alors que la plupart des éditeurs consultés[24] ne disent rien, en 1965 Jean A. Ducourneau donnait une courte observation: « Aujourd'hui on dirait plutôt : vestimentaire »[25] et sa remarque a été reprise presque textuellement par Jean-Louis Tritter et Anne-Marie Baron[26]. De son côté, Philippe Berthier affirme : « Cet adjectif semble un néologisme »[27]. Serait-ce vrai ?

Avant d'examiner le terme de plus près, passons à sa deuxième occurrence. Elle se lit dans *La Maison Nucingen*, dont l'édition originale a paru chez Werdet en 1838. En racontant à ses convives l'histoire de Godefroid de Beaudenord, le brillant conteur Bixiou se pose une question:

> S'il était possible d'interroger tous les jeunes gens de Paris d'un seul regard, [...] et de leur demander si le bonheur d'un jeune homme de vingt-six ans ne consiste pas : à pouvoir sortir à cheval, en tilbury, ou en cabriolet avec un tigre gros comme le poing, frais et rose comme Toby, Joby, Paddy ; [...] à se montrer élégamment tenu suivant les lois *vestimentales* qui régissent huit heures, midi, quatre heures et le soir ; [...]. Tous, nous-mêmes, gens supérieurs, tous répondraient que ce bonheur est incomplet, que c'est la Magdeleine sans autel, qu'il faut aimer et être aimé, ou aimer sans être aimé, ou être aimé sans aimer, ou pouvoir aimer à tort et à travers[28].

Ce passage est cité dans l'article *vestimental* de Littré, qui traduit le mot souligné par « qui a rapport aux vêtements » sans donner plus de précisions. Cependant, tous les éditeurs consultés[29] n'ont pas jugé nécessaire de le commenter, à l'exception de Pierre Citron qui l'annote dans son édition pour la Pléiade:

23. *La Bourse*, éd. par Jean-Louis Tritter, *CH*, t. I, p. 427.
24. Conard, *Études de mœurs : scènes de la vie privée*, t. I, p. 408 ; *Intégrale*, t. I, p. 183 ; *CHH*, t. I, p. 420 ; *Quarto*, t. I, p. 1433.
25. *BO*, t. I, p. 19.
26. *CH*, t. I, p. 1312 ; *La Maison du chat-qui-pelote suivi de Le Bal de Sceaux, La Vendetta, La Bourse*, éd. par Anne-Marie Baron, Paris, Flammarion (GF Flammarion), 1985, p. 281.
27. *Nouvelles*, éd. par Philippe Berthier, Paris, Flammarion (GF Flammarion), 2005, p. 301.
28. *La Maison Nucingen*, éd. par Pierre Citron, *CH*, t. VI, p. 348. Voir fig. 4, ci-contre, pour un état antérieur de ce passage.
29. Conard, *Études de mœurs : scènes de la vie parisienne*, t. II, p. 368 ; *Intégrale*, t. IV, p. 241 ; *CHH*, t. VIII, p. 674 ; *BO*, t. XI, p. 19 ; *La Maison Nucingen précédé de Melmoth réconcilié*, éd. par Anne-Marie Meininger, Paris, Gallimard (Folio classique), 1989, p. 152; *Quarto*, t. II, p. 786.

> Par ce néologisme, Balzac semble vouloir conférer au ton de Bixiou une solennité ironique que n'aurait pas impliquée le terme « vestimentaire » ; de plus le mot offre un parallélisme avec « sentimentale »[30].

L'éditeur me paraît attribuer à *vestimental* un caractère solennel provenant de sa rareté, alors que son synonyme *vestimentaire* est considéré comme une banalité peu marquée. Cette opposition est-elle vraiment pertinente ?

Avant de creuser la question, relevons la troisième occurrence du terme. Dans la nouvelle « Le Luther des chapeaux », parue dans *Le siècle* du 19 août 1845[31] avant de rejoindre *Les Comédiens sans le savoir* dans l'édition Furne en 1846, le fabricant de chapeaux Vital s'en sert dans un long discours qu'il adresse à Maurice (dans *Le siècle*) ou à Gazonal (dans *La Comédie humaine*). Citons la phrase contenant l'adjectif d'après l'édition du roman telle qu'Anne-Marie Meininger l'a publiée pour la Pléiade :

> L'honneur de la France *vestimentale* sera sauvé le jour où les chapeaux gris à calottes rondes coûteront cent francs[32] !

Alors que ni Marcel Bouteron et Henri Longnon ni Isabelle Tournier ne disent rien sur le terme souligné[33], Jean A. Ducourneau signale, en modifiant un peu sa note sur *La Bourse*, que « ce mot était employé au XIXe siècle pour : *vestimentaire* »[34] et Maurice Bardèche y voit un « adjectif utilisé au XIXe siècle au même titre que "*vestimentaire*" »[35]. La note d'Anne-Marie Meininger[36] va dans le même sens.

Ainsi, les avis des spécialistes ne s'accordent pas tout à fait. L'adjectif *vestimental* est-il une création du romancier ? S'agit-il plutôt d'un mot courant pour *vestimentaire* ? Ou bien les deux adjectifs étaient-ils également usuels au XIXe siècle ? Pour dissiper la confusion, ni le *TLF* ni le *GrLarousse* ni le *GrRobert* ne nous aident en rien, parce qu'ils ignorent le mot *vestimental*. En revanche, l'article *vĕstīmentum* (t. XIV, p. 351b) du *FEW* enregistre d'une part le syntagme *essence vestimentale* au sens de « mélange d'huiles essentielles qui sert à enlever les taches de graisse de

30. *CH*, t. VI, p. 1267.

31. Version reproduite dans *Quarto*, t. II, p. 1558-1562.

32. *Les Comédiens sans le savoir*, éd. par Anne-Marie Meininger, *CH*, t. VII, p. 1169. Le texte est identique à celui du *Siècle*.

33. Conard, *Études de mœurs : scènes de la vie parisienne*, t. VII, p. 319 ; *Quarto*, t. II, p. 1562.

34. *BO*, t. XII, p. 26.

35. *CHH*, t. XI, p. 526.

36. *CH*, t. VII, p. 1727 : « "Vestimentale" ou "vestimentaire" : l'un et l'autre pouvaient se dire au XIXe siècle. »

dessus les étoffes » avec les fourchettes chronologiques de 1836 et 1876[37], et de l'autre l'adjectif *vestimental* au sens de « qui a rapport aux vêtements ». Pour ce dernier, Wartburg donne comme date : « depuis 1832, Nouvelles Littéraires 1929, 3 août ». Si l'on se reporte au numéro du 3 août 1929 des *Nouvelles littéraires*, on trouve à sa page 9 un article d'André Thérive « Querelle de langage » et on y lit l'attestation de *La Bourse* que l'on a vue plus haut. Balzac serait-il donc le créateur du mot ? Il est vrai qu'en 1899, Ferdinand Brunot avait rangé notre mot dans une longue liste de néologismes du romancier[38]. Avait-il raison ? Apparemment non, car la *BHVF* nous apprend qu'avant *La Bourse* il y a une occurrence de l'*essence vestimentale* en 1819, qu'elle a tirée de la cinquième édition du *Dictionnaire universel de la langue française* de Pierre-Claude-Victoire Boiste.

Pourrait-on compléter les données de nos instruments de travail ? C'est possible. Si l'on cherche un peu, on voit que l'adjectif *vestimental* dans le groupe nominal *essence* (ou *eau*) *vestimentale* est attesté au moins depuis 1773, tandis qu'en dehors de ces syntagmes, il est employé, quoique plus rarement, au moins depuis 1799.

D'après mon enquête sommaire, le plus ancien témoignage du terme figure, dans le syntagme *essence vestimentale*, dans le *Vocabulaire technique* de Pierre Jaubert, paru en 1773. Sa notice « Dégraisseur » annonce comme une dernière découverte ce produit qu'a inventé un certain Dupleix et dont l'appellation est due au créateur. Il est présenté ainsi :

> Une drogue qui enleveroit toutes sortes de taches occasionnées par des corps gras & résineux, qui réussiroit également bien sur toutes les couleurs, sans changer ni altérer le lustre des étoffes les plus précieuses, qui seroit incorruptible, & que chacun pourroit employer soi-même avec le plus grand succès, seroit une découverte aussi intéressante pour la société qu'utile pour le commerce.
>
> Telle est l'essence que le sieur *Dupleix* a inventée, & à laquelle il a donné le nom d'*essence vestimentale*[39].

Neuf ans plus tard, on rencontre le syntagme *eau vestimentale* dans la *Feuille hebdomadaire de la généralité de Limoges* du 10 juillet 1782. Il s'agit là aussi d'un produit qui a eu un grand succès. Voici le contexte :

37. La première date correspond au *Supplément du Dictionnaire de l'Académie française* et la dernière au *Grand Dictionnaire Universel du XIXe siècle* de Pierre Larousse.

38. « La langue française. De 1815 à nos jours », *in* Louis Petit de Julleville éd., *Histoire de la langue et de la littérature française des origines à 1900*, t. VIII, *Dix-neuvième siècle, Période contemporaine (1850-1900)*, Paris, Colin, 1899, p. 761.

39. *Vocabulaire technique, ou Dictionnaire raisonné de tous les termes usités dans les arts et métiers*, t. V, *servant de suite au Dictionnaire des arts et métiers, par M. l'Abbé Jaubert*, Paris, Didot, 1773, p. 492 ; c'est l'auteur qui souligne.

> Le sieur *Scarpe*, Marchand des six Corps de Paris, débite avec succès une *Eau vestimentale*, composée de différents simples, qui a la propriété d'enlever les tâches de graisse, d'huile, de cire, de gaudron, de crasse formée au col des habits, & généralement toutes tâches de matières graisseuses, sur toutes sortes de velours, étoffes de soie, laine, fil & coton, sans que la moire, la broderie ou le galon en éprouvent le moindre dommage. [...][40].

Inventeur de l'*essence vestimentale*, ce Dupleix avait un magasin à Paris, 110, rue Saint-Martin, « presque en face la rue aux Ours, entre le café Maillard, & le cul-de-sac Clairvaux, maison du mercier, vis-à-vis le chapelier » si l'on en croit le *Journal de Paris* du 17 août 1807. Selon ce périodique, son invention « est connue depuis 55 ans », à savoir depuis 1752, et le *Bazar parisien* de 1821 imite cette affirmation en déclarant qu'elle date d'« il y a soixante ans »[41], c'est-à-dire de 1761. Peut-on faire confiance à ces chronologies et faire remonter la première attestation de *vestimental* au milieu du XVIIIe siècle ? J'avoue ne pas avoir réussi jusqu'ici à retrouver les témoignages qui confirmeraient cette hypothèse ; la mention la plus ancienne que j'ai relevée date de 1773. Quoi qu'il en soit, comme on l'a vu plus haut, en 1819 la cinquième édition du *Dictionnaire universel de la langue française* de Boiste a enregistré le syntagme et, deux ans plus tard, le *Bazar parisien* que je viens d'évoquer nous apprend que le produit se vend non seulement chez Dupleix, mais aussi chez Dissey et Piver, cette maison qui est considérée comme un des modèles de celle de César Birotteau et Anselme Popinot[42]. La présentation de cette parfumerie intéressera à ce titre les amateurs de Balzac :

> DISSEY ET PIVER, *Parfumerie*, *Distillerie*, rue St.-Martin, n°. 111.
>
> Brevetés d'invention et connus très avantageusement dans l'art du parfumeur et du distillateur ; indépendamment des articles qu'ils fabriquent dans l'une et l'autre partie avec succès, ils en ont inventé plusieurs dont l'usage est très-intéressant pour les Dames ; nous citerons, entre autres, leur *Huile comogène* qui fait croître les cheveux, les fortifie et en prévient la chute totale ; leur *Serkis du sérail*, poudre favorite des sultanes, qui adoucit la peau, en augmente la blancheur, préserve des rides et détruit les taches de rousseur ; leur *Essence vestimentale*, qui enlève toutes les taches de corps gras sur

40. Huitième année, n° XXVIII, le mercredi 10 juillet 1782, p. 117 ; le premier soulignage est de l'auteur, et le second de moi.

41. *Bazar parisien, ou Annuaire raisonné de l'industrie des premiers artistes et fabricans de Paris, offrant l'examen de leurs travaux, fabrications, découvertes, produits, inventions, etc. ; Ouvrage utile à toutes les classes de la société*, Paris, Bureau du Bazar parisien, 1821, p. 181.

42. Voir *Histoire de la grandeur et de la décadence de César Birotteau*, éd. par René Guise, *CH*, t. VI, p. 6-9, qui s'appuie sur Madeleine Ambrière, « Balzac, le commerce et la publicité », *AB*, 1974, p. 187-198.

toute espèce d'étoffes ; leur *Crème céleste* au beurre de cacao, qui entretient la peau dans un état de fraîcheur, et en adoucit les feux ; enfin leur *Savon d'Alcibiade* pour la barbe : production dont les Orientaux se servent pour se raser la barbe et les cheveux. MM. Dissey et Piver tiennent également une grande fabrique de savon de toilette, de toute espèce. Cette Maison de parfumerie est, en résumé, l'une des plus estimées de Paris[43].

En dehors du nom de produit qui aurait alléché les clients de l'époque au même titre que l'*huile comogène*, la *crème céleste*, etc., l'adjectif *vestimental* est rarement attesté, mais on en trouve des exemples au moins depuis 1799. L'occurrence la plus ancienne que j'aie trouvée se lit dans les *Mémoires de Marie-Françoise Dumesnil, en réponse aux Mémoires d'Hyppolite Clairon*, que Charles-Pierre Coste d'Arnobat a arrangés pour les publier en 1799. Voici le contexte :

En supposant, au reste, que votre critique *vestimentale* fût fondée, encore ne seroit-ce pas là un *contresens* comme vous le dites, mais un défaut *d'à-propos*, le deuil étant le costume naturel d'une veuve[44].

Ainsi, les deux adjectifs *vestimentaire* et *vestimental*, qui sont nés à la fin du XVIIIe siècle, ne sont pas tout à fait interchangeables. Alors que le premier avait un caractère savant et qu'il était utilisé plutôt dans des textes scientifiques, le second avait des rapports plus étroits avec le commerce et la vie quotidienne, surtout grâce au produit lancé par Dupleix, qui connut un succès durable. Leur présence dans le *Traité de la vie élégante* d'un côté et dans *La Bourse*, *La Maison Nucingen* et *Les Comédiens sans le savoir* de l'autre était donc le résultat d'un choix réfléchi du romancier. Une petite enquête sur leur histoire nous aura montré, du moins je l'espère, qu'en l'occurrence Balzac n'a ni inventé ces mots ni écrit n'importe quoi et qu'il n'a pas oublié l'observation de La Bruyère : « Entre toutes les différentes expressions qui peuvent rendre une seule de nos pensées, il n'y en a qu'une qui soit la bonne »[45]. Sans doute ne serait-il pas superflu de méditer sur ce que Kurt Baldinger énonça il y a trente ans comme un des « dix commandements du glossairiste » :

Méfiez-vous de votre sentiment linguistique (Sprachgefühl), à moins que vous ne soyez né à l'époque de votre texte[46].

43. *Bazar parisien*, *op. cit.*, p. 170-171 ; c'est l'auteur qui souligne.

44. Paris, Dentu et Carteret, an VII, p. 45 ; le premier soulignage est de moi, et c'est l'auteur qui souligne les deux autres mots.

45. *Les Caractères ou les mœurs de ce siècle*, « Des ouvrages de l'esprit », dans La Bruyère, *Œuvres complètes*, éd. par Julien Benda, Paris, Gallimard (*Pl*), 1951, p. 69.

46. Kurt Baldinger, « Splendeurs et misères des glossaires (À propos de nouvelles recherches rabelaisiennes) », article de 1988 repris dans *Id.*, *Études autour de Rabelais*, Genève, Droz, 1990, p. 19-39 et surtout p. 38-39.

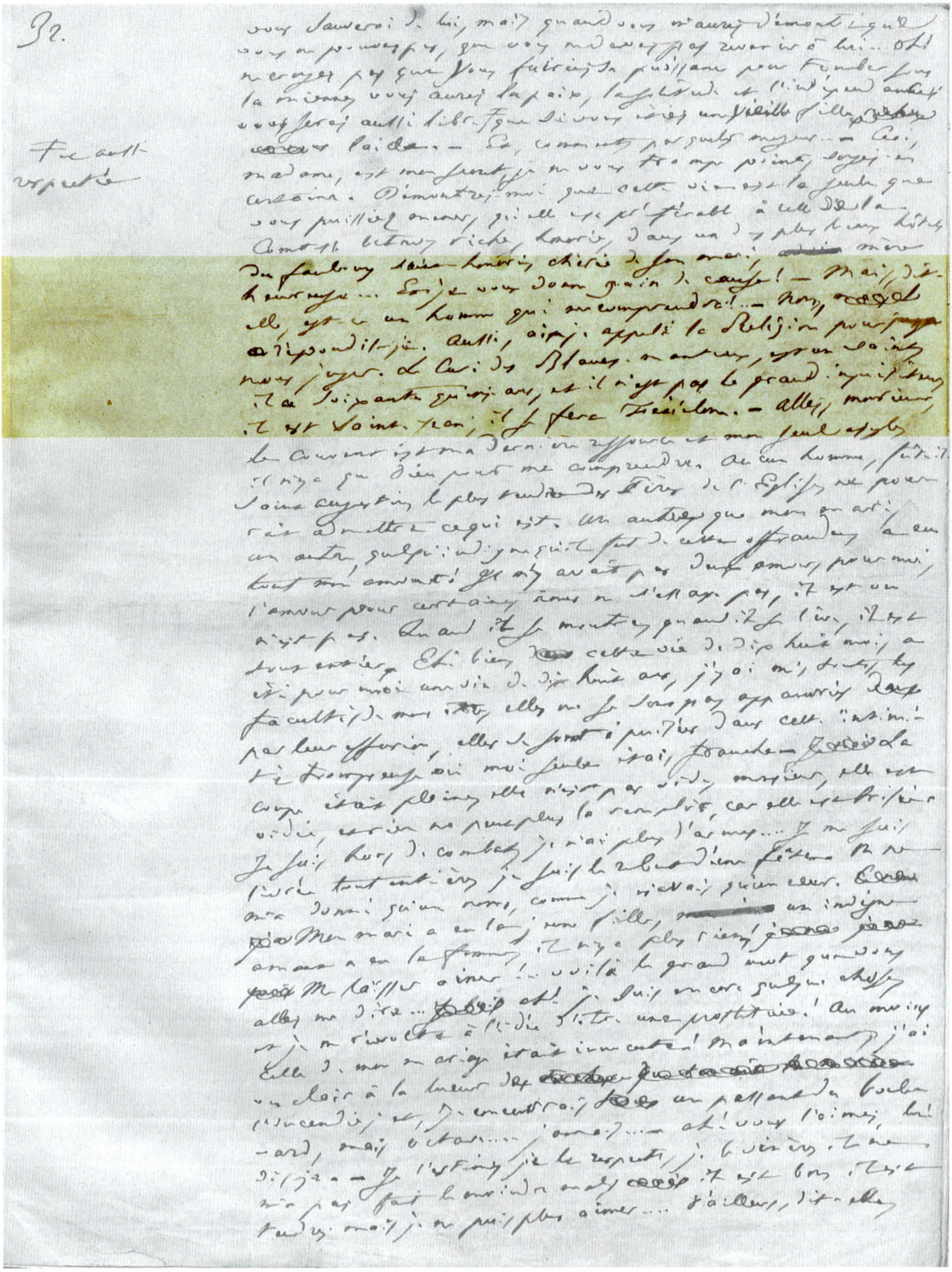

FIG. 5. – *Honorine*, manuscrit, Bibliothèque de l'Institut de France, Collection Spoelberch de Lovenjoul, ms Lov. A 101, fol. 32 recto.

5.
MANGEZ UN VEAU LE VENDREDI ; MAIS SOYEZ CHRÉTIEN !

Balzac a fait paraître sa nouvelle *Honorine* en feuilleton dans *La Presse* en 1843 avant de la publier en volume chez De Potter en 1844. Le consul général de France à Gênes, Maurice de l'Hostal, y parle longuement de l'histoire d'Honorine, qu'il a espionnée pour son mari le comte Octave de Bauvan et avec qui il a pu s'entretenir à plusieurs reprises. Il raconte entre autres une discussion animée qu'il a eue avec la malheureuse femme après lui avoir révélé comment elle a été protégée sans le savoir par le comte. Au cours de cette discussion, il s'est référé à Fénelon et au duc de Bourgogne. Voici les répliques qui nous intéressent.

> – Mais, dit-elle [=Honorine], est-ce jamais un homme qui me comprendra !... – Non, répondis-je [= Maurice]. Aussi ai-je appelé la Religion pour nous juger. Le curé des Blancs-Manteaux est un saint de soixante-quinze ans. Mon oncle n'est pas le Grand Inquisiteur, il est saint Jean ; mais il se fera Fénelon pour vous, le Fénelon qui disait au duc de Bourgogne : « Mangez un veau le vendredi ; mais soyez chrétien, monseigneur ! »[1]

Dans son édition pour la Pléiade, Pierre Citron n'a pas commenté ce mot attribué à Fénelon. Il en va de même chez les autres éditeurs consultés[2]. La citation leur était-elle si limpide ? Il se peut que oui, car l'anecdote balzacienne est confirmée par l'article *carême* du *Grand Dictionnaire Universel du XIXe siècle*, dans lequel Pierre Larousse rapporte, bien qu'avec une expression un peu différente et sans expliciter sa source d'information, la même anecdote :

> Nous devons ici rappeler un mot de Fénelon, dût-il scandaliser quelques personnes : un jour il surprit son élève, le duc de Bourgogne, faisant gras un vendredi ; comme le prince cherchait à s'excuser sur sa mauvaise santé, le prélat lui répondit : « Mangez un veau, et soyez juste. »[3]

1. *Honorine*, éd. par Pierre Citron, *CH*, t. II, p. 577-578. Voir fig. 5 pour la version manuscrite de passage.
2. Outre *CH*, t. II, voir Conard, *Études de mœurs : scènes de la vie privée*, t. IV, p. 376 ; *Intégrale*, t. I, p. 582 ; *CHH*, t. III, p. 112 ; *BO*, t. IV, p. 395 ; *Quarto*, t. II, p. 1410.
3. T. III, Paris, Administration du Grand Dictionnaire Universel, 1867, p. 385b-c.

Ni Balzac ni Larousse ne disent d'où vient l'histoire. Se retrouve-t-elle dans les œuvres de Fénelon ou dans ses biographies ? J'avoue ne pas avoir réussi à en trouver la trace dans ces écrits. Par contre, Jean Racine nous transmet un épisode semblable en l'attribuant à un autre personnage. Voici ce qu'en tant qu'historiographe du roi, il consigna dans ses fragments d'histoire :

> M. Feuillet regardait faire collation Monsieur en carême. Monsieur, en se levant de table, lui montre un petit biscuit qu'il prit encore sur la table en disant : « Cela n'est pas rompre le jeûne, n'est-il pas vrai ? » Feuillet lui dit : « Je voudrais que vous eussiez mangé un veau et que vous fussiez chrétien. »[4]

Quoique Raymond Picard s'abstienne de l'expliquer, si l'on en croit Paul Mesnard[5], c'est le chanoine de Saint-Cloud, Nicolas Feuillet, qui a lancé le fameux mot à Philippe d'Orléans. L'histoire qu'a rapportée Racine a été transmise dans plusieurs ouvrages du XVIIIe et du XIXe siècle tels que l'*Encyclopédie méthodique. Histoire* (1786) de Gabriel-Henri Gaillard[6], la *Galerie de l'ancienne Cour ou Mémoires anecdotes pour servir à l'Histoire des règnes de Louis XIV et de Louis XV* (1787)[7], livre favori de la comtesse de Listomère-Landon[8], les *Pièces intéressantes et peu connues pour servir à l'histoire et à la littérature* (1790) de Pierre-Antoine de La Place[9], l'*Encyclopédiana. Recueil d'anecdotes anciennes, modernes et*

4. Racine, *Œuvres complètes*, t. II, éd. par Raymond Picard, Paris, Gallimard (*Pl*), 1960, p. 283. Ce fragment vient du manuscrit 2344 de la Bibliothèque Mazarine ; voir *ibid.*, p. 1055.

5. *Œuvres de J. Racine*, éd. par Paul Mesnard, t. V, Paris, Hachette (Les Grands Écrivains de la France), 1865, p. 171.

6. Tome II, Paris, Panckoucke, 1786, p. 590a, s. v. *Feuillet (Nicolas)* : « Monsieur, duc d'Orléans, fatiguoit quelquefois M. *Feuillet*, de ses scrupules sur le jeûne. Il observoit de manger continuellement, même sans avoir faim, jusqu'au moment du café, de peur que, s'il y avoit le moindre intervalle, ce ne fût rompre le jeûne. *Je ne vois pas*, lui dit à ce sujet le brusque *Feuillet, qu'on en jeûne mieux pour manger davantage*. Une autre fois, sur quelqu'autre scrupule du même genre au sujet de l'observation du carême, il lui dit : *mangez un veau & soyez chrétien.* » (c'est l'auteur qui souligne).

7. Tome II, Maestricht, Dufour et Roux, 1787, p. 299-300 : « M. *Feuillet* regardoit *Monsieur* faire collation en Carême. *Monsieur* en sortant de table, lui montra un petit biscuit qu'il prit encore sur la table, en disant : *Cela n'est pas rompre le jeûne, n'est-il pas vrai ?* Feuillet lui répondit : *Mangez un veau, & soyez Chrétien.* Ce M. Feuillet étoit Chanoine de Saint-Cloud, & l'un des plus zélés Missionnai[res] de son siecle. » (souligné par l'auteur).

8. Voir *La femme de trente ans*, éd. par Bernard Gagnebin et René Guise, *CH*, t. II, p. 1058.

9. Tome VII, Maestricht, Roux, 1790, p. 126 : « *M. Feuillet* regardoit *Monsieur* faire collation en Carême. / *Monsieur*, en se levant, lui montra un biscuit qu'il venoit encore de prendre sur la table, en disant : "Ce ne sera pas rompre le jeûne, n'est-il pas vrai ?" "Eh *Monsieur* ! (lui dit *M. Feuillet*,) mangez un veau, & soyez Chrétien". » (c'est l'auteur qui souligne).

contemporaines (1842)[10], le *Dictionnaire encyclopédique d'anecdotes modernes, anciennes, françaises et étrangères* (1872) de Victor Fournel[11]. Ainsi, on pouvait l'apprendre dans ces ouvrages ou leurs similaires, même si l'on ne se reportait pas à l'historiographe de Louis XIV.

L'épisode était si répandu que Napoléon s'en souvenait aussi dans sa lettre du 5 mars 1807, mais il ne se rappelait plus qui avait prononcé le mot et il nommait le précepteur du Grand Dauphin :

> N'est-ce pas Bossuet qui disait : « Mangez un bœuf et soyez chrétien ? » L'observance du maigre le vendredi et celle du repos le jour du dimanche ne sont que des règles secondaires et très-insignifiantes[12].

D'où est-ce que Balzac aurait tiré son information ? Se serait-il inspiré d'une source antérieure identifiable ? On pourrait émettre une hypothèse : peut-être avait-il lu quelque part un morceau qui résume l'histoire sans nommer les protagonistes. C'est le cas d'un compte rendu de la séance de la Chambre des députés du 9 avril 1832, paru dans *Le Courrier français*. En traitant du projet de loi relatif à la résidence des étrangers en France, le général La Fayette y intervient pour protéger les réfugiés polonais :

> Je me rappelle l'anecdote d'un directeur spirituel répondant à un prince qui le consultait sur quelques scrupules d'abstinence : *Mangez un veau et soyez chrétien.* Hé bien ! je dirai : Soyez populaires, sortez de l'ornière et de la routine de la quasi-légitimité, de la quasi-restauration, confiez-vous aux masses. (Très-bien ! aux extrémités. Murmures au centre.[13])

Si ce discours avait attiré l'attention du romancier, il lui aurait peut-être suggéré que ce *directeur spirituel* devait être Fénelon et que le *prince* devait être le duc de Bourgogne. En brodant sur ce canevas, il aurait glissé l'épisode dans *Honorine*. Ce faisant, il serait devenu le premier à proposer cette attribution, que Pierre Larousse acceptera vingt ans après. Bien sûr, une recherche plus approfondie serait nécessaire pour découvrir une éventuelle source d'inspiration de Balzac.

10. Nouvelle édition, Paris, Jules Laisné, 1842, p. 525a : « Le père Feuillet, célèbre prédicateur du temps de Louis XIV, regardait Monsieur faire collation en carême. Monsieur, en sortant de table, lui montra un macaron en disant : "Ce n'est pas rompre le jeûne, n'est-ce pas ?" Feuillet lui répondit : "Mangez un veau et soyez chrétien." »

11. Tome I, Paris, Didot, 1872, p. 190b : « M. Feuillet regardait Monsieur faire collation en carême. / Monsieur, en se levant, lui montra un biscuit qu'il venait encore de prendre sur la table, en disant : "Ce ne sera pas rompre le jeûne, n'est-il pas vrai ? – Eh ! monsieur ! lui dit M. Feuillet, mangez un veau, et soyez chrétien." / (De la Place, *Pièces intéressantes.*) » (souligné par l'auteur).

12. *Correspondance de Napoléon I*[er] *publiée par ordre de l'empereur Napoléon III*, t. XIV, Paris, Imprimerie impériale, 1863, p. 470.

13. *Le Courrier français*, le 10 avril 1832 ; souligné par l'auteur.

Si pourtant celui-ci s'était souvenu de l'anecdote rapportée par Jean Racine, on peut se demander s'il aurait commis une erreur exprès ou par mégarde. Puisque Napoléon aussi avait commis une erreur et qu'il nommait Bossuet, il ne serait pas inconcevable que le romancier se soit trompé également, en renvoyant à un autre précepteur royal. Si cette hypothèse est correcte, on n'aura qu'à ranger notre cas dans la liste déjà longue des confusions de noms propres qu'il a faites dans *La Comédie humaine*.

Cependant, il n'est pas tout à fait impossible que la confusion soit volontaire, car il n'est pas interdit de se représenter que dans la scène, le narrateur lui-même, ému ou excité, se soit fourvoyé en confondant Feuillet et Fénelon, peut-être parce qu'obsédé par la situation du comte Octave amoureux mais détesté par son épouse infidèle, il se rappelait un passage des *Aventures de Télémaque* : « le cruel Amour, pour tourmenter les mortels, fait qu'on n'aime guère la personne dont on est aimé »[14]. Pour apprécier cette subtilité, les lecteurs auraient alors eu besoin d'une certaine connaissance de l'histoire ou de la littérature.

14. *Les Aventures de Télémaque*, VIe livre, *in* Fénelon, *Œuvres*, éd. par Jacques Le Brun, t. II, Paris, Gallimard, 1997, *Pl.*, p. 84.

6.
LES PARVENUS SONT COMME LES SINGES...

Dans sa thèse sur *Les Opinions littéraires de Balzac*[1] Geneviève Delattre a insisté sur le peu de place que Montaigne occupe dans les œuvres de Balzac. Le fait est confirmé par l'« Index des personnes réelles et des personnages historiques ou de la mythologie, de la littérature et des beaux-arts cités par Balzac dans "La Comédie humaine" »[2] qu'Anne-Marie Meininger a établi avec Pierre Citron pour le douzième volume de l'édition de la Pléiade, car les deux érudits y enregistrent seulement quatre allusions, qu'ils ont relevées dans *Modeste Mignon, La Peau de chagrin* et *Un grand homme de Paris en province*.

Il me semble toutefois qu'il existe au moins un passage où le romancier s'est inspiré des *Essais* mais que les éditeurs n'ont pas commenté. C'est sur cette citation dissimulée que dans le présent chapitre je voudrais attirer l'attention des lecteurs. Elle se trouve dans *Le Lys dans la vallée*, dont l'édition préoriginale a paru dans la *Revue de Paris* du 22 et du 29 novembre et du 27 décembre 1835 et qui ensuite a paru en volume chez Werdet en 1836. En parlant du comte de Chessel qui a changé de nom à plusieurs reprises pour satisfaire à son ambition, Félix de Vandenesse compare les parvenus aux singes. Voici le passage, tel qu'il est imprimé dans l'édition procurée par Jean-Hervé Donnard :

> Les parvenus sont comme les singes desquels ils ont l'adresse : on les voit en hauteur, on admire leur agilité pendant l'escalade ; mais, arrivés à la cime, on n'aperçoit plus que leurs côtés honteux[3].

Comme nous l'apprend l'apparat critique de l'édition de la Pléiade, la phrase présente des leçons un peu différentes sur les deuxièmes épreuves :

1. Paris, Presses Universitaires de France, 1961, p. 39-41.
2. *CH*, t. XII, p. 1769.
3. *Le Lys dans la vallée*, éd. par Jean-Hervé Donnard, *CH*, t. IX, p. 1007 ; le texte de la *Revue de Paris*, Nouvelle série, t. XXII, 1835, p. 256, n'a que deux variantes : « les singes dont ils ont [...] » et « mais arrivés » (pas de virgule).

> Les parvenus sont comme les singes qui grimpent aux arbres. Tant qu'ils montent, ils font plaisir, ils déployent leur adresse, se montrent dans leur longueur ; une fois en haut, le public ne voit que les côtés honteux[4].

Aucune des éditions consultées[5] n'a annoté ce passage. Cependant, la même comparaison était inscrite dans *Pensées, sujets, fragmens* de Balzac :

> Les parvenus sont comme les singes qui grimpent à un arbre.
> Arrivés en haut, on ne leur voit plus que le postérieur[6].

Jacques Crépet, qui a édité cet album, n'a pas non plus donné de note à ce fragment[7]. Or un normalien de la fin du XIXe siècle avait rapproché la phrase du *Lys dans la vallée* de Montaigne et de Charron. La remarque est à chercher dans un endroit un peu inattendu, car il s'agit du deuxième tome du *Théâtre complet de Jean Racine, Édition nouvelle*, que Napoléon-Maurice Bernardin, professeur au Lycée Charlemagne, publia en 1882[8]. En expliquant une réplique de Narcisse, plus précisément les vers 1445-1448 de *Britannicus* (« Moi-même revêtu d'un pouvoir emprunté, Que je reçus de Claude avec la liberté, J'ai cent fois dans le cours de ma gloire passée, Tenté leur patience, et ne l'ai point lassée »[9]), il fait une observation digne d'intérêt :

> Narcisse est de la race de ces parvenus dont Balzac, dans le *Lys de* [*sic*] *la vallée*, a dit, après Montaigne (*Essais* II, 17) et après Charron (*De la sagesse* II, 7) : « Les parvenus sont comme les singes, desquels ils ont l'adresse ; on les voit en hauteur, on admire leur agilité durant l'escalade, mais arrivés à la cime, on n'aperçoit plus que leurs côtés honteux. »[10]

Même si l'on met de côté la comparaison de Narcisse et des parvenus balzaciens, les deux pistes que nous suggère Napoléon-Maurice Bernardin mériteront d'être examinées.

4. *CH*, t. IX, p. 1697.
5. Conard, *Études de mœurs : scènes de la vie de campagne*, t. IV, p. 50 ; éd. par Moïse Le Yaouanc, Paris, Garnier, 1966, p. 55 ; *Intégrale*, t. VI, p. 311 ; *CHH*, t. V, p. 464 ; *BO*, t. VII, p. 280 ; *CH*, t. IX, p. 1007 ; éd. par Anne-Marie Meininger, Paris, Gallimard, 1972 ; 2004, Folio classique, p. 67 ; éd. par Nicole Mozet, Paris, Flammarion, 1972 ; 2010, GF Flammarion, p. 75 ; éd. par Gisèle Séginger, Paris, Librairie Générale Française (Le Livre de poche, Classiques), 1995, p. 95.
6. *Pensées, sujets, fragmens*, éd. par Jacques Crépet, Paris, Blaizot, 1910, p. 23.
7. Il en va de même dans l'édition de Maurice Bardèche, voir *CHH*, t. XXIV, p. 687.
8. Paris, Delagrave, 1882.
9. Racine, *Œuvres complètes*, t. I, *Théâtre – Poésie*, éd. par Georges Forestier, Paris, Gallimard, 1999, *Pl*, p. 426.
10. Napoléon-Maurice Bernardin, *op. cit.*, p. 254.

D'abord, voyons ce que Montaigne a consigné dans le chapitre XVII « De la presumption » du Livre II de ses *Essais*. Il s'y réfère à un mot du chancelier François Olivier. Je cite le texte d'après l'édition de la nouvelle Pléiade, fondée sur celle de 1595 :

> Et me souvenant de ce mot du feu Chancelier Olivier, que *les François semblent des guenons, qui vont grimpant contremont un arbre, de branche en branche, et ne cessent d'aller, jusques à ce qu'elles soyent arrivées à la plus haute branche : et y montrent le cul, quand elles y sont*[11].

Balzac aurait pu lire la phrase dans plusieurs éditions de Montaigne parues au début du XIXe siècle, par exemple celle de Didot en 1802[12] ou celle de 1824, annotée par Amaury Duval, membre de l'Institut, qui indique qu'une des publications anciennes avait supprimé le passage à cause de son caractère « injurieux à la nation »[13].

De son côté, *De la Sagesse* de Pierre Charron, paru en 1601, consacre plusieurs pages à la prospérité, contre laquelle il faut se garder. Comme une troisième manière de se conduire avec sagesse dans l'opulence, l'auteur insiste sur la nécessité de se modérer. C'est dans ce paragraphe que l'on trouve un résumé du mot du chancelier Olivier :

> Le troisiesme est de retenir ses desirs & y mettre mesure : la prosperité enfle le cœur, pousse en avant, ne trouve rien difficile, faict venir l'envie tousjours des plus grandes choses (ils disent qu'en mangeant l'appetit vient) & nous emporte au dela de nous : & c'est la ou l'on se perd, l'on se noye, l'on se faict moquer de soy. *C'est comme le* [*sic*] *guenon qui monte de branche en branche jusques au sommet de l'arbre, & puis montre le cul.* ô combien de gens se sont perdus & ont peri miserablement, pour n'avoir [p. 386] peu se moderer en leur prosperité[14].

Balzac aurait pu lire cette comparaison des personnes prospères avec les singes dans plusieurs éditions de Charron parues au début du XIXe siècle,

11. Montaigne, *Les Essais*, éd. par Jean Balsamo, Michel Magnien et Catherine Magnien-Simonin, Paris, Gallimard (*Pl*), 2007, p. 684.

12. *Essais de Michel seigneur de Montaigne, Édition stéréotype d'après le procédé de Firmin Didot*, t. III, Paris, Didot, 1802, p. 49.

13. *Essais de Montaigne, Nouvelle édition publiée d'après l'édition la plus authentique et avec des sommaires analytiques et de nouvelles notes par Amaury Duval*, t. IV, Paris, Chassériau et Dondey-Dupré, 1824, p. 68. La publication ancienne en question est une contrefaçon genevoise (voir l'éd. citée de Jean Balsamo *et al.*, p. LXII), *Les Essais de Michel seigneur de Montagne*, « pour François le Febvre, de Lyon » de 1595, p. 594.

14. Pierre Charron, *De la Sagesse, livres trois*, Bourdeaus, Simon Millanges, 1601, p. 385-386.

entre autres celle qu'Amaury Duval a commentée en 1824[15] ; il aurait pu y apprendre, si c'était nécessaire, que l'auteur de *De la Sagesse* s'était basé ici sur Montaigne.

À ces deux auteurs évoqués par Napoléon-Maurice Bernardin, on ajoutera un autre qui mentionne la même comparaison. C'est Pierre Dumoulin, controversiste protestant. Il a publié en 1609 un ouvrage intitulé *Héraclite ou De la vanité et misère de la vie humaine*[16], qui a connu plusieurs rééditions. Dans cet ouvrage il parle, après bien d'autres, de l'ambition et des gens qui « aspirent aux honneurs & grandeurs avec une extréme ardeur ». Ce paragraphe contient la phrase qui nous intéresse :

> Et ceux qui sont *parvenus* au haut des honneurs tirent l'eschelle apres eux de peur que d'autres ne montent, mais en ce haut bien souvent ils ressemblent *aux singes qui grimpent un arbre* ou une maison : [f° 8] *lesquels quand ils sont parvenus au haut font la mouë aux passans, & amusent le peuple de mines : car alors ordinairement paroist leur foiblesse, & leurs vices sont mis en veuë* : Joint qu'en ceste grandeur ils trouvent plus de soucis & de craintes qu'en bas[17].

Ici l'auteur assimile explicitement les *parvenus* aux singes. La question est de savoir lequel des trois auteurs que je viens de citer aurait inspiré Balzac. Sa façon de présenter avec assez de détails la montée du singe en employant le verbe *grimper*[18] et son exhibition des *côtés honteux* ou du *postérieur*[19] semblent suggérer qu'il s'est servi de Montaigne. Mais le fait qu'il parle des *parvenus* et non pas des *Français* en général paraît signifier que la mise en garde que Charron propose aux personnes prospères ou la critique des ambitieux chez Pierre Dumoulin lui étaient connues.

Pour savoir si le romancier connaissait vraiment Montaigne, on peut se reporter à un autre roman, qu'il écrivait un an avant *Le Lys dans la vallée*. Il s'agit de *La Fille aux yeux d'or*, plus particulièrement son premier chapitre[20], qui est daté du 15 mars 1834[21] dans sa première publication,

15. Pierre Charron, *De la Sagesse, trois livres, Nouvelle édition publiée avec des sommaires et des notes explicatives, historiques et philosophiques par Amaury Duval*, t. II, Paris, Chassériau, 1824, p. 178.

16. Quevilly, Claude Le Villain, 1609.

17. *Ibid.*, f° 7v°-8r°.

18. Dans la variante du *Lys dans la vallée* et l'album *Pensées, sujets, fragmens*.

19. *Ibid.*, et aussi dans le texte définitif du roman.

20. Qui finit à l'avant-dernier alinéa de la page 1066 de *La Fille aux yeux d'or*, éd. par Rose Fortassier, *CH*, t. V.

21. *Études de mœurs au* XIX*e siècle*, t. XI, *Scènes de la vie parisienne*, t. III, Paris, Madame Charles-Béchet, 1834, p. 349.

à savoir le onzième volume des *Études de mœurs au* XIX*e siècle* chez Madame Charles-Béchet, enregistré dans la *Bibliographie de la France* du 19 avril 1834.

Ce premier chapitre de la troisième partie de l'*Histoire des Treize* contient un long morceau appelé « Les jeunes gens de Paris »[22], que Balzac réutilisera en septembre 1834 dans le quatrième volume du *Nouveau Tableau de Paris au* XIX*e siècle*[23]. Dans ce passage de *La Fille aux yeux d'or*, il observe que ces jeunes sont tous impatients de parvenir, comme on le voit dans cette citation[24] :

> Tous sont également cariés jusqu'aux os par le calcul, par la dépravation, par une brutale envie de parvenir, et s'ils sont menacés de la pierre, en les sondant[25] on la leur trouverait à tous, au cœur[26].

Le manuscrit donne pour cet endroit une leçon un peu différente, qui nous ramène aux *Essais* de Montaigne (voir fig. 6). La voici telle qu'elle est imprimée dans l'apparat critique de la Pléiade :

> [...] ; ils sont cariés jusqu'aux os par le calcul ou la dépravation, par une envie de parvenir. *S'ils parviennent, ils ressemblent selon l'expression du chancelier Olivier, aux singes grimpés sur un arbre ; ils ne montrent que leurs plus sales choses et font de l'orgueil.* C'est au cœur qu'ils ont la pierre ; [...][27].

La phrase soulignée, qui a disparu dans le texte définitif, contient un renvoi au chancelier Olivier et une comparaison des parvenus et des *singes grimpés sur un arbre*. L'allégation du chancelier ainsi que l'emploi du verbe *grimper* semblent nous suggérer que Balzac pense à Montaigne qui se réfère au même personnage dans sa comparaison des *François* et des *guenons*, même si en parlant des *parvenus*, il se souvient aussi de Charron ou de Dumoulin.

Il est intéressant de voir ainsi comment notre auteur a transféré la comparaison des parvenus et des singes du manuscrit de *La Fille aux yeux d'or* au *Lys dans la vallée*. Dans la description des « jeunes gens de Paris », il aurait sans doute constaté que, puisque ces jeunes étaient tous dévorés d'une envie très forte de *parvenir*, il ne convenait pas de parler des *parvenus*

22. Qui commence à la page 1059 de *CH*, t. V.

23. Paris, Madame Charles-Béchet, 1834, p. 325-334.

24. Où je signale une variante du *Nouveau Tableau de Paris*.

25. sondant adroitement *Nouveau Tableau de Paris*, p. 327 ; cette variante n'est pas relevée dans *CH*.

26. *La Fille aux yeux d'or*, *CH*, t. V, p. 1060.

27. *Ibid.*, p. 1544. La variante est relevée aussi dans l'*Histoire des Treize*, éd. par Pierre-Georges Castex, Paris, Garnier, 1956, p. 517.

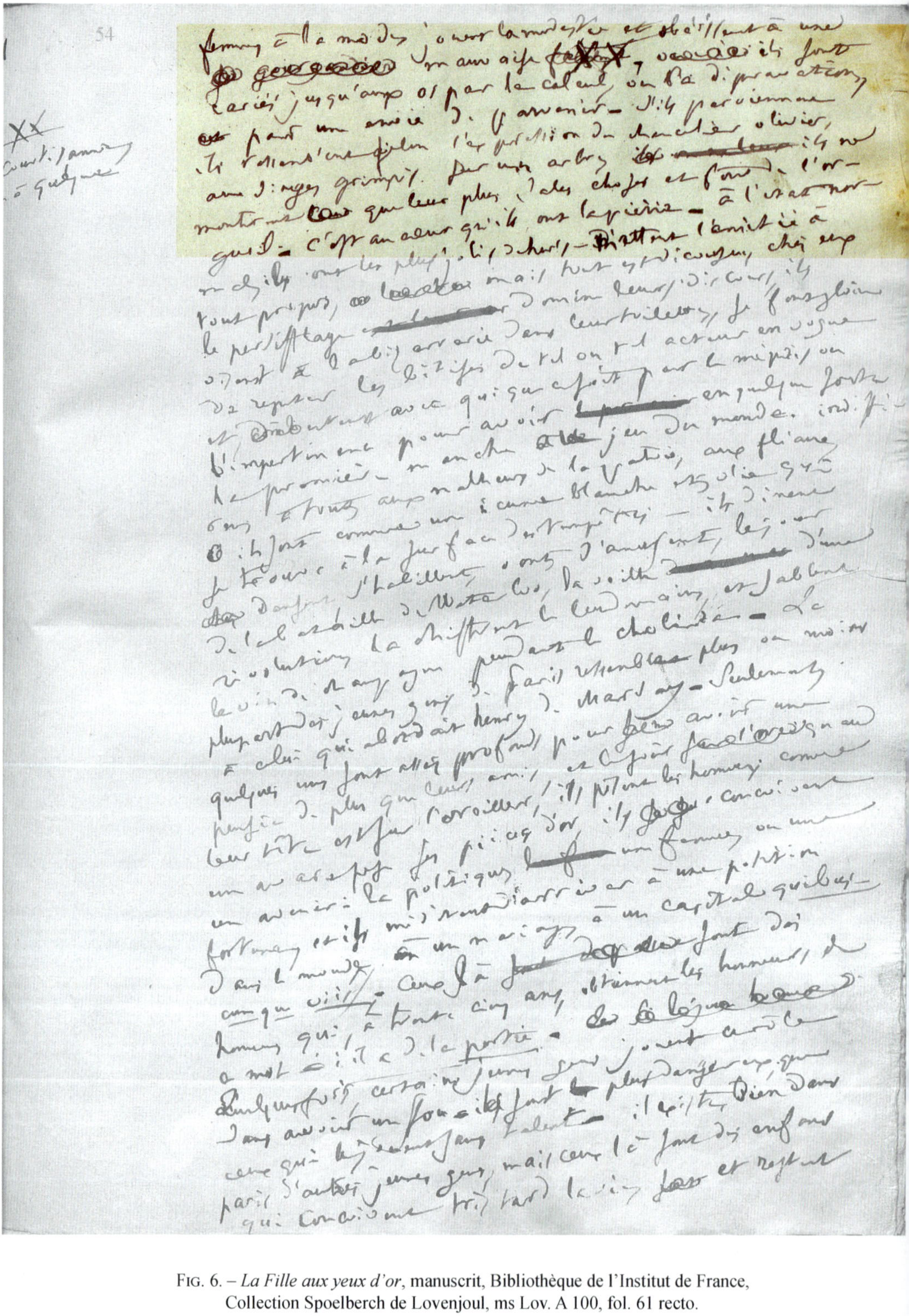

FIG. 6. – *La Fille aux yeux d'or*, manuscrit, Bibliothèque de l'Institut de France, Collection Spoelberch de Lovenjoul, ms Lov. A 100, fol. 61 recto.

et il aurait rejeté la comparaison. Mais il n'aurait pas voulu renoncer tout à fait à cette belle image qu'il aurait trouvée chez Montaigne (et Charron ou Dumoulin). Le comte de Chessel dans *Le Lys dans la vallée* lui aurait ainsi fourni une bonne occasion de la réutiliser. Ou peut-être Balzac aurait-il créé ce personnage secondaire – qui ne réapparaît pas dans le reste de *La Comédie humaine* – à partir de la guenon ou du singe décrits par ces écrivains. Bref, on voit que sa connaissance de Montaigne n'était pas aussi insignifiante qu'on ne le pense. Une relecture de *La Comédie humaine* et d'autres œuvres balzaciennes, et surtout de l'apparat critique des éditions de référence qui offre un large choix de variantes pourra-t-elle nous aider à retrouver d'autres allusions aux *Essais* ? Peut-être.

— Chouit !

— Dégommé !

— Puff !

— Oh !

— Ah !

— Bâoun !

— Ah ! le vieux drôle !

— Trinn, la, la, trinn, trinn

— Enfoncé !

— Monsieur Desroches, vous irez au spectacle sans payer, dit Huré, le quatrième clerc, ~~à un nouveau venu~~, en lui donnant sur l'épaule une tape à tuer un rhinocéros.

Ce fut un torrent de cris, de rires et d'exclamations, à la peinture duquel on userait toutes les onomatopées de la langue.

— A quel théâtre irons-nous ?

— A l'Opéra ! s'écria le principal.

— D'abord, reprit Godeschal, le théâtre n'a pas été désigné. Je puis, si je veux, vous mener chez madame Saqui.

— Madame Saqui n'est pas un spectacle.

— Qu'est-ce qu'un spectacle ? reprit Godeschal. Établissons d'abord le *point de fait*. Qu'ai-je parié, messieurs ? un spectacle. Qu'est-ce qu'un spectacle ? une chose qu'on voit...

— Mais dans ce système-là, vous vous acquitteriez donc en nous menant voir l'eau couler sous le Pont-Neuf ? s'écria Simonnin en interrompant.

— Qu'on voit pour de l'argent, disait Godeschal en continuant.

— Mais on voit pour de l'argent bien des choses qui ne sont pas un spectacle. La définition n'est pas exacte, dit ~~Huré~~.

— Mais, écoutez-moi donc !

— Vous déraisonnez, mon cher, dit Boucard.

— Curtius est-il un spectacle ? dit Godeschal.

— Non, répondit le ~~premier~~ clerc, c'est un cabinet de figures.

— Je parie cent francs contre un sou, reprit Godeschal, que le cabinet de Curtius constitue l'ensemble de choses auquel est dévolu le nom de spectacle. Il comporte une chose à voir à différents prix, suivant les différentes places où l'on veut se mettre...

— Et *berlik berlok*, dit Simonnin.

— Prends garde que je ne te giffle, toi ! dit Godeschal.

FIG. 7. – *Le Colonel Chabert*, édition Furne corrigée, Bibliothèque de l'Institut de France, Collection Spoelberch de Lovenjoul, ms Lov. A 26, p. 8.

7.
IL FAUT METTRE LES POINTS SUR LES I, SAQUERLOTTE !

La phrase choisie comme titre du présent chapitre figure dans une savoureuse scène de l'étude de l'avoué Derville, au moment où le colonel Chabert vient consulter ce dernier. Comme l'a souligné Maurice Bardèche[1], le passage qui la contient n'a pas pris sa forme définitive du premier coup. Il a fait l'objet d'un remaniement profond entre la publication préoriginale sous le titre de « La Transaction » dans *L'Artiste, journal de la littérature et des beaux-arts* de 1832 et l'édition de Furne en 1844 dans laquelle la nouvelle s'intitule *Le Colonel Chabert*, en passant par l'édition originale de 1835 chez Madame Charles-Béchet où elle était appelée *La Comtesse à deux maris*. En suivant ces transformations successives, on pourrait sans doute se représenter quelles raisons ont amené le romancier à retoucher si fort la scène et du même coup à proposer une interprétation d'un ou même deux autres endroits de la création balzacienne.

Si l'on jette un coup d'œil sur la version préoriginale du *Colonel Chabert* dans *L'Artiste* de 1832, on voit que le troisième clerc qui prononce la phrase en dictant une requête à trois de ses collègues est anonyme et que le mot *saquerlotte* n'y figure pas. Citons la partie de leur discussion qui nous intéresse :

> Puis, le troisième clerc reprit la phrase commencée :
> – *Rendue en*.... Y êtes-vous ?....
> – Oui !... crièrent les trois copistes.
> Tout marchait à la fois, la requête, la causerie et la conspiration !....
> – *Rendue en*... hein ? quelle est la date de l'ordonnance ? il faut mettre les points sur les i... Cela fait des pages.

1. Maurice Bardèche, *Balzac, romancier. La Formation de l'art du roman chez Balzac jusqu'à la publication du « Père Goriot » (1820-1835)*, Paris, Plon, 1940, p. 398.

– Juin 1814[2] !... dit le premier clerc sans interrompre son travail[3].

Non seulement le troisième clerc n'a pas de nom, mais le premier clerc aussi est anonyme dans cette version. Quand ensuite Balzac a publié en 1835 *La Comtesse à deux maris* dans le quatrième volume des *Scènes de la vie parisienne*, il a ajouté plusieurs noms propres à la version originale, précisé le lieu de naissance d'un personnage et introduit le mot *saquerlotte* qui a donné lieu à une petite scène plaisante. Citons la deuxième version en soulignant les parties modifiées :

> Le troisième clerc reprit la phrase commencée : – *Rendue en*... Y êtes vous ?
> – Oui, crièrent les trois copistes.
> Tout marchait à la fois, la requête, la causerie et la conspiration.
> – *Rendue en*..... Hein, papa Boucard ? quelle est la date de l'ordonnance ? il faut mettre les points sur les i, saquerlotte ! Cela fait des pages.
> – *Saquerlotte !* répéta l'un des copistes.
> – Comment, vous avez écrit *saquerlotte* ? s'écria le troisième clerc en regardant l'un [p. 261] des nouveau-venus d'un air à la fois sévère et goguenard.
> – Mais oui, dit le quatrième clerc en se penchant sur la copie de son voisin, il a écrit : *Il faut mettre les points sur les i*, et *sakerlotte* par un *k*.
> Tous les clercs partirent d'un grand éclat de rire.
> – Comment, monsieur Godeschal, vous prenez *saquerlotte* pour un terme de Droit, et vous dites que vous êtes de Mortagne ? s'écria le petit clerc.
> – Effacez donc ça ! dit le premier clerc. Si le juge chargé de taxer le dossier voyait des choses pareilles, il dirait qu'on *se moque de la barbouillée !* Vous causeriez des désagrémens au patron. Allons, ne faites plus de ces bêtises-là, monsieur Godeschal ! un Normand ne doit pas écrire insouciamment une requête. C'est le : – *Portez arme !* de la Basoche.
> – *Rendue en... en*, demanda le troisième clerc, dites donc, Boucard ?
> – Juin 1814, répondit le premier clerc sans quitter son travail[4].

Le juron *saquerlotte* glissé dans cette version a ainsi permis à l'auteur de développer une série d'échanges entre les clercs et d'attirer l'attention des lecteurs sur l'interjection qui, sans cette mise en scène, aurait risqué de rester inaperçue. De plus, alors que le troisième clerc qui jure reste anonyme, le premier clerc a pris le nom de Boucard, et l'un des copistes, qui a mal

2. En fait les 5 et 6 décembre 1814, comme le signalent plusieurs éditeurs, voir Pierre Barbéris dans son édition du *Colonel Chabert*, *CH*, t. III, p. 1338. Mais s'agit-il d'une inadvertance de l'auteur ou d'une erreur qu'il attribue sciemment au premier clerc ?

3. « La Transaction. § Ier. Scène d'étude », *L'Artiste, journal de la littérature et des beaux-arts*, 1re série, t. III, 1832, p. 27 ; c'est l'auteur qui met en italique.

4. *La Comtesse à deux maris*, dans *Études de mœurs au XIXe siècle*, t. XII, *Scènes de la vie parisienne*, Quatrième volume, Paris, Madame Charles-Béchet, 1835, p. 260-261 ; c'est l'auteur qui met en italique.

compris le terme, s'appelle maintenant Godeschal et l'on apprend de plus que celui-ci est normand, originaire de Mortagne.

Dans l'édition Furne de 1844, Balzac a encore réécrit son texte pour améliorer la ponctuation, ajouter des mots et surtout donner le nom de Godeschal au troisième clerc qui dicte la requête. Voici cette version, où je souligne les modifications par rapport à l'édition de 1835 :

> Et Godeschal reprit la phrase commencée : – *rendue en*... Y êtes-vous? demanda-t-il.
> – Oui, crièrent les trois copistes.
> Tout marchait à la fois, la requête, la causerie et la conspiration.
> – *Rendue en*... Hein ? papa Boucard, quelle est la date de l'ordonnance ? il faut mettre les points sur les i, saquerlotte ! Cela fait des pages.
> – *Saquerlotte !* répéta l'un des copistes avant que Boucard le Maître clerc n'eût répondu.
> – Comment, vous avez écrit *saquerlotte ?* s'écria Godeschal en regardant l'un des nouveaux venus d'un air à la fois sévère et goguenard.
> – Mais oui, dit le quatrième clerc[5] en se penchant sur la copie de son voisin, il a écrit : *Il faut mettre les points sur les i*, et *sakerlotte* avec un k.
> Tous les clercs partirent d'un grand éclat de rire.
> – Comment, monsieur Huré, vous prenez *saquerlotte* pour un terme de Droit, et vous dites que vous êtes de Mortagne ! s'écria Simonnin.
> – Effacez bien ça ! dit le principal clerc. Si le juge chargé de taxer le dossier voyait des choses pareilles, il dirait qu'*on se moque de la barbouillée !* Vous causeriez des désagréments au patron. Allons, ne faites plus de ces bêtises-là, monsieur Huré ! Un Normand ne doit pas écrire insouciamment une requête. C'est le : – *Portez arme !* de la Bazoche [*sic*].
> – *Rendue en... en*, demanda Godeschal. Dites-moi donc, quand, Boucard ?
> – Juin 1814, répondit le premier clerc sans quitter son travail[6].

Dans cette version, le copiste mal réveillé s'appelle Huré, tout en gardant son origine normande. Par contre, on ne sait plus d'où vient le troisième clerc qui dictait la requête et qui maintenant a pris le nom de Godeschal. La promotion de celui-ci, qui passe du novice au troisième clerc entre la version de 1835 et celle de 1844, est due, sans doute, à la chronologie qu'impose *Un début dans la vie*. Dans ce roman, dont la préoriginale, sous le titre du *Danger des mystifications*, a été publiée dans *La Législature* de 1842 et dont l'édition originale chez Dumont date de 1844, Godeschal[7], présenté

5. Il sera appelé finalement Desroches dans l'exemplaire de l'édition de Furne corrigé par l'auteur, voir *Le Colonel Chabert*, *CH*, t. III, p. 313.

6. *BO*, t. X, p. 3.

7. *Un début dans la vie*, éd. par Pierre Barbéris, *CH*, t. I, p. 843.

comme frère de la danseuse Mariette, travaille chez l'avoué Desroches, où il est chargé de l'éducation d'Oscar Husson. Pour remplir cette fonction dans l'histoire située en 1822, le personnage ne pouvait plus être un nouveau venu chez Derville en 1818[8]. Tout en devenant le troisième clerc dans *Le Colonel Chabert*, il est amené à y prononcer le juron *saquerlotte*.

Il ne serait pas inutile à ce propos de se rappeler que cette interjection se retrouve une fois dans *Un début dans la vie*. Citons d'abord, d'après l'édition procurée par Pierre Barbéris, le conseil qu'en novembre 1825 le bras droit de Desroches donne à Oscar avant que ce dernier ne se rende à la funeste soirée chez la marquise de Las Florentinas :

> Sois prudent, songe à ne pas jouer au delà de nos cent francs ; ne te laisse griser ni par le jeu ni par les libations. *Saperlotte* ! un second clerc a déjà du poids, il ne doit pas jouer sur parole, ni dépasser une certaine limite en toute chose[9].

Quoiqu'aucun des éditeurs consultés[10] ne donne de variante dans ce passage, la leçon *saperlotte* du Furne corrigé n'apparaît qu'en 1844 dans l'édition originale[11], à la place de *saquerlotte* qu'on lisait dans la publication préoriginale de *La Législature* de 1842. Ce changement a-t-il été introduit par l'auteur ? Ou provient-il d'une intervention du typographe, qui avait cru qu'il s'agissait d'une coquille pour *saperlotte*, plus courant[12] ? Quand on se rappelle que *saquerlotte* a figuré dès 1835 dans *La Comtesse à deux maris* pour y jouer un rôle remarquable et qu'en 1844 *Le Colonel Chabert* de l'édition Furne le met dans la bouche de Godeschal, on peut se demander si la bonne leçon dans *Un début dans la vie* n'est pas *saquerlotte* du *Danger des mystifications* et si *saperlotte* de 1844 n'est pas dû à l'initiative abusive du correcteur. Au moins la variante de 1842, que les éditeurs auraient sans doute prise pour une des « nombreuses erreurs typographiques qui subsistaient dans le feuilleton »[13], mériterait de figurer dans l'apparat critique.

8. Voir *Le Colonel Chabert*, *CH*, t. III, p. 1368.

9. *Un début dans la vie*, *CH*, t. I, p. 860.

10. Outre *CH*, voir Conard, *Études de mœurs : scènes de la vie privée*, t. II, p. 455 ; éd. par Guy Robert et Georges Matoré, Genève, Droz et Lille, Giard, 1950, p. 181 ; *Intégrale*, t. I, p. 332 ; *CHH*, t. II, p. 132 ; *BO*, t. IV, p. 532.

11. Paris, Dumont, 1844, 2 vol., t. I, p. 56.

12. Il est prononcé deux fois par Crevel dans *La Cousine Bette*, éd. par Anne-Marie Meininger, *CH*, t. VII, p. 162 et 229, et une fois par un élève de l'atelier de Chaudet dans *La Rabouilleuse*, éd. par René Guise, *CH*, t. IV, p. 290 ; voir aussi la *BHVF*, qui donne plusieurs occurrences de 1809 à 1843.

13. Selon l'expression de Guy Robert et Georges Matoré dans leur éd. citée d'*Un début dans la vie*, p. XLII.

Voyons maintenant quels sont les traits distinctifs de *saquerlotte*. Alors que ce mot manque à la *BHVF*, au *GrLarousse* et au *GrRobert*, le problème n'a apparemment pas intéressé les éditeurs consultés[14] du *Colonel Chabert*, sauf Nadine Satiat. Celle-ci souligne dans une note le caractère régional du terme :

> D'après nos recherches, *saquerlotte* serait en effet une variante normande et picarde de *saperlotte* ; Mortagne-au-Perche est un chef-lieu de canton de l'Orne, en Basse-Normandie. Huré le Normand devrait tout de même savoir cela[15] !

Cette remarque justifierait le texte de *La Comtesse à deux maris* de 1835 dans lequel Balzac a introduit *saquerlotte* dans la réplique du troisième clerc anonyme tout en faisant dire par le premier clerc que le novice normand aurait dû comprendre ce juron. De plus, la réplique du premier clerc paraît suggérer que notre terme est plus normand que picard aux yeux du romancier. Cette hypothèse n'est-elle pas confortée par un autre personnage balzacien ? Je pense à Gaudissart, dont on connaît l'origine normande grâce à une indication glissée dans *L'Illustre Gaudissart*[16], nouvelle parue pour la première fois chez Madame Charles-Béchet à la fin de l'année 1833. Certes, dans cette nouvelle le commis voyageur ne prononce pas le juron *saquerlotte*, mais il s'en sert deux fois un peu plus tard, dans l'*Histoire de la grandeur et de la décadence de César Birotteau*, dont la première publication en volume chez Boulé date de 1837. D'une part, après avoir lu le prospectus de l'*Huile céphalique* de la maison d'Anselme Popinot, Gaudissart exprime son enthousiasme à son auteur qui le lui a apporté :

> Mon cher ami, dit l'Illustre Gaudissart à Finot, c'est parfaitement écrit. *Saquerlotte*, comme nous abordons la haute science ! nous ne tortillons pas, nous allons droit au fait. Ah ! je vous fais mes sincères compliments, voilà de la littérature utile[17].

14. Il n'y a pas de note dans Conard, *Études de mœurs : scènes de la vie privée*, t. VII, p. 5 ; éd. par Pierre Citron, Paris, Didier, 1961, p. 10 ; *Intégrale*, t. II, p. 310 ; *CHH*, t. IV, p. 266 ; *BO*, t. X, p. 3 ; *CH*, t. III, p. 313 ; éd. par Patrick Berthier, Paris, Gallimard, 1974 ; 1976 ; 1999, Folio classique, p. 43.

15. *Le Colonel Chabert*, éd. par Nadine Satiat, Paris, Flammarion (GF Flammarion), 2009, p. 49.

16. *L'Illustre Gaudissart*, éd. par Pierre Barbéris, *CH*, t. IV, p. 594 : « Gaudissart était *normand*, [...]. » Voir ci-dessous une autre interprétation de l'adjectif.

17. *Histoire de la grandeur et de la décadence de César Birotteau*, éd. par René Guise, *CH*, t. VI, p. 157.

De l'autre, en racontant à Finot comment le juge d'instruction Jean-Jules Popinot, oncle d'Anselme, l'a sauvé de la guillotine, Gaudissart a recours au même terme :

> Vous ne savez pas, Finot, si vous n'aurez pas besoin de M. Popinot. *Saquerlotte* ! il faut des saluts, et des six à la livre encore[18].

Sauf erreur de ma part, aucune des éditions consultées[19] de *César Birotteau* n'a annoté le juron employé dans ces citations. Ces deux occurrences, qui viennent chronologiquement après *La Comtesse à deux maris* de 1835, sont pourtant dignes d'intérêt, parce qu'elles paraissent signifier que Balzac, qui n'y avait pas pensé dans *L'Illustre Gaudissart* de 1833, a voulu se rattraper en 1837 pour souligner de cette manière l'origine normande du commis voyageur.

Cependant, le juron est-il vraiment normand ? Comme dans sa note sur *Le Colonel Chabert* Nadine Satiat ne donne pas de références lexicographiques, il ne serait pas superflu de vérifier comment les dictionnaires traitent du terme. Si l'on consulte d'abord l'article *saperlotte* du *TLF*, on trouve dans sa partie historique le type *sacrelote* (1750, Vadé) et *saquerlotte* du *Colonel Chabert* avant le type *saperlotte* (depuis 1809). Cette présentation a sans doute conduit l'éditrice à considérer *saquerlotte* comme variante de *saperlotte*. Mais il me paraît plus prudent de distinguer les deux types et d'interpréter *saquerlotte* comme le résultat d'une métathèse de *sacrelotte*[20]. Au moins est-ce ainsi que l'article *sacrāre* (t. XI, p. 39b-40a) du *FEW* présente les deux types. Selon Wartburg, d'une part *sacrelotte* est attesté à Paris depuis 1808[21] et à Lisieux dans la première moitié du XIXe siècle d'après le *Glossaire du patois normand* de Louis-François Du Bois[22]. De l'autre, on trouve le type *sakerlotte*[23] en rouchi et picard dans

18. *Ibid.*, p. 159.

19. Outre *CH*, voir Conard, *Études de mœurs : scènes de la vie parisienne*, t. II, p. 151 et 152 ; éd. par Pierre Laubriet, Paris, Garnier, 1964, p. 182 et 183 ; *Intégrale*, t. IV, p. 176; *CHH*, t. VIII, p. 504 et 505 ; *BO*, t. X, p. 305 et 306 ; éd. par Gérard Gengembre, Paris, Flammarion (GF Flammarion), 1995, p. 179 et 180 ; éd. par Stéphane Vachon, Paris, Librairie Générale Française (Le Livre de poche, Classiques), 2018, p. 297 et 300.

20. C'est ce que fait Pierre Enckell dans son *Dictionnaire des jurons*, Paris, Presses universitaires de France, 2004, p. 571.

21. Date qui correspond au *Dictionnaire du bas-langage ou des manières de parler usitées parmi le peuple*, Paris, D'Hautel, 1808, 2 vol., t. II, p. 527, qui énumère *sacrebleu, sacredié, sacrelote, sacristie, saprebleu, sapristie* comme des « interjections basses et vulgaires ».

22. Caen, Hardel, 1856, p. 322.

23. Une petite énigme : comment faut-il interpréter ce que dans leur *Glossaire étymologique et historique des patois et des parlers de l'Anjou* (Angers, Germain et Grassin, 1908, 2 vol.), Anatole-Joseph Verrier et René Onillon enregistrent *saquerlote* en le localisant à Montjean (t. II, p. 235) ? Si cette occurrence manque au *FEW*, est-ce parce qu'elle est isolée ?

le *Dictionnaire rouchi-français* de Gabriel-Antoine-Joseph Hécart[24] et le *Glossaire étymologique et comparatif du patois picard ancien et moderne* de Jules Corblet[25]. Ainsi, la forme *saquerlotte* qu'a utilisée Balzac est à ranger plutôt dans le deuxième groupe que dans le premier. Il aurait donc dû écrire *sacrelotte* en 1835 lorsque dans *La Comtesse à deux maris* il a mis en scène la discussion sur *saquerlotte* et introduit le personnage de Godeschal comme originaire de Mortagne-au-Perche.

Toutefois, on peut se demander si le romancier n'a pas eu raison de garder ce juron picard en l'attribuant au troisième clerc, appelé désormais Godeschal, quand il a modifié le texte du *Colonel Chabert* pour l'édition Furne de 1844. Ce faisant, non seulement il a vieilli le personnage pour qu'il convienne mieux à *Un début dans la vie*, mais aussi il lui a donné l'origine picarde qui correspond mieux à son nom de famille. Les clercs de l'étude de Derville se seraient ainsi moqués de son parler peu parisien, représenté ici par le juron *saquerlotte*. La précision géographique ainsi dégagée me semble préparer la scène qui suit et dans laquelle Simonnin utilise la locution adverbiale *berlik berlok* au sens de « sans ordre » pour railler la langue de Godeschal.

Cette scène aussi a subi des transformations entre la publication préoriginale de 1832 et la version définitive du Furne corrigé. Dans celle-là, on assiste à une réplique peu développée du troisième clerc qui répond aux observations de ses collègues sur le pari qu'il leur a proposé, et la locution qui nous intéresse n'y figure pas encore :

> – D'abord, reprit le troisième clerc, le théâtre n'a pas été désigné, je puis, si je veux vous mener à l'Ambigu-Comique ; mais il n'est pas prouvé que ce vieux singe ne se soit pas moqué de nous..... En conscience, le colonel Chabert est mort, sa femme est mariée au comte Ferrand, conseiller d'état... Elle est cliente de l'étude[26] !

Cette simple réplique du troisième clerc anonyme a subi une refonte profonde dans l'édition originale de 1835. L'auteur y développe une discussion animée sur la définition du spectacle, en y introduisant des références à la danseuse Saqui et au Salon des figures de Curtius. Rappelons-nous que dans cette version Godeschal est le nom du novice normand. Voici le passage selon l'édition de Madame Charles-Béchet, où je souligne les modifications introduites :

24. Troisième édition, Valenciennes, Lemaitre, 1834, p. 425b ; l'auteur y enregistre *saquerlote* à côté de *saperlote*.

25. Paris, Dumoulin, Didron et Techener, 1851, p. 557 ; l'auteur y relève *sakerlotte*, *sakergué* et *saperlotte*.

26. « La Transaction. § Ier. Scène d'étude », *op. cit.*, p. 29.

> – D'abord, reprit le troisième clerc, le théâtre n'a pas été désigné. Je puis, si je veux, vous mener chez madame Saqui.
> – Madame Saqui n'est pas un spectacle.
> – Qu'est-ce qu'un spectacle ? reprit le troisième clerc. Établissons d'abord le *point de fait*. Qu'ai-je parié, messieurs ? Un spectacle. Qu'est-ce qu'un spectacle ? une chose qu'on voit....
> – Mais dans ce système-là, vous vous ac-[p. 272]-quitteriez donc en nous menant voir l'eau couler sous le Pont-Neuf ! s'écria le petit clerc en interrompant.
> – Pour de l'argent, disait le troisième clerc en continuant.
> – Mais on voit pour de l'argent bien des choses qui ne sont pas un spectacle. La définition n'est pas exacte, dit Godeschal.
> – Mais écoutez-moi donc !
> – Vous déraisonnez, mon cher, dit Boucard.
> – Curtius est-il un spectacle ? dit le troisième clerc.
> – Non, répondit le premier clerc, c'est un cabinet de figures.
> – Je parie cent francs contre un sou, reprit le troisième clerc, que le cabinet de Curtius constitue un spectacle.
> Les clercs haussèrent les épaules.
> – D'ailleurs, il n'est pas prouvé que ce vieux singe ne se soit pas moqué de nous, dit le troisième clerc, qui cessa son argumentation. En conscience, le colonel Chabert est bien mort. Sa femme est remariée au comte Ferraud, conseiller d'état. Madame Ferraud est une des clientes de l'étude[27] !

Malgré l'amplification, le passage ne contient pas encore la locution qui nous occupe. Celle-ci apparaît enfin dans l'édition de Furne en 1844, où tout en distribuant différemment plusieurs répliques aux locuteurs avec leur nom, l'auteur rallonge l'*argumentation* du troisième clerc commençant par *Je parie*. C'est cette partie augmentée qui donne lieu à une intervention du petit clerc, appelé maintenant Simonnin. Je souligne les endroits qui diffèrent du texte de 1835 et relève en note les corrections que Balzac va introduire sur son exemplaire de l'édition de Furne et qui seront adoptées dans l'édition de la Pléiade (voir fig. 7) :

> – D'abord, reprit Godeschal, le théâtre n'a pas été désigné. Je puis, si je veux, vous mener chez madame Saqui.
> – Madame Saqui n'est pas un spectacle[28].
> – Qu'est-ce qu'un spectacle ? reprit Godeschal. Établissons d'abord le *point de fait*. Qu'ai-je parié, messieurs ? un spectacle. Qu'est-ce qu'un spectacle ? une chose qu'on voit...
> – Mais dans ce système-là, vous vous acquitteriez donc en nous menant voir l'eau couler sous le Pont-Neuf ? s'écria Simonnin en interrompant.

27. *La Comtesse à deux maris*, *op. cit.*, p. 271-272 ; c'est l'auteur qui met en italique.
28. « spectacle, dit Desroches », dans le Furne corrigé et *CH*, t. III, p. 318.

– Qu'on voit pour de l'argent, disait Godeschal en continuant.
– Mais on voit pour de l'argent bien des choses qui ne sont pas un spectacle. La définition n'est pas exacte, dit Huré[29].
– Mais, écoutez-moi donc !
– Vous déraisonnez, mon cher, dit Boucard.
– Curtius est-il un spectacle ? dit Godeschal.
– Non, répondit le premier[30] clerc, c'est un cabinet de figures.
– Je parie cent francs contre un sou, reprit Godeschal, que le cabinet de Curtius constitue l'ensemble de choses auquel est dévolu le nom de spectacle. Il comporte une chose à voir à différents prix, suivant les différentes places où l'on veut se mettre[31].
– Et *berlik berlok*, dit Simonnin.
– Prends garde que je ne te gifle, toi ! dit Godeschal.
Les clercs haussèrent les épaules.
– D'ailleurs, il n'est pas prouvé que ce vieux singe ne se soit pas moqué de nous, dit-il en cessant une argumentation étouffée par le rire des autres clercs. En conscience, le colonel Chabert est bien mort, sa femme est remariée au comte Ferraud, Conseiller d'État. Madame Ferraud est une des clientes de l'Étude[32] !

Parmi les éditions consultées[33], seule celle de Patrick Berthier annote la locution *berlik berlok* en disant : « *Sic*. Pure invention verbale de Balzac, semble-t-il »[34]. La *BHVF*, qui enregistre cette occurrence, n'explique pas non plus la locution, absente du *TLF*, du *GrLarousse* et du *GrRobert*. Si pourtant on se reporte à la traduction anglaise de Henry Waller Preston parue en 1907, on apprend de quoi il s'agit :

> *berlik berlok*, usually *brelique-breloque* (cf. note to p. 8, l. 23[35]) = *avec confusion*. Simonnin imprudently suggests that Godeschal is talking nonsense[36].

La locution adverbiale *brelique breloque* est attestée depuis le *Dictionnaire françois* de Pierre Richelet en 1680[37] jusqu'au *Dictionnaire*

29. « dit Desroches », *ibid.*
30. « le Maître », *ibid.*
31. « mettre.... », *ibid.*
32. *BO*, t. X, p. 8-9 ; souligné par l'auteur.
33. Voir Conard, *Études de mœurs : scènes de la vie privée*, t. VII, p. 12 ; éd. citée de Pierre Citron, p. 24 ; *Intégrale*, t. II, p. 313 ; *CHH*, t. IV, p. 272 ; *BO*, t. X, p. 8 ; *CH*, t. III, p. 318 ; éd. citée de Nadine Satiat, p. 56.
34. *Op. cit.*, p. 55.
35. Note sur les formes particulières des onomatopées figurant dans la nouvelle : *saquerlotte*, *chut*, *berlik berlok*.
36. *Le Colonel Chabert by Honoré de Balzac*, traduit par H. W. Preston, Oxford, The Clarendon Press, 1907, p. 76.
37. Genève, Widerhold, 1680, 2 vol., t. I, p. 93b.

général[38] de 1890 comme nous l'apprend l'article *breloque[1]* du *TLF*. Celui-ci s'appuie sur le *FEW*, t. VIII, p. 568 a, *s. v.* **pir-*, qui nous renseigne de plus sur le type *berlic berloc*. Bien que le traducteur anglais n'en parle pas, ce type a, selon Wartburg, une aire de diffusion assez restreinte : il est attesté en lorrain, wallon, rouchi et picard avec le sens de « sans ordre ; de travers » et même « à moitié ivre »[39]. Pour railler ou fâcher Godeschal, pourquoi Simonnin n'a-t-il pas utilisé la locution standard *brelique breloque* ? Si c'était uniquement pour ridiculiser son argumentation ennuyeuse, celle-ci n'aurait-elle pas été suffisante ? Il me semble que le petit clerc visait non seulement le discours qui commençait à le lasser, mais aussi et surtout le parler géographiquement marqué de son collègue. Ce dernier, qui a précédemment prononcé le juron *saquerlotte* en dictant une requête, devait avoir un vocabulaire régional qui amusait les membres de l'étude de Derville. Simonnin paraît ainsi avoir imité l'expression *berlik berlok* – avec sa prononciation et peut-être même avec un geste éloquent –, qu'il aurait souvent entendue chez le troisième clerc. Le narrateur semble avoir préparé cette interprétation en insistant sur l'éclat de rire qui suivait *saquerlotte*. La présence rapprochée de ces deux termes, dont l'un est picard et rouchi, et l'autre picard, rouchi, wallon et lorrain, ne suggèrerait-elle pas que Godeschal est d'origine picarde ? En tout cas, il serait difficile de voir dans ces occurrences un simple produit de « l'imagination langagière supposée d'une profession aux mœurs jugées caricaturales, comme celle des avoués »[40].

Avant de terminer, retournons à *L'Illustre Gaudissart*. Si *saquerlotte* que prononce le commis voyageur est plutôt picard que normand, quel sens doit-on donner au qualificatif *normand* accolé au héros dans la nouvelle ? Est-ce une simple indication géographique de son origine ? Ne pourrait-on pas y voir une autre signification ? Pour répondre aux questions, voyons dans quel contexte figure l'adjectif. La scène se situe à la fin de la discussion entre le commis voyageur qui essayait de recruter des abonnés des journaux et le fou Margaritis qui tenait à vendre son vin :

> Enfin Margaritis revint avec le commis voyageur, en marchant tous deux d'un pas accéléré comme des gens empressés de terminer une affaire.

38. Adolphe Hatzfeld, Arsène Darmesteter et Antoine Thomas, *Dictionnaire général de la langue française du commencement du XVIIe siècle jusqu'à nos jours*, Paris, Delagrave, 1890-1900, 2 vol., t. I, p. 293.

39. Sens attesté en picard, voir Jules Corblet, *op. cit.*, p. 290.

40. Comme le dit Louis Bergès dans son article « Balzac et l'argot : enjeux littéraires autour du roman populaire », paru dans Bernadette Cabouret éd., *La Communication littéraire et ses outils : écrits publics, écrits privés*, Paris, Éditions du Comité des travaux historiques et scientifiques, 2018, p. 41-61.

« Le bonhomme a, fistre, bien enfoncé le Parisien !... » dit M. Vernier.
Et, de fait, l'Illustre Gaudissart écrivit sur le bout d'une table à jouer, à la grande joie du bonhomme, une demande de livraison des deux pièces de vin. Puis, après avoir lu l'engagement du voyageur, M. Margaritis lui donna sept francs pour un abonnement au *Journal des enfants*.
« À demain donc, monsieur, dit l'Illustre Gaudissart en faisant tourner sa clef de montre, j'aurai l'honneur de venir vous prendre demain. Vous pourrez expédier directement le vin à Paris, à l'adresse indiquée, et vous ferez suivre en remboursement. »
Gaudissart était *normand*, et il n'y avait jamais pour lui d'engagement qui ne dût être bilatéral : il voulut un engagement de M. Margaritis, qui, content comme l'est un fou de satisfaire une idée favorite, signa, non sans lire, un bon à livrer deux pièces de vin du clos Margaritis[41].

Pourquoi le narrateur a-t-il précisé ici que le héros est *normand* ? Aurait-il eu besoin de l'expliciter pour le distinguer des habitants de Vouvray ? Mais la nouvelle n'oppose-t-elle pas plutôt le *Parisien* – comme l'appelle Vernier – et les Vouvrillons ? Bien qu'aucune des éditions consultées[42] ne le commente, il me semble que l'adjectif survient dans ce passage non pas pour indiquer inopinément le pays natal du héros, mais plutôt pour insister sur le fait que celui-ci était doté du caractère « fin, rusé » que l'on attribue aux Normands[43]. Puisque dès le début de la nouvelle, le narrateur a appelé le commis voyageur « le plus fin, le plus habile des ambassadeurs »[44], les lecteurs devraient sans doute comprendre qu'à cause de son habileté digne d'un *Normand*, Gaudissart n'a pas voulu repartir de Vouvray sans avoir reçu une signature de son client. Cela rendrait plus amusante l'histoire qui raconte comment son éminente qualité dans les affaires ne lui a pas évité de tomber dans le piège tendu par le malin Vernier. Si l'on adoptait cette hypothèse, il faudrait modifier la description du personnage dans l'« Index des personnages fictifs de "La Comédie humaine" » de la Pléiade[45], et le juron

41. *L'Illustre Gaudissart*, *CH*, t. IV, p. 593-594 ; la première mise en italique est de l'auteur, et la seconde, de moi.

42. Outre *CH*, voir Conard, *Études de mœurs : scènes de la vie de province*, t. III, p. 44 ; *Intégrale*, t. III, p. 204 ; *CHH*, t. VI, p. 378 ; *BO*, t. VI, p. 349 ; éd. par Bernard Guyon, Paris, Garnier, 1970, p. 41 ; *Quarto*, t. II, p. 370.

43. Sens attesté depuis les *Curiositez françoises* d'Antoine Oudin, Paris, Sommaville, 1640, p. 372 ; voir le *FEW*, t. VII, p. 191 b, s. v. *Normand*.

44. *CH*, t. IV, p. 565.

45. *CH*, t. XII, p. 1323 : « D'origine normande ». Voir déjà le *Répertoire de La Comédie humaine de H. de Balzac* d'Anatole Cerfberr et Jules Christophe, Paris, Calmann Lévy, 1888, p. 197 : « Gaudissart (Félix), Normand, né vers 1792, [...]. » Alors que dans son *Dictionnaire biographique des personnages fictifs de La Comédie humaine*, Paris, José Corti, 1952, p. 216, il ne disait rien sur la patrie du personnage, sept ans plus tard Fernand Lotte qualifie

saquerlotte que Gaudissart a utilisé dans *César Birotteau* ne signifierait plus que c'est un mot qu'il connaissait depuis son enfance en Normandie, mais plutôt qu'il aurait retenu quelque part ce terme picard qui l'aurait amusé.

Aurais-je attaché trop d'importance aux petits détails tels que *saquerlotte*, *berlik berlok* ou *normand* ? Sans doute. Néanmoins, si Balzac s'est donné la peine de choisir dans ses rédactions successives des *mots caractéristiques*, comme le disait Théophile Gautier[46], il ne serait pas tout à fait déplacé de s'efforcer de saisir quels sens et quels effets ils étaient destinés à produire ou à suggérer dans le contexte.

Gaudissart de « d'origine normande » dans son « Index des personnage fictifs de *La Comédie humaine* » paru dans l'ancienne Pléiade, t. XI, p. 1443. Voir aussi le « Répertoire des personnages de *La Comédie humaine* » de Charles Lecour, *CFL*, t. XVI, p. 83, qui s'abstient de dire où est né le commis voyageur.

46. Théophile Gautier, *Honoré de Balzac, Édition revue et augmentée*, Paris, Poulet-Malassis et de Broise, 1859, p. 75-76 : « Balzac se remettait à l'œuvre, ampliant toujours, ajoutant un trait, un détail, une peinture, une observation de mœurs, *un mot caractéristique*, une phrase à effet, faisant serrer l'idée de plus près par la forme, se rapprochant toujours davantage de son tracé intérieur, choisissant comme un peintre parmi trois ou quatre contours la ligne définitive. »

8.
LE LANGAGE PUISSANT ET BRUSQUE D'UN BOURGUIGNON

Avant de prendre sa forme définitive en 1842, *Étude de femme* a connu une évolution assez mouvementée. Dans sa préoriginale parue dans *La Mode, Revue des Modes, Galerie de mœurs, Album des salons* du 12 mars 1830[1], un narrateur anonyme, ou plutôt *L'Auteur de la Physiologie du Mariage* dont la signature figure à la fin de la nouvelle, raconte une méprise commise par Ernest de M... à l'égard de la comtesse de ***. Cette version a été reproduite (sans signature) en volume en 1831 chez Charles Gosselin[2]. Ensuite, en 1835 on a une nouvelle publication avec de nombreux changements sous le titre de *Profil de marquise* chez Madame Charles-Béchet[3], dans laquelle le narrateur et les deux protagonistes deviennent respectivement Raphaël, la marquise de Listomère et Eugène de Rastignac. Elle a été reproduite en 1839 chez Charpentier[4], avant de recevoir une ultime transformation et de reprendre le titre initial dans *La Comédie humaine* chez Furne en 1842[5], où l'on attribue le rôle de narrateur à Horace Bianchon. Ce rappel qui peut paraître fastidieux n'est pas, me semble-t-il, tout à fait inutile pour comprendre la portée d'une digression linguistique contenue dans la nouvelle, que Roland Chollet a qualifiée d'« affabulation vraiment ténue »[6].

1. « Étude de femme », *La Mode, Revue des Modes, Galerie de mœurs, Album des salons*, Deuxième année, t. II, Paris, 1830, janvier-février-mars, p. 311-319. Version reproduite dans *Quarto*, t. I, p. 139-146.

2. *Étude de femme*, in *Romans et contes philosophiques*, t. III, Paris, Charles Gosselin, 1831, p. 301-320.

3. *Profil de marquise*, dans *Études de mœurs au* XIXe *siècle*, t. XII, *Scènes de la vie parisienne*, Quatrième volume, Paris, Madame Charles-Béchet, 1835, p. 111-131.

4. *Profil de marquise*, dans *Scènes de la vie parisienne, Nouvelle édition, revue et corrigée*, Deuxième série, Paris, Charpentier, 1839, p. 109-123.

5. *BO*, t. I, p. 397-405. Balzac n'a mis aucune correction sur son exemplaire de Furne.

6. Roland Chollet, *Balzac journaliste. Le tournant de 1830*, Paris, Klincksieck, 1983, p. 262.

Dans la version définitive, Horace Bianchon décrit Eugène de Rastignac qui, après avoir rencontré la marquise de Listomère, continue à rêver d'elle jusqu'au lendemain matin. Absorbé par la rêverie, le héros reste immobile. La description de son état devant la cheminée donne lieu à cette observation lexicologique, sur laquelle je voudrais attirer l'attention des lecteurs. Citons le passage d'après l'édition que Jeannine Guichardet a procurée pour la Pléiade en se fondant sur la version de Furne :

> Il ne tisonna même pas. Faute immense ! N'est-ce pas un plaisir bien vif que de tracasser le feu quand on pense aux femmes ? Notre esprit prête des phrases aux petites langues bleues qui se dégagent soudain et babillent dans le foyer. On interprète le langage puissant et brusque d'un *bourguignon.*
>
> À ce mot arrêtons-nous et plaçons ici pour les ignorants une explication due à un étymologiste très distingué qui a désiré garder l'anonyme. *Bourguignon* est le nom populaire et symbolique donné, depuis le règne de Charles VI, à ces détonations bruyantes dont l'effet est d'envoyer sur un tapis ou sur une robe un petit charbon, léger principe d'incendie. Le feu dégage, dit-on, une bulle d'air qu'un ver rongeur a laissée dans le cœur du bois. *Inde amor, inde burgundus*[7]. L'on tremble en voyant rouler comme une avalanche le charbon qu'on avait si industrieusement essayé de poser entre deux bûches flamboyantes. Oh ! tisonner quand on aime, n'est-ce pas développer matériellement sa pensée[8] ?

Le mot *bourguignon* au sens d'« étincelle » que lui attribue le narrateur n'est pas commenté dans les éditions que j'ai consultées[9]. De son côté, Alain, qui mentionnait cette « digression » en parlant de Bianchon comme narrateur, n'a rien dit sur le terme qui y figure[10]. Il en va de même chez Claude-Edmonde Magny qui s'y réfère en soulignant « cette démarche leste qui rappelle les meilleurs contes du XVIIIe siècle, non sans une pointe de discret libertinage, plus fantaisiste d'ailleurs que vraiment suggestif »[11].

7. Dans la préoriginale de *La Mode*, 1830, p. 314 et dans la version de Gosselin, 1831, p. 309, il manque la phrase « À ce mot arrêtons-nous et plaçons ici pour les ignorants une explication due à un étymologiste très distingué qui a désiré garder l'anonyme », les deux phrases suivantes (« *Bourguignon* est [...] *burgundus* ») sont mises dans une note en bas de page et cette note est attribuée à « un étymologiste très-distingué qui a désiré garder l'anonyme ». Disposition qui n'est peut-être pas tout à fait gratuite, comme on le verra à la fin du chapitre.

8. *Étude de femme*, éd. par Jeannine Guichardet, *CH*, t. II, p. 174 ; c'est l'auteur qui souligne.

9. Outre *CH*, t. II, voir Conard, *Études de mœurs : scènes de la vie privée*, t. III, p. 387 ; *Intégrale*, t. I, p. 460 ; *CHH*, t. II, p. 490 ; *BO*, t. I, p. 400 ; *Quarto*, t. I, p. 141.

10. Alain, *Avec Balzac*, dans *Id.*, *Les Arts et les Dieux*, éd. par Georges Bénézé, Paris, Gallimard (*Pl*), 1958, p. 979.

11. Préface pour *Étude de femme*, dans *CFL*, t. VI, p. 1286.

Cependant, cet emploi de *bourguignon* me paraît assez obscur. Est-il bien connu? Appartient-il au français standard, ou s'agit-il plutôt d'un régionalisme? Est-il aussi ancien que Balzac nous le suggère en se référant à Charles VI ? Ou bien est-ce une invention qui s'est glissée dans la nouvelle comme une plaisanterie ? Autant de questions sur lesquelles on aimerait bien avoir des réponses. Du reste, les éditeurs et les écrivains nommés ne sont pas les seuls à garder le silence. Robert Dagneaud n'explique pas non plus cet emploi dans sa thèse sur *Les Éléments populaires dans le lexique de La Comédie humaine d'Honoré de Balzac*[12]. Et l'on ne trouve rien d'éclairant non plus dans nos instruments de travail habituels tels que le *Dictionnaire universel de la langue française, avec le latin et les étymologies* de Pierre-Claude-Victoire Boiste[13], le *Dictionnaire national ou grand dictionnaire classique de la langue française* de Bescherelle aîné[14], le *Dictionnaire de la langue française* d'Émile Littré ou le *Grand Dictionnaire Universel du* *XIX*e *siècle* de Pierre Larousse[15]. La lexicographie générale plus récente, représentée par exemple par le *TLF*, la *BHVF*, le *FEW*, le *GrLarousse* et le *GrRobert*, ne nous aide en rien non plus pour résoudre l'énigme.

Puisque Balzac est tourangeau et qu'Horace Bianchon est d'origine sancerroise[16], faut-il chercher la réponse dans les répertoires des régionalismes ? Malheureusement, ni le *Dictionnaire des régionalismes de France. Géographie et histoire d'un patrimoine linguistique* de Pierre Rézeau[17] ni l'article de Jacques Pignon sur « Les parlers régionaux dans *La Comédie humaine* »[18] ne connaissent cet emploi particulier de *bourguignon*. Et *Die nordwestlichen Dialekte der Langue d'oïl. Bretagne, Anjou, Maine, Touraine* d'Ewald Görlich[19], le glossaire inclus dans *Le Folklore de la Touraine* de Jacques-Marie Rougé[20] et le *Dictionnaire du français régional de Touraine* de Jean-Pascal Simon et Marie-Rose Simoni-Aurembou[21] l'ignorent tous les trois. D'autre part, il n'y a rien d'éclairant non plus dans

12. Quimper, Ménez, 1954.

13. Huitième édition, Paris, Didot, 1836. (= *Boiste 1836*).

14. Paris, Simon, 1845, 2 vol. (= *Bescherelle 1845*).

15. Paris, Administration du Grand Dictionnaire Universel, 1866-1876, 15 vol. (= *Larousse XIX*e).

16. Voir *La Muse du département*, éd. par Anne-Marie Meininger, *CH*, t. IV, p. 631 : « Aussi la ville de Sancerre est-elle très fière d'avoir vu naître une des gloires de la Médecine moderne, Horace Bianchon, [...]. »

17. Bruxelles, Duculot, 2001.

18. Article paru dans *Le français moderne*, t. XIV, 1946, p. 175-200 et 265-280.

19. Heilbronn, Henninger, 1886.

20. Sans lieu, CLD Normand, 1975, p. 225-297.

21. Paris, Bonneton, 1995.

le *Glossaire du centre de la France* et son *Supplément* d'Hippolyte-François Jaubert[22].

Si l'on consulte dans l'*Atlas linguistique de la France* de Jules Gilliéron et Edmond Edmont[23] la carte 493, qui recense les désignations dialectales d'*étincelle*, on est vite déçu de ne trouver le type *bourguignon* sur aucun des points d'enquête. Par contre, on y apprend[24] que pour désigner l'étincelle, on utilise entre autres le type *breton* dans différents dialectes. D'après l'article *brittus* (t. I, p. 539b) du *FEW* qui s'appuie sur l'*ALF* et d'autres lexiques[25], son aire de diffusion va de l'angevin au parler du Centre en passant par le poitevin, le saintongeais et le tourangeau. On peut le confirmer en se reportant au *Glossaire étymologique et historique des patois et des parlers de l'Anjou* d'Anatole-Joseph Verrier et René Onillon[26], à *Un patois de Vendée. Le parler rural de Vouvant* de Pierre Rézeau[27], au *Dictionnaire étymologique du patois poitevin* de Gabriel Lévrier[28], au *Glossaire poitevin* de Pierre Rousseau[29], au *Glossaire des patois et des parlers de l'Aunis et de la Saintonge* de Georges Musset[30], au *Folklore de la Touraine* de Jacques-Marie Rougé[31] et au *Glossaire du centre de la France* de Jaubert[32]. Cet emploi est attesté déjà en 1572 dans *La Gente poitevinrie*[33], puis en 1746-1748 chez l'angevin

22. Deuxième édition, Paris, Chaix, 1864 ; *Supplément*, Paris, Chaix, 1869.

23. Paris, Champion, 1903-1910 (= *ALF*).

24. Voir aussi Pierrette Dubuisson, *Atlas linguistique et ethnographique du Centre*, Paris, CNRS, 1971-1982, 3 vol., carte 663, et Geneviève Massignon et Brigitte Horiot, *Atlas linguistique et ethnographique de l'Ouest*, Paris, CNRS, 1971-1983, 3 vol., carte 718.

25. La longue définition du mot *berton* en angevin que donne Wartburg : « étincelle qui s'échappe du feu lorsque le bois pétille ou que la flamme fuse d'un trou de ver plein de rongeure, ou lorsque, en tisonnant, la pince détache du charbon enflammé de menues parcelles » et qui n'est pas sans rappeler l'explication citée de Balzac vient d'Henry Cormeau, *Terroirs mauges, miettes d'une vie provinciale*, Paris, Crès, 1912, 2 vol., t. I, p. 91.

26. Angers, Germain et Grassin, 1908, 2 vol., t. I, p. 94a : « Berton. onne [...] Étincelles qui jaillissent d'un feu pétillant, qui cotissent. »

27. Paris, Klincksieck, 1976, § 299, p. 158.

28. Niort, Mercier, 1867, p. 45 : « BRETON, s. m. – Étincelle très explosible. »

29. Seconde édition, Niort, Clouzot, 1869, p. 21 : « BRETON, s. m., bluette, étincelle. »

30. La Rochelle, Masson, 1929-1948, 5 vol., t. I, p. 349 : « Beurton, s. m. [...] étincelle qui sort d'un tison enflammé quand on le frappe ou on le souffle. »

31. *Op. cit.*, p. 237b : « *Berton* (Ligueil-Loches) – étincelle. Ex. : Un berton de feu. » (souligné par l'auteur).

32. *Op. cit.*, t. I, p. 163 : « BRETON, BERTON (prononcez *beurton*), s. m., Bluette, étincelle, flammèche. (Voy. *Bretiller.*) » (souligné par l'auteur).

33. Jacques Pignon éd., *La Gente poitevinrie, recueil de textes en patois poitevin du* XVI*e siècle, Édition avec Introduction, Notes et Glossaire*, Paris, D'Artrey, 1960, p. 144, chanson X (incipit : « O fut in jour d'in lindy ») : « Quo brut o fat, alidon / Qu'igl butant, pre le darrere, / Do feu in petit *breton* / Sur in poy de poudre nere, / Qui est dessus le soupiro !

Gabriel-Joseph Du Pineau[34] et, dans le premier quart du XIXe siècle, dans le *Vocabulaire poitevin* de Lubin Mauduyt[35]. Ainsi, l'existence du type *breton* au sens d'« étincelle » au moment où notre romancier composait sa nouvelle est bien assurée, encore que l'ignore la lexicographie générale[36].

Cela dit, on peut se demander si Balzac a commis une erreur en confondant *breton* et *bourguignon* et s'il ne faudra pas corriger l'occurrence de ce dernier dans *Étude de femme*. Ou bien, devrait-on se fier à sa science et admettre que l'emploi particulier du mot *bourguignon* existait bel et bien ? Il est vrai qu'en 1877, dans un volume de *L'Intermédiaire des chercheurs et curieux*, un témoin affirme que les deux mots « désignent indistinctement, en Touraine (le Tourangeau Balzac devait le savoir), les étincelles qui accompagnent la détonation partant de bûches en flammes, alors qu'une bulle d'air s'en dégage »[37]. Pourtant, comme l'auteur de cette remarque (« A. D. » désigne-t-il Achile Delboulle ?) n'a pas donné de références pour étayer son affirmation, on ne sait pas pour l'instant s'il est digne de confiance ou non.

De ce petit examen lexicographique découleront trois conclusions provisoires et contradictoires :

1) Dans sa nouvelle, Balzac aurait peut-être sérieusement utilisé et commenté le sens peu connu de *bourguignon* et ce faisant, il nous en aurait laissé un témoignage précieux, que les lexicographes devraient recueillir dans nos instruments de travail.

2) Ou tout simplement il se serait trompé – comme cela lui arrive de temps en temps – et il aurait écrit par mégarde *bourguignon* au lieu de *breton* pour désigner les étincelles.

3) Ou encore il aurait introduit intentionnellement une erreur pour mystifier ou amuser les lecteurs. Cela n'est pas impossible, puisque « Balzac

/ Et verderont igl ces hugueno... » (c'est moi qui souligne) ; glossaire, p. 174 : « BRETON, *nom*, X, 41, *petit morceau de braise* ; *Hug*. Ø ; *pat*. [bœrtõ, bœrtõ d fœ] "parcelle de braise, étincelle". Premier ex., semble-t-il, du mot en ce sens ; par la suite, en dehors du poitevin, on l'a seulement relevé dans des patois modernes du Centre et de l'Ouest (v. *F.E.W.*, I, 539b). »

34. *Dictionnaire angevin et françois (1746-1748)* de Gabriel-Joseph Du Pineau, éd. par Pierre Rézeau avec la collaboration de Jean-Paul Chauveau, Paris, Klincksieck, 1989, p. 91 : « *Des bretons*, ce sont les étincelles du feu qu'on apelle ailleurs *des gendarmes. Le feu fait des bretons.* » (souligné par l'auteur).

35. Pierre Rézeau, *Le « Vocabulaire poitevin » (1808-1825) de Lubin Mauduyt*, Tübingen, Niemeyer, 1994, p. 100 : « breton, n. m. [...] Étincelle. *La buette ou breton de feu.* »

36. Voir *Boiste 1836*, *Bescherelle 1845*, *Littré*, *LarousseXIXe*, *TLF*, *BHVF*, *GrLarousse*, *GrRobert*.

37. A. D., « Bourguignon (X, 484), Breton (X, 163, 333) », *L'Intermédiaire des chercheurs et curieux*, t. X, 1877, colonne 539.

est né menteur »[38] selon Pierre Abraham et que, de plus, en l'occurrence le narrateur est Horace Bianchon, plaisantin de la pension Vauquer[39]. L'allusion à Charles VI, roi devenu fou, serait alors un signal discret de la plaisanterie. Cette méprise volontaire conviendrait parfaitement à cette *Étude de femme*, dont l'histoire est mise en branle au moment où Rastignac a écrit par étourderie sur l'enveloppe de sa lettre d'amour à Madame de Nucingen l'adresse de la marquise de Listomère. N'est-ce pas ce que certains appellent une « mise en abyme » ?

Pour ma part, je suis tenté d'adopter la troisième hypothèse, car elle me semble confortée par la façon dont le romancier a présenté cette digression linguistique dans la préoriginale de 1830 et dans l'édition de Gosselin en 1831. Il ne serait pas inutile de reproduire cette version pour s'en faire une idée :

> Il ne tisonna même pas. Faute immense !... C'est un plaisir bien vif de tracasser le feu quand on pense aux femmes ! Notre esprit prête des phrases aux petites langues bleues qui se dégagent soudain et babillent dans le foyer. On interprète le langage puissant et brusque d'un *bourguignon* (1). L'on tremble en voyant rouler comme une avalanche le charbon qu'on avait si industrieusement essayé de poser entre deux bûches flamboyantes... Oh ! tisonner quand on aime, c'est développer matériellement sa pensée.
>
> (1) *Bourguignon* est le nom populaire et symbolique donné, depuis Charles VI, à ces détonnations[40] bruyantes dont l'effet est d'envoyer sur un tapis, sur une robe, un petit charbon, léger principe d'incendie.
>
> Le feu dégage, dit-on, une bulle d'air qu'un ver rongeur a laissée dans le cœur du bois. *Indè amor, indè burgundus*.
>
> (Note d'un étymologiste très-distingué qui a désiré garder l'anonyme.[41])

Dans la version de 1830 et de 1831, l'auteur a ainsi mis l'explication d'« un étymologiste très-distingué » sur le terme *bourguignon* dans une note infrapaginale. Quel est l'effet qu'il a voulu produire par cette présentation ? Sa note en bas de page avait-elle pour objectif d'éclairer les lecteurs sur une difficulté en leur offrant un commentaire sérieux ? Cette interprétation conviendrait-elle à une œuvre qui est signée *L'Auteur de la Physiologie du*

38. Pierre Abraham, *Balzac, Recherches sur la création intellectuelle*, Paris, Rieder, 1929, p. 50.

39. Il me paraît peu adéquat de voir un « caractère scientifique » dans sa présence, comme le veut Stéphanie Des Loges dans *L'art structural de la narration dans la nouvelle de Balzac*, Wroclaw, 1967, p. 38.

40. On lit « détonations » dans l'édition de Gosselin, 1831, *op. cit.*, p. 309.

41. « Étude de femme », *La Mode*, 1830, *op. cit.*, p. 314 ; souligné par l'auteur.

Mariage dans *La Mode* et dont la publication se situe dans celle-ci entre *Complaintes satyriques sur les mœurs du temps présent* (le 20 février 1830) et *Des mots à la mode* (le 22 mai 1830)[42] ? Il me semble qu'il s'agissait plutôt d'un pastiche du style des érudits qui ont la manie d'expliquer les moindres détails des textes qu'ils publient et que ce clin d'œil était destiné à nous suggérer que l'exégèse était fantaisiste. Si cette hypothèse n'était pas tout à fait extravagante, il ne serait pas impossible que le mot *bourguignon* lui-même soit une plaisanterie que l'auteur a glissée sous l'apparence d'une étude consciencieuse. Du coup, on pourrait regretter que la mise en forme si éloquente des deux premières versions ait été modifiée dans les éditions de 1835 à 1842, que la note infrapaginale s'y soit intégrée dans le corps du texte et que son caractère ludique y soit devenu moins visible malgré la prise en charge de la narration par Horace Bianchon. Quoi qu'il en soit, s'il s'agissait d'une plaisanterie, il faudrait avoir une connaissance du français assez étendue pour bien en saisir la portée.

42. Voir *OD*, t. II, p. 739-755.

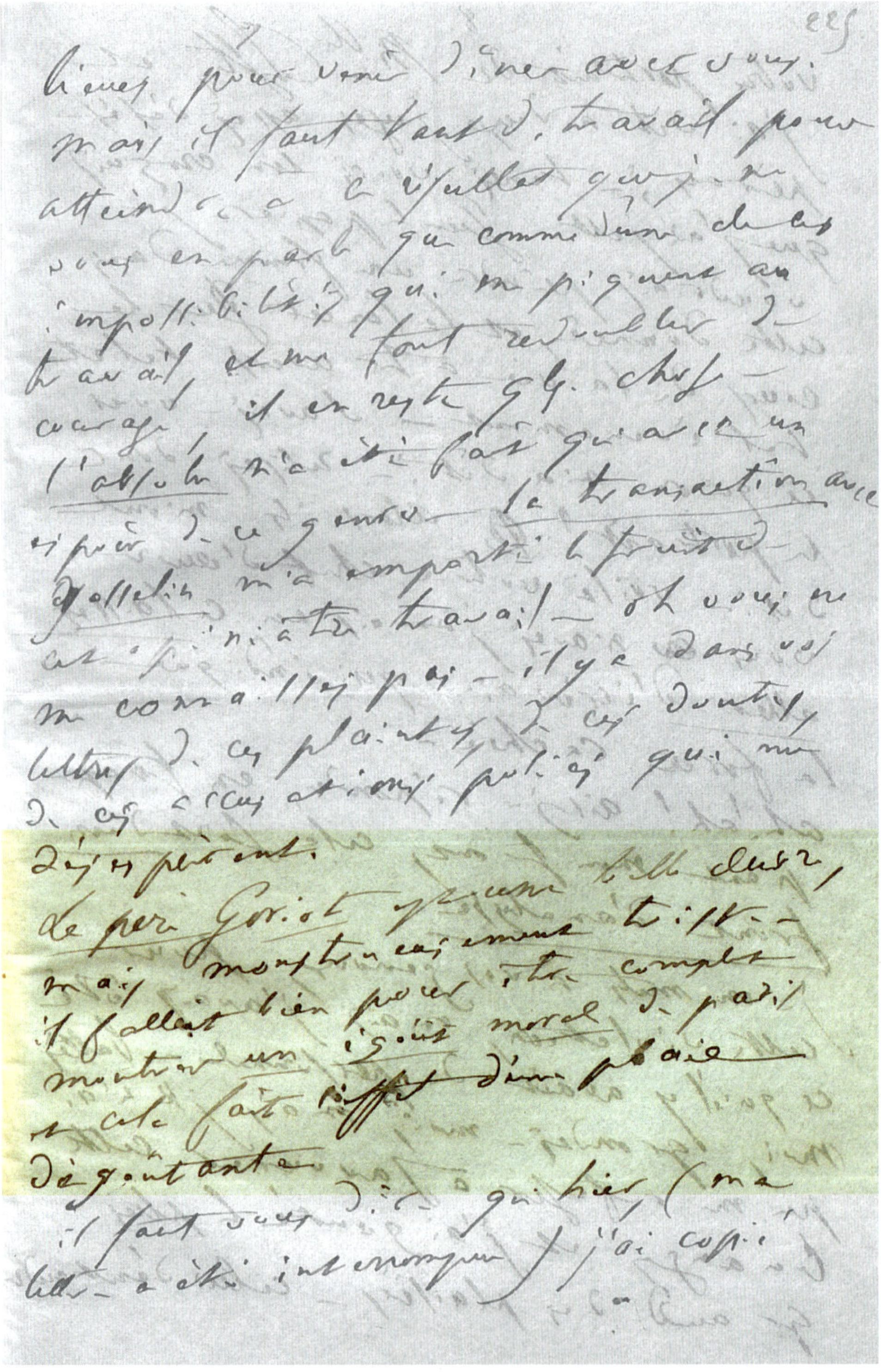

FIG. 9. – Lettre à Mme Hanska du 22 novembre 1834, Bibliothèque de l'Institut de France, Collection Spoelberch de Lovenjoul, ms Lov. A 301, fol. 225 recto.

9.
NE FAIS PAS LE PRINCE, SI TU N'AS PAS APPRIS À L'ÊTRE

Le *Traité de la vie élégante* qui a paru en cinq livraisons dans *La Mode, Revue des Modes, Galerie de mœurs, Album des salons* en octobre et novembre 1830 contient un grand nombre de citations et d'allusions comme il arrive souvent chez Balzac. Les érudits en ont élucidé la plupart, mais il en reste encore quelques-unes qu'ils n'ont pas réussi à expliquer. Parmi ces cas, on peut relever le huitième axiome, qui se trouve à la fin du chapitre premier de la Première partie et qui coïncide avec la fin de la première livraison publiée dans le numéro du 2 octobre 1830. Citons-le tel que l'imprimait *La Mode* :

> Il ne suffit pas d'être devenu ou de naître riche pour mener une vie élégante, il faut en avoir le sentiment.
>
> Ne fais pas le prince, a dit avant nous Solon, si tu n'as pas appris à l'être.
>
> (*La suite au n° prochain.*[1])

La dernière phrase a la forme d'une citation de Solon. Lancée comme un défi, elle aurait sans doute frappé assez fort à l'époque ceux qui venaient de lire le début du *Traité de la vie élégante*. À leurs yeux, s'agissait-il d'une phrase bien connue et se rappelaient-ils immédiatement d'où elle venait ? Ou bien n'en avaient-ils jamais entendu parler ? Il est difficile de savoir comment les premiers lecteurs l'ont perçue. En tout cas, les spécialistes de notre temps ont apparemment du mal à percer l'obscurité qui entoure la sentence. Alors que ni Pierre Citron ni Maurice Bardèche ni Jean A. Ducourneau[2] n'ont jugé nécessaire d'annoter le passage, Rose Fortassier, qui a édité l'œuvre pour la Pléiade, avoue franchement son ignorance dans sa note : « Nous n'avons pas trouvé ce mot dans les biographies que Plutarque et Diogène Laërce consacrent à Solon »[3].

1. « Traité de la vie élégante », *La Mode, Revue des Modes, Galerie de Mœurs, Album des Salons*, Deuxième année, t. I, Paris, 1830, octobre-novembre-décembre, p. 15 ; c'est l'auteur qui souligne.
2. *Intégrale*, t. VII, p. 567 ; *CHH*, t. XXIII, p. 545 ; *BO*, t. XIX, p. 174.
3. *Traité de la vie élégante*, éd. par Rose Fortassier, *CH*, t. XII, p. 940.

Balzac aurait-il alors inventé la phrase ? Ce n'est pas impossible. Cependant, il ne serait sans doute pas inutile de chercher son éventuelle source dans les ouvrages sur le législateur antique qu'il aurait pu lire. La « Vie de Solon » de Plutarque figure entre autres dans deux publications du début du XIXe siècle. D'une part, on avait la traduction de Jacques Amyot, rééditée par exemple en 1825[4]. De l'autre on disposait de celle d'André Dacier, republiée en 1811[5]. Or aucune des deux ne semble contenir la maxime citée dans le *Traité de la vie élégante*. Rose Fortassier paraît donc avoir raison sur ce point. Quant aux *Vies, doctrines et sentences des philosophes illustres* de Diogène Laërce, Balzac aurait pu en lire la traduction de Jacques-Georges Chauffepié dans une de ses rééditions, par exemple celle de 1796[6]. On y cherche en vain la phrase prêtée à Solon. L'éditrice de la Pléiade aurait-elle raison sur ce point aussi ?

Avant de conclure hâtivement, il faut chercher un peu pour voir si Balzac était le seul à donner cette citation. D'après ma petite enquête, avant lui un autre auteur rapporte en 1816 la sentence en question en la faisant prononcer par le même personnage. C'est Bernard-Simon-Laurent Debauve[7]. Dans un de ses livres intitulé *Le Gouvernement légitime de Louis XVIII peut seul sauver la France et l'Europe*[8], il critique violemment Napoléon, qu'en tant qu'ultra il appelle naturellement *Buonaparte*. Pour voir comment l'auteur présente notre phrase, citons un peu longuement son contexte :

> Buonaparte, à la faveur de la terreur qu'il inspira, se fit empereur, en se disant :
>
> Un soldat tel que moi peut justement prétendre
> À gouverner l'État, quand il l'a su défendre.
>
> Mais tel est propre à défendre l'État, qui n'est pas propre à le gouverner.
>
> Tel brille au second rang, qui s'éclipse au premier.

4. *Les Vies des hommes illustres, traduites du grec de Plutarque par J. Amyot*, éd. par M. Coray, t. II, Paris, P. Dupont, 1825, p. 1-69.

5. *Les Vies des hommes illustres de Plutarque, Traduites en Français, avec des Remarques historiques et critiques par M. Dacier, Et suivies des suppléments*, éd. par A. L. Delaroche, t. II, Paris Louis Duprat-Duverger, 1811, p. 1-66.

6. *Les Vies des plus illustres philosophes de l'antiquité, avec leurs Dogmes, leurs Systêmes, leur Morale, & leurs Sentences les plus remarquables, Traduites du grec de Diogène Laerce, Auxquelles on a ajouté la Vie de l'Auteur, celles d'Epictète, de Confucius, & leur Morale & un Abrégé historique de la Vie des femmes philosophes de l'antiquité, Nouvelle édition*, t. I, Paris, Richard, 1796, p. 30-44.

7. Voir le catalogue de la Bibliothèque nationale de France qui cite comme ses ouvrages les titres tels que *Le Dénouement de la Révolution française* (1796) ; *La statue de Pitt, ou Le charlatan du XVIIIe siècle terrassé par l'homme du XIXe* (1803) ; *La France ne saurait périr* (1818) ; *L'Esprit du ministre actuel* (1819) ; *Quel est le meilleur gouvernement ? Quel est le légitime ?* (1831) ; *Le pouvoir de l'argent* (1836).

8. Paris, Gueffier jeune, Belin et Delaunay, 1816.

> « Le plus âpre, le plus difficile métier du monde, dit Montaigne, c'est de faire dignement le roi. »
> « *Ne fais pas le prince, dit Solon, si tu n'as pas appris à l'être.* »
>
> Faute d'avoir appris le plus difficile des arts, celui de gouverner, on commence par des sottises, on finit par des crimes. C'est ce qui est arrivé à Buonaparte et à ses conseils ; [...][9].

La ligne que j'ai mise en italique constitue-t-elle une source de Balzac ? Chronologiquement ce n'est pas impossible, puisque l'ouvrage de Debauve a paru en 1816, soit quatorze ans avant le *Traité de la vie élégante*. Mais même dans ce cas-là, on peut se demander si l'auteur ultra a inventé la sentence qui nous intéresse. Comme on le voit dans le passage cité, avant de se référer à Solon il énumère trois bons mots qu'il a tirés d'abord de *Mérope*[10] de Voltaire, puis de *La Henriade*[11] du même philosophe et enfin des *Essais* de Montaigne[12]. Sa façon de rapporter ces autorités paraît être assez sérieuse pour nous suggérer que la dernière phrase n'est pas attribuée au législateur d'une manière fantaisiste, comme on pourrait le penser en la lisant chez Balzac. Si donc Debauve n'a pas forgé la maxime, où a-t-il pu la prendre ? Existerait-il une source qu'il a utilisée ? Cette source pourrait être aussi celle de Balzac. Car il n'est pas exclu que ce dernier ait trouvé la phrase en question non pas dans l'ouvrage de l'ultra mais dans un autre texte. Quelle que soit la relation de Balzac et de Debauve, il ne serait donc pas inutile de chercher à remonter plus haut.

Parmi les textes du début du XIXe siècle, je n'en ai découvert aucun qui ait pu servir à nos deux écrivains, tandis qu'à la fin du siècle précédent on a leur éventuelle source dans *La Morale universelle* du baron d'Holbach. En effet, cet ouvrage paru anonymement en 1776 contient au moins cinq sentences que ce dernier prête à Solon et parmi ces phrases on trouve justement celle qui nous occupe. Elle se lit dans un des chapitres de la

9. *Ibid.*, p. 97.

10. *Théâtre complet de M. de Voltaire, conforme à la dernière Édition*, t. III, Caen, Le Roy, 1788, Acte I, scène III, p. 275 (c'est Polyphonte qui parle) : « *Un soldat tel que moi peut justement prétendre À gouverner L'État, quand il l'a su défendre*. Le premier qui fut roi, fut un soldat heureux. Qui sert bien son pays, n'a pas besoin d'aïeux. »

11. *La Henriade de Voltaire avec les variantes, Édition stéréotype*, Paris, P. Didot l'aîné, an VIII, Chant premier, p. 36 : « *Tel brille au second rang qui s'éclipse au premier* ; Il devint lâche roi, d'intrepide guerrier : Endormi sur le trône au sein de la mollesse, Le poids de sa couronne accablait sa foiblesse. »

12. *Essais de Michel seigneur de Montaigne, Édition stéréotype d'après le procédé de Firmin Didot*, t. IV, Paris, Didot, 1802, Livre III, chapitre VII, p. 29 : « *Le plus aspre et difficile mestier du monde*, à mon gré, *c'est faire dignement le roy.* »

Section IV du tome II intitulé *Pratique de la morale*. Dans ce chapitre II, qui traite des « Devoirs des Souverains », l'auteur allègue différentes autorités telles que Cicéron, Confucius, Pline, sans oublier Montaigne. Après avoir rappelé d'après Plutarque[13] ce que Carnéade disait à propos des enfants des rois et des riches, il cite deux maximes qu'il attribue au législateur antique :

> *Ne fais pas le Prince*, dit Solon, *si tu n'as pas appris à l'être. Apprends à te gouverner, avant de gouverner les autres*[14].

La troisième citation de Solon figure dans le même chapitre II :

> *C'est par les Grands*, dit Solon, *que les cités périssent ; c'est par l'imprudence du peuple qu'elles tombent dans les fers*[15].

Les deux autres citations que le baron prête au même personnage se trouvent respectivement dans le chapitre III « Devoirs des sujets » et le chapitre IV « Devoirs des Grands » :

> Solon disoit, que *pour faire durer un Empire il faut que le Magistrat obéisse aux loix, & le peuple aux Magistrats*[16].
>
> *Ne conseille pas aux Princes*, dit Solon, *ce qui leur plaît, mais ce qui leur est utile*[17].

Balzac aurait-il lu *La Morale universelle* ? Et Debauve ? Au moins ce dernier, qui connaissait bien les écrits des philosophes qu'il appelait les *philosophistes*[18] à la suite de Fréron[19] aurait bien pu lire cet ouvrage pour en tirer une sentence qui lui a plu, d'autant plus qu'il rapportait ailleurs[20] une autre maxime de Solon qu'il aurait pu y trouver. Si pourtant il n'avait pas consulté l'œuvre de D'Holbach, il aurait pu en prendre connaissance dans une compilation parue un peu plus tard, qui aurait été également accessible

13. *Les Œuvres morales & meslees de Plutarque, Translatees du Grec en François par Messire Jacques Amyot*, Paris, Michel de Voscosan, 1572, « Comment on pourra discerner le flatteur d'avec l'amy », p. 46.

14. D'Holbach, *La Morale universelle ou les Devoirs de l'homme fondés sur sa nature*, t. II, *Pratique de la morale*, Amsterdam, Marc-Michel Rey, 1776, p. 37 ; c'est l'auteur qui souligne.

15. *Ibid.*, p. 50 ; c'est l'auteur qui souligne.

16. *Ibid.*, p. 56 ; c'est l'auteur qui souligne.

17. *Ibid.*, p. 78 ; c'est l'auteur qui souligne.

18. *Op. cit.*, p. 311 : « Les philosophistes du dix-huitième siècle ont corrompu la politique, et ont donné leurs rêveries pour des vérités. »

19. *L'Année littéraire. Année M. DCC. LIX par* M. Fréron, t. I, 1759, *Lettre XIII*, p. 289-290 : « [...] les systêmes impies des *Philosophistes* du jour ; passez-moi ce terme qui me paroît bien peindre leur caractère d'esprit faux. » (c'est l'auteur qui souligne).

20. *Op. cit.*, p. 166 : « Solon veut que l'on dise aux princes, non ce qui leur plaît, mais ce qui leur est utile. »

à Balzac. Il s'agit de l'*Encyclopédie méthodique. Logique et métaphysique* de Pierre Louis de Lacretelle[21]. Le tome II de ce dictionnaire consacre de nombreuses pages à l'article *devoir*. Or la première partie de cet article est une reprise de l'article *devoir* de l'*Encyclopédie* de Diderot et D'Alembert, dû au chevalier Jaucourt[22], suivie de celle de la Section IV de *La Morale universelle* de D'Holbach[23] et d'une traduction française des *Offices* de Cicéron[24]. Ainsi, le passage de *La Morale universelle* qui nous intéresse figure à la page 375b. Si donc Debauve et Balzac avaient eu l'occasion de consulter ce volume de l'*Encyclopédie méthodique*, ils auraient pu y rencontrer les mots que le baron d'Holbach attribue à Solon, sans se reporter à *La Morale universelle*. On pourrait sans doute s'arrêter là pour dire que les deux auteurs du XIXe siècle n'ont pas inventé la phrase « Ne fais pas le prince si tu n'as pas appris à l'être » qu'ils prêtaient à Solon mais qu'ils l'ont trouvée chez D'Holbach, soit dans *La Morale universelle* soit dans l'*Encyclopédie méthodique* de Lacretelle. Toutefois, pour améliorer la note de Rose Fortassier sur le *Traité de la vié élégante*, il ne serait pas tout à fait superflu de savoir si D'Holbach a forgé cette sentence ou s'il l'a prise à une source antérieure.

Pour ce faire, il conviendra de partir des cinq phrases qu'il attribue à Solon dans *La Morale universelle*. Comme on l'a vu, ce sont : (1) « Ne fais pas le Prince si tu n'as pas appris à l'être » ; (2) « Apprends à te gouverner, avant de gouverner les autres » ; (3) « C'est par les Grands que les cités périssent ; c'est par l'imprudence du peuple qu'elles tombent dans les fers » ; (4) « Pour faire durer un Empire il faut que le Magistrat obéisse aux loix, & le peuple aux Magistrats » ; (5) « Ne conseille pas aux Princes ce qui leur plaît, mais ce qui leur est utile. » Si l'on cherche un ouvrage qui contienne toutes ces maximes ou presque, on en trouve deux chez Laurent Bordelon.

En effet, les premières pages du *Théâtre philosophique*, que ce polygraphe a publié en 1692, sont consacrées à la vie de Solon[25], et à la fin de celles-ci l'auteur mentionne plusieurs de ses sentences, et parmi celles-ci, on en a quatre qui correspondent à quatre des cinq phrases que D'Holbach prête au

21. Paris et Liège, Panckoucke et Plompteux, 1786-1791, 4 vol. Dans les deux derniers volumes, le titre devient *Encyclopédie méthodique. Logique, métaphysique et morale*.

22. *Ibid.*, t. II, 1788, p. 362-365.

23. *Ibid.*, p. 365-412.

24. *Ibid.*, p. 412-439. Je n'ai pu identifier la traduction qui a servi à Lacretelle.

25. *Theatre philosophique sur lequel on represente par des dialogues dans les Champs Elisées les philosophes anciens & modernes, et où l'on rapporte ensuite leurs opinions, leurs reparties, leurs sentences, & les plus remarquables actions de leur vie*, Paris, Claude Barbin et Jean Musier, 1692, p. 9-12.

législateur antique (sauf la troisième). La même liste se retrouve dans une autre publication de Laurent Bordelon, intitulée *Diversitez curieuses pour servir de récréation à l'esprit*[26]. Pour dresser ce florilège, il semble avoir utilisé deux traductions françaises existantes des *Vies, doctrines et sentences des philosophes illustres* de Diogène Laërce, à savoir celle de François de Fougerolles en 1601[27] et celle de Gilles Boileau en 1668[28]. Pour montrer ses dettes, on va citer l'une après l'autre les sentences[29] de Solon qu'on lit dans son *Théâtre philosophique*, accompagnées des deux versions antérieures. Je souligne les phrases de Laurent Bordelon que rapportait D'Holbach :

1) *Ne fais pas le Prince, si tu n'as pas appris à l'être*. (Bordelon, p. 12)
Ne fais le Prince si tu n'as appris de l'estre. (Fougerolles, p. 37)
Ne pretendez point à de Principauté, sans sçavoir si vous en estes capable. (Boileau, p. 44)

2) *Ne conseille point aux Princes seulement ce qui leur plaist, mais ce qui leur est utile*. (Bordelon, p. 12-13)
Ne conseille point aux Princes, ce qui leur plaist, mais ce qui est utile. (Fougerolles, p. 37)
Quant vous conseillerez un Prince ne luy parlez pas de ce qui luy peut paroître de plus à son goût : mais de ce qui est veritablement de plus juste. (Boileau, p. 44)

3) *Apprens à te gouverner avant que de gouverner les autres*. (Bordelon, p. 13)
Il faut qu'un gouverneur se scache premier commander qu'au peuple. (Fougerolles, p. 38)
Un homme qui se mesle de gouverner les autres, doit premierement estre maître de soy-mesme. (Boileau, p. 44-45)

4) Les loix sont semblables aux toiles d'araignées, qui retiennent les petites mouches, & se laissent rompre par les grosses[30]. (Bordelon, p. 13)

26. *Diversitez curieuses pour servir de recreation à l'esprit*, t. IV, Amsterdam, André de Hoogenhuysen, 1699, p. 133-137.

27. *Le Diogene françois tiré du grec, ou Diogene Laertien touchant les vies, doctrines, & notables propos des plus illustres Philosophes compris en dix Livres, traduit et paraphrasé sur le grec par M. François de Fougerolles*, Lyon, Jean Ant. Huguetan, 1601, p. 37-42.

28. Diogene Laërce, *De la Vie des philosophes, Traduction nouvelle par Monsieur B*******, Paris, Charles de Sercy, 1668, t. I, p. 38-57.

29. La numérotation est la mienne.

30. On se rappelle que Balzac fait prononcer cette phrase par Blondet, voir *La Maison Nucingen*, éd. par Pierre Citron, *CH*, t. VI, p. 391 : « Oh ! dit Blondet, moi je vois dans ce que nous avons dit la paraphrase d'un mot de Montesquieu, dans lequel il a concentré l'Esprit des Lois. – Quoi ? dit Finot. – *Les lois sont des toiles d'araignées à travers lesquelles passent les grosses mouches et où restent les petites.* » Le romancier l'a-t-il lu dans les *Pensées* de Montesquieu ? Voir Montesquieu, *Pensées, Le Spicilège*, éd. par Louis Desgraves,

Il comparoit les loix aux toilles des Aragnes, lesquelles retiennent bien quelque chose legere, & de peu de vigueur envelopee, mais qui se laissent rompre aux plus rudes & pesantes. (Fougerolles, p. 39)

Les Loix étoient semblables aux toiles des araignée[s] : car tout ce qui tombe dedans, s'il est foible, & sans force, s'y trouve engagé ; mais s'il y tombe dequoy de pesant & de lourd, il les rompt & les déchire. (Boileau, p. 49-50)

5) Les Rois se servent de leurs Sujets, comme de jettons qu'ils font valloir autant qu'ils veulent. (Bordelon, p. 13)

Il comparoit les Courtisans autorisez des Tyrans aux gettons, desquels nous nous servons à conter, car tout ainsi que nous les faisons valoir le nombre qui nous plaist, tantost plus grand, tantost plus petit, en leur changeant de place, tout de mesme font les Tyrans de telles gens, les eslevans maintenant en honneur & dignité, & quelquefois les abbaissans, comme il leur plaist, en des charges serviles. (Fougerolles, p. 39-40)

Ceux qui étoient en faveur chez les Rois, étoient comparables aux jettons dont on se sert pour supputer : car comme ils marquent quelquefois un grand nombre, & d'autrefois un petit, de mesme les Rois rendent à leur plaisir un homme considérable dans leur Estat, & souvent l'abaissent tout à fait. (Boileau, p. 50)

6) Je ne fais point de Loix contre les parricides, parce que je ne croi pas qu'il puisse jamais se trouver de tels criminels. (Bordelon, p. 13)

Estant interrogé, pourquoy il n'avoit point fait de loy contre les Parricides ? pource, respondit-il, que je ne pense pas, qu'un tel crime puisse advenir. (Fougerolles, p. 40)

Estant interrogé pourquoy il n'avoit point fait de Loy contre les parricides, il répondoit que c'est qu'il desesperoit qu'on pust trouver un exemple si malheureux. (Boileau, p. 50)

7) Ne fais pas legérement des Amis, mais conserve bien ceux que tu as une fois faits. (Bordelon, p. 14)

Ne sois leger à faire des amis, mais garde bien ceux que tu as une fois acquis. (Fougerolles, p. 40)

Ne vous faites point d'amis avec legereté ; mais quand vous en aurez fait ne les perdez pas. (Boileau, p. 51)

Paris, Robert Laffont (Bouquins), 1991, p. 372 : « Un ancien a comparé les lois à ces toiles d'araignées qui, n'ayant que la force d'arrêter les mouches, sont rompues par les oiseaux. »

8) Fais plus de cas de la probité d'un homme que de son serment. (Bordelon, p. 15)

Crois qu'il n'y a jurement de plus grand poids que la vertu & preud'hommie. (Fougerolles, p. 40)

Croiez que la vertu & la probité sont preferables à un jurement, & qu'on s'y doit beaucoup plus fier. (Boileau, p. 51)

9) *Pour faire durer un Empire, il faut que le Magistrat obeïsse aux Loix, & le Peuple au Magistrat.* (Bordelon, p. 13)

(Pas de phrase correspondante chez Fougerolles ni chez Boileau)

10) Les Villes sont les égouts de la misére humaine[31]. (Bordelon, p. 13-14)

(Pas de phrase correspondante chez Fougerolles ni chez Boileau)

11) Quelqu'un luy disant, pour le consoler de la mort de son Fils, que ses pleurs ne serviroient de rien. C'est, dit-il, ce qui fait ma plus grande tristesse. (Bordelon, p. 14)

Dioscoride raconte en ses Commentaires, qu'il ploroit amerement la mort de son fils, & que quelqu'un luy dit, tu ne profites rien, voila pourquoy, dit-il, je plore, voyant que je ne profite rien (Fougerolles, p. 42)

Dioscoride dans ses Commentaires rapporte que comme il pleuroit, & se lamentoit de la mort de son fils, on luy dist que cela ne luy servoit de rien, il répondit que c'étoit le sujet de ses larmes. (Boileau, p. 53)

Ainsi, les phrases 1, 2, 3 et 9 de Laurent Bordelon correspondent aux 1, 2, 4 et 5 de D'Holbach. On constate donc que *La Morale universelle* ne les a pas forgées. Il faudra en conclure que Debauve et Balzac ont eu raison d'attribuer à Solon la sentence « Ne fais pas le prince, si tu n'as pas appris à l'être. »

Pour être précis, on peut ajouter que François de Fougerolles et Gilles Boileau ne l'ont pas inventée non plus dans leur traduction française. Comme Henri Estienne l'indique dans son édition bilingue des *Vies, doctrines et*

31. Phrase qui paraît annoncer ce que Derville dit à la fin du *Colonel Chabert*, éd. par Pierre Barbéris, *CH*, t. III, p. 373 : « Mais, nous autres avoués, nous voyons se répéter les mêmes sentiments mauvais, rien ne les corrige, *nos études sont des égouts qu'on ne peut pas curer* » ou ce que Balzac écrit à Madame Hanska le 22 novembre 1834, *LH*, t. I, p. 208 (voir fig. 9) : « *Le Père Goriot* est une belle œuvre, mais monstrueusement triste. Il fallait bien pour être complet montrer *un égout moral* de Paris et cela fait l'effet d'une plaie dégoûtante. » (souligné par l'auteur).

sentences des philosophes illustres (en grec et latin) publiée en 1593[32], une des traductions latines du chapitre sur Solon qu'il a choisies offre une interpolation qui ne se trouve pas dans le texte grec. L'insertion est déjà présente dans l'édition latine de Diogène Laërce que Johannes Sambucus a publiée chez Christophe Plantin[33], tandis que l'ignorent les versions antérieures d'Ambrogio Traversari[34] et de Benedetto Brugnoli[35]. Ce passage intercalé qui commence par « Inter alias hæ clariores sunt eius sententię » énumère plusieurs sentences du législateur. Et parmi ces phrases prend place justement la nôtre : « Principem agere noli, nisi edoctus subeas ». Les deux traducteurs en français du XVIIe siècle ont suivi ce texte sans marquer explicitement qu'il s'agissait d'une interpolation[36].

Bref, si l'on voulait améliorer un peu la note de Rose Fortassier sur l'axiome que dans son *Traité de la vie élégante* de 1830 Balzac prête à Solon, on pourrait dire que le romancier ne l'a pas forgé à sa fantaisie, puisque son contemporain Bernard-Simon-Laurent Debauve l'avait déjà rapporté en 1819 ; que cette maxime remonte au XVIe siècle, dans une interpolation latine des *Vies des philosophes* de Diogène Laërce (« Principem agere noli, nisi edoctus subeas ») imprimée par Christophe Plantin et Henri Estienne ; qu'en 1601 François de Fougerolles lui a donné la forme qu'adopteront Balzac et Debauve ; qu'ensuite, la formule du début du XVIIe siècle est passée à la fin du siècle chez Laurent Bordelon, puis, en 1776, dans *La Morale universelle* du baron d'Holbach et enfin, en 1788, dans l'*Encyclopédie méthodique. Logique et métaphysique* compilée par Pierre Louis de Lacretelle.

32. *Diog. Laert. de vitis, dogm. et apophth. clarorum philosophorum libri X*, s. l., Henri Estienne, 1593, p. 35 : « [Inter alias hæ clariores sunt eius sententię : Quę non posuisti, ne tollas. Ne mentiaris. Probitatem iureiurando certiorem habe. Principem agere noli, nisi edoctus subeas. Principi consule non dulciora, sed optima. Intellectum fac ducem, ne malè loquaris. Deos honora, & parentes reuerere. Nihil equidem homini metuendum est, nisi ne felicitatem excludat. Nemo stultus tacere potest. Populi rector prius se quàm populum rectè instituere debet. Praui hominis lingua acutior est gladio. Si principes & maiores secundum leges vixerint, vnaquæque ciuitas optimè regi poterit.] » (les crochets carrés sont de l'éditeur) ; voir la note d'Henri Estienne à la page 23 (de la troisième pagination) sur cette interpolation qu'ignore le texte grec.

33. *Laertii Diogenis de vita et moribus philosophorum libri X*, Anvers, Christophe Plantin, 1566, p. 27-28.

34. Diogenes Laertius, *Vitae philosophorum, Ambrosius Traversarius Camaldulensis Ordinis interpres*, Bibliothèque nationale de France, fonds latin 6069A, f° 16.

35. Diogenes Laertius, *De vita et moribus philosophorum*, Venise, Ottaviano Scotto, 1490, p. 8. Voir sur ces versions, Tiziano Dorandi, « Diogène Laërce du Moyen Âge à la Renaissance », *in* Thomas Ricklin éd., *Exempla docent. Les exemples des philosophes de l'Antiquité à la Renaissance. Actes du colloque international 23-25 octobre 2003, Université de Neuchâtel*, Paris, Vrin, 2006, p. 35-48.

36. François de Fougerolles, *op. cit.*, p. 37-38 ; Gilles Boileau, *op. cit.*, p. 44-45.

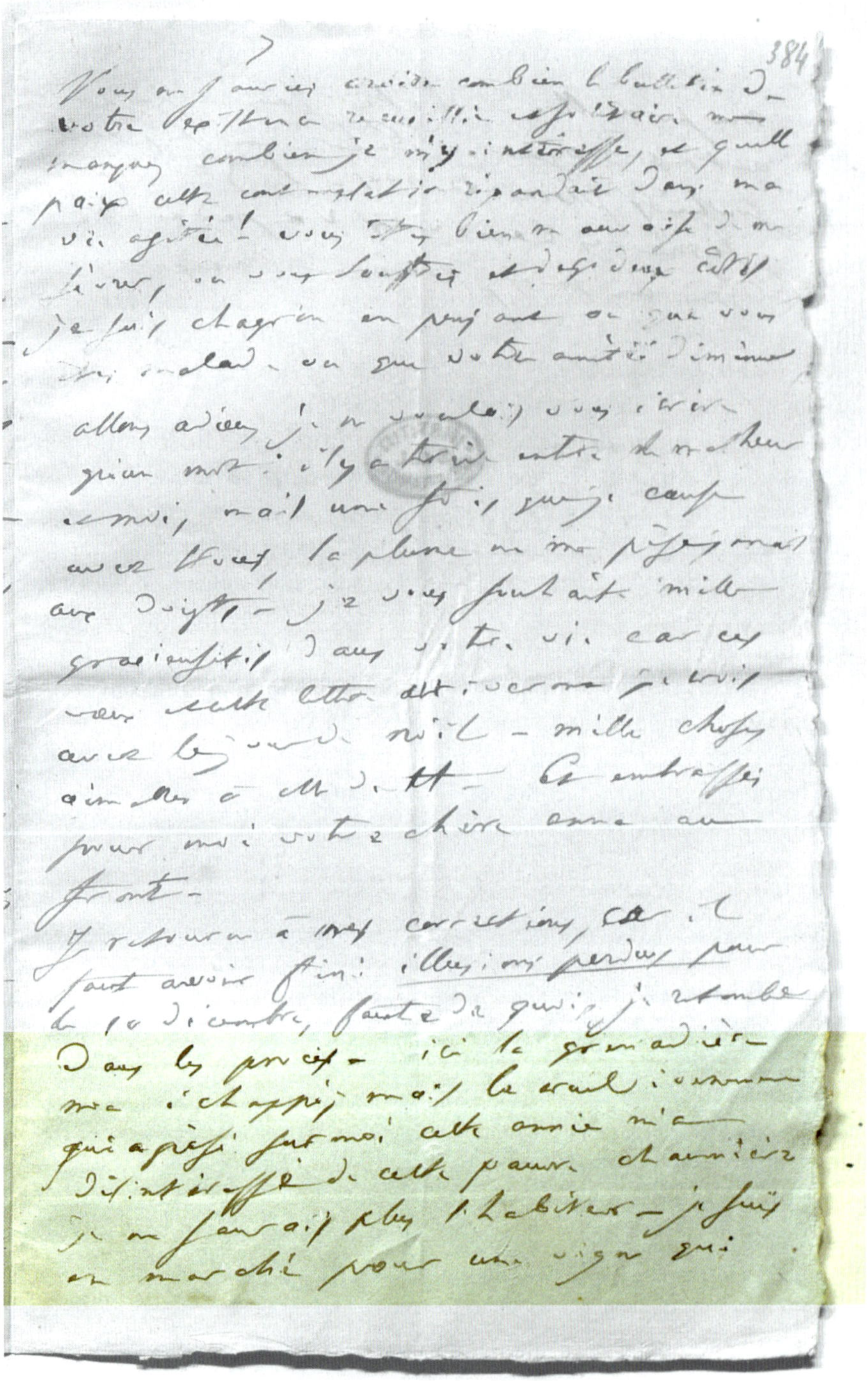

FIG. 10. – Lettre à Mme Hanska du 23 novembre 1836, Bibliothèque de l'Institut de France, Collection Spoelberch de Lovenjoul, ms Lov. A 301, fol. 384 recto.

10.
VOIR, N'EST-CE PAS AVOIR ?

Dans son article « Balzac et Béranger »[1], Charles Dédéyan nous a rappelé les relations des deux écrivains en insistant en particulier sur un hasard inattendu grâce auquel « un même lieu, une même demeure de Touraine »[2] les a attirés tous les deux ou même les a fait se croiser presque. Il s'agit bien sûr de La Grenadière.

D'une part, le romancier a passé sa première enfance chez une nourrice de Saint-Cyr à côté de cette « chaumière » ; en 1830, il y a séjourné avec Madame de Berny ; ensuite, il a publié la nouvelle *La Grenadière*[3] en 1832 dans la *Revue de Paris* et en 1833 en volume chez Madame Charles-Béchet et, enfin, il a tellement aimé la maison qu'il voulut l'acheter, pour y renoncer finalement en novembre 1836 à la suite du décès de sa maîtresse[4].

D'autre part, lassé de son séjour à Fontainebleau, le poète quinquagénaire visita la Touraine en automne 1836 pour y chercher un logement et tomba par hasard sur La Grenadière. C'est une Tourangelle qui lui en apprit l'existence en lui disant que Balzac l'avait « célébrée »[5], alors que n'ayant apparemment pas lu la nouvelle, il ne la connaissait que de nom. Charmé par son prix modique de 400 francs, il visita la maison, qui le séduisit tout de suite par « un jardin de facile entretien : le closier du propriétaire pour voisin, avec sa petite famille et sa vache ; une allée de tilleuls pour [s]es promenades ; un clos de vignes de deux arpents, qui ne fait pas partie de la location, mais

1. Paru dans *L'Année balzacienne*, 1995, p. 363-390.

2. *Ibid.*, p. 370.

3. *La Grenadière*, éd. par Anne-Marie Meininger, *CH*, t. II, p. 1377-1383.

4. Lettre à Madame Hanska, le 23 novembre 1836, *LH*, t. I, p. 351 : « Ici, la Grenadière m'a échappé ; mais le cruel événement qui a pesé sur moi cette année m'a désintéressé de cette pauvre chaumière. Je ne saurais plus l'habiter. » (voir fig. 10 ci-contre).

5. Lettre de Béranger à Perrotin, le 26 octobre 1836, dans *Correspondance de Béranger recueillie par Paul Boiteau*, Paris, Perrotin, 1860, 4 vol. (= *CorrBér*), t. II, p. 400-401 : « [...] pendant que je me consultais et demandais du temps pour avoir l'avis de Judith, la sœur de Bérard a découvert à Saint-Cyr, qu'on dit la côte la plus saine, une maison, *dit-on, célébrée par Balzac*, et que je croyais d'un prix exorbitant, ce qui m'avait empêché de la voir. »

qui embellit l'habitation, un parterre et quelques jolis arbres, un potager et quelques fruits »[6]. Quoique le bâtiment lui-même lui fît « peur » à cause de sa vétusté et de la mauvaise disposition de ses pièces[7], l'accueil bienveillant des propriétaires et l'aspect d'ensemble de La Grenadière le conquirent et le décidèrent à la louer immédiatement. Et de décembre 1836 à mai 1838[8] Béranger y fera un séjour inoubliable.

Avant de s'installer à La Grenadière, le poète a-t-il lu la nouvelle balzacienne ? Charles Dédéyan affirme qu'il « s'[y] est reporté »[9], mais la lettre de Béranger à Perrotin du 26 octobre 1836 me paraît le contredire :

> [...] mais vous et elle [= Judith Frère], procurez-vous la *Grenadière* de Balzac dans les *Scènes de la vie de province* ou *de la vie privée*[10], et vous aurez, *m'a-t-on assuré*, une description complète et exacte de cette habitation dont la célébrité m'avait d'abord épouvanté[11].

S'il l'avait lue et s'il s'en était souvenu, il n'aurait sans doute pas dit en se fiant à la seule réputation : « m'a-t-on assuré », mais plutôt il aurait expliqué à son destinataire comment la réalité correspondait ou non à la description romanesque. Aurait-il lu *La Grenadière* au cours de son séjour à cette maison ? Sa correspondance ne semble pas contenir d'allusions à son éventuelle lecture.

Si jamais il y avait jeté un coup d'œil, il y aurait trouvé un détail qui lui aurait fait plaisir, car Balzac y cite un de ses vers sans le nommer. À la fin d'une description enthousiaste de la maison et de ses alentours qui finit par qualifier ce domaine de « joyau patrimonial »[12], le narrateur renvoie en effet à « un poète » :

6. *Ibid.*, p. 401.

7. Voir *ibid.*, p. 403 : « Je ne pouvais me persuader que le seigneur de Balzac eût habité autre chose qu'un château. C'est une vraie bicoque, mais la plus charmante que j'ai vue de ma vie. »

8. Voir la lettre de Béranger à Madame Perrotin, le 16 juin 1838, *CorrBér*, t. III, p. 105 : « Il est bien temps, ma chère dame, que je vous réponde et vous apprenne comment nous nous trouvons dans notre nouveau gîte. Nous y sommes entrés le 26 mai et le déménagement s'est fait en un jour. [...] Judith était fort triste d'abord, elle a fini par voir qu'on pouvait vivre ailleurs qu'à la Grenadière ; [...]. »

9. *Op. cit.*, p. 372.

10. Hésitation compréhensible, puisque la nouvelle appartient dans l'édition originale de 1834 chez Madame Charles-Béchet et dans la deuxième édition de 1838 chez Charpentier aux *Scènes de la vie de province*, tandis que dans sa troisième édition de 1842 chez Furne elle sera rangée dans les *Scènes de la vie privée* ; voir *CH*, t. II, p. 1381.

11. *CorrBér.*, t. II, p. 400-403 ; les titres sont soulignés par l'auteur, tandis que le dernier soulignage est de moi.

12. *La Grenadière*, *CH*, t. II, p. 425.

> *Voir, n'est-ce pas avoir ? a dit un poète.* De là vous voyez trois vallées de la Touraine et sa cathédrale suspendue dans les airs comme un ouvrage en filigrane. Peut-on payer de tels trésors ? Pourrez-vous jamais payer la santé que vous recouvrez là sous les tilleuls[13] ?

Sur cette citation Charles Dédéyan ne dit rien dans son article cité et les éditeurs que j'ai consultés[14] ne lui consacrent pas de note non plus. Leur silence signifie-t-il que l'allusion était si limpide qu'elle n'avait pas besoin de commentaire ? Peut-être. De son côté, en citant *La Grenadière*, Anne-Marie Baron dit joliment dans son ouvrage sur *Balzac cinéaste* :

> [...] le regard est pour Balzac une véritable prise de possession, une appropriation par les yeux des spectacles du monde. « Voir, n'est-ce pas avoir ? » dit-il dans *La Grenadière*, comme pour souligner que le monde appartient à ceux qui l'aiment assez pour en absorber visuellement tous les aspects[15].

Observation qui intéresserait un certain nombre de lecteurs, mais qui passe sous silence le fait que l'expression qu'elle attribue à Balzac est un emprunt.

Face à cette situation, due peut-être au phénomène que Julien Gracq a appelé « le cas classique du *krach* posthume en littérature »[16], il me semble qu'une notule n'aurait pas été superflue pour les lecteurs dont la culture littéraire n'est pas très étendue. Si je ne m'abuse, Balzac se réfère à un poème de Béranger, *Les Bohémiens*, paru en 1828 dans *Chansons inédites de M. P. J. de Béranger*[17], recueil qui lui a valu un procès retentissant. Je le cite en entier, parce qu'il mérite d'être tiré de l'oubli et que, comme on le verra dans un instant, il a eu un retentissement suffisant, à l'époque, pour être gravé dans la mémoire de plus d'un écrivain.

LES BOHEMIENS.

AIR : Mon père m'a donné un mari, mon Dieu, quel homme[18] !

SORCIERS, bateleurs ou filous,
Reste immonde
D'un ancien monde,

13. *Ibid.*

14. Outre *CH*, voir Conard, *Études de mœurs : scènes de la vie privée*, t. IV, p. 230 ; *Intégrale*, t. I, p. 534 ; *CHH*, t. II, p. 692 ; *BO*, t. II, p. 343 ; *Nouvelles*, éd. par Philippe Berthier, Flammarion (GF Flammarion), 2005, p. 390 ; *Quarto*, t. II, p. 29.

15. Paris, Klincksieck, 1990, p. 78 ; le titre est souligné par l'auteur.

16. *La Littérature à l'estomac* (1950), *in* Julien Gracq, *Œuvres complètes*, éd. par Bernhild Boie, Paris, Gallimard (*Pl*), 1989-1995, 2 vol., t. I, p. 544.

17. Paris, Baudouin, 1828, p. 99-103.

18. Voir Eugène Rolland, *Recueil de chansons populaires*, t. I, Paris, Maisonneuve, 1883, p. 65.

Sorciers, bateleurs ou filous,
Gais Bohémiens, d'où venez-vous ?

D'où nous venons ? l'on n'en sait rien.
L'hirondelle
D'où vous vient-elle ?
D'où nous venons ? l'on n'en sait rien.
Où nous irons, le sait-on bien ?

Sans pays, sans prince et sans lois,
Notre vie
Doit faire envie.
[p. 100] Sans pays, sans prince et sans lois,
L'homme est heureux un jour sur trois.

Tous indépendans nous naissons,
Sans église
Qui nous baptise.
Tous indépendans nous naissons,
Au bruit du fifre et des chansons.

Nos premiers pas sont dégagés,
Dans ce monde
Où l'erreur abonde,
Nos premiers pas sont dégagés
Du vieux maillot des préjugés.

Au peuple, en butte à nos larcins,
Tout grimoire
En peut faire accroire.
Au peuple, en butte à nos larcins,
Il faut des sorciers et des saints.

[p. 101] Trouvons-nous Plutus en chemin,
Notre bande
Gaîment demande.
Trouvons-nous Plutus en chemin,
En chantant nous tendons la main.

Pauvres oiseaux que Dieu bénit,
De la ville
Qu'on nous exile ;
Pauvres oiseaux que Dieu bénit,
Au fond des bois pend notre nid.

À tâtons l'amour, chaque nuit,
Nous attèle
Tous pêle-mêle ;

À tâtons l'amour, chaque nuit,
Nous attèle au char qu'il conduit.

Ton œil ne peut se détacher,
Philosophe
De mince étoffe,
Ton œil ne peut se détacher
Du vieux coq de ton vieux clocher.

[p. 102] *Voir c'est avoir*. Allons courir !
Vie errante
Est chose enivrante.
Voir c'est avoir. Allons courir ;
Car tout voir, c'est tout conquérir.

Mais à l'homme on crie en tout lieu,
Qu'il s'agite,
Ou croupisse au gîte,
Mais à l'homme on crie en tout lieu :
« Tu nais, bonjour ; tu meurs, adieu.[»]

Quand nous mourons, vieux ou bambin,
Homme ou femme,
À Dieu soit notre âme !
Quand nous mourons, vieux ou bambin,
On vend le corps au carabin.

Nous n'avons donc, exempts d'orgueil,
De lois vaines,
De lourdes chaînes ;
Nous n'avons donc, exempts d'orgueil,
Ni berceau, ni toit, ni cercueil.

[p. 103] Mais croyez-en notre gaîté,
Noble ou prêtre,
Valet ou maître ;
Mais croyez-en notre gaîté :
Le bonheur, c'est la liberté.

Oui, croyez-en notre gaîté,
Noble ou prêtre,
Valet ou maître,
Oui, croyez-en notre gaîté :
Le bonheur, c'est la liberté.

En s'inspirant de la onzième strophe de ce poème qu'un journaliste du *Globe* a placé aussi ou même plus haut que des œuvres de Goethe, Schiller et Bürger[19], le romancier a inséré la phrase « Voir, n'est-ce pas avoir ? » dans sa nouvelle. Si le poète avait lu la nouvelle, il aurait reconnu l'emprunt et sans doute il aurait aimé davantage La Grenadière où il a habité entre 1836 et 1838.

Je profite de l'occasion pour rappeler quelques allusions aux *Bohémiens* que l'on rencontre chez certains auteurs du XIXe siècle. On verra que la phrase « Voir c'est avoir » pouvait s'adapter à différents contextes et à divers registres : du léger au grave, du sérieux au parodique, du comique au pathétique.

D'abord, on peut relever comme un témoignage précoce – puisque l'ouvrage a paru un an après le recueil de Béranger – le récit de voyage en Amérique latine de Pierre-Daniel Martin-Maillefer, *Les Fiancés de Caracas, poème éclectique en deux chants, Suivi de notes ou considérations politiques et morales sur plusieurs États du Nouveau Monde*. L'auteur fait d'un extrait de la chanson une *poétique* du XIXe siècle :

> Qui ne préférerait l'allure excentrique et hardie du « Napoléon de la rime » à la vieille routine épique, si pompeusement monotone, si étrangère à nos mœurs et à nos idées ?
>
> Voir c'est avoir. Allons courir !
> Car tout voir, c'est tout conquérir,
>
> A dit un chantre populaire qui expie aujourd'hui en prison les excursions de sa muse et le crime d'avoir trop aimé la liberté. Si je ne m'abuse, le refrain du gai Bohémien renferme la meilleure poétique qu'on puisse suivre au dix-neuvième siècle[20].

Chronologiquement, cette proclamation d'une nouvelle poétique est suivie de la nouvelle de Balzac, parue en 1832, où l'on pourrait percevoir l'expression d'une certaine idée de la littérature. Ensuite, un vaudeville de 1840 se souvient du refrain de Béranger. Il s'agit du *Dernier oncle d'Amérique, vaudeville en un acte par MM. D'Ennery et Eugène Grangé, représenté pour la première fois, à Paris, sur le théâtre du Panthéon, le 1er février 1840*. Dans la scène IX, le vieux savant Galuchet, quatrième et dernier oncle du héros Anatole criblé de dettes, vient d'arriver chez ce dernier et à partir de la citation des *Bohémiens* on a une chanson sur l'opposition de *voir* et *avoir* :

19. Dans le compte rendu des *Chansons inédites* paru le 11 octobre 1828 et repris dans *La Couronne poétique de Béranger*, recueil qu'a réuni Gérard de Nerval, Paris, Chaumerot jeune, 1829, p. 110. Sur ce recueil, voir la notice de Claude Pichois dans Gérard de Nerval, *Œuvres complètes*, éd. sous la direction de Jean Guillaume et Claude Pichois, Paris, Gallimard (*Pl*), 1989-1993, 3 vol., t. I, p. 1550-1551.

20. Paris, Delaforest, 1829, p. III.

GALUCHET.

Non, non ! la science... la science qui enflammait mon imagination ardente. *Voir, c'est avoir*, a dit un grand poète

AIR : Vaudeville du Premier Prix.

Et tout plein d'une noble envie,
Brûlant d'un désir tout nouveau,
J'ai résolu, pendant ma vie,
De tout voir.

ANATOLE.

Le projet est beau !..
Voir est une excellente chose,
Mais ça ne donne pas d'écus ;
Et j'aimerais mieux, je suppose,
Voir moins, pour avoir un peu plus[21].

Comme le héros ne pense qu'à exploiter la richesse de son oncle, il est déçu d'avoir appris que ce dernier a *vu* beaucoup de choses mais qu'il n'*a* pas de fortune. Cependant le dénouement, heureux, donnera raison à Galuchet d'avoir tout consacré à la science.

L'année suivante, *Grise-Aile*, parodie de *Giselle* de Théophile Gautier parue dans la neuvième livraison du *Musée Philipon. Album de tout le monde*, s'empare également de Béranger. En parlant des lorgnettes qui pendant l'entr'acte se dirigent vers Carlotta Grisi, le pasticheur y insère notre refrain en l'attribuant explicitement à son auteur (fait exceptionnel dans notre corpus) :

> Pendant l'entr'acte les lorgnettes parcourent la salle et s'arrêtent sur une ou deux belles duchesses, brillantes comme des camélias dans une serre de rosiers.
>
> Il n'y a guère qu'une duchesse par 30.000 hommes : il n'y a qu'une Carlotta Grisi sur un million de Parisiens. – Ce million veut la voir.
>
> *Voir, c'est avoir,*
>
> dit Béranger[22].

21. *Répertoire dramatique des auteurs contemporains*, n° XLVIII, *Théâtre du Panthéon, Le Dernier oncle d'Amérique, vaudeville en un acte*, Paris, Bureau central, 1840, p. 7 ; c'est l'auteur qui souligne.

22. *Musée Philipon. Album de tout le monde*, 9e livraison, s.d. [1841], p. 68 ; souligné par l'auteur. Texte reproduit (pas tout à fait fidèlement) *in* Théophile Gautier, *Œuvres complètes*, éd. sous la direction d'Alain Montandon, *Théâtre et ballets*, éd. par Claudine Lacoste-Veysseyre et Hélène Laplace-Claverie avec la collaboration de Sarah Mombert, Paris, Champion, 2003, p. 979 ; il n'y a pas de note sur la citation.

La concupiscence du public est ainsi résumée par la courte citation des *Bohémiens*.

Parmi les pièces de théâtre, une des œuvres d'Alexandre Dumas mérite aussi d'être rappelée. C'est *La jeunesse des Mousquetaires, pièce en 14 tableaux*, qu'il a rédigée avec Auguste Maquet pour la publier en 1849. Dans la scène II du Prologue, qui raconte le mariage de Charlotte Backson (la future Milady de Winter) avec le comte de La Fère (le futur mousquetaire Athos), c'est l'ambitieuse femme, qui, après avoir reçu la lettre du comte l'autorisant à rester dans le presbytère du château, parle seule en regardant la demeure de La Fère :

> CHARLOTTE, *seule*.
>
> [...] Ainsi, voilà que cette maison m'appartient, pauvre domaine !... oui, mais ce n'est qu'un vestibule... le château est là-bas. Le château !... comté et baronnie depuis trois cents ans... il y a presque de la cruauté à avoir placé la fenêtre de cette pauvre maison en vue de ce magnifique château... il y a pourtant un proverbe qui dit : « Voir, c'est avoir... » Proverbe menteur[23] !

Si les auteurs se bornent ici à mentionner le *proverbe* sans expliquer à qui on le doit, c'est évidemment parce que dans la pièce qui met en scène *Les Trois Mousquetaires*, il ne convenait pas de commettre un anachronisme trop flagrant en évoquant un auteur du XIXe siècle.

Par contre, une allusion de Barbey d'Aurevilly est moins obscure. Dans son roman *Une vieille maîtresse* (1851), c'est l'espagnole Vellini qui écrit ceci dans sa lettre à Ryno de Marigny :

> Vellini n'est pas une de ces faibles créatures qu'on puisse enterrer dans un mur comme un oiseau auquel on a coupé le bec, les griffes et les ailes, ou ensabler comme cette *blanche Caroline* dont ils nous parlaient l'autre soir. Mais elle le serait, Ryno, qu'elle s'exposerait à cette destinée pour voir de loin, sans y toucher et en silence, ce front qui a tant dormi contre son sein. « Voir, c'est avoir », dit la chanson bohémienne. Quand je te verrai, je t'aurai, Ryno[24] !

Bien que Jacques Petit ne l'ait pas annotée, l'allusion à *la chanson bohémienne* est assez claire pour que les lecteurs se souviennent que la citation vient des *Bohémiens* de Béranger. Si l'auteur s'est abstenu de nommer celui-ci, c'est sans doute parce qu'une référence trop précise n'était pas naturelle à la plume de Vellini et aussi parce qu'une allusion vague à une certaine tradition bohémienne convenait mieux à cette Espagnole.

23. Paris, Dufour et Mulat, 1849, Prologue, scène II, p. 2.

24. *Une vieille maîtresse*, *in* Barbey d'Aurevilly, *Œuvres romanesques complètes*, éd. par Jacques Petit, t. I, Paris, Gallimard (*Pl*), 1964, p. 460 ; souligné par l'auteur.

Un peu avant la parution du roman de Barbey d'Aurevilly, la lettre que le 2 décembre 1850 Marie Mattei adressa à son amant Théophile Gautier contient un passage remarquable qui nous apprend comment le poème de Béranger était familier à certains amateurs de littérature. Car ceux-ci partageaient une culture littéraire qui leur permettait d'échanger des citations bien à propos.

> Tu te souviens quand tu m'as dit voir *c'est avoir*, je t'ai dit, moi vie errante est chose enivrante. Je t'écrirai donc un peu de Nice, de Gênes, et à Livourne je ferai partir ma lettre[25].

La conversation de Théophile Gautier et de sa maîtresse est ainsi nourrie d'un rappel précis des trois premiers vers de la onzième strophe des *Bohémiens* : « *Voir c'est avoir*. Allons courir ! / *Vie errante / Est chose enivrante.* » Et ce rappel est bien choisi pour ce couple au moment où l'une va partir en voyage en laissant l'autre.

Du reste, le poème était assez présent dans l'esprit de l'écrivain pour qu'il cite notre vers en rendant compte d'*Un Été dans le Sahara* (1854) d'Eugène Fromentin. Cette recension prend place dans le deuxième volume de son recueil posthume *L'Orient*, sous le titre « Le Sahara » :

> Avec eux [= les peintres] point de vague, point d'à peu près, point de généralités banales : chaque mot est un trait décisif, une touche accentuée ; voir est plus difficile qu'on ne pense ; beaucoup de prunelles sont voilées d'une taie quoique parfaitement claires, et *voir – c'est avoir, dit le proverbe.*
>
> Pour notre part, nous aimons la façon d'écrire des peintres, surtout quand ils ne se proposent pas quelque idéal académique, quelque imitation de poëte ou de prosateur en vogue. Nous y trouvons alors une saveur, un relief, une vie et une originalité qui nous séduisent plus que nous ne saurions dire[26].

Dans ce passage, Théophile Gautier se réfère au *proverbe*. Ce n'est pourtant pas pour éviter un anachronisme comme dans le cas de *La jeunesse des Mousquetaires* d'Alexandre Dumas et Auguste Maquet, mais plutôt pour concentrer l'attention des lecteurs sur les œuvres écrites des peintres aux dépens des poètes ou des prosateurs. Une allusion à Béranger, intempestive, l'aurait détournée du propos poursuivi.

25. Lettre de Marie Mattei à Théophile Gautier, le 2 décembre 1850, *in* Théophile Gautier, *Correspondance générale*, éd. par Claudine Lacoste-Veysseyre, t. IV, Genève-Paris, Droz, 1989, p. 268 ; c'est l'auteur qui souligne. Il n'y a pas de note sur l'allusion à Béranger.

26. Paris, Fasquelle, 1893, p. 334. Dans son édition récente, Sophie Basch n'a pas commenté ce *proverbe*, voir Théophile Gautier, *L'Orient*, éd. par Sophie Basch, Paris, Gallimard (Folio classique), 2013, p. 468.

Une recherche plus approfondie nous permettrait de réunir d'autres citations des *Bohémiens* au cours du XIXe siècle. En tout cas, la nouvelle de Balzac peut être rangée dans cette lignée, qui semble un peu échapper aux lecteurs d'aujourd'hui. Pour leur rappeler cet arrière-plan, il conviendrait au moins introduire une notule dans l'édition de *La Grenadière*, de compléter l'article *Béranger* de l'« Index des personnes réelles et des personnages historiques ou de la mythologie, de la littérature et des beaux arts cités par Balzac dans "La Comédie humaine" »[27] et d'ajouter l'article *Les Bohémiens* dans l'« Index des œuvres citées par Balzac dans "La Comédie humaine" »[28], deux répertoires de la Pléiade que l'on doit à Anne-Marie Meininger et à Pierre Citron et dont l'utilité est reconnue de tous.

27. *CH*, t. XII, p. 1626.
28. *Ibid.*, p. 1865.

11.
LES FEMMES SONT DES POÊLES À DESSUS DE MARBRE

Comme Pierre Laubriet l'a évoqué dans sa thèse sur *L'Intelligence de l'art chez Balzac, D'une esthétique balzacienne*[1], Balzac avait un ami appelé Charles Lemesle qui l'aidait pour corriger certains de ses écrits. Le romancier parle de ce personnage au moins cinq fois dans sa correspondance. Rappelons comment il l'y présente.

La première apparition de Charles Lemesle que l'on connaisse se trouve dans la lettre du romancier à Madame Hanska du 24 février 1833. Il lui raconte son travail et surtout il lui confesse combien la réécriture de *Louis Lambert* en vue d'une nouvelle publication[2] était laborieuse :

> Après trois mois de travaux, je refais *L[ouis] Lambert*. Hier, *un ami, l'un de ces amis qui ne trompent pas, qui vous disent la vérité est venu le scalpel à la main* et nous avons étudié mon œuvre. *Lui est un homme logique, d'un goût sévère, incapable de faire quoi que ce soit ; mais le plus profond grammairien, le professeur le plus sévère*, et il m'a démontré mille fautes[3].

Le nom de cet ami ne figure pas dans cette lettre, mais l'éditeur Roger Pierrot suppose qu'il s'agit de Charles Lemesle. Edmond Werdet[4], qui travaillait dès 1831 chez Madame Charles-Béchet, aurait pu présenter cet *homme logique* à Balzac pour la correction de ses romans. Cette hypothèse sera confirmée par d'autres lettres plus explicites.

La deuxième mention de cet ami se trouve dans une lettre de Balzac, datable de mai 1834, dont le destinataire est inconnu (Auguste Borget[5] ou

1. Paris, Didier, 1961, p. 450-452.

2. Qu'il préparait pour Gosselin, mais qui paraîtra chez Werdet après la signature d'un contrat le 16 juillet 1834, voir *Louis Lambert*, éd. par Michel Lichtlé, *CH*, t. XI, p. 1483.

3. Lettre à Madame Hanska, le 24 février 1833, *LH*, t. I, p. 27 ; le titre est souligné par l'auteur, tandis que c'est moi qui souligne le reste.

4. Voir la notice consacrée à cet éditeur dans *Corr.*, t. I, p. 1589-1590.

5. Hypothèse de Lovenjoul, adoptée par Pierre Laubriet, *op. cit.*, p. 451.

Jean Thomassy[6] ?). Tout en avouant qu'il laisse subsister des imperfections dans ses œuvres, l'épistolier y évoque de nouveau un ami critique sans le nommer :

> Heureusement, j'ai *un ami que ne désavouerait pas Boileau, qui s'est mis à sarcler mon champ, et qui me donne de durs coups de règle sur les doigts*[7].

Ici aussi l'ami reste anonyme, mais la comparaison avec Nicolas Boileau se retrouvera plus tard dans une lettre à Madame Hanska. Auparavant, on trouve son nom dans un billet que le 30 mai 1834 Balzac a adressé à Charles Lemesle lui-même. En parlant du mariage du relieur Spachmann, il lui annonce la remise d'un manuscrit de *Séraphîta*[8] :

> *Maître des hypercritiques*[9], changeons le déjeuner en dîner, car je suis témoin de l'ami que vous avez vu à déjeuner, prévenez Werdet du changement. Je vous verrai demain en allant à la noce et je vous remettrai *Séraphîta* qui, pour le coup, sera finie en M[anu]s[crit].
>
> Mille compliments[10].

C'est ce billet adressé à ce *maître des hypercritiques* qui nous confirmerait l'hypothèse sur l'identité de l'ami anonyme que l'on a vu dans les deux premières citations.

La comparaison de Charles Lemesle avec Boileau qui figurait dans la lettre de mai 1834 se retrouve en tant que surnom dans la lettre à Madame Hanska du 11 août 1834, lorsque le romancier relate la correction du *Médecin de campagne* :

> J'ai eu d'autres chagrins. Mon *Boileau, mon hypercritique, mon ami qui me juge et me corrige en dernier ressort* a trouvé considérablement de fautes dans les 2 1ers volumes in-12 du *Médecin* [*de campagne*]. Ça m'a désespéré. Enfin, nous les ôterons. L'œuvre sera quelque jour parfaite. J'ai été deux jours malade quand il m'a fait voir les fautes. Elles sont réelles.
>
> Nous savonnerons à nous deux *La Peau de chagrin*[11].

6. Hypothèse de Roland Chollet et René Guise, dans *OD*, t. I, p. 1478.

7. Lettre à un monsieur ***, mai 1834, *Corr.*, t. I, p. 961.

8. Henri Gauthier ne cite pas cette lettre dans son édition, voir *Séraphîta*, éd. par Henri Gauthier, *CH*, t. XI, p. 1607.

9. Exemple cité par le *TLF*, s.v. *hypercritique*.

10. Lettre à Charles Lemesle, le 30 mai 1834, *Corr.*, t. I, p. 964 ; le titre est souligné par l'auteur, tandis que le premier soulignage est de moi.

11. Lettre à Madame Hanska, le 11 août 1834, *LH*, t. I, p. 182-183 ; c'est Balzac qui souligne *Boileau* et les deux titres, tandis que le reste l'est par moi.

Ici, outre le surnom *Boileau*, la qualification *hypercritique* qui figurait dans le billet précédent confirme l'hypothèse de Roger Pierrot selon laquelle l'ami en question est Charles Lemesle plutôt que Jean Thomassy. Dans son édition du *Médecin de campagne*, Rose Fortassier[12] nous apprend, peut-être en se basant sur le témoignage de Werdet lui-même[13], que c'est celui-ci qui a demandé à Charles Lemesle de revoir le texte de l'édition in-12 du roman qui venait de paraître.

La cinquième et dernière apparition de cet ami se trouve dans la lettre de Balzac à Zulma Carraud de novembre 1835. Là on en a un portrait un peu différent, avec une notation concrète sur sa situation financière :

> Sur ces entrefaites, j'ai rencontré *un pauvre professeur de 45 ans, ayant femme et enfants, autrefois riche, maintenant correcteur d'imp[rimer]ie,* auquel il faut reconnaître incontestablement les qualités qui manquent à M. Chevalet *science grammaticale, logique et typographique.* Au lieu d'être chez moi, il reste chez lui. Mon libraire lui fait 50 fr. par mois, et moi 50 également, voilà tout d'un coup trois intérêts satisfaits, [...][14].

Charles Lemesle étant né en 1794[15], il devait avoir 41 ans au moment où Balzac écrivait cette lettre, mais ce petit écart n'a pas empêché Roger Pierrot de considérer qu'il s'agissait de l'ami critique de Balzac.

En complément aux cinq évocations plus ou moins explicites de notre personnage dans la correspondance, on peut signaler que son nom apparaît dans une note que Madeleine Ambrière a donnée à l'*Avant-propos* de *La Comédie humaine* à propos de « la langue la plus difficile du monde »[16] à laquelle aspirait le romancier. Citons un extrait de cette longue note :

> L'humilité de Balzac en ce domaine est parfaitement sincère. [...] On trouve dans les *Lettres à Mme Hanska* maints témoignages de ses accès de découragement et de doute, de son humble soumission au jugement de ses prétendus Boileau, d'un Lemesle ou d'un Thomassy, de gens, en un mot, qui, comme l'a bien vu Th. Gautier (*H. de Balzac*, 1859, p. 11[17]), lui étaient « cent fois inférieurs »[18].

12. *Le Médecin de campagne*, éd. par Rose Fortassier, *CH*, t. IX, p. 1414.

13. Edmond Werdet, *Portrait intime de Balzac. Sa vie, son humeur et son caractère*, Paris, Dentu, 1859, p. 184 ; *Id.*, *Souvenirs de la vie littéraire. Portraits intimes*, Paris, Dentu, 1879, p. 39-40.

14. Lettre à Zulma Carraud, novembre 1835, *Corr.*, t. I, p. 1149.

15. Voir le catalogue de la Bibliothèque nationale de France.

16. *Avant-propos de « La Comédie humaine »*, éd. par Madeleine Ambrière, *CH*, t. I, p. 14.

17. Voici sa phrase : « Aussi se donnait-il un mal horrible afin d'arriver au style, et, dans son souci de correction, consultait-il des gens qui lui étaient cent fois inférieurs. » (Théophile Gautier, *Honoré de Balzac, Édition revue et augmentée*, Paris, Poulet-Malassis et de Broise, 1859, p. 11).

18. *CH*, t. I, p. 1132.

Voilà le personnage tel que jusqu'ici on le connaissait grâce à l'érudition balzacienne. Si l'identification proposée pour la lettre citée à Zulma Carraud est bonne, on peut imaginer que, sans doute pour gagner sa vie, Charles Lemesle aurait beaucoup travaillé pour les maisons d'édition telles que celle de Madame Charles-Béchet ou celle de Werdet, etc. Un coup d'œil sur sa bibliographie n'étant pas indifférent à une meilleure compréhension d'un passage de Balzac, comme on le verra dans un instant, donnons-en une liste provisoire[19]. Voici d'abord ses œuvres originales dans l'ordre chronologique de leur parution, qui couvrent des domaines variés :

« La Maison des champs. Stances, par M. Charles Lemesle, Membre correspondant », *Mémoires de la Société Linnéenne de Paris*, t. I, 1822, p. 284-285.

Apologie du chat, Paris, Lebel, 1823, 22 pages ; extrait de la *Bibliothèque physico-économique instructive et amusante*, t. XIV.

Macédoine poétique par C. L., Paris, Leroi, 1824, 108 pages.

« Le Vingt-quatre mai, Ode pour le jour anniversaire de la naissance de Linné, par M. Charles Lemesle, Correspondant de la Société Linnéenne de Paris », *Mémoires de la Société Linnéenne de Paris*, t. III, 1825, p. 169-170.

« Les Fleurs et la culture. Stances, par M. Charles Lemesle, Membre correspondant », *Mémoires de la Société Linnéenne de Paris*, t. IV, 1826, p. 204-205.

« Éloge de Thomas Jefferson, ancien Président des États-Unis de l'Amérique du Nord, Membre honoraire de la Société Linnéenne de Paris », *Mémoires de la Société Linnéenne de Paris*, t. V, 1827, p. 609-617.

Un Français à un ministériel, Épître, Paris, Les Marchands de nouveautés, 1827, 7 pages.

Proverbes dramatiques, Paris, P. Mongie aîné, 1830, 364 pages[20].

19. Que j'ai établie en complétant dans la mesure du possible Joseph-Marie Quérard, *La France littéraire ou Dictionnaire bibliographique des savants, historiens et gens de lettres de la France, ainsi que des littérateurs étrangers qui ont écrit en français, plus particulièrement pendant les* XVIII*e et* XIX*e siècles*, t. V, Paris, Didot, 1833, p. 142-143 ; Georges Vicaire, *Manuel de l'amateur de livres du* XIX*e siècle, 1801-1893*, Paris, Rouquette, 1894-1920, 8 vol. ; le catalogue de la Bibliothèque nationale de France.

20. Ouvrage qui contient sept pièces : « Les Deux amis ou la manie du duel, proverbe en prose » (p. 1-49) ; « L'Avare jaloux, proverbe en vers » (p. 51-97) ; « Le Jeu de la ruse et du hasard, ou les malentendus, proverbe en prose » (p. 99-145) ; « Le Faux prince Édouard, proverbe-vaudeville » (p. 147-198) ; « Le Revenant-tambour, proverbe en prose, imité de *the Drummer, or the Haunted House*, comédie en 5 actes et en prose d'Addison » (p. 199-251) ;

La Petite Fronde de 1831, chansons, Paris, Madame Charles-Béchet, 1831, 51 pages.

Misophilanthropopanutopies, Paris, Madame Charles-Béchet, 1833, 251 pages[21].

Misophilanthropopanutopies, Tablettes d'un sceptique, précédées d'une introduction par M. Tissot, *Deuxième édition*, Paris, E. Albert, 1845, LXIV + 275 pages[22].

Pour donner une idée des maximes et des réflexions contenues dans ces deux dernières publications, on peut citer la première sentence et la proposition finale de l'ultime morceau :

> Les hommes qui pensent toujours ce qu'ils disent ont le tort de se croire en droit de dire toujours ce qu'ils pensent[23].
>
> [...] et nous croyons avoir *trouvé une vérité* quand nous avons enchâssé une idée fausse à facettes scintillantes dans une phrase délicatement ciselée[24].

Charles Lemesle a collaboré par ailleurs au journal *Le Gastronome* (1830-1831) de Paul Lacroix, qu'il a même dirigé quelque temps[25] et dans lequel il a publié notamment[26] plusieurs chansons, dont certaines[27] sont reprises ensuite dans le recueil collectif qu'il a édité lui-même :

Chansonnier du Gastronome par Messieurs Béranger, Justin Cabassol, Félix Davin, Casimir Delavigne, V. Delacroix, L. Pesteau, Fontaney, Victor

« Les Commis, ou le rapport et le duel, proverbe en vers » (p. 253-305) ; « Les Deux lettres, ou la fille du blanchisseur, proverbe-vaudeville » (p. 307-363).

21. Ouvrage qui comprend 226 maximes ou réflexions plus ou moins longues, suivies de quatre chapitres sur Montaigne : « La philosophie dans l'amour » (p. 183-195) ; « Fanatisme et tolérance » (p. 197-208) ; « La lettre de mademoiselle de Gournay » (p. 209-217); « Recueillement » (p. 219-223).

22. En tête de l'ouvrage sont reproduites six recensions de la première édition parues dans la *Gazette des théâtres*, *Le Rénovateur*, *La France littéraire*, le *Journal des femmes*, *L'Artiste*, la *Revue de Paris*, et elles sont suivies d'une longue Introduction (p. XXI-LXIV) de Pierre-François Tissot. Les maximes ou réflexions sont au nombre de 285. L'appendice reprend les quatre chapitres sur Montaigne.

23. *Misophilanthropopanutopies*, Deuxième édition, *op. cit.*, p. 1.

24. *Ibid.*, p. 235 ; souligné par l'auteur.

25. Il est qualifié de « Directeur gérant » dans le numéro du 5 août 1830, p. 8. Voir *Gautier journaliste, Articles et chroniques*, éd. par Patrick Berthier, Paris, Flammarion (GF Flammarion), 2011, p. 18.

26. Sans doute aussi des articles, mais dans ce journal, les articles sont anonymes.

27. Sauf les trois qui ont paru après la publication du *Chansonnier du Gastronome* : « Le vieux soldat » (le 5 mai 1831, p. 7 : « Je ne suis point d'une famille illustre... ») ; « Aux petits soldats » (le 5 juin 1831, p. 7 : « Courage, enfants ! Entre vos mains mignonnes... ») ; « Les combattans de juillet » (le 10 juillet 1831, p. 7 : « Mancs sacrés, salut, chers camarades !... »).

> *Hugo, Henri IV, P.-L. Jacob, A. Jay, Amédé Jubinal, Paul Lacroix, Nestor de Lamarque, Charles Lemesle, Louis XVIII, H. Martin, Millevois, Odry, Ozanneaux, Romieu, E. Scribe, J. Vaissière, etc., etc., publié par Charles Lemesle*, 1re année, Paris, Bureau du Gastronome et Eugène Renduel, 1831, XVII + 303 pages[28].

D'autre part, une trentaine de maximes publiées dans *Misophilanthropopanutopies* ont été reproduites plus tard dans un recueil collectif :

> *Les Belles femmes de Paris et de la Province, par MM. de Balzac*[29]*, Roger de Beauvoir, Raymond Brucker, Cordellier-Delanoue, Émile Deschamps, Esquiros, Théophile Gautier, Gérard de Nerval, Gozlan, Guénot Lecointe, Arsène Houssaye, Victor Hugo, Jules Janin, Juge, Alphonse Karr, Charles Lemesle, Méry, Jules Sandeau, Alexandre Soumet, Van Roé, Mesdames Émile de Girardin, de Narbonne-Pelet, etc., etc., etc., Deuxième série*, Paris, Au bureau, 1840, 403 pages.

Comme deuxième domaine de son travail, on peut relever ses traductions en français de textes anglais, espagnol et italien :

> « Le Printemps, Ode de M. James Gordon Brooks, traduite de l'anglais par M. Charles Lemesle, Correspondant de la Société Linnéenne de Paris », *Mémoires de la Société Linnéenne de Paris*, t. III, 1825, p. 116-117.

> *Hilpa et Shalum, ou les Plantations, conte chinois antidiluvien, Extrait du* Spectateur *d'Addison*, Rambouillet, Chaignet, 1827, 16 pages.

> D. Thomas de Iriarte, *Fables littéraires, traduites de l'espagnol en vers par Charles Lemesle, précédées d'une Introduction par M. Émile Deschamps*, Paris, H.-L. Delloye, 1841, XVI + 197 pages.

28. Ses contributions sont, outre la « Lettre de l'Éditeur » (p. V-XVII), onze chansons : « Mieux vaut tenir que de courir, chanson épicurienne » (p. 11-13 ; du *Gastronome*, le 28 mars 1830, p. 6) ; « Chanson philosophique » (p. 38-40 ; du *Gastronome*, le 6 mai 1830, p. 7) ; « Dépêchons-nous de vivre, chanson éclectique » (p. 62-65 ; du *Gastronome*, le 6 juin 1830, p. 7) ; « Le Misantrope épicurien, chanson philosophique » (p. 108-111 ; non vérifiée dans *Le Gastronome*) ; « Les Trembleurs, chanson rassurante » (p. 116-119 ; du *Gastronome*, le 12 août 1830, p. 6-7) ; « La Sentinelle nationale, chant français » (p. 130-133 ; non vérifié dans *Le Gastronome*) ; « La Morale en action, chanson gourmande » (p. 143-145 ; du *Gastronome*, le 5 septembre 1830, p. 7) ; « Le Retour de chasse » (p. 153-156 ; du *Gastronome*, le 12 septembre 1830, p. 6-7) ; « Le Café » (p. 178-180 ; du *Gastronome*, le 3 octobre 1830, p. 7) ; « Savez-vous rire ? chanson à boire » (p. 219-224 ; du *Gastronome*, le 7 novembre 1830, p. 6-7) ; « Remontrances à la vieillesse » (p. 288-293 ; du *Gastronome*, le 30 décembre 1830, p. 6-7).

29. Sa collaboration à ce recueil est douteuse, voir Stéphane Vachon, *Les Travaux et les jours d'Honoré de Balzac. Chronologie de la création balzacienne*, Paris, Presses universitaires de Vincennes, 1992, p. 313.

Alessandro Manzoni, « La montagne », *Le Commerce* ; repris dans la *Revue des feuilletons*, t. IV, 1844, p. 196-219.

Le troisième et le dernier domaine de son travail, le plus abondant et sans doute le plus lucratif, est l'édition de textes. Sur la couverture de ces livres dont je ne donne que dix-sept cas vérifiés, on trouve souvent la mention « Publication de Charles Lemesle », ce qui, selon Champfleury, signifie qu'il « s'entendait avec certains auteurs, achetait leurs manuscrits et les imprimait pour les déposer dans des comptoirs connus »[30]. Parmi les auteurs qui figurent sur la liste, il y en a dont le nom nous est assez familier :

Théodore Anne, *Mémoires, souvenirs et anecdotes sur l'intérieur du palais de Charles X et les événemens de 1815 à 1830*, Paris, Werdet, 1831, 2 vol., 411 + 444 pages.

Samuel-Henry Berthoud[31], *Contes misanthropiques, publiés par Charles Lemesle*, Paris, Werdet, 1831, 404 pages.

Id., *Chroniques et traditions surnaturelles de la Flandre, publiées par M. Ch. Lemesle*, Paris, Werdet, 1831-1834, 3 vol., 395 + 384 + 360 pages[32].

Godefroy Cavaignac, *Dubois cardinal, Proverbe historique. Une tuerie de cosaques, Scènes d'invasion (publié par Charles Lemesle)*, Paris, Werdet, 1831, 250 pages.

Du Chambon de Mésillac, *Précis élémentaire de physique débarrassé de tout calcul et accompagné d'un abrégé de la chimie minérale à l'usage des écoles et des maisons d'éducation, Publication de Charles Lemesle*, Paris, Madame Charles-Béchet, 1831, VII + 239 pages.

Alexandre Dumas, *Charles VII chez ses grands vassaux, tragédie en cinq actes, Publication de Charles Lemesle*, Paris, Madame Charles-Béchet, 1831, 120 pages.

Adolphe Bossange, *Des crimes et des peines capitales, Publication de Charles Lemesle*, Paris, Madame Charles-Béchet, 1832, IV + 400 pages.

30. Champfleury, *Les Vignettes romantiques, Histoire de la littérature et de l'art 1825-1840*, Paris, Dentu, 1883, p. 400.

31. Voir entre autres la lettre de Balzac à Berthoud du 18 août 1831 (*Corr.*, t. I, p. 384-385) dans laquelle l'épistolier parle des livres « mal lancés » de son destinataire. Voir aussi Madeleine Ambrière, « Dans le sillage des grands romantiques : Samuel-Henry Berthoud », *AB*, 1962, p. 213-243 ; Roland Chollet, *Balzac journaliste. Le tournant de 1830*, Paris, Klincksieck, 1983, p. 92, note 64.

32. Un des contes du recueil aurait inspiré un épisode d'*Onuphrius* de Théophile Gautier, Voir Gautier, *Les Jeunes France et autres récits humoristiques*, éd. par Patrick Berthier, Paris, Flammarion (GF Flammarion), 2013, p. 80.

Joseph Cahaigne, *Les Tenans de Périer, Publication de Charles Lemesle*, Paris, Madame Charles-Béchet, 1832, 40 pages.

Cordelier-Delanoue, *Le Barbier de Louis XI, 1439-1483, Publication de Charles Lemesle*, Paris, Madame Charles-Béchet, 1832, XXXII + 373 pages.

Alexandre Dumas, *Teresa, drame en cinq actes et en prose, Publication de Charles Lemesle*, Paris, Barba et Madame Charles-Béchet, 1832, 164 pages.

Paul Foucher, *Saynètes, Charles Lemesle, éditeur*, Paris, Madame Charles-Béchet, 1832, IV + 438 pages.

Henry Martin, *La Vieille Fronde (1648), Publication de Charles Lemesle*, Paris, Madame Charles-Béchet, 1832, XI + 364 pages.

Louis-Benoît Picard, *Théâtre républicain, posthume et inédit, publié par Charles Lemesle*, Paris, Madame Charles-Béchet, 1832, 558 pages[33].

Frédéric Soulié et Adolphe Bossange, *La Famille de Lusigny, drame en trois actes, Publication de Charles Lemesle*, Paris, Madame Charles-Béchet, 1832, 114 pages.

Servan de Sugny, *Le Suicide, Publication de Charles Lemesle*, Paris, Madame Charles-Béchet, 1832, 249 pages.

Louis-Benoît Picard, *Bertrand et Raton, ou l'intrigant et sa dupe, comédie en cinq actes et en prose, publiée par Charles Lemesle*, Paris, Duvernois, 1834, 137 pages.

Leonard Wray l'aîné, *Manuel pratique du planteur de canne à sucre, exposé complet de la culture de la canne à sucre et de la fabrication du sucre de canne selon les procédés les plus récents et les plus perfectionnés*, préface de Charles Lemesle, traduction par Ysabeau, Paris, Dusacq, 1853, XIII + 624 pages.

Comme Balzac le disait dans sa lettre citée à Zulma Carraud, le troisième domaine aurait enrichi un moment Charles Lemesle, mais en 1834 pour des raisons inconnues[34] son travail d'éditeur s'est arrêté brusquement.

On peut maintenant se demander s'il n'apparaît pas dans *La Comédie humaine*. Or l'« Index des personnes réelles et des personnages historiques

33. Ouvrage qui contient six pièces : « Le Passé, le présent, l'avenir » (p. 17-154); « Andros et Almona ou le Français à Bassora » (p. 155-239) ; « La Prise de Toulon » (p. 241-282) ; « Rose et Aurèle » (p. 283-326) ; « L'Écolier en vacances » (p. 327-377); « Ervand le bucheron » (p. 379-556).

34. Sauf erreur de ma part, Nicole Felkay ne parle pas de notre personnage dans son article « Grandeur et décadence d'un libraire éditeur : Antoine, dit Edmond Werdet (1793-1870) », *AB*, 1974, p. 153-186, ni dans son ouvrage sur *Balzac et ses éditeurs, 1822-1837, Essai sur la librairie romantique*, Paris, Éditions du Cercle de la Librairie, 1987.

ou de la mythologie, de la littérature et des beaux-arts cités par Balzac dans “La Comédie humaine” » qu’Anne-Marie Meininger a établi avec Pierre Citron pour l’édition de la Pléiade n’a pas l’article *Lemesle*[35]. Il me semble néanmoins qu’au moins une fois le romancier fait allusion à son ami hypercritique. Si je ne m’abuse, il lui emprunte en effet une maxime dans *Autre étude de femme*, nouvelle que Marcel Proust a comparée aux « “cérémonies” que la Comédie-Française donne à l’occasion d’un anniversaire, d’un centenaire » et au cours desquelles les principaux personnages balzaciens « viennent successivement dire leur mot, comme les sociétaires, défilant à l’anniversaire de Molière devant le buste du poète, y déposent une palme »[36].

Citons le passage d’*Autre étude de femme* d’après l’édition que Nicole Mozet a procurée d’après le Furne (1842) corrigé. C’est le Premier ministre Henri de Marsay qui parle de son premier amour (voir fig. 11) :

> – [...] J’étais à mille lieues de reconnaître que *les femmes sont des poêles à dessus de marbre*.
>
> – Oh ! faites-nous grâce de vos horribles sentences ? dit Mme de Camps en souriant.
>
> – J’aurais foudroyé, je crois, de mon mépris *le philosophe qui a publié cette terrible pensée d’une profonde justesse*, reprit de Marsay[37].

Bien que pour ces répliques l’édition de la Pléiade ne relève pas la leçon de la préoriginale, celle-ci, parue sous le titre « Une scène de boudoir » dans *L’Artiste* du 21 mars 1841, est un peu différente, car l’intervention de Madame de Camps (qui se substitue à Madame de l’Estorade de la version Furne : voir fig. 11) y est absente :

> J’étais à mille lieues de reconnaître, *avec un philosophe moderne*, que *les femmes sont des poêles à dessus de marbre*, et je l’aurais foudroyé, je crois, de mon mépris, pour cette horrible pensée d’une profonde justesse[38].

35. Voir *CH*, t. XII, p. 1735.

36. « [Sainte-Beuve et Balzac] », *in* Marcel Proust, *Contre Sainte-Beuve précédé de Pastiches et mélanges et suivis de Essais et articles*, éd. par Pierre Clarac avec la collaboration d’Yves Sandre, Paris, Gallimard (*Pl*), 1971, p. 286.

37. *Autre étude de femme*, éd. par Nicole Mozet, *CH*, t. III, p. 678-679.

38. *L’Artiste*, le 21 mars 1841, p. 202a. Voir la reproduction de cette version dans *Quarto*, t. II, p. 1071-1072.

428 I. LIVRE, SCÈNES DE LA VIE PRIVÉE.

— Le monstre de qui je vous parle n'est un monstre que parce qu'il vous résiste, répondit le conteur en faisant une ironique inclination de tête.

— S'il s'agit d'une aventure d'amour, dit la baronne de Nucingen, je demande qu'on ne la coupe par aucune réflexion.

— La réflexion y est si contraire ! s'écria ~~Blondet~~.

— J'avais dix-sept ans, reprit de Marsay, la Restauration allait se raffermir; mes vieux amis savent combien alors j'étais impétueux et bouillant. J'aimais pour la première fois, et, je puis aujourd'hui le dire, j'étais un des plus jolis jeunes gens de Paris; j'avais la beauté, la jeunesse, deux avantages dus au hasard et dont nous sommes fiers comme d'une conquête. Je suis forcé de me taire sur le reste. Comme tous les jeunes gens, j'aimais une femme de six ans plus âgée que moi. Personne de vous, dit-il en faisant par un regard le tour de la table, ne peut se douter de son nom ni la reconnaître. Ronquerolles, dans ce temps, a seul pénétré mon secret, il l'a bien gardé, j'aurais craint son sourire; mais, il est parti, dit le ministre en regardant autour de lui.

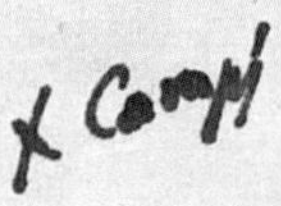

— Il n'a pas voulu souper, dit ~~madame d'Espard~~.

— Depuis six mois, possédé par mon amour, incapable de soupçonner que ma passion me maîtrisait, reprit le premier ministre, je me livrais à ces adorables divinisations qui sont et le triomphe et le fragile bonheur de la jeunesse. Je gardais *ses* vieux gants, je buvais en infusion les fleurs qu'*elle* avait portées, je me relevais la nuit pour aller voir *ses* fenêtres. Tout mon sang se portait au cœur en respirant le parfum qu'*elle* avait adopté. J'étais à mille lieues de reconnaître que les femmes sont des poêles à dessus de marbre.

— Oh! faites-nous grâce de vos horribles sentences? dit madame de ~~l'Estorade~~ en souriant.

— J'aurais foudroyé, je crois, de mon mépris le philosophe qui a publié cette terrible pensée d'une profonde justesse, reprit de Marsay. Vous êtes tous trop spirituels pour que je vous en dise davantage. Ce peu de mots vous rappellera vos propres folies. Grande dame s'il en fut jamais, et veuve sans enfants (oh! tout y était!), mon idole s'était enfermée pour marquer elle-même mon linge avec ses cheveux; enfin, elle répondait à mes folies par d'autres folies. Ainsi, comment ne pas croire à la passion quand elle est garantie par la folie? Nous avions mis l'un et l'autre tout notre esprit à cacher un si complet et si bel amour aux yeux du monde;

FIG. 11. – *Autre étude de femme*, Bibliothèque de l'Institut de France, Collection Spoelberch de Lovenjoul, ms Lov. A 18, fol. 215 verso.

Qui est le *philosophe moderne* qui a énoncé cette *horrible sentence* ? J'ai en vain cherché la réponse dans les éditions consultées[39]. Balzac aurait-il forgé le personnage ? Et la phrase qu'il a attribuée à celui-ci serait-elle en réalité son invention ? Il me semble que non. D'après ma petite enquête, le philosophe en question doit être Charles Lemesle. Comme on l'a vu, son ouvrage de 1833, intitulé *Misophilanthropopanutopies*, contient 226 maximes ou réflexions plus ou moins longues, et la CLXXIII[e] est celle qui figure dans « Une scène de boudoir » puis dans *Autre étude de femme* : « Les femmes sont des poêles à dessus de marbre »[40].

L'ouvrage de Charles Lemesle a connu en 1845 une deuxième édition, dans laquelle on retrouve toujours notre sentence[41]. Pour la publication d'« Une scène de boudoir » dans *L'Artiste* du 21 mars 1841, le romancier se serait-il souvenu de la phrase qu'il aurait lue dans la première édition de *Misophilanthropopanutopies* ? Ce n'est pas impossible. Il aurait pu la consigner sur quelque feuille[42] et l'exhumer au cours de sa rédaction.

Une autre possibilité me semble être de voir dans cette allusion le fruit d'une lecture plus récente. Car la maxime qui nous intéresse a été reprise en 1840 dans le recueil collectif que j'ai cité plus haut : *Les Belles femmes de Paris et de la Province, Deuxième série*. Elle y figure à la page 142 parmi d'autres sentences tirées de *Misophilanthropopanutopies*. Balzac aurait pu l'y trouver et l'insérer dans sa nouvelle qu'il préparait. S'il n'a pas cité le nom de son ami, c'est ou bien parce qu'il avait quelques raisons personnelles pour ne pas l'expliciter, ou bien parce que c'était son habitude de donner des références imprécises, ou bien encore parce que dans cette publication où la plupart des contributions sont anonymes, il n'avait pas vu la page 144 où le nom de l'auteur d'une trentaine de sentences occupant les pages 138-144 était donné en toutes lettres. Quoi qu'il en soit, il ne serait pas inutile de mettre une notule dans l'édition d'*Autre étude de femme* pour que les lecteurs sachent quel *philosophe* a écrit cette *horrible sentence* : *les femmes sont des poêles à dessus de marbre* et qu'ils puissent avoir une idée de ce qu'a été capable de faire Charles Lemesle, dont notre romancier disait dans sa lettre à Madame Hanska du 24 février 1833 qu'il était *incapable de faire quoi que ce soit*.

39. Outre *CH*, voir Conard, *Études de mœurs : scènes de la vie privée*, t. VII, p. 368 ; *Intégrale*, t. II, p. 431 ; *CHH*, t. IV, p. 564 ; *BO*, t. II, p. 428 ; *Quarto*, t. II, p. 1072 et 1307.

40. *Op. cit.*, p. 132.

41. *Op. cit.*, p. 126, n° CLXXIV.

42. Mais, sauf erreur de ma part, la maxime ne se trouve pas dans H. de Balzac, *Pensées, sujets, fragmens*, éd. par Jacques Crépet, Paris, Blaizot, 1910.

12.
LE SENTIMENT VA VITE EN VOITURE

Comme on l'a vu dans le deuxième chapitre, Balzac emprunte parfois des expressions à son ami Eugène Scribe. Pour ce faire, tantôt il nomme celui-ci tantôt il s'en abstient en se contentant de citer des répliques qui conviennent au contexte. Chacun se souviendra de « prenez mon ours » et « l'or est une chimère » qui figurent dans *La Comédie humaine* comme la citation d'une réplique de *L'Ours et le pacha*[1] (1820) faite par un personnage[2] et comme un titre de chapitre[3] tiré d'un refrain du *Robert-le-Diable*[4] (1831). Dans le présent chapitre, je me propose d'examiner deux allusions au dramaturge, que les balzaciens ont certes élucidées mais qui me semblent avoir besoin d'une petite remarque complémentaire.

Le premier cas concerne une sentence de Scribe citée comme titre d'un chapitre dans deux romans. Il s'agit de la phrase « Le sentiment va vite en voiture » qui apparaît d'abord dans le titre du chapitre XXXI de *La Muse du département* dans l'édition Souverain de 1843, qui correspond au chapitre XXIX dans la version parue dans *Le Messager* de la même année[5]. La même maxime se retrouve ensuite sous une forme un peu différente dans la

1. Scribe et Xavier, *L'Ours et le pacha, Folie-vaudeville en un acte, Représentée pour la première fois, sur le théâtre des Variétés, le 10 février 1820*, Paris, Huet, 1820, Scène VI, p. 10.

2. Voir *Splendeurs et misères des courtisanes*, éd. par Pierre Citron, *CH*, t. VI, p. 603 : « Elle [= Esther] prit du papier à poulet et écrivit, tant que le papier put la contenir, la célèbre phrase, devenue proverbiale à la gloire de Scribe : *Prenez mon ours.* » (c'est l'auteur qui souligne) ; *Pierre Grassou*, éd. par Anne-Marie Meininger, *CH*, t. VI, p. 1094 : « Autrefois ils disaient : "Prenez mon cheval !" Aujourd'hui nous disons : "Prenez mon ours..." ».

3. Voir *Le Cousin Pons*, éd. par André Lorant, *CH*, t. VII, p. 1423 (titre du chapitre XII dans *Le Constitutionnel* et celui du chapitre XXVIII de l'édition originale de 1848) : « L'OR EST UNE CHIMÈRE (PAROLES DE M. SCRIBE, MUSIQUE DE MEYERBEER, DÉCORS DE RÉMONENCQ) ».

4. Scribe, *Robert-le-Diable, Opéra en cinq actes, Représenté pour la première fois sur le théâtre de l'Académie royale de musique, le 21 novembre 1831, et repris le 20 juillet 1832, en société avec M. G. Delavigne, musique de M. J. Meyerbeer*, *in* Scribe, *Théâtre complet, Seconde édition*, t. XIV, Paris, Aimé André, 1835, Acte I, scène VII, p. 232.

5. *La Muse du département*, éd. par Anne-Marie Meininger, *CH*, t. IV, p. 1417.

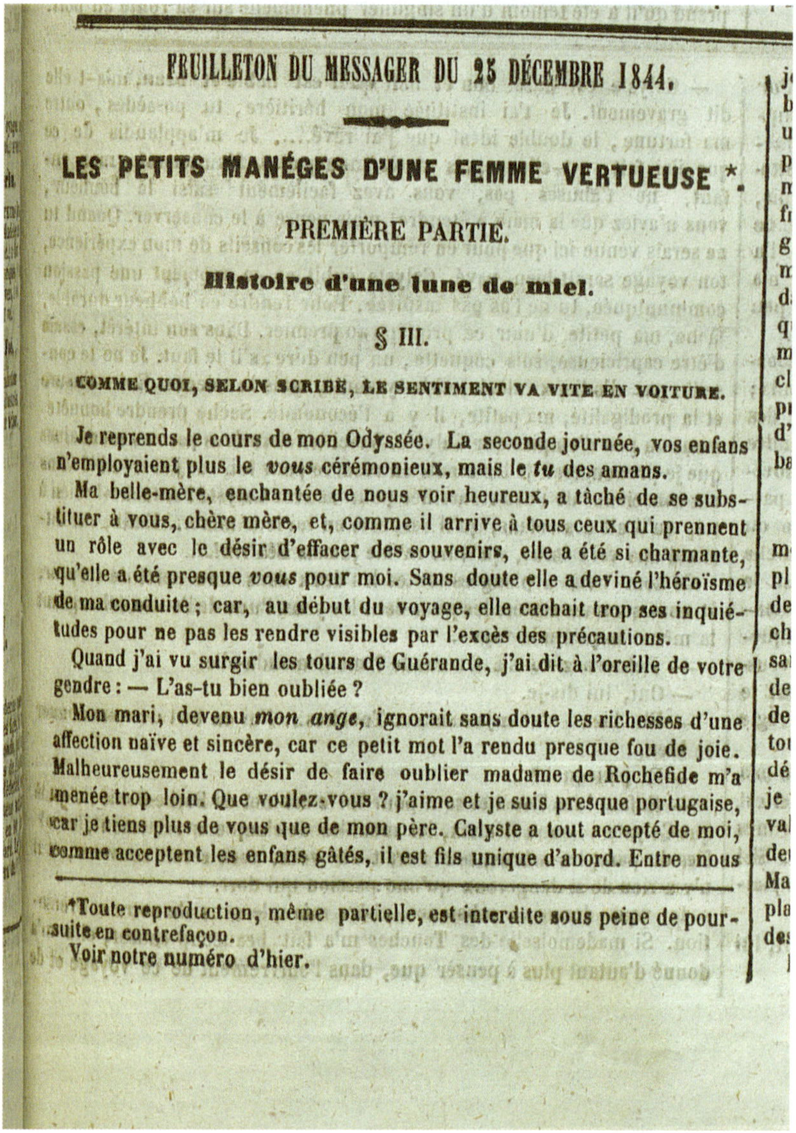

FEUILLETON DU MESSAGER DU 25 DÉCEMBRE 1844.

LES PETITS MANÉGES D'UNE FEMME VERTUEUSE *.

PREMIÈRE PARTIE.

Histoire d'une lune de miel.

§ III.

COMME QUOI, SELON SCRIBE, LE SENTIMENT VA VITE EN VOITURE.

Je reprends le cours de mon Odyssée. La seconde journée, vos enfans n'employaient plus le *vous* cérémonieux, mais le *tu* des amans.

Ma belle-mère, enchantée de nous voir heureux, a tâché de se substituer à vous, chère mère, et, comme il arrive à tous ceux qui prennent un rôle avec le désir d'effacer des souvenirs, elle a été si charmante, qu'elle a été presque *vous* pour moi. Sans doute elle a deviné l'héroïsme de ma conduite ; car, au début du voyage, elle cachait trop ses inquiétudes pour ne pas les rendre visibles par l'excès des précautions.

Quand j'ai vu surgir les tours de Guérande, j'ai dit à l'oreille de votre gendre : — L'as-tu bien oubliée ?

Mon mari, devenu *mon ange*, ignorait sans doute les richesses d'une affection naïve et sincère, car ce petit mot l'a rendu presque fou de joie. Malheureusement le désir de faire oublier madame de Rochefide m'a menée trop loin. Que voulez-vous ? j'aime et je suis presque portugaise, car je tiens plus de vous que de mon père. Calyste a tout accepté de moi, comme acceptent les enfans gâtés, il est fils unique d'abord. Entre nous

*Toute reproduction, même partielle, est interdite sous peine de poursuite en contrefaçon.

Voir notre numéro d'hier.

FIG. 12 – *Les petits manèges d'une femme vertueuse* (titre de l'édition préoriginale de *Béatrix*), Ire partie, § 3, *Le Messager* du 25 décembre 1844, Bibliothèque de l'Institut de France, Collection Spoelberch de Lovenjoul, ms Lov. 10392, t. XXIV.

troisième partie de *Béatrix*. En effet, comme titre du chapitre III de son édition originale parue en 1845 chez Souverain et Chlendowski qui correspond à sa publication préoriginale dans *Le Messager* de 1844, on lit ceci :

> COMME QUOI, SELON M. SCRIBE, LE SENTIMENT VA VITE EN VOITURE[6].

Ces deux titres ont disparu dans l'édition Furne « pour des raisons de gain de place » selon Patrick Berthier[7]. Or parmi les sept éditeurs que j'ai consultés, il y en a deux[8] qui se contentent de signaler que la citation vient de Scribe, tandis que les cinq autres[9] y voient une allusion à l'une de ses pièces intitulée *Le Tête-à-tête ou Trente lieues en poste*, identification proposée en 1962 par Maurice Regard. Citons la note la plus récente, que Michel Lichtlé a donnée en 2012 dans son édition de *Béatrix* :

> Allusion au *Tête-à-tête ou Trente lieues en poste*, rapide comédie en prose de Scribe publiée en 1838. Il y suffit à la jeune Mathilde de faire avec lui le voyage de Sens pour percevoir l'abîme qui la sépare d'Edmond, son séducteur. Tout autre paraît ici l'issue du transport[10].

Voyons si *Le Tête-à-Tête* est vraiment la source des deux titres[11]. Pour compléter l'indication des balzaciens, on peut signaler d'une part que *Le Tête-à-tête ou Trente lieues en poste* a paru pour la première fois dans

6. *Béatrix*, éd. par Madeleine Ambrière, *CH*, t. II, p. 1523-1524. Voir fig. 12.

7. « Compte rendu : *Béatrix*, éd. par Michel Lichtlé, Paris, Librairie Générale Française, 2012 », *AB*, 2013, p. 403.

8. *L'Illustre Gaudissart. La Muse du département*, éd. par Bernard Guyon, Paris, Garnier, 1970, p. 485 ; *La Muse du département*, éd. citée d'Anne-Marie Meininger, *CH*, t. IV, p. 1417.

9. *Béatrix*, éd. par Maurice Regard, Paris, Garnier, 1962, p. 261 ; *Béatrix*, *Intégrale*, t. II, p. 87 (mais aucune note dans *La Muse du département*, *ibid.*, t. III, p. 245) ; *Béatrix*, *CH*, t. II, p. 1524 ; *La Muse du département, Un prince de la bohème*, éd. par Patrick Berthier, Deuxième édition revue, Paris, Gallimard, 1984 (tirage de 2007), Folio classique, p. 342 ; *Béatrix*, éd. par Michel Lichtlé, Paris, Librairie Générale Française (Le Livre de poche, Classiques), 2012, p. 357.

10. *Op. cit.*, p. 357.

11. On peut signaler que Maurice Ménard, qui mentionne le titre cité de *Béatrix*, se borne à le considérer comme « un clin d'œil publicitaire » sans pousser plus loin : voir *Balzac et le comique dans La Comédie humaine*, Paris, Presses universitaires de France, 1983, p. 388. À titre de curiosité, rappelons que dans son article « Voyager avec Balzac. La route en France au début du XIXe siècle », *AB*, 2005, p. 201-240, Marie-Bénédicte Diethelm résume cette œuvre de Scribe (p. 216 : « La même prodigalité est décrite par Scribe dans *Le Tête-à-tête ou Trente lieues en poste* de la part d'un jeune homme, Edmond, enlevant une héritière riche de 200 000 livres de rente. ») en renvoyant à Scribe, *Œuvres complètes*, Tétot, 1858, t. XI, p. 275, mais elle ne dit rien ni sur sa première publication ni sur la phrase citée par Balzac.

le tome XVI de la *Revue de Paris* en 1830 (p. 18-63) avant d'être repris dans *Tonadillas ou Historiettes en action*[12] en 1838 et dans *Proverbes et nouvelles*[13] en 1840, et de l'autre que, sauf erreur de ma part, cette pièce ne contient pas la phrase citée par Balzac. Son absence se constate non seulement dans la version de la *Revue de Paris*, mais aussi dans les deux rééditions ultérieures. On relève tout au plus un proverbe à la fin : « Il vaut mieux tenir que courir »[14].

Certes, la sentence qu'on lit dans *La Muse du département* et *Béatrix* pourrait résumer à juste titre le contenu de la comédie qui raconte comment Mathilde, une jeune fille qui, éprise d'Edmond sans bien le connaître, a pris une voiture à Paris avec lui afin de l'épouser en Italie, s'est aperçue en cours de route de l'ignorance et de l'imbécilité de son fiancé et comment elle l'a abandonné à Sens pour retourner auprès de sa tante. Le *sentiment* (au sens d'« avis, opinion sur quelque chose ») de l'héroïne sur la nature du jeune homme a ainsi changé rapidement dans la *voiture* qui les a conduits de Paris à Sens. On peut donc se demander si Maurice Regard et ses successeurs n'ont pas voulu dire que la maxime en question constituait un résumé du *Tête-à-Tête, ou Trente lieues en poste*.

Cependant, il ne me semble pas impossible de tenter une autre piste et de chercher dans d'autres œuvres de Scribe une expression qui puisse être rapprochée de celle que notre romancier a utilisée pour le titre de deux chapitres de ses romans. D'après ma recherche rapide, on trouve une phrase assez proche du titre balzacien dans *Encore un Pourceaugnac*[15], ou *Le Nouveau Pourceaugnac*[16], vaudeville que Scribe a écrit avec Delestre-Poirson pour le faire représenter en 1817. Dans cette pièce, on essaie de faire jouer à Ernest de Roufignac, prétendant de Nina de Verseuil, le rôle de Pourceaugnac de Molière. Théodore, cousin de la fiancée qu'il aime, fait appel, entre autres, au percepteur des contributions Futet et à sa femme pour qu'ils l'aident dans cette tentative. Malgré son apparence, le héros s'avère pourtant plus fort que son modèle. Ainsi, quand, à l'instar de

12. Paris, Dumont, 1838, t. II, p. 255-348.

13. Paris, Charles Gosselin, 1840, p. 147-193.

14. *Revue de Paris*, t. XVI, 1830, p. 63 ; *Tonadillas*, *op. cit.*, p. 348 ; *Proverbes et nouvelles*, *op. cit.*, p. 193.

15. Scribe et Delestre-Poirson, *Encore un Pourceaugnac, Folie-vaudeville en un acte, Représentée pour la première fois sur le théâtre du Vaudeville, le 18 février 1817*, Paris, Feugueray, 1817.

16. Titre adopté lors de la reprise sur le théâtre de Gymnase, le 28 septembre 1822. Il est conservé dans Scribe, *Théâtre complet, Seconde édition*, t. I, Paris, Aimé André, 1834, p. 96.

Lucette dans *Monsieur de Pourceaugnac*[17], Madame Futet commence à lui faire croire qu'il lui a promis de l'épouser, il fait une révélation inattendue en racontant ce qui s'est passé six mois plus tôt dans une voiture campagnarde. Citons les répliques de la scène XI qui contiennent une sentence qui aurait peut-être plu à Balzac :

MADAME FUTET.

Est-il vrai que madame de Verseuil donne sa fille à un monsieur de Roufignac ?

THÉODORE, montrant Ernest.

Le voici lui-même.

MADAME FUTET.

Ah ! Dieu, c'est bien lui ! c'est trop lui ! Soutenez-moi, je vous prie.

ERNEST.

Qu'est-ce qu'elle a donc ?

MADAME FUTET, se relevant.

Ce que j'ai ? perfide ! Tu ne me connais pas ? après la promesse de mariage que tu m'as faite !

[...]

THÉODORE.

Comment, monsieur ! oser faire la cour à ma cousine lorsque vous avez déjà...

FUTET, bas à sa femme.

C'est bien, c'est bien. (Haut.) Le fait est que si vous avez déjà...

MADAME FUTET.

Parle, perfide ; oserais-tu le nier ? et mon souvenir est-il banni de ta mémoire, après toutes les bontés que j'ai eues pour toi ?

ERNEST.

En effet. Serait-ce possible ? Eh oui ! je crois reconnaître...

FUTET, à part.

Il reconnaît ma femme ! c'est charmant ! Est-il bête ! est-il bête !

ERNEST.

C'est vrai ; madame a raison. Moi, d'abord, je ne mens jamais. Mais je vous ai si peu vue ! Cette carriole était si obscure ; et puis ça ne s'est pas passé comme vous le dites.

17. Molière, *Monsieur de Pourceaugnac*, Acte II, scène VII, *in* Molière, *Œuvres complètes*, éd. dirigée par Georges Forestier avec Claude Bourqui, t. II, Paris, Gallimard (*Pl*), 2010, p. 233.

TOUS.

Comment ! comment !

ERNEST.

J'aime mieux tout vous raconter ; (À Futet.) et c'est vous que je prends pour juge. Il y a environ six mois...

MADAME FUTET.

Monsieur...

ERNEST.

Oui, oui, madame, il y a six mois ; j'allais à Melun.

FUTET.

À Melun !...

ERNEST.

Je me trouvai tête à tête, dans une petite carriole, avec une femme charmante, dont je ne pouvais pas distinguer les traits.

FUTET.

Une carriole !

ERNEST.

Je reconnais maintenant que c'est madame.

FUTET.

C'est madame ?

ERNEST.

Je suis trop honnête homme pour ne pas le dire tout haut. Mais je vous demande si c'est ma faute. *En carriole le sentiment va si vite.*

FUTET, à sa femme.

Morbleu ! madame...

ERNEST.

Mais je n'ai rien promis ; dites-le vous-même.

FUTET.

Eh bien ! avais-je tort d'être jaloux ? (À Ernest.) Monsieur, ça ne se terminera pas ainsi[18].

La phrase soulignée : « En carriole le sentiment va si vite. » me semble être assez proche de celle que Balzac a inscrite comme titre de chapitre dans *La Muse du département* (« le sentiment va vite en voiture ») et *Béatrix* (« comme quoi, selon M. Scribe, le sentiment va vite en voiture »).

18. Scribe, *Le Nouveau Pourceaugnac*, dans *Id.*, *Théâtre complet, Seconde édition*, t. I, *op. cit.*, p. 128-130.

Le contexte où elle est employée dans *Encore un Pourceaugnac* (ou *Le Nouveau Pourceaugnac*) ne nous permettrait-il pas, quoique avec un registre différent, de mieux comprendre quelle histoire le romancier voulait raconter dans ses deux œuvres où il décrivait d'une part l'amour grandissant de Madame de La Baudraye pour Étienne Lousteau dans la calèche qui les menait à Cosne et de l'autre celui, non moins grandissant, de Sabine du Guénic pour son mari Calyste au cours de leur *Odyssée*[19] ? Au moins, chacun vérifiera si, par rapport à la source acceptée jusqu'ici, la nôtre convient mieux ou non aux titres des deux chapitres.

*

* *

Une autre allusion à Scribe que l'on rencontre dans *La Muse du département* mérite aussi d'attirer notre attention. Madame de La Baudraye, qui a une manie des autographes, a demandé – avant 1836[20] – à la baronne de Fontaine de faire écrire sur son album quelques mots par des célébrités. Voici ce que l'amie d'enfance de l'héroïne a pu obtenir :

> La baronne de Fontaine, à qui elle [= Madame de La Baudraye] l'avait envoyé [= son album] pendant trois mois, obtint avec beaucoup de peine une ligne de Rossini, six mesures de Meyerbeer, les quatre vers que Victor Hugo met sur tous les albums, une strophe de Lamartine, un mot de Béranger, *Calypso ne pouvait se consoler du départ d'Ulysse* écrit par George Sand, les fameux vers sur le parapluie par Scribe, une phrase de Charles Nodier, une ligne d'horizon de Jules Dupré, la signature de David d'Angers, trois notes d'Hector Berlioz[21].

Sur « les fameux vers sur le parapluie par Scribe », les éditeurs ont gardé le silence jusqu'en 1970[22] et la note d'Anne-Marie Meininger en 1976 était laconique : « Allusion non éclairée »[23]. À ma connaissance, Patrick Berthier est le premier à avoir retrouvé, grâce à Jean-Claude Yon[24], une version de ces *fameux vers*. Voyons en quels termes il commente l'allusion dans sa note :

19. Selon le mot de Sabine dans *Béatrix*, *CH*, t. II, p. 848.
20. *La Muse du département*, *CH*, t. IV, p. 667.
21. *Ibid.*, p. 673 ; souligné par l'auteur.
22. Conard, *Études de mœurs : scènes de la vie de province*, t. III, p. 106 ; *Intégrale*, t. III, p. 227 ; *CHH*, t. VI, p. 443 ; *BO*, t. VI, p. 397 ; Bernard Guyon, *op. cit.*, p. 334.
23. *CH*, t. IV, p. 1406.
24. Voir aussi sa thèse *Eugène Scribe. La fortune et la liberté*, Paris, Nizet, 2000, p. 222, qui cite le quatrain.

En voici le texte, aimablement communiqué par J.-Cl. Yon : « Ami commode, ami nouveau / Qui, contre l'ordinaire usage, / Reste à l'écart quand il fait beau / Et se montre les jours d'orage. » Ce quatrain est cité, sans indication d'origine, par Lorédan Larchey (*Les Joueurs de mots*, Berger-Levrault, 1892, p. 212)[25].

La question de la source est-elle résolue ? La version du quatrain ainsi proposée ne paraît pourtant pas, autant que je sache, remonter plus haut qu'à l'année 1851[26], c'est-à-dire huit ans après la publication du roman en 1843, et elle ne me semble pas être originale. La version initiale des fameux vers serait plutôt à chercher dans *L'Étudiant et la grande dame*[27], comédie-vaudeville que Scribe a écrite avec Mélesville pour la faire représenter le 30 mars 1837. C'est certes un anachronisme pour l'album que Madame de La Baudraye a envoyé à son amie avant 1836, mais Balzac ne recule pas devant ce genre d'irrégularités.

À la fin de la scène II de l'Acte I de la comédie, l'étudiant en médecine Corbineau emprunte un parapluie à son ami Ferdinand, étudiant en droit qui habite dans une chambre d'à côté. Voici le passage digne de nous intéresser :

CORBINEAU.

[...]
Dis donc, le temps n'est pas sûr, je vais prendre ton parapluie.

FERDINAND, *à Corbineau.*

C'est le neuf, prends garde...

CORBINEAU, *avec le parapluie.*

Air : *Vaudeville de la Famille de l'Apothicaire*[28].
O tilbury des gens à pié
Voiture commode et légère,
L'étudiant ou l'employé
Vit sous sa tente hospitalière.
Ami fidèle, ami nouveau...

25. *Op. cit.*, p. 334.

26. *Journal des haras, des chasses et des courses de chevaux en Belgique et dans les principaux pays de l'Europe. Étude, éducation, amélioration du cheval et des animaux domestiques*, t. V, quatrième série, Bruxelles, 1851, p. 420.

27. Scribe et Mélesville, *L'Étudiant et la grande dame, Comédie-vaudeville en deux actes, Représentée pour la première fois, sur le théâtre des Variétés, le 30 mars 1837 dans Magasin théâtral. Choix de pièces nouvelles jouées sur tous les théâtres de Paris*, t. XVII, 1837, p. 1-23.

28. Voir *La Famille de l'Apothicaire, ou la petite prude, Vaudeville en un acte, par* MM. Duvert, Desvergers et Varin, *Représenté pour la première fois, à Paris, sur le théâtre national du Vaudeville, le 12 juillet 1830.*

Qui, contre l'ordinaire usage,
Reste à l'écart quand il fait beau,
Et se montre les jours d'orage[29].

La première ligne du huitain *O tilbury des gens à pié* se comprendra mieux si l'on se rappelle quelle place le tilbury occupait dans la société de l'époque. Il ne serait pas inutile à ce propos de se souvenir de ce qu'en 1830, dans son *Traité de la vie élégante* Balzac proposait comme la septième maxime : « Pour la vie élégante, il n'y a d'être complet que le *centaure*, l'homme en tilbury »[30].

Ce huitain a connu un certain succès et avec plus ou moins de variantes il a été cité par différents auteurs ; ce faisant, il a été parfois réduit en quatrain. Il n'est donc pas étonnant que, même si, absent de Paris[31], il n'a pu assister à la première représentation de la pièce, Balzac l'ait choisi pour le faire figurer sur l'album de Madame de La Baudraye. Les lecteurs de 1843 auraient sans doute identifié l'allusion au vaudeville de 1837 plus facilement que leurs descendants lointains.

Les deux solutions que je soumets ainsi à la sagacité des lecteurs ne sont évidemment que des hypothèses. Si l'on cherchait avec un peu plus d'attention, on trouverait peut-être des sources plus probables des allusions de Balzac, qui nous permettraient sans doute de mieux comprendre *La Comédie humaine*. Quoi qu'il en soit, Jean-Claude Yon a eu raison de conclure son article sur « Balzac et Scribe. "Scène de la vie théâtrale" » en disant : « Il serait en tout cas maladroit d'étudier celui-là en oubliant tout à fait celui-ci »[32].

29. Scribe et Mélesville, *L'Étudiant et la grande dame*, *op. cit.*, p. 4.

30. *Traité de la vie élégante*, éd. par Rose Fortassier, *CH*, t. XII, p. 220 ; c'est l'auteur qui souligne.

31. Voir la Chronologie dans *Corr.*, t. II, p. XIX.

32. Article paru dans *AB*, 1999, p. 439-449.

13.
LE NEZ À LA ROXELANE

Dans *La Comédie humaine*, on rencontre plusieurs personnages dont le romancier dit qu'ils ont le nez retroussé. Comme Gaspard Lavater disait qu'« il y a cent sortes de nez retroussés » qui peuvent annoncer soit « une dureté insupportable, [...] un despotisme effrayant » soit « une disposition naturelle à la volupté, aux jouissances de la mollesse, à la jalousie, à l'entêtement, [...] disposition [qui] n'est pas incompatible avec la finesse, les talens, la probité, la bonhomie »[1], l'aspect et la signification que Balzac attribue à ce trait physique sont très variés. Par exemple, il y a un nez malade. C'est, dans l'*Histoire de la grandeur et de la décadence de César Birotteau* (1837), celui du notaire Roguin, une des causes de la ruine du héros, qui, puant à cause d'une affection, est qualifié d'« ignoblement retroussé »[2]. D'autre part, dans *Le Curé de village* (1841), le banquier Pierre Graslin, Auvergnat installé à Limoges, a aussi « un nez retroussé » ; il se caractérise de plus par « une bouche à grosses lèvres lippues, un front cambré, des pommettes rieuses, des oreilles épaisses à larges bords corrodés par l'âcreté du sang », traits qui le rapprochent d'un « satyre antique » ou d'« un faune en redingote »[3]. De son côté, un personnage très peu sympathique comme François Gaubertin, qui, dans *Les Paysans* (dont la deuxième partie est parue en 1855), après avoir été régisseur successivement de Mademoiselle Laguerre et du comte de Montcornet, est chassé par celui-ci et amené à se venger sournoisement de ce traitement pour finir par acheter la Faisanderie, est comparé à un « chien de chasse » avec une « figure hâlée, brune et toute ronde, de laquelle se détachaient des oreilles brûlées » et un « nez [...] retroussé et [des] lèvres serrées qui ne devaient jamais s'ouvrir pour une parole bienveillante »[4].

1. Gaspard Lavater, *L'art de connaître les hommes par la physionomie, Nouvelle édition, corrigée et disposée dans un ordre plus méthodique*, t. III, Paris, Depélafol, 1820, p. 95-96.
2. *Histoire de la grandeur et de la décadence de César Birotteau*, éd. par René Guise, *CH*, t. VI, p. 85.
3. *Le Curé de village*, éd. par André Lorant, *CH*, t. IX, p. 661.
4. *Les Paysans*, éd. par Thierry Bodin, *CH*, t. IX, p. 307.

On peut relever également, dans l'ébauche de *L'Hôpital et le Peuple*, un autre Auvergnat, le recarreleur de souliers Jérôme-François Tauleron qui a « le nez retroussé comme un pied de marmite »[5], nez que l'on rapprochera de celui de François Minoret-Levrault[6].

Parmi les personnages romanesques qui ont cet attribut, certains rappellent la figure de l'auteur ou de personnalités célèbres. Le plus caractéristique est le docteur Benassis du *Médecin de campagne* (1833), qui a un « nez retroussé, spirituellement fendu dans le bout »[7]. En éditant chacun ce roman pour Garnier et la Pléiade, Maurice Allem et Rose Fortassier n'ont pas manqué de citer d'après Léon Gozlan l'épisode de Vidocq qui a complimenté Balzac pour son « nez fendu »[8] et l'on pourra y ajouter ce qu'en disaient Théophile Gautier[9] et Pierre Larousse[10]. Le curé de Saint-Lange qui, dans *La Femme de trente ans* (1832), est décrit comme un personnage ayant de « grosses lèvres, [un] nez légèrement retroussé, [un] menton, qui disparaissait dans un double pli de rides » qui témoigneraient « d'un heureux caractère »[11], est aussi comparé à la figure de Balzac. Par ailleurs, dans *Le Chef-d'œuvre inconnu* (1831), Frenhofer a « un front chauve, bombé, proéminent, retombant en saillie sur un petit nez écrasé, retroussé du bout comme celui de Rabelais ou de Socrate »[12], tandis que le jeune Léon de Lora frappe dès sa première apparition dans *Un début dans la vie* (1844) avec « sa figure brune, colorée, [...] ses lèvres assez fortes,

5. *L'Hôpital et le Peuple*, éd. par Madeleine Ambrière, *CH*, t. XII, p. 575.

6. *Ursule Mirouët*, éd. par Madeleine Ambrière, *CH*, t. III, p. 771 : « Le nez, déprimé depuis sa racine, se relevait brusquement en pied de marmite. »

7. *Le Médecin de campagne*, éd. par Rose Fortassier, *CH*, t. IX, p. 400.

8. Voir *Le Médecin de campagne*, Introduction, bibliographie, et dossier de l'œuvre par Pierre Barbéris, Notes et relevés de variantes par Maurice Allem, Paris, Garnier, 1976, p. 288, et l'éd. citée de Rose Fortassier, p. 1442.

9. Théophile Gautier, *Honoré de Balzac, Édition revue et augmentée*, Paris, Poulet-Malassis et de Broise, 1859, p. 7 : « [...] le nez, carré du bout, partagé en deux lobes, coupé de narines bien ouvertes, avait un caractère tout à fait original et particulier ; aussi Balzac, en posant pour son buste, le recommandait-il à David d'Angers : "Prenez garde à mon nez ; – mon nez c'est un monde ! – " ».

10. En citant l'épisode rapporté par Théophile Gautier, il observe dans l'article *Balzac* de son *Grand Dictionnaire Universel du XIX*[e] *siècle*, Paris, Administration du Grand Dictionnaire Universel, 1867, t. II, p. 137b : « Étonnante illusion ! son nez était fort laid, plus que vulgaire, carré du bout, un peu renflé du milieu et partagé en deux lobes soufflés et bossués, un vrai nez de fantoche et de grotesque. » On peut lire ce passage dans *Balzac*, Préface et notices de Stéphane Vachon, Paris, Presses de l'Université de Paris-Sorbonne, 1999, p. 269.

11. *La Femme de trente ans*, éd. par Bernard Gagnebin et René Guise, *CH*, t. II, p. 1110 ; voir la note des éditeurs, qui rappelle que Pierre Citron a rapproché ce portrait de celui de l'écrivain lui-même (p. 1621-1622).

12. *Le Chef-d'œuvre inconnu*, éd. par René Guise, *CH*, t. X, p. 414-415.

ses oreilles détachées, son nez retroussé » qui annoncent « l'esprit railleur de Figaro »[13].

Du côté féminin, on trouve d'abord des jeunes filles à qui est destiné un avenir riche d'événements. Leur nez a une forme plutôt élégante. Ainsi, dans *Une double famille* dont l'édition originale, sous le titre *La Femme vertueuse*, est parue en 1830, Caroline Crochard qui, de brodeuse sur tulle deviendra maîtresse du comte de Granville, a, outre une « petite bouche rose et [des] yeux gris toujours pétillants de vie », « le nez légèrement retroussé »[14]. L'auteur souligne ce trait un peu plus loin en recourant à un adverbe plus explicite : « nez voluptueusement retroussé »[15], ce qui annoncerait le destin ultérieur de sa propriétaire. Il en va de même pour Césarine Birotteau qui se mariera avec Anselme Popinot dans *César Birotteau*. Son « nez retroussé » tient certes de son père, mais il est « rendu spirituel par la finesse du modelé, semblable à celui des nez essentiellement français, si bien *réussis* chez Largillière »[16]. Il ne faudrait pourtant pas oublier un autre type. C'est celui d'une femme obèse. Dans *L'Interdiction* (1836), Madame Jeanrenaud étonne le juge Popinot par son aspect peu commun, car chez elle « tout était rond » : « une figure percée d'une infinité de trous, très colorée, à front bas, un nez retroussé, une figure ronde comme une boule »[17].

Entre les jeunes filles sémillantes et la grosse dame, on a deux femmes de quarante ans, qui ont un nez retroussé. Mais pour désigner ce trait physique, l'auteur a eu recours à une autre expression. C'est *le nez à la Roxelane*. Ce nom nous rappelle évidemment la réplique de Roxane qui, dans *Bajazet* (1672) de Racine, suggère que la sultane a conquis sa situation inouïe avec « un peu d'attraits peut-être, et beaucoup d'artifice[18]. » Y aurait-il quelque rapport entre cette allusion et notre syntagme ?

Chez Balzac, la première occurrence de la locution figure dans *La Rabouilleuse* (dont l'édition originale a vu le jour en 1842 chez Souverain), à propos de la femme du père Cognet. Voici la phrase qui la contient :

13. *Un début dans la vie*, éd. par Pierre Barbéris, *CH*, t. I, p. 768.

14. *Une double famille*, éd. par Anne-Marie Meininger, *CH*, t. II, p. 21.

15. *Ibid.*, p. 37.

16. *César Birotteau*, *CH*, t. VI, p. 103 ; c'est l'auteur qui souligne.

17. *L'Interdiction*, éd. par Guy Sagnes, *CH*, t. III, p. 469.

18. *Bajazet*, Acte II, scène I : « Ce Soliman jeta les yeux sur Roxelane. Malgré tout son orgueil, ce Monarque si fier À son Trône, à son Lit daigna l'associer, Sans qu'elle eût d'autres droits au rang d'Impératrice, Qu'un peu d'attraits peut-être, et beaucoup d'artifice. » (Racine, *Œuvres complètes*, t. I, *Théâtre-Poésie*, éd. par Georges Forestier, Paris, Gallimard [*Pl*], 1999, p. 575).

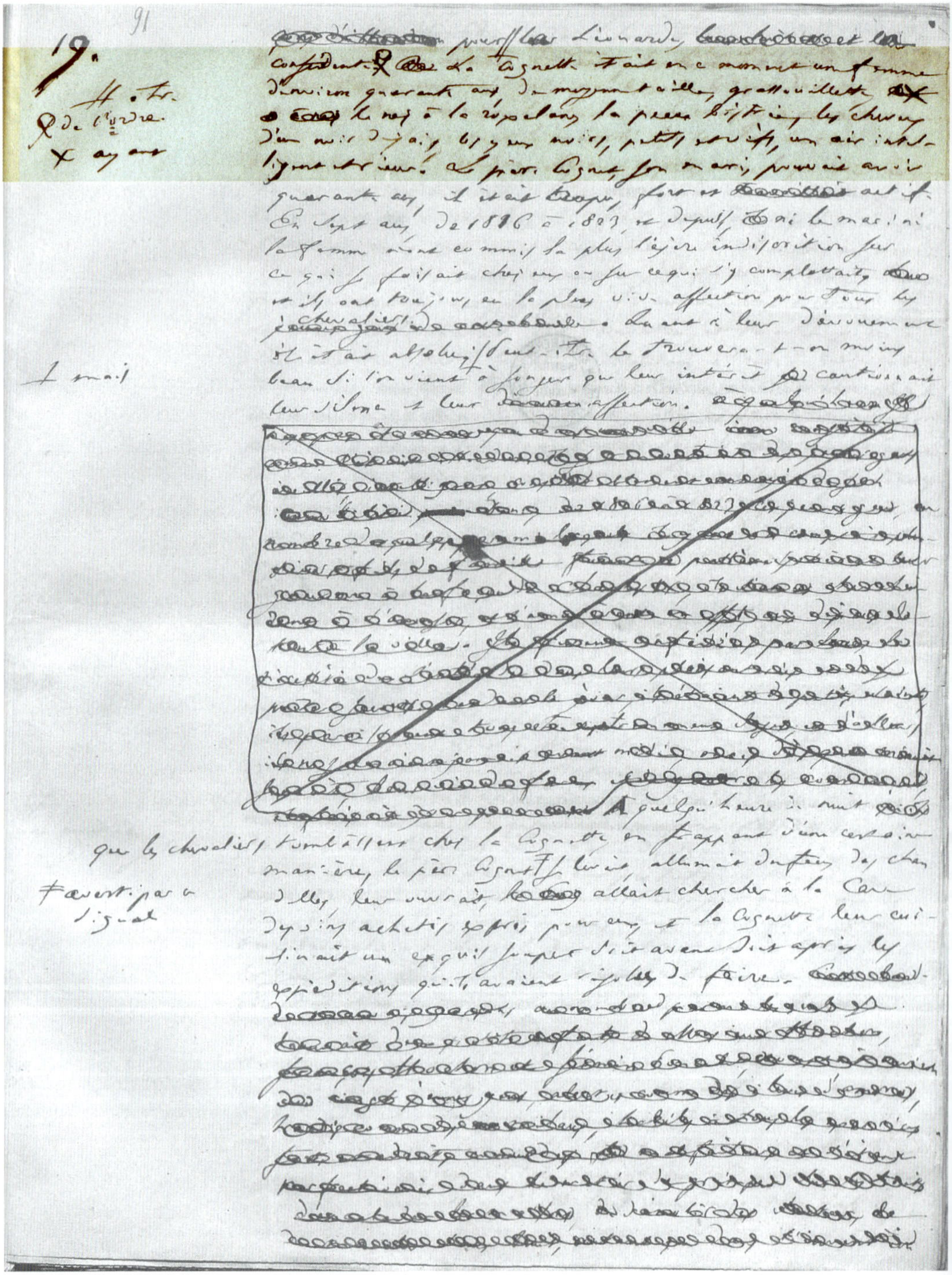

Fig. 13. – *La Rabouilleuse*, manuscrit, Bibliothèque de l'Institut de France, Collection Spoelberch de Lovenjoul, ms Lov. A 198, fol. 91 recto.

La Cognette, femme d'environ quarante ans, de haute taille, grassouillette, ayant *le nez à la Roxelane*, la peau bistrée, les cheveux d'un noir de jais, les yeux bruns, ronds et vifs, un air intelligent et rieur, fut choisie par Maxence Gilet pour être la Léonarde de l'Ordre, à cause de son caractère et de ses talents de cuisine[19].

Alors que d'autres éditeurs[20] ne l'ont pas annotée, René Guise, qui a travaillé pour la Pléiade, consacre une note[21] à l'expression et renvoie à un texte contemporain :

Selon H. Rolland, « un nez retroussé à la Roxelane » est un « indice de la malice et de l'effronterie » (L'Écolier, in *Les Français peints par eux-mêmes*, t. II, p. 14)[22].

Si l'on se fie aux références qu'il donne, l'annotateur renvoie apparemment à l'édition des *Français peints par eux-mêmes* publiée (sans date) chez J. Philippart[23]. L'article d'Henri Rolland se lit en fait dès 1840, dans *Les Français peints par eux-mêmes* publiés chez L. Curmer[24]. Citons la phrase comprenant le syntagme qui nous intéresse :

Sous le rapport physique, généraliser la physionomie de l'écolier est difficile ; néanmoins, suivant le point de vue ordinaire, nous lui accorderons une expression espiègle, des yeux hardis, un sourire perpétuel sur les lèvres, *un nez retroussé à la Roxelane*, indice de la malice et de l'effronterie, des joues roses, des cheveux autrefois en vergette, mais qu'on a soin maintenant de laisser croître, depuis qu'une ordonnance ministérielle a précisément ordonné le contraire[25].

On voit ainsi que l'auteur applique notre expression à un jeune homme, et non pas à une femme de quarante ans comme la Cognette et que, même s'il explique que ce type de nez suggère un certain caractère, il passe sous silence

19. *La Rabouilleuse*, éd. par René Guise, *CH*, t. IV, p. 378 (voir fig. 13).

20. Voir par exemple Conard, *Études de mœurs : scènes de la vie de province*, t. II, p. 380 ; *La Rabouilleuse*, éd. par Pierre Citron, Paris, Garnier, 1966, p. 171 ; *Intégrale*, t. III, p. 128 ; *CHH*, t. VI, p. 197 ; *BO*, t. VI, p. 163.

21. Il explique aussi que *Léonarde* est « le nom de la cuisinière des voleurs qui capturent Gil Blas au début du roman de Lesage » (*CH*, t. IV, p. 1268). On pourrait y voir une allusion à *La Caverne*, opéra-comique de Jean-François Lesueur sur un livret de Dorcy d'après *Gil Blas*, voir *Une fille d'Ève*, éd. par Roger Pierrot, *CH*, t. II, p. 1328.

22. *La Rabouilleuse*, *CH*, t. IV, p. 1267.

23. *Les Français peints par eux-mêmes. Types et portraits humoristiques à la plume et au crayon. Mœurs contemporaines*, t. II, Paris, J. Philippart, s. d., p. 14.

24. *Les Français peints par eux-mêmes*, t. II, Paris, L. Curmer, 1840, p. 134-144.

25. *Ibid.*, p. 136.

pourquoi la locution *à la Roxelane* peut signifier « retroussé ». En tout cas, la note de René Guise semble suggérer que Balzac s'inspire des *Français peints par eux-mêmes* pour décrire son personnage dans *La Rabouilleuse*. Cette hypothèse serait-elle valable ?

L'autre occurrence de notre syntagme dans *La Comédie humaine* figure dans *Les Petits Bourgeois*, roman inachevé qu'après sa mort sa veuve a publié à Bruxelles en 1855. Elle s'applique à Madame Cardinal, qui « revendait de la marée ». Le narrateur la décrit ainsi :

> *Son nez à la Roxelane*, sa bouche assez bien dessinée, ses yeux bleus, tout ce qui fit jadis sa beauté, se trouvait enseveli dans les plis d'une graisse vigoureuse, où se trahissaient les habitudes de la vie en plein air[26].

Quel âge a ce personnage ? L'auteur ne l'a pas précisé, mais on peut supposer qu'au moment où elle fait son apparition dans ce roman qui raconte des événements de 1840, elle a autour de quarante ans comme la Cognette, puisqu'elle a une fille née en 1824, Olympe, dont le charme attirera Cérizet. La note d'Anne-Marie Meininger sur l'expression est conçue de la manière suivante :

> « À la Roxelane » signifie : retroussé[27], car, selon la légende, tel était le nez de Roxelane, sultane du XVIe siècle originaire de Galicie et favorite de Soliman II[28].

On peut regretter que l'éditrice passe sous silence les références précises de la *légende* à laquelle elle fait allusion. D'autant plus que les notes d'autres éditeurs comme Marcel Bouteron et Henri Longnon[29], Raymond Picard[30] ou Jean A. Ducourneau[31] sont loin d'être détaillées sur ce point. On est même embarrassé de voir les deux érudits de la version Conard

26. *Les Petits Bourgeois*, éd. par Anne-Marie Meininger, *CH*, t. VIII, p. 169.

27. C'est ce que dit aussi Pierre Citron, *Intégrale*, t. V, p. 350.

28. *CH*, t. VIII, p. 1317.

29. Conard, *Études de mœurs : scènes de la vie de province*, t. VIII, p. 485 : « Roxelane (née vers 1505 † 1561), sultane favorite de Soliman II, était d'origine européenne, on dit même siennoise, ce qui rendrait assez naturel le caractère spirituel de son nez, assez rare en effet parmi les dames turques. »

30. *Les Petits Bourgeois*, éd. par Raymond Picard, Paris, Garnier, 1960, p. 222, note 1 : « *À la Roxelane* se dit d'un nez retroussé. Ce nom est celui d'une sultane du XVIe siècle, la favorite de Soliman II. »

31. *BO*, t. XVIII, p. 21, note sur la page 276 : « Tout le charme espiègle de Roxelane, esclave de Soliman II, était dans son "petit nez en l'air". Née en Galicie (Russie-Rouge), elle devait épouser le sultan dont elle eut trois enfants : Bajazet II, Sélim II et la sultane Mirmah. »

affirmer que Roxelane était d'origine siennoise[32], alors que l'éditeur des Bibliophiles de l'originale localise sa patrie en Galicie (Russie-Rouge). On peut observer entre parenthèses que Guy Le Thiec nous apprend qu'après avoir proposé différentes hypothèses contradictoires, les historiens considèrent aujourd'hui la sultane comme d'origine polonaise et plus précisément de Rohatyn (actuelle Ukraine)[33].

En dehors de l'article d'Henri Rolland, existerait-il des attestations de la locution *le nez à la Roxelane* qui soient antérieures à celles de Balzac? On peut en trouver plusieurs ; elles apparaissent dans des romans mais plus souvent dans des textes comiques. Par exemple dans *Les Coulisses, Tableau-vaudeville en deux actes* de Théodore Muret et Cogniard frères, dont la première représentation date de 1838, deux personnages mentionnent l'expression. Ils nous donnent l'impression qu'elle est familière au public et qu'elle n'a pas besoin d'être expliquée :

> ANTOINE.
>
> C'est une figurante qui date d'aujourd'hui, avez-vous dit ? aurait-elle des yeux noirs et un nez tant soit peu retroussé ?
>
> ROSINE.
>
> C'est juste le signalement ! *un nez à la Roxelane* !
>
> ANTOINE.
>
> *À la Roxelane* ? J'en tombe de mon haut ! Charlotte ici[34] !

Un peu plus tôt, dans un ouvrage de 1830 intitulé *La Physiognomonie ou l'art de connaître les hommes d'après les traits du visage et les manifestations extérieures selon les systèmes de Gall, Porta, Lavater, etc.*, Isidore Bourdon nous fournit un témoignage intéressant sur la mode du *nez à la Roxelane* et d'une certaine croyance dans ce que signifie ce trait physique :

> On a beaucoup parlé du nez retroussé, du nez à la *Roxelane* ; on l'a cru un signe d'enjouement et de vivacité chez les femmes ; mais on voit beaucoup de femmes vives et enjouées qui n'ont pas le nez ainsi fait. C'était un peu

32. Ils sont basés sans doute sur l'article *Roxelane* du *Grand Dictionnaire Universel du XIXe siècle* de Pierre Larousse, t. XIII, Paris, Administration du Grand Dictionnaire Universel, 1875, p. 1481, qui cite la thèse de Niger et de Wallich selon laquelle la sultane aurait été fille de Nani Marsigli. Le lexicographe aurait utilisé l'*Histoire de l'empire ottoman depuis son origine jusqu'à nos jours* de Joseph von Hammer, traduite de l'allemand par J.-J. Hellert, t. VI, Paris, Bellizard, Barthès, Dufour et Lowell, 1836, p. 483.

33. Guy Le Thiec, « Le complot de Roxelane. *La Soltane* de Gabriel Bounin (1561), et *Il Solimano* de Prospero Bonarelli (1619) : deux tragédies politiques à la cour de France et dans la Florence des Médicis », in *Complots et conjurations dans l'Europe moderne. Publications de l'École Française de Rome*, t. CCXX, 1996, p. 137-161, et surtout p. 140, note 9.

34. Paris, Marchant, 1839, Acte II, scène VIII, p. 19.

> une affaire de mode : toutes les femmes, dans un temps, voulaient avoir un nez à la Roxelane, comme, sous Louis XIV, tous les hommes de cour se faisaient peindre avec un nez aquilin[35].

Lorsque l'auteur de *La Physiognomonie* parle ainsi du *nez à la Roxelane*, il nous le présente comme quelque chose de bien connu en soulignant qu'à ses yeux sa mode est déjà passée et que l'on n'en parle plus tellement. Son témoignage nous est précieux, parce qu'il peut suggérer que si Balzac n'a donné cet attribut qu'à deux femmes d'un certain âge, c'est sans doute qu'il ne jouissait plus de la faveur que lui assurait sa vogue. Pourrait-on situer cette mode dans le temps ?

Si l'on remonte jusqu'à la fin du XVIIIe siècle, un article satirique du journal *Le Thé, ou le Contrôleur-général*, paru dans le numéro du 2 août 1797, rapporte un événement qui aurait eu lieu chez l'ambassadeur ottoman :

> PRÉSENTATIONS.
>
> M. l'Ambassadeur Ottoman reçoit chaque jour de nouveaux témoignages de la galanterie française. Nos femmes sur-tout s'empressent de soutenir à ses yeux la réputation de beauté dont elles jouissent à tant de titres. La consigne donnée contre *les nez à la Roxelane* ayant été levée, d'après les très-humbles remontrances de MM. de Talleyrand-Perigord, ministre des affaires étrangères, et de Châteauneuf, son adjoint dans cette partie du cérémonial, elles ont été admises indistinctement à l'audience d'Esseid-Effendi. Celles qui ont le plus fixé l'attention de son excellence sont : / Madame de Noailles. / Madame de Fleurieu. / Madame Tallien. / Madame de Lechaudé, (suspecte, nez retroussé.) / Madame de Gervasio. / Madame de Lansalle. / Madame de Puiségur, (suspecte, nez retroussé.) / Mademoiselle Perregaux. / Madame Delor, (suspecte, nez retroussé.) / Madame de Chauvelin. / Madame Capon. / Mademoiselle de Mascaraille, (suspecte, nez retroussé.[36])

Dans cet article, notre expression est donnée comme allant de soi et le rédacteur paraît certain qu'elle est comprise de tous. Sa réputation se répandait donc suffisamment pour que le journaliste puisse la mentionner sans la commenter lourdement. D'où vient cette évidence ? Tout le monde connaissait-il la *légende* dont parle Anne-Marie Meininger ?

35. Paris, Werdet, 1830, p. 160 ; c'est l'auteur qui souligne.

36. *Le Thé, ou le Contrôleur-général*, n° CIX, Mercredi 2 août 1797 – Quintidi 15 Thermidor an 5.

La réponse à cette question me semble être à chercher dans le *Dictionnaire des Belles-Lettres* de Pierre-Claude-Victoire Boiste[37]. Le long article *élégance*, qui occupe les pages 209 à 225 du troisième volume de ce dictionnaire paru en 1822, contient un passage qui nous dirige sur une piste :

> Qui n'a lu les Trois Sultanes, et ne connaît pas le triomphe de l'élégante *Roxelane au nez retroussé*, sur les plus belles odalisques au beau nez grec ? L'élégance en mouvement bouleversa l'empire turc, immobile sous celui de la beauté[38].

L'auteur de cet article présente ainsi *Les Trois Sultanes* comme une œuvre que connaissent tous les lecteurs et présume que ceux-ci se font une idée précise du nez retroussé de Roxelane. Le titre qu'il donne correspond sans doute à la comédie de Charles-Simon Favart, *Soliman second ou Les Trois Sultanes*[39], œuvre qui « reste une des productions les plus typiquement "XVIIIe" » selon Jacques Truchet[40] et qui a connu un succès durable[41] depuis sa première représentation par les comédiens italiens ordinaires du roi, le 9 avril 1761. C'est d'abord Madame Favart qui joua avec éclat le rôle principal, suivie au XIXe siècle par Marie-Thérèse Bourgoin, Jeanne-Émilie Leverd et Mademoiselle Mars, ainsi que la mère de Charles de Rémusat

37. Pierre-Claude-Victoire Boiste, *Dictionnaire des Belles-Lettres, contenant Les élémens de la littérature théorique et pratique d'après un seul principe, applicable à toutes les langues, l'association des idées opérée dans le langage ou le style, par le bon emploi des quatre élémens littéraires, les faits, les images, les pensées et les sentimens, fournis par l'Esprit, l'Imagination ou la Mémoire et le Génie nourris par l'Etude ; Elémens choisis par le bon Goût, appréciés par le bon Sens, et disposés par l'Ordre pour atteindre au noble but des Belles-Lettres, l'association des idées de Bonheur et de Vertu*, Paris, Verdière, 1821-1824, 5 vol.

38. *Ibid.*, t. III, p. 209.

39. Favart, *Soliman second ou Les Trois Sultanes*, *in* le *Théâtre du XVIIIe siècle*, éd. par Jacques Truchet, t. II, Paris, Gallimard (*Pl*), 1974, p. 285-363. Selon l'éditeur (voir *ibid.*, p. 1415-1416), le titre originel en 1761 est *Soliman Second*, et en 1776 apparaît le sous-titre *ou les Sultanes*, qui est en 1777 remplacé par *ou Les Trois Sultanes*, sous-titre qui s'est imposé depuis.

40 *Ibid.*, p. 1415.

41. Voir Galina I. Yermolenko éd., *Roxolana in European Literature, History and Culture*, Burlington, Ashgate, 2010. Dans la première moitié du XIXe s., on pouvait lire le texte soit dans le *Répertoire général du théâtre français, composé des tragédies, comédies et drames des auteurs du premier et du second ordre, restés au Théâtre Français, avec une table générale, Théâtre du second ordre, Comédies en vers*, t. XII, Paris, Nicolle, 1818, p. 1-85, soit dans *Œuvres choisies de Favart, avec des remarques, des notices et l'examen de chaque pièce par MM. Ch. Nodier et P. Lepeintre*, Paris, Dabo-Butschert, 1824, p. 317-432, soit dans *Œuvres choisies de Favart*, t. I, Paris, Lecointe, 1830, p. 1-85.

en témoigne dans sa lettre à son fils du 5 août 1817[42]. De plus, en 1825 Jean-Henri Dupin et Thomas Sauvage ont adapté la pièce en vaudeville[43].

Dans la comédie de Favart, Roxelane est une esclave française, qui dès le début dérange le chef des eunuques Osmin. Celui-ci parle d'elle au sultan non sans amertume :

> Entre autres nous avons une jeune Française,
> Vive, étourdie, altière, et qui se rit de tout ;
> Elle vit sans contrainte, et n'est jamais plus aise
> Que lorsqu'elle me pousse à bout[44].

Comme le sultan voit tout de suite qu'il s'agit de Roxelane, Osmin souligne le trait marquant de cette dernière :

> *Son nez en l'air* semble narguer l'amour[45].

Au cours de la pièce, l'Espagnole Elmire, favorite, brille par sa douceur et sa décence, mais en dissimulant mal son ambition sous sa complaisance, elle ne peut pas conserver l'amour de Soliman, tandis que la circassienne Delia à la belle voix n'a pas assez de caractère pour l'emporter sur ses rivales. Seule Roxelane ne cesse d'éblouir tous les personnages par *son extravagance*[46] et *ses écarts*[47] en leur offrant *un dîner à la française*[48] avec du vin. Après une disgrâce apparente, la comédie se termine par la scène où le sultan, ayant enfin connu un *amour pur, né de l'égalité*[49], épouse la Française et où, poussée par celle-ci, il consent à libérer toutes les esclaves du sérail. La dernière réplique est prononcée par Osmin :

42. « Lettre de Madame de Rémusat à son fils, Charles de Rémusat, à Paris », in *Correspondance de M. de Rémusat pendant les premières années de la Restauration publiée par son fils Paul de Rémusat*, t. IV, Paris, Calmann Lévy, 1884, p. 365 : « Elle [= Mademoiselle Mars] ne m'a pas pourtant hier aussi charmée que la veille dans *les Trois Sultanes*. Je crois que c'est un peu la faute de ce rôle si maniéré quelquefois, si souvent indécent, si continuellement inspiré par l'esprit frivole, et j'ajouterai libertin, d'un abbé d'autrefois. Mademoiselle Mars, comme mademoiselle Leverd, comme mademoiselle Bourgoin, joue ce rôle en vraie *fille*, et c'est la faute à Favart, ou plutôt à l'abbé de Voisenon. » (c'est l'auteur qui souligne).

43. *Les Trois Sultanes, Comédie en vers libres de* Favart, *mise en un acte et en vaudeville par MM.***, Représentée pour la première fois, à Paris, sur le théâtre de Madame, par les comédiens ordinaires de S. A. R. le 2 décembre 1825*, Paris, Barba, 1826.

44. Favart, *Soliman second ou Les Trois Sultanes*, éd. citée de Jacques Truchet, Acte I, scène I, vers 123-126, p. 290.

45. *Ibid.*, vers 131.

46. *Ibid.*, Acte II, scène I, vers 495, p. 307.

47. *Ibid.*, Acte II, scène II, vers 516, p. 308.

48. *Ibid.*, Acte II, scène XIV, note de l'auteur, p. 328.

49. *Ibid.*, Acte III, scène VI, vers 1291, p. 352.

Me voilà cassé.
Ah ! qui jamais aurait pu dire
Que *ce petit nez retroussé*
Changerait les lois d'un empire[50] ?

Et elle est suivie d'un divertissement chanté et dansé, qui rend hommage aux nouveaux mariés. Si l'on en croit Boiste, grâce à cet opéra-comique de Favart, le personnage de Roxelane au nez retroussé sera resté longtemps dans la mémoire du public. On sait certes que Favart a pris l'histoire de sa comédie à *Soliman II*, conte de Jean-François Marmontel qui avait été publié pour la première fois dans *Le Mercure de France* en 1756[51] avant d'être repris en 1761 dans les *Contes moraux*[52]. On y lit une description de l'héroïne, où l'on retrouve l'expression rencontrée tout à l'heure chez Favart :

> Un regard parlant, une bouche fraîche & tapissée de roses, un sourire fin, *un nez en l'air*, une taille leste & bien prise, tout cela donnoit à son étourderie un charme qui déconcertoit la gravité de Soliman[53].

La conclusion de la nouvelle nous rappelle également celle des *Trois Sultanes*, mais dans le modèle, c'est Soliman qui se parle à lui-même :

> Soliman, transporté de joie & d'amour, vint prendre Roxelane pour la mener à la Mosquée, & il disoit tout bas en l'y conduisant : Est-il possible qu'*un petit nez retroussé* renverse les loix d'un Empire[54] ?

Le propos prononcé *tout bas* est une fin qui convient bien à la nouvelle, même s'il n'y a pas le même retentissement que dans la scène finale de l'opéra-comique.

Ce trait physique et moral que Marmontel attribue à Roxelane et que Favart a mis sur scène d'une manière particulièrement brillante n'était pas celui que l'on connaissait au début du XVIIIe siècle grâce à l'*Histoire de la vie de Soliman second, empereur des Turcs* de Charles Ancillon[55] ou au XVIIe siècle[56] à travers des œuvres comme *Ibrahim ou l'Illustre Bassa*

50. *Ibid.*, Acte III, scène X, vers 1481-1484, p. 361.
51. Voir *ibid.*, p. 1413.
52. Marmontel, *Contes moraux*, t. I, Amsterdam, 1761, p. 40-67.
53. *Ibid.*, p. 52.
54. *Ibid.*, p. 67.
55. Rotterdam, Reinier Leers, 1706.
56. Voir la notice sur *Bajazet* dans l'éd. citée de Georges Forestier, p. 1492 ; Valerio Vittorini, *L'image du monde arabe dans la littérature française et italienne du XIXe siècle : analogies, différences, possibles influences*, Université Nice Sophia Antipolis et Università degli studi, Gênes, 2015.

de Madeleine de Scudéry (1641) ou *Roxelane* de Desmares[57] (1643). Par exemple, celui-ci a composé sa tragi-comédie en s'appuyant sur des sources historiques et littéraires dont il disposait, comme *Le meurtre execrable et inhumain, commis par Soltan Solyman, grand Seigneur des Turcs, en la personne de son fils aisné Soltan Mustaphe*[58] de Nicolas de Moffan, *L'Histoire de la decadence de l'empire grec, et establissement de celuy des Turcs*[59] de Laonicus Chalcondyle ou l'*Inventaire de l'Histoire generalle des Turcz*[60] de Michel Baudier. Comme résultat, son héroïne, présentée comme une *adroite femme* qui sait *joindre aux beautés du cors les puissances de l'âme*[61], n'y a pas le caractère que l'on a vu chez Marmontel et Favart. Elle est plutôt pleine d'ambition et de ruse, son objectif étant d'accéder au pouvoir. L'auteur ne souligne pas non plus la forme particulière de son nez.

Ainsi, l'expression *le nez à la Roxelane* n'a pas sa source dans une vague *légende* ni dans l'histoire ni dans la tragi-comédie de Desmares ni dans les vers de *Bajazet*, mais provient plutôt de l'opéra-comique de Favart, *Soliman Second ou Les Trois Sultanes*, inspiré de la nouvelle de Marmontel. Cette source me semble bien expliquer pourquoi à la fin du XVIIIe siècle et dans la première moitié du XIXe siècle ce syntagme apparaît surtout dans des œuvres comiques ou satiriques[62]. Ses occurrences chez Balzac doivent aussi avoir une nuance qui en soit proche. Il faudra rendre hommage au *Dictionnaire des Belles-Lettres* de Boiste de nous avoir permis de retrouver cette source grâce à son article *élégance*. Comme il arrive au jeune Louis Lambert, n'éprouvons-nous pas parfois « d'incroyables délices en lisant des dictionnaires »[63] ?

57. Desmares, *Roxelane, Tragi-comédie*, Paris, Antoine de Sommaville et Augustin Courbé, 1643. Sur cette pièce, voir la présentation de Lucie Soureillat sur le site suivant : http://bibdramatique.huma-num.fr/ desmares_roxelane.

58. Traduction française parue à Paris chez Caveiller en 1556.

59. Traduction française de Blaise de Vigenère parue en 1577 à Paris chez Chesneau.

60. Paris, Chappelet, 1617.

61. Desmares, *Roxelane, op. cit.*, p. 5.

62. À titre de curiosité, on peut signaler que *Roxelane* est le nom d'une Française vendue à un pacha dans *L'Ours et le pacha* (1820) de Scribe.

63. *Louis Lambert*, éd. par Michel Lichtlé, *CH*, t. XI, p. 590.

14.
LA TRITURE DES AFFAIRES

Le vocabulaire de Balzac a certes fait l'objet de plusieurs études de qualité et de nombreuses notes soigneuses dans les éditions de référence, mais il me semble mériter encore d'être examiné de près, au moins certains de ses mots. Dans le présent chapitre, je vais examiner le substantif féminin *triture* qui apparaît deux fois dans *La Comédie humaine*. À chaque fois, il est suivi du complément *des affaires*. On traduit souvent ce mot par « grande habitude de faire, de pratiquer ». N'est-ce pas un peu vague ? Ne pourrait-on pas avoir une idée plus précise de cet emploi à l'époque et chez notre auteur ?

La première occurrence du terme selon l'ordre des œuvres rangées dans la Pléiade figure dans *Modeste Mignon*. Le passage la contenant a été publié dans le *Journal des Débats* du 11 avril 1844 puis dans l'édition originale parue en novembre de la même année chez Chlendowski. Citons cette description d'un des personnages principaux d'après l'édition procurée par Maurice Regard :

> Ernest de La Brière, jeune homme alors âgé de vingt-sept ans, décoré de la Légion d'honneur, sans autre fortune que les émoluments de sa place, possédait *la triture des affaires*, et savait beaucoup après avoir habité pendant quatre ans le cabinet du principal ministère[1].

Alors que Pierre Citron ne fait que traduire *triture* par « pratique »[2] et que dans leur édition respective ni Marcel Bouteron et Henri Longnon ni Maurice Bardèche ni Anne-Marie Meininger[3] n'ont commenté le syntagme souligné, dans la sienne Jean A. Ducourneau lui a consacré une note en se référant au *Dictionnaire universel de la langue française* de

1. *Modeste Mignon*, éd. par Maurice Regard, *CH*, t. I, p. 518.
2. *Intégrale*, t. I, p. 211.
3. Conard, *Études de mœurs : scènes de la vie privée*, t. II, p. 62 ; *CHH*, t. I, p. 498 ; *Modeste Mignon*, éd. par Anne-Marie Meininger, Paris, Gallimard (Folio classique), 1982, p. 96.

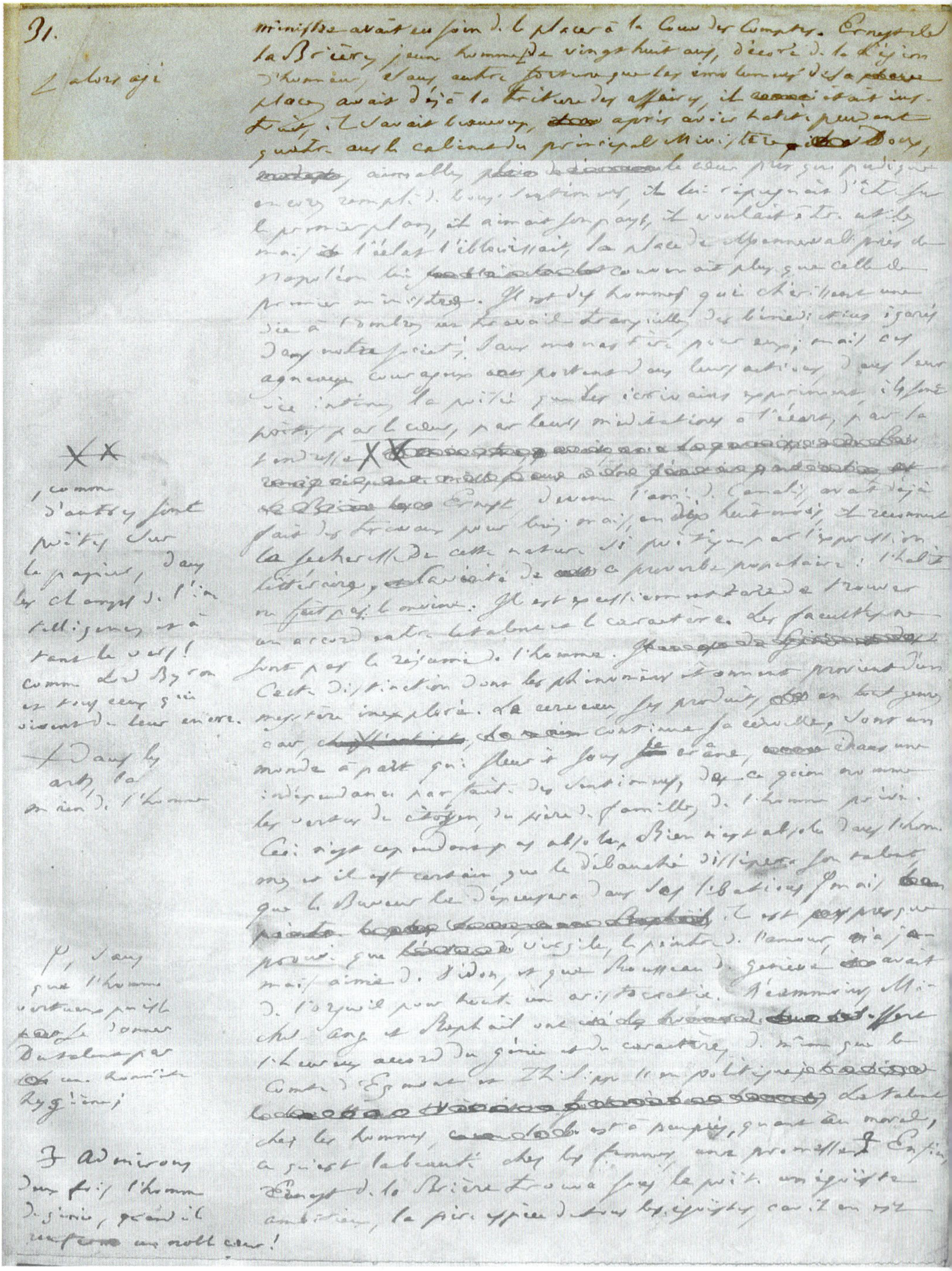

FIG. 14. – *Modeste Mignon*, manuscrit, Bibliothèque de l'Institut de France, Collection Spoelberch de Lovenjoul, ms Lov. A 150, fol. 31.

Pierre-Claude-Victoire Boiste[4] et au *Dictionnaire de la langue française* d'Émile Littré :

> Néologisme de Balzac. Le dictionnaire de Boiste ignore ce mot que Littré définit ainsi : grande habitude de faire, de pratiquer[5].

Il affirme ainsi que le mot a été créé par le romancier. Est-ce exact? Avant de vérifier son hypothèse, voyons comment dans son édition Maurice Regard explique le terme. Sa note se fonde elle aussi sur Littré :

> « Grande habitude de faire, de pratiquer » (Littré). Ce néologisme n'a pas eu d'avenir. Cependant, on emploie encore familièrement « triturer » dans le sens de « manier »[6].

Comme on peut le constater, l'éditeur de la Pléiade qui qualifie le substantif de néologisme ne dit pas explicitement si c'est une création balzacienne ou non.

Avant de nous reporter à l'article *triture* de Littré, rappelons la deuxième occurrence du mot dans *La Comédie humaine*. Elle apparaît dans la deuxième partie de *Splendeurs et misères des courtisanes*. Le passage en question a été publié dans *Le Parisien* en juin 1843 avant de figurer dans l'édition originale qui a vu le jour en août 1844 chez De Potter. C'est le duc de Grandlieu qui s'adresse au duc de Chaulieu après avoir reçu une lettre anonyme dénonçant l'origine peu recommandable de la fortune de Lucien de Rubempré. Voici la réplique, telle qu'elle est publiée par Pierre Citron dans la Pléiade:

> Dis donc, Henri, je suis dans un embarras si grand, que je ne peux prendre conseil que d'un vieil ami qui connaisse bien les affaires et tu en as *la triture*[7].

Alors que Marcel Bouteron et Henri Longnon, Antoine Adam et Maurice Bardèche se sont abstenus d'annoter le terme dans leurs éditions respectives[8], Jean A. Ducourneau nous propose une note dont le contenu est semblable à celle qu'il a donnée sur *Modeste Mignon*:

4. Dont on connaît plusieurs éditions, au moins depuis la première parue en 1800 jusqu'à la quatorzième de 1857 ; comme le dit Jean A. Ducourneau, je n'y ai pas trouvé le mot en question.

5. *BO*, t. IV, p. 16, note sur la page 160.

6. *CH*, t. I, p. 1370.

7. *Splendeurs et misères des courtisanes*, éd. par Pierre Citron, *CH*, t. VI, p. 650.

8. Conard, *Études de mœurs : scènes de la vie parisienne*, t. III, p. 280 ; *Splendeurs et misères des courtisanes*, éd. par Antoine Adam, Paris, Garnier, 1958, p. 293 ; *CHH*, t. IX, p. 331.

> Ce mot semble un néologisme créé par Balzac. Littré le définit ainsi : grande habitude de faire, de pratique[r]. Nous l'avons déjà rencontré dans *Modeste Mignon*, page 160, ligne 13[9].

L'emploi du verbe *sembler* suggère que l'éditeur est devenu moins catégorique dans son affirmation. Ce n'est pourtant qu'une nuance. De son côté, dans son édition pour la Pléiade, Pierre Citron[10] fait état de son observation dans une note, qui va dans le même sens que celle de Maurice Regard que l'on a évoquée plus haut :

> Le maniement, la pratique. Ce mot est donné comme un néologisme par Littré, qui en fournit un seul exemple tiré de Lévesque[11].

On voit que l'éditeur de *Splendeurs et misères des courtisanes* pour la Pléiade souligne aussi le caractère nouveau du mot *triture* en s'appuyant sur Littré. Pour trouver une autre référence lexicographique, il faut consulter l'édition récente de Patrick Berthier. En 2008, il a en effet préféré dans sa note recourir au *Grand Dictionnaire Universel du XIXe siècle* de Pierre Larousse :

> La pratique, avec une idée de difficulté vaincue ; le terme est donné par Pierre Larousse comme « peu usité »[12].

Ce commentaire laconique paraît exprimer une critique. Aux yeux du nouvel éditeur, ses prédécesseurs se seraient trompés puisqu'il ne s'agit ni d'un néologisme de l'époque ni d'une création de Balzac, mais d'un simple mot rare. Peut-être a-t-il raison, encore que l'on ne soit pas sûr que Larousse ait pensé à la situation linguistique des années 1840.

Pour bien comprendre le mot *triture*, il ne serait pas inutile de relire ce que nous expliquent Littré et Larousse. Voici l'article de celui-là, daté de 1873 :

> Néologisme. Grande habitude de faire, de pratiquer. Le peuple [à Athènes], qui, par l'habitude d'entendre traiter les plus grandes affaires de l'État, avait pris de ces affaires une certaine triture, LÉVESQUE, *Instit. Mém. sc. mor. et pol.* t. IV, p. 201. (t. IV, p. 2354a)

9. *BO*, t. XI, p. 64, note sur la page 543.
10. Qui ne disait rien dans *Intégrale*, t. IV, p. 362.
11. *CH*, t. VI, p. 1395.
12. *Splendeurs et misères des courtisanes*, éd. par Patrick Berthier, Paris, Librairie Générale Française (Le Livre de poche, Classiques), 2008, p. 337. En revanche, dans son édition de 2006 (Paris, Flammarion [GF Flammarion], p. 320), Philippe Berthier ne fait que traduire le mot par « la pratique ».

L'article de Larousse, paru en 1876, est moins développé :

> Habitude de manier les affaires publiques ou privées : *Prendre, avoir la* TRITURE *des affaires*. Peu usité. (t. XV, p. 524b)

Ces deux citations tirées des deux grandes œuvres lexicographiques de la deuxième moitié du XIXe siècle ne manquent pas d'intérêt. Elles nous apprennent d'abord que, contrairement à la déclaration plus ou moins catégorique de Jean A. Ducourneau, Littré ne dit pas que le mot a été forgé par Balzac. Certes en se contentant d'affirmer que c'est un *néologisme* il ne précise ni de quand il date ni à qui il est dû ; il ne dit pourtant pas non plus que Balzac l'a inventé.

Pour saisir un peu mieux ce que veut dire ce lexicographe, il ne serait pas superflu d'éclaircir son unique citation. Sa référence : « LÉVESQUE, *Instit. Mém. sc. mor. et pol.* t. IV, p. 201 » renvoie, si je ne m'abuse, à une étude de l'historien Pierre-Charles Lévesque (1736-1812), intitulée « Premier mémoire sur la constitution de la république d'Athènes. Lu le 22 nivose an 7 ». Ce mémoire, que l'auteur a donc lu à la séance du 11 janvier 1799 de la Classe des Sciences morales et politiques de l'Institut de France, forme qu'a prise entre 1795 et 1803 l'Académie des Sciences morales et politiques[13], a été publié en 1802 dans le tome IV des *Mémoires de l'Institut national des sciences et arts. Sciences morales et politiques*[14]. La citation de Littré est confirmée dans les deux phrases suivantes :

> C'étoit au peuple assemblé que rendoient compte de leur gestion ceux qui avoient le maniement des deniers publics. Mais *le peuple, qui, par l'habitude d'entendre traiter les plus grandes affaires de l'état, avoit pris de ces affaires une certaine triture*, savoit qu'il étoit des [p. 202] dépenses secrètes que celui qui les avoit faites ne pouvoit lui révéler[15].

Littré n'a donc pas inventé son exemple. Puisque celui-ci remonte à la fin du XVIIIe siècle, on peut se demander ce que signifie le qualificatif *néologisme* qu'il a donné au mot. Faut-il comprendre que dans les années 1870 le terme *triture* était toujours nouveau ? C'est peu probable. Il me semble que le lexicographe voulait dire[16] qu'il était inconnu jusqu'au français classique et qu'il n'est apparu qu'à la fin du XVIIIe siècle. Si l'on interprète ainsi son article, Balzac ne pourra plus être tenu pour l'inventeur du mot et, au moment où il l'employait dans ses deux romans, celui-ci avait au moins

13. Voir l'histoire de cette institution sur son site : https://academiesciencesmoraleset-politiques.fr/histoire/.

14. Paris, Baudouin, Vendémiaire an XI [= septembre-octobre 1802], p. 113-211.

15. *Ibid.*, p. 201-202.

16. Une autre interprétation me paraît possible ; j'y reviendrai plus loin.

une quarantaine d'années d'existence. Le témoignage de Larousse, qui date de 1876, nous apprend d'autre part que le mot *triture* n'était plus très courant à son époque. Grâce à ces deux lexicographes, on a ainsi une idée approximative de l'histoire de notre substantif depuis la fin du XVIIIe siècle jusqu'aux années 1870. Pourrait-on la compléter ou la préciser davantage, et éventuellement comprendre mieux son emploi chez Balzac ?

Certes, ce que l'on vient de retracer laborieusement est déjà esquissé, avec des fourchettes chronologiques plus élargies, dans l'article *triture* du *Trésor de la langue française* (*TLF*) et dans l'article *tritura* (t. XIII, 2, p. 309b) du *Französisches Etymologisches Wörterbuch* (*FEW*). En se basant sur l'*Histoire de la langue française* de Ferdinand Brunot[17], ils nous apprennent en effet que la première attestation du sens figuré[18] du mot *triture* date d'environ 1790[19], que cet emploi est considéré comme « peu usité » dans différents ouvrages lexicographiques entre le *Grand Dictionnaire Universel du XIXe siècle* de 1876 et le *Larousse Universel en deux volumes* de 1923 et que sa dernière mention se trouve dans le *Larousse du XXe siècle en six volumes* de 1933.

L'occurrence la plus ancienne qu'ils citent, en l'attribuant d'après Ferdinand Brunot à « C. rendu à la Convent. de Philipp., 3e part. », provient de la *Suite du Compte rendu à la Convention nationale par Philippeaux. Troisième partie*[20]. Bien que l'ouvrage ne porte pas sa date de parution, Paul Mautouchet le date de 1793 dans *Le conventionnel Philippeaux*[21]. Ainsi, on pourra amender un peu la datation du *FEW*, du *TLF* et du *GrRobert*.

Pourrait-on améliorer encore ces instruments de travail ? C'est possible. D'abord, le fait que leur première attestation soit tirée d'un écrit de l'avocat Pierre Philippeaux (1754-1794) n'est sans doute pas indifférent. Car à mon avis, l'emploi figuré du substantif *triture* est d'origine juridique[22] et il traduit le latin *tritura fori*. L'expression latine se lit entre autres dans l'article

17. *Histoire de la langue française des origines à nos jours*, t. IX, *La Révolution et l'Empire*, deuxième partie, *Les événements, les institutions et la langue*, Paris, Colin, 1937 ; réédition, Paris, Colin, 1967, p. 1142, note 3.

18. Je mets de côté le sens propre : « action de triturer », dont la première attestation remonte au début du XVIIe s.

19. Date reprise par le *GrRobert*, t. VI, p. 1508a, qui cite notre occurrence de *Splendeurs et misères des courtisanes*.

20. Voir le catalogue de la Bibliothèque nationale de France sur le site suivant : https:// catalogue.bnf.fr/ark:/ 12148/cb31101215h.

21. Paris, Belais, 1900, p. XXVII.

22. Est-ce pour cette raison que, dans *La Langue de Balzac* (Paris, Centre de documentation universitaire, 1954, p. 85), Charles Bruneau a rangé *triture* parmi les « mots techniques acceptables » ?

pratique du barreau ou du palais (1765) de l'*Encyclopédie* de Diderot et D'Alembert :

> (Jurisprud.) *tritura fori*, c'est l'usage qui s'y observe pour l'ordre judiciaire. *Voyez* PROCÉDURE & STYLE[23].

Si le juriste Antoine Gaspard Boucher d'Argis, qui a rédigé cet article, n'a pas traduit le latin *tritura fori* en français, c'est sans doute parce qu'il a jugé que l'expression, qui se lit chez Jacques Cujas[24] par exemple, était bien connue et qu'elle n'avait pas besoin d'être mise en français. Un ouvrage pédagogique d'un autre juriste, paru une quinzaine d'années plus tard, nous donne l'idée de ce que représentait cette *tritura fori*, qui y est traduite par *la triture des affaires*. Il s'agit du « Discours sur l'étude de la procédure » de *La Procédure civile du Châtelet de Paris et de toutes les jurisdictions ordinaires du royaume* d'Eustache-Nicolas Pigeau, qui nous offre des éclaircissements précieux :

> Il y a cependant beaucoup de gens qui n'adoptent qu'une de ces deux routes, & dédaignent l'autre : les uns, en moindre nombre à la vérité, ne font cas que de la théorie, parce qu'elle rend compte de tous les pas qu'elle fait faire, & méprisent la pratique, parce qu'elle enseigne peu les raisons des formalités, & que d'ailleurs on y trouve bien des difficultés & des contradictions ; les autres donnent dans une extrêmité contraire : redevables du peu qu'ils savent aux procès qu'ils ont traités ou vu traiter, n'ayant de connoissance que celles que *la triture des affaires* & la routine leur ont données, ils méprisent l'étude par théorie, parce que les principes généraux qu'elle enseigne sont sujets à un grand nombre d'exceptions que cette pratique seule fait connoître[25].

Pigeau oppose ainsi la théorie et la pratique, et la *triture des affaires* fait partie de celle-ci. Cette distinction se retrouve dans d'autres ouvrages du même genre. On pense entre autres aux *Lois de la procédure civile* de Guillaume-Louis-Julien Carré[26]. En expliquant aux étudiants de droit comment acquérir et compléter la science de la procédure, l'auteur insiste sur l'importance de la pratique. Citons le passage qui contient le mot qui nous intéresse :

23. *Encyclopédie ou Dictionnaire raisonné des sciences, des arts et des métiers*, t. XIII, Neufchastel, Samuel Faulche, 1765, p. 264b ; c'est l'auteur qui souligne.

24. Voir *Opera, Continuatio Partis Tertiae*, t. VII, Prati, Giachetti, 1839, coll. 1173 : « Pretium vel conventio facit, vel communis hominum consensus, et *tritura fori*, vel affectio et utilitas singulorum, [...]. »

25. Eustache-Nicolas Pigeau, *La Procédure civile du Châtelet de Paris et de toutes les jurisdictions ordinaires du royaume, démontrée par principes & mise en action par des formules*, t. I, Paris, Desaint, 1779, p. XLIX.

26. Dont la première édition a paru à Rennes en 1824.

Mais pour atteindre ce but[27], la science de la procédure ne serait pas suffisante: il faut acquérir *l'art de la pratique*, qui n'est autre chose que la méthode d'appliquer les principes de la science, l'exercice, suivant cette méthode, en un mot la mise en action de tout ce que prescrivent ces principes pour parvenir à la décision d'un procès et à l'exécution de cette décision.

Ainsi, comme on l'a dit avec raison, la *pratique* est la triture du barreau (*tritura fori*), de même que la science à laquelle elle se rattache[28].

Ce passage donne ainsi l'expression *tritura fori* qui se lisait dans l'*Encyclopédie* et il confirme bien l'origine juridique de l'emploi figuré du substantif *triture*. À la même époque, une autre expression latine, *tritura forensis*, se trouve dans un ouvrage d'André-Marie-Jean-Jacques Dupin, *Manuel des étudians en droit et des jeunes avocats*[29]. En effet, dans sa notice biographique sur Jean Imbert, auteur des *Institutiones forenses*, il rappelle que Cujas disait en parlant de cet ouvrage « qu'il n'y en [avait] pas de meilleur pour apprendre la triture des affaires : *quo ad trituram forensem nullus melior* »[30]. Même si les lecteurs n'avaient pas pris la peine de remonter à l'ouvrage de Jacques Cujas[31], ils pouvaient de cette façon savoir que la pratique judiciaire était appelée *la triture des affaires* chez les juristes. Bref, ces ouvrages de caractère pédagogique nous montrent que l'emploi figuré du substantif *triture* devait être familier aux étudiants de droit – dont Balzac – de la première moitié du XIXe siècle.

Pour l'histoire du vocabulaire français, on observe que déjà le témoignage de Pigeau en 1779 que l'on a cité plus haut antidate le *FEW*, le *TLF* et le *GrRobert* qui ne connaissaient l'emploi figuré du substantif que depuis 1793. Mais il n'était pas le premier. D'après ma petite enquête, on a des occurrences de cet emploi depuis au moins 1751.

27. C'est-à-dire, comme on le lit dans le passage qui précède la citation, « mettre en pratique, avec justesse et discernement, les principes et les règles dont elle [= la science de la procédure] se compose ».

28. Guillaume-Louis-Julien Carré, *Les Lois de la procédure civile, Deuxième édition*, t. I, Paris, Madame Charles-Béchet, 1829, Livre II, « De la pratique judiciaire », p. XXXVIII ; c'est l'auteur qui souligne.

29. André-Marie-Jean-Jacques Dupin, *Manuel des étudians en droit et des jeunes avocats. Recueil d'opuscules de jurisprudence*, Paris, Joubert, 1835.

30. *Ibid.*, p. 682 ; c'est l'auteur qui souligne.

31. Voir *Opera, Pars Quartae*, t. IX, Prati, Giachetti, 1839, coll. 1743 : « [...] id., inquam, discrimen etiam optime notavit Imbertus in *Instit. forensibus*, quo libro, quod ad trituram forensem attinet, nullus est melior. »

C'est l'année où a paru le premier volume des œuvres de l'avocat Henri Cochin (1687-1747)[32]. La préface de cette publication contient en effet le mot *triture* au sens figuré. Citons le passage :

> Et dans cette question de succession aux propres conventionnels, où il employa si à propos le terme figuré de *mur de séparation*, n'avoit-il pas contre lui, comme [p. LVI] il l'avoua lorsque la même question fut encore agitée entre d'autres Parties, *la triture du Châtelet, les Auteurs, les Consultants, & peut-être les Magistrats*. Il l'emporta néanmoins, & de façon que l'Arrêt fut donné en forme de Reglement[33].

C'est l'occurrence la plus ancienne que j'aie trouvée jusqu'ici. Par la suite, on a plusieurs attestations du syntagme *triture des affaires* dans la deuxième moitié du XVIIIe siècle, en 1771[34], 1779[35] et 1787[36]. Ce ne sont pas que des auteurs obscurs qui s'en servent, car l'année suivante, Louis-Sébastien Mercier utilise aussi le terme *triture* dans le chapitre « Jurisdiction consulaire » de son *Tableau de Paris*[37].

32. *Œuvres de feu M. Cochin, écuyer, avocat au Parlement, contenant le recueil de ses mémoires et consultations*, Paris, De Nully, 1751-1757, 6 vol.

33. *Ibid.*, t. I, 1751, p. LV-LVI ; c'est l'auteur qui souligne.

34. Mathieu-François Pidansat de Mairobert et Barthélemy-François-Joseph Mouffle d'Angerville, *Journal historique de la révolution opérée dans la Constitution de la monarchie françoise par M. de Maupeou, chancelier de France*, t. II, Londres, 1774, p. 99 : « Du 23 Août 1771. / Les *Observations sur l'Edit du mois de Février 1771, portant Création de Conseils Supérieurs*, sont une brochure dont l'auteur est sans doute un homme qui a *la triture des affaires*, qui connoît l'effroyable Dédale de la chicane & tous les abus du Palais. » (les premiers soulignages sont des auteurs, et le dernier de moi).

35. Outre l'exemple cité de Pigeau, voir Mathieu-François Pidansat de Mairobert, *L'Espion anglois, ou Correspondance secrète entre Milord All'Eye et Milord Alle'Ar*, t. I, Londres, John Adamson, 1779, « Lettre de Milord All'Eye à Milord All'Ear, Paris, le I Décembre 1775 », p. 26 : « Et remarquez les suites funestes de ce premier malheur : le Roi est naturellement timide ; ce défaut, dont il se seroit corrigé par *la grande triture des affaires*, n'a fait qu'augmenter dans l'inaction. »

36. *Correspondance littéraire secrète*, t. LII, le 13 décembre 1787, p. 427 : « Tous ceux qui rendent justice aux connoissances & aux talens de M. de *Chatelex*, conviennent qu'ils sont plus analogues aux fonctions de gouverneur qu'à celles de chancelier, qui exigent des principes, des notions, & *une triture des affaires* qu'il est très pardonnable à un homme d'esprit & de qualité, de ne pas posséder à un degré supérieur ou seulement nécessaire. » (le premier soulignage est de l'auteur, et le second de moi).

37. Louis-Sébastien Mercier, *Tableau de Paris faisant suite aux éditions précédentes*, t. XII, Amsterdam, 1788, p. 166 : « Les procureurs, harassés de fatigues, dorment quelquefois en instruisant l'affaire ; mais elle n'en est pas moins bien jugée, parce qu'il y a une *triture* & une routine qui forcent l'équité. » Voir *Id.*, *Tableau de Paris*, éd. sous la direction de Jean-Claude Bonnet, t. II, Paris, Mercure de France, 1994, p. 1436 ; le mot n'est ni annoté ni repris dans le glossaire.

Au début du XIXe siècle, le *Journal de Paris* publie même une petite annonce d'une « personne ayant *la triture des affaires* [...] qui offre des services »[38]. Ce qui montre que l'expression devait être connue assez largement.

Ensuite, notre syntagme sort des ouvrages juridiques pour entrer dans le théâtre et y connaître un élargissement sémantique et une diffusion inattendue. Cet essor est dû à *L'Auberge des Adrets* de Benjamin, Saint-Amand et Polyanthe et, en particulier, à son héros Robert Macaire, créé par Frédérick Lemaître, dont la gloire mythique s'est imposée à partir des années 1830[39]. Ce drame, qui raconte comment deux échappés de prison (Robert Macaire et Jacques Strobe ou Strob ou Strop selon les versions) ont tenté d'assassiner le riche cultivateur Germeuil pour s'emparer de la dot de 12 000 francs qu'il avait apportée pour marier sa fille Clémentine avec Charles, fils adoptif de l'aubergiste et comment ce jeune homme s'avère l'enfant du héros, qu'a abandonné sa femme Marie justement survenue à l'auberge, a été représenté d'abord le 2 juillet 1823 sur le théâtre de l'Ambigu-Comique[40], et il a été repris en 1832 sur le théâtre de la Porte-Saint-Martin[41], avant que l'histoire n'ait eu une suite en 1834 dans *Robert Macaire*[42].

38. *Journal de Paris*, vendredi 16 messidor an XIII (5 juillet 1805), p. 2013, petites annonces : « DEMANDES. / Une personne ayant *la triture des affaires*, domiciliée à Paris, & que des affaires personnelles obligent d'aller dans différens bureaux des administrations des départemens du Nord, de la Dyle, & des Deux-Nethes, OFFRE SES SERVICES pour toutes les affaires susceptibles d'être traitées & réglées par son entremise, pendant le bref séjour qu'il fera dans ces contrées. Son départ aura lieu après 8 jours du présent avis. S'adresser au Bureau du Journal. »

39. Voir Marion Lemaire, *Robert Macaire : la construction d'un mythe. Du personnage théâtral au type social 1823-1848*, Paris, Champion, 2018, p. 56.

40. *L'Auberge des Adrets, Mélodrame en trois actes à spectacle, de MM. Benjamin, Saint-Amant et Paulyanthe, musique de M. Adrien, ballets de M. Maximien, décorations de MM. Joannis et Défontaines, Représenté pour la première fois à Paris, sur le théâtre de l'Ambigu-Comique, le 2 juillet 1823*, Paris, Pollet, 1823.

41. *L'Auberge des Adrets, Drame en trois actes, à spectacle, par MM. Benjamin, Saint-Amant et Paulyanthe, musique de M. Adrien, ballets de M. Maximien, décorations de MM. Joannis et Défontaines, Représenté pour la première fois, à Paris, sur le théâtre de l'Ambigu-Comique, le 2 juillet 1823 et repris sur le théâtre de la Porte-Saint-Martin, le 28 janvier 1832*, Paris, Jules Didot, sans date.

42. *Robert Macaire, Pièce en quatre actes et en six tableaux par MM. Saint-Amand, Antier et Frédéric Lemaitre, Représenté pour la première fois, à Paris, sur le théâtre des Folies Dramatiques, en 1834 et 1835 et reprise sur le théâtre de la Porte-Saint-Martin, au commencement de septembre 1835*, Paris, Jules Didot, 1835.

Déjà en 1823, la deuxième édition[43] de la pièce parue après la représentation du 6 décembre contient de nombreuses variantes par rapport à la première version, mais c'est surtout lors de la reprise de 1832 que l'on assiste à un remaniement considérable. En ajoutant des chansons, les auteurs y ont développé surtout les scènes où les deux coquins, sous le nom de Rémond et de Bertrand, occupent le premier plan[44]. Notre syntagme fait justement son apparition dans une des scènes amplifiées en 1832.

Dans la version initiale, la scène VII de l'Acte II se termine par deux répliques des deux évadés, qui se sentent menacés en voyant entrer dans l'auberge des dragons qui les recherchent sans les reconnaître. Citons-les d'abord :

> BERTRAND, *à Rémond.*
>
> Tu l'as entendu ? Nous sommes poursuivis ! nous n'avons pas de temps à perdre. Fuyons !
>
> RÉMOND.
>
> Regagnons d'abord notre chambre. Dans quelques instants nous appelerons [*sic*] Pierre, nous compterons avec lui, et nous tâcherons de partir sans être aperçus. (*Ils rentrent dans leur chambre.*[45])

Dans cette première version, le héros se contente de proposer brièvement à son camarade de payer au garçon de l'auberge Pierre ce qu'ils lui doivent pour s'en aller sans se faire remarquer. La deuxième édition de 1823 introduit une petite modification dans ces deux répliques : outre la ponctuation un peu repensée, c'est une nouvelle intervention de Bertrand qui rallonge le dialogue. Voici le passage correspondant de cette version :

> BERTRAND, *à Rémond.*
>
> Tu l'as entendu, nous sommes poursuivis ! nous n'avons pas de temps à perdre, fuyons !
>
> RÉMOND.
>
> Regagnons d'abord notre chambre ; dans quelques instants nous appellerons Pierre, nous compterons avec lui...
>
> BERTRAND.
>
> Il n'y a pas besoin de compter.

43. *L'Auberge des Adrets, Mélodrame en trois actes à spectacle de MM. Benjamin, Saint-Amand et Polyanthe, musique de M. Adrien, ballets de M. Maximien, décors de MM. Joannis et Desfontaines, Représenté pour la première fois à Paris sur le théâtre de l'Ambigu-Comique, le 6 décembre 1823, Deuxième édition conforme à la représentation*, Paris, Pollet, 1823.

44. Mais ils suivent pour l'Acte III la première édition de 1823 plutôt que la deuxième édition.

45. *L'Auberge des Adrets*, la première version citée de 1823, p. 23.

RÉMOND.

Pardon... et nous tâcherons de partir sans être aperçus.

(*Ils rentrent dans leur chambre.*[46])

En partant de cette maigre donnée, la version de 1832 du drame *L'Auberge des Adrets* introduit une scène où le héros apprend à Bertrand comment il faut se comporter pour se tirer de cette situation critique. Comme on y trouve le mot *triture* (sous la forme sans doute erronée de *traiture*), cette nouvelle scène VIII mérite d'être citée en entier. À la place des dragons, on voit maintenant les gendarmes :

SCÈNE VIII.

RÉMOND, BERTRAND, UN GENDARME.

RÉMOND, au gendarme.

Allons, monsieur, le coup de l'étrier[47].

LE GENDARME.

Volontiers. (Ils trinquent tous les trois.) Messieurs, au plaisir de vous voir[48].

RÉMOND.

Comment donc, mais je hâte ce moment-là de tous mes vœux. (Le gendarme sort.) Eh ben ! dis donc, Bertrand, c'est encore un préjugé... ils sont très bien, ces gendarmes.

BERTRAND.

Oui, oui, ils sont gentils.

RÉMOND.

Ils ont du monde.

(Rémond a un grand morceau de pain qu'il trempe dans un verre de vin.)

(Chantant.)

Quel plaisir d'être en voyage !
Jamais l'œil n'est en repos,
Toujours sur votre passage
S'offrent des objets nouveaux.

BERTRAND.

Ah çà, je t'admire... tu es là... tu roucoules.

RÉMOND.

Ah çà, veux-tu bien me faire le plaisir de me laisser digérer tranquillement ?

46. *L'Auberge des Adrets*, la deuxième version citée de 1823, p. 40.

47. Sur le syntagme *coup de l'étrier* « vin que l'on boit au moment de partir », voir le *FEW*, t. XVII, p. 253a, *s. v. strengr*, qui donne comme première attestation le *Dictionnaire de l'Académie française* de 1835. Notre occurrence antidate ainsi le *FEW*.

48. Le *TLF*, *s. v. plaisir*[1] cite pour *au plaisir de vous voir* (formule pour prendre congé) un exemple de 1801. Voir aussi Pierre Enckell, *Dictionnaire historique et philologique du français non conventionnel*, Paris, Classiques Garnier, 2017, p. 871-872.

BERTRAND.

Tu l'as entendu, nous sommes poursuivis.

RÉMOND.

Voici la route que nous avons à suivre : rentrons d'abord dans notre chambre, appelons Pierre, et comptons avec lui.

BERTRAND.

Mais, mon ami, il n'y a pas besoin de compter.

RÉMOND.

C'est ça ; pour nous en aller d'ici sans payer, n'est-ce pas ?

BERTRAND.

Qu'est-ce que ça fait ?

RÉMOND.

Une belle opinion que nous laisserions de nous dans cette auberge ! Fais-moi l'amitié de rentrer dans ta chambre.

BERTRAND.

Mais, mon ami...

RÉMOND.

Tu n'entends rien, absolument rien à *la traiture des affaires*. Fais-moi l'amitié de rentrer dans ta chambre.

BERTRAND.

Je ne peux pas te faire une observation ?

RÉMOND.

Veux-tu me faire l'amitié de rentrer dans ta chambre ?

BERTRAND.

Mais...

(Rémond le frappe sur la figure avec son morceau de pain trempé dans le vin. – Bertrand se sauve dans la chambre.)

RÉMOND, s'en allant pendant que les autres arrivent.

Monsieur Pierre, la carte à payer !

PIERRE.

Voilà, voilà, monsieur.

RÉMOND.

N'oubliez pas l'assiette d'hier.

(Il rentre dans sa chambre.[49])

Dans le passage souligné, le mot *traiture* me semble être une coquille[50], parce que d'une part, il est absent du *TLF* et de l'article *tractare* (t. XIII, 2, p. 141b) du *FEW*, et que de l'autre, l'on dispose au moins de trois sources

49. *L'Auberge des Adrets*, version citée de 1832, p. 50-51.

50. À moins qu'il ne s'agisse d'une faute volontaire.

qui à sa place donnent *triture*. Le premier de ces trois témoignages vient de Théophile Gautier[51]. En effet, *Sous la table*, la première nouvelle des *Jeunes France, romans goguenards*[52] qu'il a fait paraître en 1833, contient une citation presque textuelle de la réplique de Rémond, digne d'être rappelée :

> À cet endroit de son apostrophe, Roderick fit un hoquet hasardeux, et s'interrompit un instant ; mais il reprit bientôt le fil de son discours avec une grâce toute particulière en imitant l'accent de Frédéric dans *l'Auberge des Adrets*. Tu n'entends rien, absolument à *la triture des affaires*, et tu ne possèdes pas le moindre rudiment de métaphysique ; ta philosophie est diablement en arrière, et je suis fâché de le dire, avec de belles dispositions, tu ne parviendras jamais à rien[53].

Quoique dans la citation le deuxième *rien* manque après *absolument*, Gautier reprend exactement la réplique de Robert Macaire prononcée en 1832 par Frédérick Lemaître, avec la leçon *triture* au lieu de *traiture*. Le deuxième témoignage est plus tardif. Il s'agit d'un extrait de *L'Auberge des Adrets* que le *Supplément* du *Figaro*[54] a publié le 13 février 1876, à l'occasion du décès de Frédérick Lemaître survenu le 26 janvier de la même année. Là aussi on trouve le mot *triture* sans aucun commentaire. Le troisième témoignage, enfin, figure dans *Robert-Macaire, drame burlesque en quatre actes précédé de L'Auberge des Adrets, prologue en deux parties*, version remaniée par Philippe Gille et William Busnach en 1896, où les deux héros échangent des propos un peu différents mais contenant toujours le syntagme qui nous intéresse[55]. Il me paraît par conséquent légitime de corriger la leçon de la version de 1832 et d'y voir une occurrence du syntagme

51. C'est cette attestation qui est citée (avec seul le nom de Gautier) dans le *GrLarousse*, t. VII, p. 6166a, *s. v. triture* qui qualifie le mot de « vieux ».

52. Paris, Eugène Renduel, 1833.

53. *Ibid*., p. 39 ; le premier soulignage est de l'auteur, le second de moi. Voir l'édition de Peter Whyte, *in* Théophile Gautier, *Romans, contes et nouvelles*, éd. sous la direction de Pierre Laubriet, t. I, Paris, Gallimard (*Pl*), 2002, p. 27, celle de Patrick Berthier dans Gautier, *Les Jeunes France et autres récits humoristiques*, Paris, Flammarion (GF Flammarion), 2013, p. 50, et celle d'Anne Geisler-Szmulewicz dans Théophile Gautier, *Œuvres complètes*, éd. sous la direction d'Alain Montandon, *Romans, contes et nouvelles*, t. VI, *Contes et nouvelles*, t. I, Paris, Champion, 2017, p. 124. Aucun de ces trois éditeurs n'indique l'endroit précis du drame d'où est tirée la citation.

54. *Le Figaro, Supplément au numéro du 13 février 1876*, p. 26.

55. *Robert-Macaire, drame burlesque en quatre actes précédé de L'Auberge des Adrets, prologue en deux parties de MM. Benjamin Antier, St-Amand, Frédérick-Lemaître et Paulyante, remanié par MM. Philippe Gille & William Busnach*, Paris, Stock, 1896, *L'Auberge des Adrets, Prologue*, Deuxième partie, « L'infortuné Germeuil », scène VII, p. 42 : « RÉMOND. / Veux-tu que je te le dise : tu n'entends rien, absolument rien à *la triture des affaires*. / BERTRAND. / Il y a de la friture ? Si je l'avais sû ! / RÉMOND. / Fais-moi

triture des affaires. Il est à remarquer que dans le contexte, le locuteur donne à l'expression non pas le sens de « pratique judiciaire », mais plutôt celui d'« habileté, astuces » qui leur permettent, à lui et à son complice, d'échapper à la poursuite des gendarmes. Il serait difficile d'affirmer que la nouvelle acception est une invention de Frédérick Lemaître, mais il n'est pas impossible de supposer que son succès lui est dû.

À preuve, Théophile Gautier[56] n'était pas le seul à avoir été frappé par la réplique, car bien qu'absente de *Robert Macaire* de 1834, celle-ci a été immédiatement imitée dans *Au Rideau !* (1834) de Cogniard frères[57] et, à la faveur de la renommée grandissante de Robert Macaire, elle se retrouve à plusieurs reprises dans *Les Cent et un Robert-Macaire* (1839). Dans les petites nouvelles de Maurice Alhoy et Louis Huart qui composent le recueil, ce sont le restaurateur, le bottier ou l'épicier qui ont *la triture des affaires* pour bien se débrouiller aux dépens de leurs clients ou de leurs concurrents[58].

l'amitié de rentrer dans ta chambre. / BERTRAND. / Ah ! maman !... Tu me dis toujours des choses désagréables !... »

56. Qui utilisera plus tard le syntagme dans *La Presse* du 1er septembre 1839 en rendant compte du vaudeville *La Rose jaune* : « Sa position est compliquée par l'arrivée d'un jeune drôle de bonne mine, nommé Randeuil, ami de Teissier, qui a une connaissance supérieure du cœur des femmes et qui possède beaucoup mieux *la triture des affaires* que son camarade. » (Théophile Gautier, *Œuvres complètes*, éd. sous la direction d'Alain Montandon, *Critique théâtrale*, t. II, *1839-1840*, éd. par Patrick Berthier avec la collaboration de Claudine Lacoste-Veysseyre et d'Hélène Laplace-Claverie, Paris, Champion, 2008, p. 319, où les éditeurs donnent une brève note : « Habitude de manier (cf. triturer). »).

57. Cogniard frères, *Au Rideau ! ou Les singeries dramatiques, Revue-prologue à grand spectacle, Représenté pour la première fois sur le théâtre du Cirque-Olympique, le 9 Décembre 1834*, Paris, Marchant, 1834, Scène XII, p. 12.

58. *Les Cent et un Robert-Macaire, composés et dessinés par M. H. Daumier sur les Avis et les Légendes de* M. Ch. Philipon, *réduits et lithographiés par MM. *** : Texte par MM. Maurice Alhoy et Louis Huart*, Paris, Aubert, 1839. On y trouve au moins quatre occurrences du syntagme : 9, « Robert-Macaire restaurateur », sans pagination : « Robert Macaire réplique : – Laissez-moi opérer à ma guise. Vous n'entendez rien, mon cher, à *la triture des affaires* de cuisine. Qu'il y ait cinquante mille bouillons vendus ou qu'il y en ait un seul, votre dividende sera toujours le même. » ; 17, « Robert-Macaire libraire », sans pagination : « Lorsqu'un homme qui entend *la triture des affaires* possède dans son coffre-fort une collection de cautionnements dont l'addition générale forme un total de trois ou quatre cent mille francs, il lui est bien difficile de résister au désir d'aller visiter tous les monuments excessivement curieux que possède la ville de Bruxelles ; [...]. » ; 37, « Robert-Macaire et son tailleur », sans pagination : « La corporation des bottiers entend bien différemment *la triture des affaires* : il est rare qu'un élégant trouve chaussure à son pied s'il ne paie pas comptant. Le bottier est méfiant en diable, il craint toujours que sa pratique, une fois chaussée, ne lève le pied. » ; 75, « Robert-Macaire et ses élèves », sans pagination : « Et quelle profession, imbécile !... puisque je te dis qu'on a tout gâté. Une foule de gamins ont d'abord marché de loin sur nos traces ; puis, aujourd'hui, ces polissons nous marchent littéralement sur les

De son côté, dans *Le Musée pour rire*[59], on voit une mère qui *possède* suffisamment *la triture des affaires* pour savoir gronder efficacement ses enfants.

Face à ces attestations des années 30 et 40 du XIXe siècle, on ne s'étonne pas de voir, comme Georges Matoré l'a signalé dans sa thèse[60], Louis Barré recueillir en 1842 cet emploi élargi du substantif *triture* en le qualifiant de néologisme dans son *Complément du Dictionnaire de l'Académie française*. Sa définition convient bien aux occurrences de l'époque et, à ce titre, elle mérite d'être citée :

> TRITURE. s. f. (néol.) Habitude de manier les affaires, publiques ou privées. *Prendre, avoir la triture des affaires*[61].

L'initiative de ce lexicographe est précieuse, d'autant plus qu'à l'époque notre substantif reste ignoré d'autres lexicographes[62] et que son article sera repris, trente ans plus tard, par Littré et Larousse. Comme on l'a vu, celui-là qualifiera le mot de néologisme – faut-il comprendre qu'il a recopié simplement son prédécesseur et donc que son indication sur le caractère récent ne doit plus être prise trop au sérieux ? – et celui-ci empruntera à Louis Barré non seulement la définition mais aussi les expressions *prendre, avoir la triture des affaires*. L'affirmation de Larousse sur le caractère rare du terme correspondait-elle à la réalité ? On peut en douter, parce que l'on en trouve encore des occurrences à la fin du XIXe siècle[63].

Le syntagme *triture des affaires* paraît ainsi avoir à l'époque de Balzac le sens de « pratique des affaires publiques » et, par extension, celui d'« habileté dans les affaires humaines ».

talons... Ainsi, vois cet épicier là-bas : il fait du café moka tout comme je pourrais le manipuler moi-même ; il connaît parfaitement *la triture des affaires*, et de la carotte séchée au four... »

59. Louis Huart, « Le Désagrément du petit frère », in *Le Musée pour rire, Dessins par tous les caricaturistes de Paris, Texte par MM. Maurice Alhoy, Louis Huart et Ch. Philipon*, t. I, Paris, Aubert, 1839, sans pagination.

60. *Le Vocabulaire et la société sous Louis Philippe*, Paris-Lille, Droz, 1951, p. 322.

61. Paris, Didot, 1842, p. 1226c ; souligné par l'auteur.

62. Outre Boiste, voir par exemple Napoléon Landais, *Dictionnaire général et grammatical des dictionnaires français,* Dixième édition, Paris, Didier, 1849, 2 vol.

63. Léon Gambetta, *Discours prononcé le mardi 22 avril 1873 à Belleville*, Paris, Ernest Leroux, sans date, p. 11 ; *Le Figaro*, le 3 juillet 1875, p. 3 ; Guillochin-Delahaye, *Entretiens familiers à la portée de tous sur la pratique générale des affaires*, Paris, 1876, p. 8 ; Henri Augu, *La Fille de la liberté, ou Les volontaires de 92*, Paris, Lambert, 1877, p. 379 ; *La Lanterne*, le 2 décembre 1877 ; *Journal des économistes. Revue de la science économique et de la statistique*, juillet 1883, p. 421 ; Anonyme, « Les transformations de la diplomatie », *Revue des Deux Mondes*, t. CXX, 1893, p. 790 ; etc.

Pour revenir à *La Comédie humaine*, comme on l'a vu au début du chapitre, en discutant avec son ami, le duc de Grandlieu se sert de notre syntagme dans *Splendeurs et misères des courtisanes*. Le dernier chef de la branche aînée de la famille, qui a pour devise *caveo non timeo* (« Je prends garde sans craindre »[64]) et qui avait fréquenté aussi bien l'Empereur que les Bourbons, ne manque pas de pratique des affaires publiques. Et son ami le duc de Chaulieu n'est pas non plus dépourvu d'expériences diplomatiques et politiques, puisqu'il a été ambassadeur de France en Espagne, ministre des Affaires étrangères et un des confidents de Louis XVIII, comme le savent les lecteurs de *Modeste Mignon*[65]. Cette carrière ne suggérerait-elle pas qu'il est très versé dans les affaires publiques aussi bien que dans les affaires humaines ? Son ami a donc raison de le considérer comme quelqu'un qui a *la triture des affaires*. On pourrait également voir dans sa réplique que ce grand aristocrate se plaît à s'encanailler en employant un mot de Robert Macaire.

D'autre part, Balzac disait dans *Modeste Mignon* qu'Ernest de La Brière *possédait la triture des affaires*. Or ce personnage était secrétaire particulier du ministre des Finances dans *Les Employés* et à ce titre, il y était présenté comme « un de ces aimables caniches constitutionnels, si doux, si bien frisés, si caressants, si dociles, si merveilleusement dressés, de bonne garde, et... fidèles »[66]. On peut ainsi supposer qu'il avait une grande expérience de la pratique des affaires publiques, d'autant plus que dans un de ses autres portraits, l'auteur lui attribue « l'habitude des affaires »[67]. Mais ce n'était pas sa seule expérience, car Balzac fait mention d'autres expériences que ce jeune homme a acquises en observant les intrigues[68]. Ainsi, quand il est passé à la Cour des comptes dans le roman de 1844 et qu'il est devenu ami et secrétaire de Canalis, en tant qu'« un de ces hommes d'esprit qui se font les caudataires d'une gloire »[69], à sa place il a écrit des lettres à Modeste pour réussir finalement à l'emporter sur ses rivaux et à épouser l'héroïne. Certes il a bénéficié d'une aide efficace de Jean Butscha, ce nain perspicace « contenant élixirs et baumes rares »[70] qui est capable de deviner les « pensées

64. *Splendeurs et misères des courtisanes*, *CH*, t. VI, p. 505 et la note à la page 1358.
65. *Modeste Mignon*, *CH*, t. I, p. 516, 624-625 et 687.
66. *Les Employés*, éd. par Anne-Marie Meininger, *CH*, t. VII, p. 958-959.
67. *Modeste Mignon*, *CH*, t. I, p. 575.
68. *Ibid.*, p. 529 : « On n'a pas été pendant quatre ans le secrétaire particulier d'un ministre, on n'habite pas Paris, on n'en observe pas les intrigues impunément ».
69. Lettre à Madame Hanska du 1er mars 1844, *LH*, t. I, p. 819.
70. *Modeste Mignon*, *CH*, t. I, p. 568.

tapies au fond »[71] des cœurs et qui sait faire tourner les autres comme des toupies[72]. Mais pour triompher de la surveillance des Dumay, de ses chiens et des Latournelle, « ces honnêtes Bartholo, ces espions dévoués, ces chiens des Pyrénées si vigilants »[73] et pour surmonter le mépris de Modeste, le secrétaire n'aurait-il pas eu bien besoin d'une étonnante habileté dans les affaires humaines ? La victoire n'aurait été accordée qu'à celui qui *possédait la triture des affaires* au sens élargi de la locution.

Dans ces deux occurrences, Balzac aurait ainsi sans doute superposé le sens originel juridique, qui lui était familier en tant qu'ancien étudiant de droit, et la signification étendue qui grâce à Robert Macaire était devenue fréquente à son époque dans la littérature humoristique et qu'il aurait trouvée aussi chez son ami Théophile Gautier. Si la nouvelle acception date de *L'Auberge des Adrets* de 1832, c'était sans doute anachronique pour les deux scènes situées en 1829, mais ce genre d'anachronisme ne répugnait pas toujours à notre auteur. Il me paraît au moins certain qu'au moment où Balzac publiait en 1843-1844 *Splendeurs et misères des courtisanes* et *Modeste Mignon*, le substantif *triture* dans le syntagme *triture des affaires* n'était ni aussi nouveau ni aussi rare que le suggèrent Littré et Larousse. Un recours tant soit peu étendu et critique à bien d'autres instruments de travail peut nous aider, me semble-t-il, à mieux savourer le vocabulaire de *La Comédie humaine* en le replaçant dans l'histoire du français et dans la situation linguistique contemporaine.

71. *Ibid.*, p. 661.

72. *Ibid.*, p. 673 : « Les hommes sont des toupies, il ne s'agit que de trouver la ficelle qui s'enroule à leur torse ! s'écria-t-il. »

73. *Ibid.*, p. 500-501.

15.
VOUS ÊTES BIEN CURIEUX, MON CHER

La nouvelle *Un prince de la bohème*, qu'Alain comparait à un carrefour « où les personnages de *La Comédie humaine* se rencontrent, se saluent, et passent »[1], a paru d'abord sous le titre de « Les Fantaisies de Claudine » dans la *Revue parisienne* du 25 août 1840 (p. 143-189), puis, en prenant son titre actuel, elle a été publiée en volume chez De Potter en octobre 1844 et enfin chez Furne en 1846. Les principales variantes par rapport au Furne corrigé sont relevées dans l'édition procurée par Patrick Berthier pour la Pléiade[2]. Or cette œuvre contient plusieurs obscurités qui n'ont pas encore été élucidées, même dans la version que le même spécialiste a procurée en 1984 pour la collection Folio[3]. Ce qu'il écrivait en 1977 dans son introduction pour la Pléiade me paraît donc toujours garder son actualité :

> Après les grands tableaux parisiens de la seconde partie d'*Illusions perdues*, le portrait de Charles-Édouard [= comte de La Palférine] a quelque chose, comme dit M. Bardèche, de l'*amuse-gueule*. Il s'agit de piquer le palais par l'allusion fréquente à l'actualité : outre les références-vedettes au premier tome de *Port-Royal*, l'œuvre contient en effet un nombre étonnant d'*échos* à des phrases écrites ici et là dans les journaux ou chuchotées dans les coulisses du théâtre ou de l'Opéra. Ces échos, nous sommes loin d'avoir pu les identifier tous : il nous a semblé frappant de voir plusieurs fois revenir le nom de Théophile Gautier, mais peut-être, en orientant ailleurs nos lectures, eussions-nous découvert d'autres parentés de détail. Le lecteur attentif à la vie parisienne de 1840 ne pouvait manquer, en tout cas, de se sentir ici en terrain familier[4].

1. *Avec Balzac*, *in* Alain, *Les Arts et les Dieux*, éd. par Georges Bénézé, Paris, Gallimard (*Pl*), 1958, p. 1018.
2. *Un prince de la bohème*, éd. par Patrick Berthier, *CH*, t. VII, p. 795-838 et 1497-1521.
3. *La Muse du département, Un prince de la bohème*, éd. par Patrick Berthier, Deuxième édition revue, Paris, Gallimard, 1984 (tirage de 2007), Folio classique.
4. Patrick Berthier, Introduction pour son édition d'*Un prince de la bohème*, *CH*, t. VII, p. 803-804 ; c'est l'auteur qui souligne.

Parmi ces *échos*, il y en a que l'éditeur lui-même a réussi à identifier depuis[5]. Mais il en reste encore plusieurs qui sont difficiles à expliquer. Cependant on en a au moins trois dont il me paraît possible de proposer une source probable. Dans le présent chapitre je vais examiner ces trois cas, qui concernent trois personnalités différentes.

Dans la citation précédente, Patrick Berthier a bien souligné la présence de Théophile Gautier dans la nouvelle. Mais toutes les allusions à cet écrivain n'ont pas reçu une explication satisfaisante. À mon avis, il y a un passage qui demande un complément d'information. Citons-le d'abord :

> Tullia tenait à ce présent du duc de Réthoré ; mais un jour, cinq ans après son mariage, elle joua si bien avec son chat qu'elle déchira le couvre-pieds, en tira des voiles, des volants, des garnitures, et le remplaça par un couvre-pieds de bon sens, par un couvre-pieds qui était un couvre-pieds et non une preuve de la démence particulière à ces femmes qui se vengent par un luxe insensé, comme a dit un journaliste, *d'avoir vécu de pommes crues dans leur enfance*[6].

Ainsi que nous l'indique l'apparat critique de la Pléiade[7], la leçon *un journaliste* de la dernière ligne est introduite en 1846 dans l'édition Furne, pour se substituer à la leçon *Théophile Gautier* qu'on lisait jusque-là[8]. En nous apprenant cette variante, l'éditeur renvoie à un autre roman de Balzac et avoue qu'il ignore la provenance de l'allusion. Voici sa note, datée de 1977 :

> Avant l'édition Furne, on voit qui est ce « journaliste ». L'expression (que nous n'avons pas retrouvée dans l'œuvre de Gautier) avait frappé Balzac car on la lit aussi dans *Splendeurs et misères des courtisanes*, où Europe montre « la blafarde figure d'une fille nourrie de pommes crues »[9].

5. *Id.*, « Balzac et l'employé aux trognons de pomme », *Revue belge de Philologie et d'Histoire*, t. LXXII, 1994, p. 575-578. Il s'agit de la leçon rejetée du passage suivant : « Il existe à la Liste civile un *employé aux malheurs* [*variante des épreuves 2* : *malheurs*, comme il y a dans le théâtre des Funambules un *employé aux trognons de pommes*.] » (*CH*, t. VII, p. 814 et 1506 ; souligné par l'auteur).

6. *CH*, t. VII, p. 828.

7. Par contre, Maurice Bardèche ne signale pas la variante et il passe sous silence l'allusion à Gautier, voir *CHH*, t. XI, p. 312. Il en va de même dans Conard, *Études de mœurs : scènes de la vie parisienne*, t. VI, p. 386, *Intégrale*, t. VI, p. 288 et *BO*, t. XII, p. 117.

8. Pour être précis, « Les Fantaisies de Claudine », *op. cit.*, p. 174, n'a pas « par un luxe insensé » dans la pénultième ligne de la citation.

9. *CH*, t. VII, p. 1516.

Comme la note de l'édition plus récente du même érudit pour la collection Folio[10] est moins riche, suivons la piste signalée par celle d'*Un prince de la bohème* dans la Pléiade. Or le passage cité de *Splendeurs et misères des courtisanes* se lit dans une phrase assez longue de sa première partie, dont l'édition originale date de 1844 :

> Svelte, en apparence étourdie, au minois de belette, le nez en vrille, Europe offrait à l'observation une figure fatiguée par les corruptions parisiennes, *la blafarde figure d'une fille nourrie de pommes crues*, lymphatique et fibreuse, molle et tenace[11].

Sauf erreur de ma part, les éditions de *Splendeurs et misères des courtisanes* que j'ai consultées ne nous aident en rien pour élucider l'allusion à Gautier, car ni Pierre Citron, qui a édité ce roman pour la Pléiade[12], ni d'autres érudits qui l'ont précédé ou suivi[13] n'ont annoté le passage souligné.

D'après ma petite enquête, l'expression qui a frappé Balzac se trouve en fait dans le chapitre II de *L'Eldorado*, roman que Théophile Gautier a fait paraître d'abord en 1837 dans le *Figaro* et qu'il a repris en volume l'année suivante sous le titre de *Fortunio*. Il y parle de courtisanes qui ont connu une enfance misérable et qui pour cette raison même se comportent avec insolence à l'égard du luxe qu'elles ont conquis. Voici le passage qui aurait frappé notre romancier :

> Il n'y a au monde que les courtisanes *qui ont passé leur enfance à manger des pommes crues* pour cracher au [p. 60] front de la richesse avec cet aplomb insolent. Héliogabale et Séguin n'éprouvaient pas plus de plaisir à souiller l'or et à le rendre misérable, que cette frêle jeune fille qui a nom Musidora[14].

10. *Op. cit.*, p. 365 : « C'est au "journaliste" Théophile Gautier, cité nommément dans la *Revue parisienne* et dans l'édition originale, que Balzac doit ce "mot", probablement oral. »

11. *Splendeurs et misères des courtisanes*, éd. par Pierre Citron, *CH*, t. VI, p. 485.

12. *Ibid.*, p. 1353. Voir aussi *Intégrale*, t. IV, p. 300.

13. Conard, *Études de mœurs : scènes de la vie parisienne*, t. III, p. 71 ; éd. par Antoine Adam, Paris, Garnier, 1958, p. 77 ; *CHH*, t. IX, p. 184 ; *BO*, t. XI, p. 388 ; éd. par Philippe Berthier, Paris, Flammarion (GF Flammarion), 2006, p. 121 ; éd. par Patrick Berthier, Paris, Librairie Générale Française (Le Livre de poche, Classiques), 2008, p. 109.

14. Théophile Gautier, *Fortunio*, Paris, Desessart, 1838, p. 59-60. Voir aussi deux éditions récentes (qui n'annotent pas le passage) : *Fortunio*, éd. par Jean-Claude Brunon, *in* Théophile Gautier, *Romans, contes et nouvelles*, éd. sous la direction de Pierre Laubriet, t. I, Paris, Gallimard (*Pl*), 2002, p. 631 ; *Fortunio*, éd. par Alain Montandon, *in* Théophile Gautier, *Œuvres complètes*, éd. sous la direction d'Alain Montandon, *Romans, contes et nouvelles*, t. VI, *Contes et nouvelles*, t. I, Paris, Champion, 2017, p. 544.

Cette référence, si elle était bonne, pourrait compléter l'annotation des éditeurs et le dossier déjà assez important sur les relations entre Balzac et Gautier[15].

Une autre allusion que l'on peut élucider concerne Pierre-François Tissot. Son nom apparaît dans la phrase suivante d'*Un prince de la bohème*, où il est présenté comme l'auteur d'un écrit récent :

> Là[16] se trouve la fleur inutile, et qui se dessèche, de cette admirable jeunesse française que Napoléon et Louis XIV recherchaient, que néglige depuis trente ans la gérontocratie sous laquelle tout se flétrit en France, belle jeunesse dont hier encore le professeur Tissot, homme peu suspect, disait : « Cette jeunesse, vraiment digne de lui, l'Empereur l'employait partout, dans ses conseils, dans l'administration générale, dans des négociations hérissées de difficultés ou pleines de périls, dans le gouvernement des pays conquis, et partout elle répondait à son attente ! Les jeunes gens étaient pour lui les *missi dominici* de Charlemagne. »[17]

Alors que Pierre Citron, Maurice Bardèche et Jean A. Ducourneau[18] s'abstiennent de commenter le passage, dans leur édition de 1914 Marcel Bouteron et Henri Longnon ont donné une longue note sur la carrière mouvementée de ce « professeur Tissot » :

> Pierre-François Tissot (1768 † 1854), dès ses débuts au club de Versailles, se montra révolutionnaire aussi radical dans ses principes que modéré dans ses actes. Il participa à la Révolution, mais n'y joua jamais de rôle en vue. Il suppléa l'abbé Delille en 1810 et lui succéda en 1813 dans sa chaire de poésie latine. La Restauration le révoqua, et la Révolution de Juillet le remit en place. Outre ses articles aux journaux libéraux de la Restauration, il a composé nombre d'ouvrages, entre autres des *Études sur Virgile* et une *Histoire de la Révolution française*[19].

Quoique les éditeurs de Conard évoquent ainsi deux ouvrages de Tissot, ils ne nous renseignent pas sur celui dont Balzac s'est servi pour sa nouvelle. De même, Patrick Berthier, qui explique plus brièvement dans son édition de la Pléiade[20] et celle de la collection Folio[21] que ce « professeur Tissot » – que dans la première version parue dans la *Revue parisienne* de

15. Voir le *Bulletin de la Société Théophile Gautier*, t. XXXVII, 2015, *Gautier/Balzac : parcours croisés*.

16. C'est-à-dire dans la bohème.

17. *Un prince de la bohème*, *CH*, t. VII, p. 808-809 ; c'est l'auteur qui souligne.

18. *Intégrale*, t. V, p. 279 ; *CHH*, t. XI, p. 294 ; *BO*, t. XII, p. 98.

19. Conard, *Études de mœurs : scènes de la vie parisienne*, t. VI, p. 436.

20. *CH*, t. VII, p. 1501.

21. *Op. cit.*, p. 358.

1840 le romancier appelait simplement « M. Tissot »[22] – était académicien et professeur au Collège de France, ne précise pas la source de la citation. Si pourtant l'on fait une recherche rapide dans la production abondante de Tissot[23], on la trouve dans un article paru en 1840. Il s'agit de « La jeunesse depuis cinquante ans » qui figure comme introduction du tome II des *Français peints par eux-mêmes* (p. I-XVIII). Le passage correspondant se lit à la fin d'un alinéa, que je cite pour donner aux lecteurs une idée du style de l'auteur :

> Deux belles années du gouvernement directorial, illustrées par les triomphes inouïs de Bonaparte en Italie, avaient rendu la société plus calme et plus sage ; mais bientôt les revers et la faiblesse d'un gouvernement sur son déclin laissèrent renaître les traces de troubles, et la jeunesse allait encore s'égarer en usurpant une dangereuse influence. Mais Bonaparte revint d'Orient, environné d'une nouvelle auréole de gloire ; la société se reconstitua sous le consulat, qui rétablit l'ordre dans l'état, la sécurité dans les villes, la paix entre les citoyens, la décence dans les mœurs, et toutes les bonnes habitudes de la civilisation. Sous l'impulsion puissante et régulière du grand homme, la jeunesse reprit goût à toutes les choses sérieuses. On la vit embrasser avec ardeur les études littéraires, cultiver le domaine des sciences, s'associer aux découvertes de l'industrie, peupler les manufactures, hâter les progrès de son instruction pour ne pas être surprise sans un fond de connaissance par le signal du départ pour les armées. Au dedans comme au dehors, et sur tous les champs de bataille, théâtre de ses triomphes, elle se montra pénétrée d'un dévouement sublime, saisie d'un enthousiasme extraordinaire pour la gloire, et capable d'obtenir l'admiration même du premier capitaine du siècle. *Cette jeunesse vraiment digne de lui, l'empereur l'employait partout, dans ses conseils, dans l'administration générale, dans des négociations hérissées de périls ou pleines de difficultés, dans le gouvernement des pays conquis ; et partout elle répondait à son attente. Les jeunes gens étaient encore pour lui les* Missi dominici *avec lesquels Charlemagne visitait les différentes parties de son vaste empire*[24].

On voit que Balzac cite presque textuellement les deux phrases soulignées. Il ne fait qu'imprimer *l'Empereur* avec majuscule, que modifier dans la première phrase la ponctuation et l'ordre de quelques mots (« négociations hérissées de difficultés ou pleines de périls » au lieu de « négociations hérissées de périls ou pleines de difficultés ») et que raccourcir la deuxième phrase, qui devient « Les jeunes gens étaient pour

22. « Les Fantaisies de Claudine », *op. cit.*, p. 144.

23. Voir sa bio-bibliographie sur le site de l'Académie française : http://www.academie-francaise.fr/les- immortels/pierre-francois-tissot.

24. *Les Français peints par eux-mêmes*, t. II, Paris, L. Curmer, 1840, p. XII.

lui les *missi dominici* de Charlemagne. » Ainsi, le volume II des *Français peints par eux-mêmes*, enregistré le 23 mai 1840 dans la *Bibliographie de la France*[25], étant une source toute récente pour l'auteur qui rédigeait « Les Fantaisies de Claudine » pour le numéro du 25 août de la même année de la *Revue parisienne*, il employait à juste titre l'adverbe *hier* en présentant la citation : « belle jeunesse dont *hier* encore le professeur Tissot, homme peu suspect, disait... ».

Avec cette référence, on pourrait améliorer un peu l'annotation des éditions et l'« Index des personnes réelles et des personnages historiques ou de la mythologie, de la littérature et des beaux-arts cités par Balzac dans "La Comédie humaine" » qu'Anne-Marie Meininger a établi avec le concours de Pierre Citron pour la Pléiade[26].

Le troisième cas à examiner est plus complexe que les deux premiers que l'on vient d'évoquer. Il s'agit d'un mot attribué à Talleyrand. Voyons comment il est présenté dans *Un prince de la bohème* :

> Un jour, se promenant sur le boulevard, bras dessus bras dessous, avec des amis, La Palférine voit venir à lui le plus féroce de ses créanciers, qui lui dit : « Pensez-vous à moi, monsieur ? – Pas le moins du monde ! » lui répondit le comte. Remarquez combien sa position était difficile. Déjà Talleyrand, en semblable circonstance, avait dit : « *Vous êtes bien curieux, mon cher !* » Il s'agissait de ne pas imiter cet homme inimitable[27].

La citation de Talleyrand – ou de « M. de Talleyrand » si l'on suit la première version[28] – n'a intéressé aucun des éditeurs consultés[29], sauf Patrick Berthier qui, alors que dans sa note pour la Pléiade[30] il avait avoué avec franchise qu'elle lui restait obscure, est parvenu à retrouver une source dans l'édition de poche qu'il a fait paraître six ans plus tard. Voici ce qu'il nous apprend :

> Mot de Talleyrand, dit-on, à son carrossier, fin 1789 (voir A. Castelot, *Talleyrand*, Perrin, 1980, p. 67)[31].

25. Voir le numéro 2481 de la *Bibliographie de la France ou Journal général de l'Imprimerie et de la Librairie*, t. XXIX, Paris, Pillet aîné, 1840, p. 285.
26. *CH*, t. XII, p. 1842.
27. *Un prince de la bohème*, *CH*, t. VII, p. 813.
28. « Les Fantaisies de Claudine », *op. cit.*, p. 150.
29. Conard, *op. cit.*, p. 366 ; *Intégrale*, t. V, p. 281 ; *CHH*, t. XI, p. 299 ; *BO*, t. XII, p. 103.
30. *CH*, t. VII, p. 1506.
31. *Op. cit.*, p. 360.

Pourrait-on préciser un peu plus ? Il me semble que ce n'est pas impossible. Ce dialogue *talleyranesque*[32] qui figure dans *Un prince de la bohème* est en fait rapporté à plusieurs reprises au XIXe siècle. Un récit détaillé de l'anecdote se trouve dans l'*Essai sur Talleyrand* d'Henry Lytton Bulwer[33] (1801-1872), qui la présente comme un événement survenu en 1789, peu après que son protagoniste a été sacré évêque d'Autun le 16 janvier de cette année. Il ne serait pas superflu de le citer pour s'en faire une idée :

> Actif et désordonné, il trouvait du temps pour tout : l'église, la cour, et l'opéra. Il gardait le lit toute la journée par indolence ou par débauche, et il passait la nuit suivante tout entière à préparer un mémoire ou un discours. Il était doux avec les humbles, hautain avec les grands ; pas très-exact à payer ses dettes, mais toujours prêt à promettre de les payer. *On raconte* une plaisante histoire à propos de ce dernier trait de caractère. Le nouvel évêque avait commandé et reçu une très-belle voiture, en rapport avec sa récente promotion ecclésiastique. Cependant il n'avait pas réglé « le petit compte » du carrossier. Après avoir longtemps attendu et avoir souvent écrit, l'impatient fournisseur prit la résolution de se présenter tous les jours à la porte de l'évêque d'Autun, en même temps que son équipage.
>
> Pendant plusieurs jours, M. de Talleyrand vit, sans le reconnaître, un individu bien habillé, le chapeau à [p. 28] la main, et qui s'inclinait très-bas lorsqu'il montait dans sa voiture. « *Et qui êtes-vous, mon ami*, dit-il enfin. – *Je suis votre carrossier, monseigneur. – Ah ! vous êtes mon carrossier ; et que voulez-vous, mon carrossier ? – Je veux être payé, monseigneur*, dit le carrossier humblement. – *Ah ! vous êtes mon carrossier, et vous voulez être payé : vous serez payé, mon carrossier. – Et quand, monseigneur ? – Hum !* murmura l'évêque, regardant très-attentivement son carrossier, et en même temps s'établissant dans son carrosse neuf, « *vous êtes bien curieux !* » Tel était le Talleyrand de 1789, vivante personnification des talents et de la frivolité, des idées et des habitudes d'une grande partie de la classe à laquelle il appartenait[34].

L'ouvrage d'Henry Lytton Bulwer nous offre ainsi des détails sur la circonstance où l'évêque d'Autun aurait prononcé le mot qui nous intéresse. Pourtant, il date de 1868[35] et l'auteur, né douze ans après l'événement, ne fait

32. Pour reprendre l'adjectif que Balzac a utilisé dans l'édition originale (1840) de *Pierrette*, voir *Pierrette*, éd. par Jean-Louis Tritter, *CH*, t. IV, p. 1135. Cet adjectif est à ajouter au *FEW*.

33. Henry Lytton Bulwer, *Essai sur Talleyrand, Traduit de l'anglais avec l'autorisation de l'auteur par Georges Perrot*, Paris, Reinwald, 1868.

34. *Ibid*., p. 27-28 ; le premier soulignage est de moi, le reste est de l'auteur.

35. L'édition originale a paru aussi en 1868 ; voir *Historical Characters. Talleyrand, Cobbett, Mackintosh, Canning*, Londres, Richard Bentley, 2 vol.

que rapporter ce que l'*on raconte*. Pourrait-on remonter dans le temps pour retrouver des témoignages plus proches de l'époque de la publication d'*Un prince de la bohème* ? D'après ma petite enquête, avec quelques variantes, la même histoire figure dans des recueils d'anecdotes des années 1840, tels que *Les Physiologies parisiennes*[36] et *Encyclopédiana*[37]. Un peu plus tôt, en 1839[38], *Le Musée pour rire* de Maurice Alhoy, Louis Huart et Charles Philipon publie dans son premier volume un numéro appelé *La Réplique*. Il comprend un passage qui, vu la date, aurait pu inspirer Balzac pour sa nouvelle de 1840 :

> Un créancier s'élance à la bride des chevaux du prince de Talleyrand et lui crie : Monseigneur, je voudrais bien savoir quand vous me paierez ce que vous me devez. Bien des particuliers, et même bien des princes auraient balbutié ou auraient fait écraser le créancier ; le noble débiteur écoute, en souriant, la demande, et répond : *Mon ami, vous êtes bien curieux*. Et tout le monde se met à rire ; le débiteur est ignominieusement vaincu[39].

Toutefois, les auteurs du *Musée pour rire* n'ont pas inventé l'anecdote, puisqu'on lit dans la *Gazette de France* du 6 novembre 1838 un article intitulé « Variétés. Lettre de la voisine », qui contient un alinéa rapportant le mot de Talleyrand à propos d'Auguste Billiard[40]. La phrase en question

36. *Bibliothèque pour rire*, première série, *Les Physiologies parisiennes*, Paris, Aubert et Barba, qui publie en 1842 *Le créancier et le débiteur* de Maurice Alhoy. On lit à la page 9 de cette livraison : « La victoire du débiteur sur le créancier dépend quelquefois d'un mot magnétique, d'une allocution instantanée à laquelle il n'y a pas de réplique possible. Lorsqu'un créancier demanda en public à feu Talleyrand : / – Quand me payerez-vous ? / Et que celui-ci répondit : / – *Vous êtes bien curieux !* le créancier n'eut rien de mieux à faire que de prendre honteusement la fuite. »

37. *Encyclopédiana. Recueil d'anecdotes anciennes, modernes et contemporaines*, Paris, Paulin, 1843, p. 39 : « Le carrossier de M. de Talleyrand attendait depuis long-temps le paiement d'une superbe voiture fournie au ministre des affaires étrangères. Il se présente devant l'excellence son mémoire à la main. "On vous doit, il faut que vous soyez payé, rien de plus juste. – Ah ! citoyen ministre, quel service ! – Il n'y a pas de service là-dedans. – Que de reconnaissance ! – Vous ne m'en devez pas. – Vous voulez donc bien me dire que je serai payé ? – Sans doute. – Mais quand ? – Quand !... *Vous êtes bien curieux !*" »

38. Ouvrage enregistré le 26 octobre 1839 dans la *Bibliographie de la France ou Journal général de l'Imprimerie et de la Librairie*, t. XXVIII, Paris, Pillet aîné, 1839, p. 510, numéro 5142.

39. Maurice Alhoy, Louis Huart et Charles Philipon, *Le Musée pour rire*, t. I, Paris, Aubert, 1839, *La Réplique*, sans pagination.

40. « Un consentement tacite ou présumé ne suffit pas, selon lui [= Auguste Billiard], en pareille matière ; ce serait donner à l'usurpation (des droits de tous) un moyen trop facile de se justifier, surtout quand elle se fait soutenir par deux ou trois cent mille baïonnettes. C'est un terrible logicien que M. Billiard ; mais vous verrez qu'on ne lui répondra pas, ou qu'on lui dira comme M. de Talleyrand à son tapissier : *Vous êtes bien curieux !* »

s'y adresse pourtant à un *tapissier* et non pas à un *carrossier*. Il ne m'était pas possible de remonter plus loin pour retrouver une source certaine de l'anecdote. Par contre, curieusement, une situation comparable se trouve dans plusieurs œuvres de l'époque, dans lesquelles le protagoniste n'est pas Talleyrand. Ainsi, par exemple dans *Les Premières armes de Richelieu* (1839) de Bayard et Dumanoir[41], on assiste à une scène – située à Versailles en 1711 – où c'est le duc de Richelieu (1696-1788), nouveau marié de 15 ans, qui prononce avec insolence à son carrossier la phrase même qui figure dans *Un prince de la bohème* :

> RICHELIEU, entrant par la première porte à droite, en robe de chambre et tout débraillé.
>
> Dubois ! Dubois !.. (s'arrêtant au milieu du théâtre, et bâillant en étendant les bras.) Ah !..
>
> MATIGNON, à part, toujours assis.
>
> Il n'a pas grandi d'une ligne.
>
> RICHELIEU, se tournant vers les fournisseurs.
>
> Qu'est-ce que c'est que toute cette canaille-là, Dubois ?
>
> DUBOIS.
>
> Votre perruquier, monseigneur.
>
> RICHELIEU.
>
> Ah ! ah ! ce bavard... qu'il attende... Et cet autre imbécile, couleur lie de vin ?..
>
> DUBOIS.
>
> Le carrossier, qui désire savoir...
>
> LE CARROSSIER.
>
> Quand M. le Duc voudra bien solder mon mémoire.
>
> RICHELIEU.
>
> *Vous êtes bien curieux, mon cher !*.. (À Michelin.) Toi, là-bas ?.. (À part.) Une bonne tête.
>
> DUBOIS.
>
> Il s'agit des glaces du nouveau boudoir, que monseigneur fait meubler[42].

41. Jean-François-Alfred Bayard et Dumanoir, *Les Premières armes de Richelieu, Comédie en deux actes, mêlée de couplets, Représentée, pour la première fois, à Paris, sur le théâtre du Palais-Royal, le 3 décembre 1839*, Paris, Mifliez, 1839.

42. *Ibid.*, Acte II, scène II, p. 15.

Les auteurs de la comédie auraient-ils utilisé une anecdote connue de la vie de Richelieu ? Les *Mémoires* apocryphes de ce dernier qui soulignent certes qu'il faisait « trois ou quatre réponses hardies »[43] à l'époque où il se mariait ne me paraissent pas transmettre la phrase qui nous intéresse. Bayard et Dumanoir l'auraient-ils alors tirée d'une autre source ? Et l'identité de l'expression entre la nouvelle de Balzac et *Les Premières armes de Richelieu* suggérerait-elle que les deux œuvres s'inspirent d'un même document ? Ou bien ne serait-ce qu'une coïncidence ? Autant de questions qui attendent leur réponse.

En tout cas, cette comédie de 1839 n'est pas le premier témoignage à nous conserver l'anecdote. Auparavant, on en trouve plusieurs, mais il faut remarquer qu'aucun d'entre eux ne précise l'identité du personnage qui prononce la phrase en question. Ainsi, lorsque *La Caricature* du 25 août 1831 publie un compte rendu de « Théâtre de l'Ambigu-comique. Première représentation de l'*Assassinat*, comédie judiciaire de M. d'Aubigny » signé Eugène Morisseau[44], celui-ci évoque au passage l'histoire qui nous est désormais familière. Sous sa plume, c'est pourtant son *oncle* qui s'adresse à son *tailleur* :

> « Mais enfin quand me paierez-vous ? demandait un jour un tailleur à mon oncle. – *Vous êtes bien curieux*, lui répondit mon digne parent. » Et comme le tailleur estimait fort un bon mot, il lui offrit de lui prendre mesure[45].

Une dizaine d'années plus tôt, *Le Réveil. Journal des sciences, de la littérature, des mœurs, théâtres et beaux-arts* du 4 décembre 1822 glisse dans « Mélanges », à côté des actualités théâtrales, etc., notre histoire. Cependant, là aussi, il met en scène, non pas un personnage célèbre, mais *un jeune auteur* anonyme à côté de son *tailleur* :

> Un jeune auteur, dont la dépense dépasse de beaucoup le revenu, est criblé de dettes. C'est surtout à son tailleur qu'il doit le plus. Avant-hier, ce créancier l'aperçoit dans la rue, et l'aborde en lui disant : « Mais, Monsieur, dites-moi donc quand vous me donnerez de l'argent ? » Sans se déconcerter, le jeune homme le regarde et lui répond : « *Vous êtes bien curieux* ; vous voulez que je vous dise une chose que je ne sais pas moi-même. »[46]

Il en va de même dans le *Journal général de France* du 9 mars 1818. Dans ce numéro, on lit un article sur une certaine Madame Manson ; celle-ci

43. Jean-Louis Soulavie, *Mémoires du maréchal duc de Richelieu*, t. I, Londres, Joseph de Boffe, 1790, p. 12.

44. Ce compte rendu n'est plus attribué à Balzac, voir *OD*, t. II, p. 1600.

45. Colonne 341.

46. P. 4.

« vient d'adresser au journal de Toulouse une lettre pleine de démentis ». Et il contient une allusion à notre mot, attribué à un *gentilhomme* inconnu :

> Manson dit bien positivement *qu'elle n'aime pas les curieux*. Nous le croyons sans peine : et cette déclaration ressemble fort à ce mot d'un gentilhomme endetté à qui un créancier disait : je voudrais bien savoir, monsieur, quand vous me paierez ? – *Vous êtes bien curieux*, répondit le fier débiteur[47].

Dans cet article, comme son rédacteur ne dit pas explicitement quel est ce *gentilhomme endetté*, il est impossible de savoir s'il s'agit de Talleyrand, de Richelieu ou d'une autre personnalité.

Six ans auparavant, cette situation avait été exploitée dans une comédie de Scribe et Delestre-Poirson. Dans la scène III de leur *Auberge ou les brigands sans le savoir* (1812), l'aubergiste Bertrand, qui s'inquiète de ce que son unique client, Florval – neveu de Georges et Madeleine de Scudéry –, reste longtemps chez lui sans rien payer, vient un matin lui demander de l'argent. Au bout d'un long dialogue, entremêlé de chansons, ils s'adressent mutuellement les répliques attendues :

> BERTRAND.
> Décidément, je veux savoir quand je serai payé.
> FLORVAL.
> Ah ! vous voulez savoir ? *Vous êtes bien curieux !*... brisons là : n'est-il rien arrivé pour moi ? J'avais écrit à Paris... et...[48]

Peut-être les auteurs de *L'Auberge ou les brigands sans le savoir* se sont-ils eux-mêmes inspirés d'un de leurs collègues du siècle précédent, car le témoignage le plus ancien que j'aie trouvé remonte au deuxième quart du XVIIIe siècle. Il s'agit de *La Sylphide* de Pierre-François Biancolelli et Jean-Antoine Romagnesi[49]. On y assiste à une discussion entre Éraste, Arlequin et deux créanciers, et c'est Arlequin qui prononce le mot qui nous intéresse :

> PREMIER CREANCIER.
> Quel bonheur, Monsieur de vous trouver chez vous !

47. P. 4 ; c'est l'auteur qui souligne à la première ligne, tandis que le deuxième soulignage est de moi.

48. Scribe et Delestre-Poirson, *L'Auberge ou les brigands sans le savoir, Comédie en un acte et en vaudevilles, Représentée, pour la première fois, à Paris, sur le théâtre du Vaudeville, le 19 Mai 1812*, Paris, Barba, 1812, p. 9.

49. *La Sylphide, comedie par les Srs. Dominique et Romagnesi*, La Haye, Antoine van Dole, 1733.

ARLEQUIN.

Quel malheur de vous y voir !

PREMIER CREANCIER.

Je viens sçavoir quand vous voulez finir avec moi ?

ERASTE.

Mais je ne sçais.

DEUXIÈME CREANCIER.

Quand serez-vous d'humeur de me satisfaire, Monsieur Eraste ?

ERASTE.

Oh vous m'ennuïez, je n'aime point les questions.

ARLEQUIN.

Mais Messieurs, *vous êtes bien curieux* pour des Creanciers.

PREMIER CREANCIER.

La réponse est un peu cavaliere ; est ce ainsi que vous devez en user avec des personnes qui vous ont obligé ?

DEUXIÈME CREANCIER.

Je suis las d'attendre, & je vous declare pour la dernière fois que je vais prendre de justes mesures pour vous faire payer[50].

Tout de suite après cette réponse *cavalière*, la Sylphide et la Gnomide, qui aiment respectivement Éraste et Arlequin, acquittent leurs dettes, sans que ceux-ci puissent voir ces deux esprits invisibles. Les deux auteurs de *La Sylphide* auraient-ils inventé cette réplique d'Arlequin ? Ou l'auraient-ils prise à une source qui nous échappe ? Ne pouvant pas pour l'instant répondre à la question, bornons-nous à proposer une hypothèse. À moins qu'il ne s'agisse d'une génération spontanée qui aurait conduit différents écrivains à concevoir la même réplique – puisque la phrase « vous êtes bien curieux » est enregistrée comme un exemple illustrant le sens péjoratif de « qui veut indiscretement penetrer les secrets d'autruy » dans l'article *curieux* du *Dictionnaire de l'Académie françoise* dès sa première édition de 1694[51] –, la documentation fournie par ma petite enquête me paraît suggérer qu'en partant d'une scène comique de la première moitié du XVIIIe siècle, le mot en question aurait connu un certain succès auprès des auteurs dramatiques et des journalistes au cours de la première moitié du XIXe siècle pour être attribué d'une part à cet « esprit fin »[52] qu'était le duc de Richelieu et de

50. *Ibid.*, Scène III, p. 12-13.

51. Paris, Coignard, 1694, 2 vol., t. I, p. 299a.

52. Nicolas Chamfort, « Sur la *Vie privée du maréchal de Richelieu* », dans *Id.*, *Œuvres complètes*, éd. par Lionel Dax, t. II, Paris, Sandre, 2015, p. 446.

l'autre au « faiseur de bons mots »[53] qu'était Talleyrand, car on ne prête qu'aux riches. Et c'est cette dernière attribution qui serait passée dans *Un prince de la bohème*.

Les trois *échos* que j'ai examinés ne sont évidemment pas les derniers détails qui sont restés obscurs dans la nouvelle de Balzac. Et ce que j'ai avancé est naturellement hypothétique. Chacun relira donc *Un prince de la bohème* – Madame de La Baudraye ne disait-elle pas : « car on ne relit une œuvre que pour ses détails »[54] ? – pour y chercher de nombreuses allusions qui attendent une élucidation. Il ne serait pas inutile de se rappeler les vers célèbres de Vadé :

> Toujours l'événement nous prouve
> Que pour trouver il faut chercher,
> Et que même souvent on trouve
> Ce qu'on ne cherche pas[55].

Tout en reprenant – ou est-ce une coïncidence ? – les deux derniers vers de la citation dans *Étude de femme*[56], Balzac n'a-t-il pas dit ailleurs « qu'il n'est pas de travail consciencieux qui ne reçoive tôt ou tard sa récompense »[57] ?

53. Henri Kubnick, *Farces et mystifications de l'histoire*, Paris, Hachette, 1971, p. 202.

54. *Un prince de la bohème*, *CH*, t. VII, p. 838.

55. Jean-Joseph Vadé, *Les Quatre bouquets poissards, Troisième édition*, La Haye, Pierre Gosse, 1760, Second bouquet, p. 10.

56. *Étude de femme*, éd. par Jeannine Guichardet, *CH*, t. II, p. 172 : « *On trouve toujours ce qu'on ne cherche pas*. Cette phrase est trop souvent vraie pour ne pas se changer un jour en proverbe. »

57. « Préface de la première édition (1839) » d'*Une fille d'Ève*, éd. par Roger Pierrot, *CH*, t. II, p. 268.

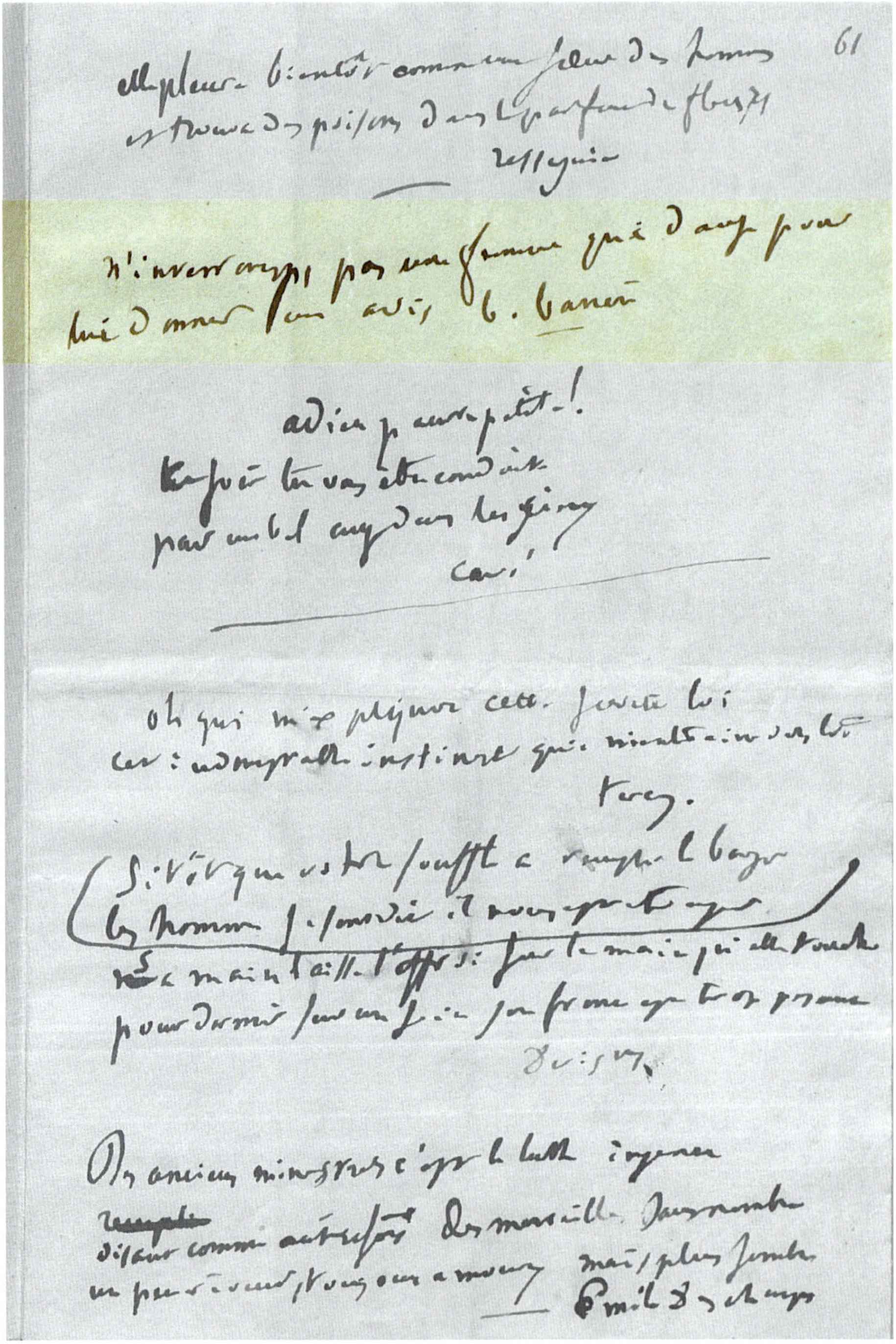

FIG. 16. – *Album* de Balzac, Bibliothèque de l'Institut de France, Collection Spoelbergh de Lovenjoul, ms Lov. A 180, fol. 61 recto.

16.
N'INTERROMPS PAS UNE FEMME QUI DANSE

Les Employés, dont l'édition originale a paru chez Werdet en 1838, a fait l'objet d'une thèse d'Anne-Marie Meininger en 1967[1], et depuis, le roman est devenu comme sa chasse gardée, puisque dans la Pléiade c'est elle qui s'en est chargée en 1977[2] et que c'est toujours elle qui l'a publié en 1985 dans la collection Folio[3]. On n'en connaît pas d'autres éditions séparées récentes. Grâce aux efforts de l'éminente spécialiste, de nombreuses citations et allusions contenues dans *Les Employés* sont élucidées avec brio. Cependant, il me semble rester encore quelques cas sur lesquels on pourrait proposer de nouvelles hypothèses. Dans le présent chapitre, je vais examiner quatre citations qui s'y trouvent pour rendre hommage au « beau regard ténébreux » de la balzacienne, décédée le 6 mars 2014[4].

(1) *N'interromps pas une femme qui danse pour lui donner un avis.*

Cette phrase est un axiome que Balzac a attribué à Bertrand Barère. C'est un fait si bien connu que dans sa préface pour la réédition de *Barère, l'Anacréon de la guillotine* (ouvrage paru en 1929) de Robert Launay, Jean Tulard écrit ceci :

> La Restauration en [=de Barère] fait un proscrit ; il végète sous la Monarchie de Juillet et meurt en 1841 à Tarbes. Une mince consolation : il est cité dans la *Comédie humaine*. Balzac, qui le qualifie de « loustic »[5], lui attribue dans *Les employés* cet axiome, un peu inattendu dans la bouche de l'Anacréon de la guillotine : « N'interromps pas une femme qui danse pour lui donner un avis. »[6]

1. Anne-Marie Meininger, *Honoré de Balzac, Les Employés, édition critique et commentée*, Paris, Thèse d'université, Lettres, 1967, 3 vol.
2. *Les Employés*, éd. par Anne-Marie Meininger, *CH*, t. VII.
3. *Les Employés*, éd. par Anne-Marie Meininger, Paris, Gallimard (Folio classique), 1985.
4. Voir sa nécrologie par Thierry Bodin, dans *AB*, 2016, p. 441-445 ; la citation est à la page 445.
5. Le mot *loustic* provient des *Comédiens sans le savoir* (voir l'éd. de la nouvelle par Anne-Marie Meininger, *CH*, t. VII, p. 1207).
6. Paris, Tallandier, 1989, p. 8-9.

Bien que l'historien ne parle que des *Employés*, l'axiome qu'il cite apparaît cinq ans plus tôt dans une autre œuvre de Balzac. Il s'agit de la *Théorie de la démarche*, dont le premier article a paru le 15 août 1833 dans *L'Europe littéraire*. La sentence y est présentée de la manière suivante :

> Après quarante années de révolutions, pour tout aphorisme politique, Bertrand Barrère [*sic*] a naguère publié celui-ci :
>
> « N'interromps pas une femme qui danse pour lui donner un avis !... »
>
> Cette sentence m'a été volée. N'appartenait-elle pas essentiellement aux axiomes de ma théorie[7] ?

Alors que ni Marcel Bouteron et Henri Longnon ni Pierre Citron ni Maurice Bardèche ni Jean A. Ducourneau[8] n'ont élucidé la citation, dans sa note Rose Fortassier nous explique qui était Bertrand Barère et indique deux autres endroits où figure la phrase qui nous intéresse :

> Barère de Vieuzac, conventionnel et régicide, exilé en 1815, était revenu à Paris après la révolution de Juillet, et allait commencer en 1834[9] à publier ses *Mémoires*. Sa « sentence » se lit aussi dans l'*Album* de Balzac (*Lov.* A 180, f° 61[10]) et dans *Les Employés*, t. VII, p. 1061[11].

Si l'on se reporte aux *Employés*, on voit que le romancier y attribue également la sentence à Bertrand Barère :

> Si Bertrand Barère a laissé ce sublime axiome : *N'interromps pas une femme qui danse pour lui donner un avis*, on peut y ajouter celui-ci : *Ne reproche pas à une femme de semer ses perles !* afin de rendre ce chapitre du Code femelle complet[12].

Ici encore Pierre Citron, Maurice Bardèche et Jean A. Ducourneau[13] s'abstiennent d'annoter le mot, mais Marcel Bouteron et Henri Longnon

7. *Théorie de la démarche*, éd. par Rose Fortassier, *CH*, t. XII, p. 262.

8. Conard, *Œuvres diverses*, t. II, p. 615 ; *Intégrale*, t. VII, p. 582 ; *CHH*, t. XXIII, p. 587 ; *BO*, t. XIX, p. 213.

9. D'où vient cette date ? Je n'ai pu trouver la publication en 1834 de ces *Mémoires*. Le catalogue de la Bibliothèque nationale de France n'enregistre que les *Mémoires de B. Barère, membre de la Constituante, de la Convention, du Comité de salut public, et de la Chambre des représentants, publiés par Hippolyte Carnot et David d'Angers*, Paris, Jules Labitte, 1842-1844, 4 vol.

10. L'*Album* (Bibliothèque de l'Institut, Ms. Lov. A 180) a été publié dans *CHH*, t. XXIV, p. 744-760, mais cette édition a omis de reproduire les folios 60-64 qui contiennent des « Pensées extraites de divers auteurs » (pour le folio 61, voir fig. 16).

11. *Théorie de la démarche*, *CH*, t. XII, p. 961.

12. *CH*, t. VII, p. 1061 ; c'est l'auteur qui souligne.

13. *Intégrale*, t. IV, p. 575 ; *CHH*, t. X, p. 194 ; *BO*, t. XI, p. 285.

expliquent longuement la carrière politique de Bertrand Barère[14]. Et Anne-Marie Meininger lui consacre une note pour nous rappeler aussi la présence de l'axiome dans la collection Lovenjoul de la Bibliothèque de l'Institut, tout en ajoutant le surnom de Bertrand Barère, que l'on a vu au début du présent chapitre. Voici sa note :

> On retrouve cette phrase « engrangée » dans un album de Balzac (*Lov.* A 180, f° 61). Bertrand Barère de Vieuzac (1755-1841), conventionnel et régicide, avait été surnommé l'Anacréon de la guillotine[15].

Ainsi, on ne peut savoir ni de quel texte du Conventionnel vient cet axiome qui n'est pas sans nous rappeler l'*Ecclésiastique*, IX, 4 « Ne vous trouvez pas souvent avec une femme qui danse »[16] ni si la source invoquée par Balzac est exacte. J'avoue que jusqu'ici je n'ai pas réussi à retrouver le passage où Bertrand Barère énonce le mot. Par contre, celui-ci figure dans un ouvrage de Sylvain Maréchal intitulé *Voyages de Pythagore en Égypte, dans la Chaldée, dans l'Inde, en Crète, à Sparte, en Sicile, à Rome, à Carthage, à Marseille et dans les Gaules ; suivis de ses lois politiques et morales*[17]. Dans le sixième volume de cet ouvrage, l'auteur donne 3 506 sentences qu'il appelle les « Lois politiques et morales de Pythagore » et qu'il a numérotées et rangées selon l'ordre alphabétique des mots clefs. Cette composition n'est pas passée tout à fait inaperçue ; comme l'a fait remarquer Léon Cellier dans sa thèse[18], Charles Nodier en a recopié les *lois* qui lui ont plu comme *Apothéoses et imprécations de Pythagore*[19].

Dans la liste de Sylvain Maréchal qui commence par « 1. Crotoniates ! tenez pour sage une loi des *Abderitains*, déclarant infâme le dissipateur de son patrimoine. »[20] pour finir par « 3 506. Père de famille ! extirpes la *zizanie* de ton champ, et le luxe de ta maison ; l'une étouffe le bon grain, l'autre les bonnes mœurs. / Le luxe et la zizanie sont deux plantes parasites qui font

14. Conard, *Études de mœurs : scènes de la vie parisienne*, t. VII, p. 383.

15. *CH*, t. VII, p. 1653. Voir aussi la note de son édition Folio, p. 333.

16. *La Sainte Bible en Latin et en François, avec des Notes littérales pour l'intelligence des endroits les plus difficiles et la Concorde des quatre évangélistes par Monsieur Le Maistre de Saci, Divisée en trois tomes, avec un quatrième tome, contenant les Livres Apocryphes, en Latin & en François, & plusieurs autres pièces*, t. II, Paris, Guillaume Desprez et Jean Dessartz, 1717, p. 118 : « Ne vous trouvez pas souvent avec une femme qui danse, [& ne l'écoutez pas,] de peur que vous ne périssiez par la force de ses charmes. »

17. Paris, Deterville, 1799, 6 vol.

18. Léon Cellier, *Fabre d'Olivet. Contribution à l'étude des aspects religieux du romantisme*, Paris, Nizet, 1953, p. 203.

19. Besançon, 1808.

20. Sylvain Maréchal, *op. cit.*, t. VI, p. 19 ; c'est l'auteur qui souligne.

les plus grands dégâts ; mais des deux, la plus pernicieuse, c'est encore le luxe. »[21], on trouve la phrase en question : « 196. N'interromps pas une femme qui danse, pour lui donner un *avis*. »[22]

Il n'est pas impossible que Sylvain Maréchal ait tiré cette *loi* d'un ouvrage antérieur et que celui-ci soit dû à Bertrand Barère. Pour vérifier cette hypothèse, une recherche plus poussée serait nécessaire. En attendant, on peut imaginer que si Balzac attribue l'axiome au Conventionnel, c'est sans doute parce qu'il a confondu son *Voyage de Platon en Italie*[23] avec les *Voyages de Pythagore en Égypte* de Sylvain Maréchal. Il n'est pas le premier à avoir rapproché les deux ouvrages. Un auteur anonyme du *Journal général de la littérature de France* l'avait déjà fait lorsqu'il annonçait la parution du livre de Barère[24].

Ainsi, on pourrait supposer qu'après avoir recopié sur son *Album* la phrase qu'il avait trouvée dans les *Voyages de Pythagore en Égypte* de Sylvain Maréchal, notre auteur n'y aurait pas trop pensé jusqu'à ce qu'il la retrouve en rédigeant sa *Théorie de la démarche* et *Les Employés* et qu'à ce moment-là le titre d'un des livres de Bertrand Barère, *Voyage de Platon en Italie*, se serait imposé à son esprit.

(2) *Sire, quand Jésus-Christ mourait le vendredi, il savait bien qu'il reviendrait le dimanche.*

En décrivant dans *Les Employés* le monde de l'administration et en particulier celui des directeurs généraux, Balzac énumère entre parenthèses le nom de quelques personnages réels. Voici le contexte tel qu'il est imprimé dans la Pléiade :

> (MM. Pasquier et Molé, entre autres, se sont contentés de directions générales après avoir été ministres, mettant ainsi en pratique le mot du duc d'Antin à Louis XIV : « Sire, quand Jésus-Christ mourait le vendredi, il savait bien qu'il reviendrait le dimanche »)[25].

21. *Ibid.*, t. VI, p. 437 ; c'est l'auteur qui souligne.

22. *Ibid.*, t. VI, p. 39 ; c'est l'auteur qui souligne. Cette sentence ne figure pas chez Charles Nodier, *op. cit.*

23. *Voyage de Platon en Italie ; Traduit en italien par Vincent Cuoco, sur les manuscrits grecs trouvés dans Athènes ; Et de l'Italien en Français, par B. Barére, membre de plusieurs Académies*, Paris, Arthus-Bertrand, 1807, 3 vol. Sur cet ouvrage, voir Anna Maria Rao, « Bertrand Barère, Vincenzo Cuoco et le patriotisme », in *En hommage à Claude Mazauric. Pour la Révolution française*. Recueil d'études réunies par Christine Le Bozec et Éric Wauters, Rouen, Publications de l'Université de Rouen, 1998, p. 489-494.

24. *Journal général de la littérature de France*, Neuvième cahier, 1807, p. 278.

25. *Les Employés*, *CH*, t. VII, p. 955.

Aucun des éditeurs consultés[26] n'a annoté cette référence au bon mot que le duc d'Antin aurait dit à Louis XIV. Toutefois, je n'ai trouvé l'histoire ni dans les *Mémoires* de Saint-Simon[27] ni dans *Le siècle de Louis XIV* de Voltaire[28] ni dans les *Causeries du lundi* de Sainte-Beuve[29] ni dans la *Galerie de l'ancienne Cour ou Mémoires anecdotes pour servir à l'Histoire des règnes de Louis XIV et de Louis XV*[30], livre favori de la comtesse de Listomère-Landon[31].

Il me semble que de fait Balzac l'aurait empruntée à Chamfort. Dans les *Caractères et anecdotes* de ce dernier, en effet, on lit la phrase, mais elle y est prononcée par Louis de Noailles, duc d'Ayen, devant Louis XV. Citons le passage digne d'attirer notre attention :

> Louis XV demanda au duc d'Ayen (depuis maréchal de Noailles) s'il avait envoyé sa vaisselle à la monnaie ; le duc répondit que non. « Moi, dit le roi, j'ai envoyé la mienne. – *Ah ! sire, dit M. d'Ayen, quand Jésus-Christ mourut le vendredi-saint, il savait bien qu'il ressusciterait le dimanche.* »[32]

Une autre source attribue cette réponse à un autre personnage. Dans le *Nouveau recueil d'anecdotes inédites, par MM. de Fortia et G.D.S.C., ou Suite des souvenirs de deux anciens militaires des mêmes auteurs*[33], les auteurs, à savoir Fortia de Piles et Guy de Saint-Charles, racontent un épisode semblable qui concerne le marquis de Souvré, sans oublier de mentionner l'exil qui s'en est suivi :

> Lorsque tout le monde, ou à peu près, envoya sa vaisselle à la monnaie en 1759, le marquis de Souvré, quoique courtisan, crut pouvoir s'en dispenser :

26. Outre *CH*, voir Conard, *op. cit.*, p. 77 ; *Intégrale*, t. IV, p. 538 ; *CHH*, t. X, p. 104 ; *BO*, t. XI, p. 187 ; éd. citée d'Anne-Marie Meininger pour Folio, p. 104.

27. Saint-Simon, *Mémoires (1701-1707), Additions au Journal de Dangeau*, t. II, éd. par Yves Coirault, Paris, Gallimard (*Pl*), 1983, p. 976-982.

28. Voltaire, *Le siècle de Louis XIV*, dans *Id.*, *Œuvres historiques*, éd. par René Pomeau, Paris, Gallimard (*Pl*), 1957, p. 960.

29. Sainte-Beuve, « Le duc d'Antin, ou le parfait courtisan », dans *Id.*, *Causeries du lundi, Seconde édition*, t. VI, Paris, Garnier, 1853, p. 378-393.

30. Sans lieu, 1786, 3 vol., t. I, p. 358-360.

31. *La Femme de trente ans*, éd. par Bernard Gagnebin et René Guise, *CH*, t. II, p. 1058. Sur le duc d'Antin, voir aussi Sophie Jugie, « "Le duc d'Antin ou le parfait courtisan" : réexamen d'une réputation », *Bibliothèque de l'École des Chartes*, t. CXLIX, 1991, p. 349-404.

32. Nicolas Chamfort, *Caractères et anecdotes*, dans *Id.*, *Œuvres complètes*, éd. par Lionel Dax, t. II, Paris, Sandre, 2015, p. 101. Balzac aurait pu lire l'anecdote dans les *Œuvres complètes de Chamfort, recueillies et publiées, avec une notice historique sur la vie et les écrits de l'auteur, par P. R. Auguis*, t. II, Paris, Chaumerot, 1824, p. 65.

33. Paris, Porthmann, 1814.

le roi, à qui on remettait journellement la liste de ceux qui donnaient cette marque de patriotisme, n'y voyant point son nom, lui dit un jour : *M. de Souvré, je n'ai point vu votre nom sur l'état de ceux qui ont envoyé leur vaisselle ; cela me surprend. – Sire, j'en ai fort peu ; ce serait pour l'Etat un bien faible secours : c'est ce qui m'a décidé à la garder. – N'importe, lorsque tous les Français s'empressent à remplir cette espèce de devoir, un homme de la cour devrait être un des premiers ; vous voyez que j'ai donné l'exemple : moi-même j'ai envoyé la mienne. – Ah ! Sire, Jésus-Christ mourant le vendredi, savait qu'il ressusciterait le dimanche. – Y a-t-il long-temps que vous n'êtes allé dans vos terres ? – Oui, Sire, et je venais prendre vos ordres.* – Il fut exilé[34].

Laquelle des deux sources a inspiré le romancier ? Vu la proximité des noms d'Ayen et d'Antin d'une part et de l'autre la conséquence fâcheuse qu'a connue le marquis de Souvré et qui ne conviendrait pas au contexte des *Employés*, c'est sans doute à Chamfort que Balzac pensait quand il a ajouté ce passage sur les quatrièmes épreuves de *La Femme supérieure* (titre antérieur des *Employés*). Ce faisant, il aurait confondu le duc d'Ayen et Louis XV avec le duc d'Antin et Louis XIV. Car ce n'est pas le typographe qui a mal lu ses ajouts manuscrits. On peut vérifier le fait sur le folio 63 des quatrièmes épreuves de *La Femme supérieure*, conservées à la Bibliothèque nationale de France, nouvelles acquisitions françaises 6900[35]. On y lit clairement *le duc d'Antin* et *Louis XIV* Si mon hypothèse est bonne, on pourra ajouter cette citation au dossier que Pierre Citron a consacré à « Balzac lecteur de Chamfort »[36].

(3) *Vous avez vu tomber les plus illustres têtes... insensés que vous êtes*

La troisième citation qui nous intéresse dans *Les Employés* est celle que prononce Bixiou. Voici le contexte :

Nous vivons dans un temps où rien n'étonne. (*Il se drape comme Talma.*)

Vous avez vu tomber les plus illustres têtes,
Et vous vous étonnez, insensés que vous êtes !

de trouver une cause de ce genre à la faveur d'un homme ? Mon Baudoyer est trop bête pour réussir par des moyens semblables[37] !

34. *Ibid.*, p. 1-2 ; c'est l'auteur qui souligne.

35. Les trois volumes du manuscrit et des épreuves corrigées de *La Femme supérieure* sont conservés sous Nouvelles acquisitions françaises 6899, 6900 et 6901 de la Bibliothèque nationale de France, voir *CH*, t. VII, p. 1545. Les cotes « 6889 », « 6890 » et « 6891 », données aux pages 1547-1548, sont fautives.

36. Voir son article « Balzac lecteur de Chamfort », *AB*, 1969, p. 293-301.

37. *Les Employés*, *CH*, t. VII, p. 1077 ; c'est l'auteur qui souligne.

La citation n'a intéressé aucun des éditeurs consultés[38], sauf Anne-Marie Meininger, qui la commente ainsi dans son édition de la Pléiade :

> Encore vivant au moment de l'intrigue : Talma mourut le 19 octobre 1826. Quant aux deux alexandrins qui suivent, leur origine reste un mystère (voir t. III, p. 863, n. 1)[39].

La référence au tome III, p. 863 de la Pléiade désigne un passage d'*Ursule Mirouët*, dont la première publication en volume date de 1842. Dans cette scène, c'est Henri de Marsay qui parle à Savinien de Portenduère, Nemourien fraîchement débarqué à Paris mais déjà criblé de dettes :

> Prenez garde, mon cher, lui dit de Marsay, vous avez un beau nom, et si vous n'acquérez pas la fortune qu'exige votre nom, vous pourrez aller finir vos jours sous un habit de maréchal de logis dans un régiment de cavalerie.
> *Nous avons vu tomber de plus illustres têtes !*
> ajouta-t-il en déclamant ce vers de Corneille et prenant le bras de Savinien[40].

La citation n'a fait l'objet de commentaire ni dans l'édition de Marcel Bouteron et Henri Longnon ni dans celle de Pierre Citron ni dans celle de Maurice Bardèche ni dans celle de Jean A. Ducourneau[41]. Dans sa thèse sur *Balzac et le comique dans La Comédie humaine*[42], Maurice Ménard, qui mentionne ce vers, n'y voit qu'une « parodie consciente » sans se poser la question de sa source. Par contre, on dispose d'une note de Madeleine Ambrière dans la Pléiade, mais très brève : « Nous n'avons pu découvrir de quel vers de Corneille il s'agit »[43]. La même formule se retrouve dans son édition pour Folio, et Philippe Berthier n'y ajoute rien dans sa publication de 2013[44]. Je n'ai pas trouvé non plus de vers correspondants chez Pierre Corneille ni chez Thomas Corneille. De Marsay ou Balzac auraient-ils commis une erreur d'attribution ? Peut-être. Ou bien auraient-ils tendu un piège ? Ce n'est pas impossible, puisque le dandy évoque par la suite à son interlocuteur le cas du comte d'Esgrignon qui « a vécu ce que vivent les fusées »[45] en pastichant les fameux vers de Malherbe : « Et rose elle a

38. Conard, *op. cit.*, p. 229 ; *Intégrale*, t. IV, p. 580 ; *CHH*, t. X, p. 207 ; *BO*, t. XI, p. 299.
39. *CH*, t. VII, p. 1657. La note de son édition pour Folio, p. 334, dit la même chose mais sans renvoyer à *Ursule Mirouët*.
40. *Ursule Mirouët*, éd. par Madeleine Ambrière, *CH*, t. III, p. 862-863.
41. Conard, *Études de mœurs : scènes de la vie de province*, t. I, p. 117 ; *Intégrale*, t. II, p. 494 ; *CHH*, t. V, p. 120 ; *BO*, t. V, p. 88.
42. Paris, Presses Universitaires de France, 1983, p. 237.
43. *CH*, t. III, p. 1600.
44. *Ursule Mirouët*, éd. par Madeleine Ambrière, Paris, Gallimard (Folio classique), 1981, p. 149 ; éd. par Philippe Berthier, Paris, Flammarion (GF Flammarion), 2013, p. 151.
45. *CH*, t. III, p. 863.

vécu ce que vivent les roses, L'espace d'un matin »[46]. Alors que dans *Le Père Goriot*[47] Vautrin citait ces deux vers textuellement, ici De Marsay les modifie peut-être pour éprouver la culture littéraire de son interlocuteur, mais celui-ci aurait été incapable de saisir cette subtilité.

En fait, la citation qui a embarrassé les éditeurs provient non pas de Corneille, mais de Jean-Baptiste Rousseau. Son « Ode tirée du Psaume XLVIII. *Audite haec, omnes gentes*, etc. Sur l'Aveuglement des hommes du siècle »[48] donne dans la quatrième strophe les vers suivants :

> *Vous avez vu tomber les plus illustres têtes* ;
> Et vous pourriez encore, *insensés que vous êtes*,
> Ignorer le tribut que l'on doit à la mort ?
> Non, non, tout doit franchir ce terrible passage :
> Le riche et l'indigent, l'imprudent et le sage,
> Sujets à même loi, subissent même sort[49].

Les trois premiers vers de cette strophe jouissaient d'une certaine célébrité. Comme preuve, en 1822 *Le Gradus français* de Carpentier les cite deux fois, sous ses articles *mort* et *tribut*[50]. Ainsi, on peut imaginer que le romancier donnait à de Marsay et à Bixiou l'occasion de jouer avec le texte de Jean-Baptiste Rousseau en l'adaptant au contexte.

(4) *À côté du besoin de définir, se trouve le danger de s'embrouiller.*

La quatrième et dernière citation que j'examinerai dans *Les Employés* se trouve aussi dans une réplique de Bixiou, qui s'adresse à Poiret jeune, frère de Poiret l'*idémiste*. Ce n'est pas à proprement parler une citation, mais plutôt une boutade fondée sur une référence que le locuteur suppose connue de tout le monde. Voici le contexte :

46. Malherbe, *Consolation à Monsieur Du Périer, gentilhomme d'Aix-en-Provence, sur la mort de sa fille*, dans *Id.*, *Œuvres*, éd. par Antoine Adam, Paris, Gallimard (*Pl*), 1971, p. 41. Cette allusion devrait figurer dans l'« Index des personnes réelles... » et l'« Index des œuvres citées » de *CH*, t. XII, p. 1750 et 1871.

47. *Le Père Goriot*, éd. par Rose Fortassier, *CH*, t. III, p. 92.

48. L'incipit est « Qu'aux accents de ma voix la terre se réveille ! » Cette pièce a été publiée dans *Odes sacrées* en 1738, p. 10.

49. *Œuvres de J. B. Rousseau, Nouvelle édition avec un commentaire historique et littéraire, précédé d'un nouvel essai sur la vie et les écrits de l'auteur*, Paris, Lefèvre, 1820, t. I, p. 12.

50. L. J. M. Carpentier, *Le Gradus français, ou Dictionnaire de la langue poétique*, Paris, Johanneau, 1822, p. 776 et 1111.

> Je voulais vous prouver, monsieur, que rien n'est simple, mais surtout, et ce que je vais dire est pour les philosophes (si vous voulez me permettre de retourner un mot de Louis XVIII), je veux faire voir que : À côté du besoin de définir, se trouve le danger de s'embrouiller[51].

La même phrase se lit dans la *Physiologie de l'employé* (1841) :

> Cessons de définir ! Pour parodier le fameux mot de Louis XVIII, posons cet axiome.
>
> *Troisième axiome*
>
> À côté du besoin de définir se trouve le danger de s'embrouiller[52].

Sauf erreur de ma part, Maurice Descotes n'a pas parlé de cette allusion au roi dans son ouvrage sur *L'image de Louis XVIII dans La Comédie humaine*[53]. Et les éditeurs consultés[54] des *Employés* n'ont pas jugé non plus nécessaire de la commenter, à l'exception d'Anne-Marie Meininger qui l'annote pour rectifier l'attribution du mot en renvoyant au comte Molé :

> Ce n'est pas à Louis XVIII, mais à son ministre de la Marine, Molé, que l'on doit cet apophtegme : « À côté de l'avantage d'innover, il y a le danger de détruire. » (H. Castille, *Les Hommes et les mœurs en France sous Louis-Philippe*, p. 104)[55].

Certes, l'apophtegme ne nous étonne pas de la part du comte Molé qui, dans sa fameuse *Réponse au discours de réception d'Alfred de Vigny* du 29 janvier 1846 – « une mercuriale » qui fit pouffer de rire Balzac[56] et « dont le souvenir n'[était] pas encore perdu » au temps de Marcel Bouteron[57] –, déclara : « que l'orgueil d'innover sache se préserver au moins de la tentation d'imiter »[58]. Cependant, cette correction de l'éditrice ne manquera pas d'intriguer les lecteurs qui savent que notre romancier a consacré un article à Louis XVIII dans le tome XXXV (1837) du *Dictionnaire de la conversation et de la lecture* de William Duckett[59] et qu'il a présenté Bixiou

51. *Les Employés*, *CH*, t. VII, p. 1109.

52. *CHH*, t. XXIV, p. 348.

53. Paris, Lettres modernes, 1994. Je n'ai rien trouvé non plus dans le compte rendu du livre, dû à René-Alexandre Courteix, paru dans *AB*, 1997, p. 445.

54. Conard, *op. cit.*, p. 271 ; *Intégrale*, t. IV, p. 591 ; *CHH*, t. X, p. 232 ; *BO*, t. XI, p. 328.

55. *CH*, t. VII, p. 1665. La note de son édition pour Folio, p. 336 est identique, sauf qu'elle ne se réfère plus à Hyppolyte Castille.

56. Lettre à Madame Hanska du 3 février 1846, *LH*, t. II, p. 171 : « Voilà de Vigny reçu, et avec quelles étrivières ! »

57. Marcel Bouteron, *Études balzaciennes*, Paris, Jouve, 1954, p. 235.

58. Discours disponible sur le site de l'Académie française : http://www.academie-francaise.fr/reponse-au- discours-de-reception-dalfred-de-vigny.

59. *BO*, t. XXVI, p. 504-512.

comme un personnage qui est bien au courant des faits et gestes du roi et qui, en qualifiant celui-ci de « grand législateur, auteur de la Charte et homme d'esprit, un roi qui tiendra bien sa place dans l'histoire, comme il la tenait sur le trône »[60], raconte comment il s'est comporté à l'égard des souverains alliés qu'il a invités[61]. Toutefois l'hypothèse avancée dans l'édition de la Pléiade a été acceptée sans discussion par Ronnie Butler[62] et Anne O'Neil-Henry[63]. Certes, on lit dans le livre cité d'Hippolyte Castille le passage suivant sur le comte Mathieu-Louis Molé :

> C'est à M. Molé qu'on doit cet apophtegme de comédie bourgeoise : *À côté de l'avantage d'innover, il y a le danger de détruire*. La coalition eut beau jeu d'un politique de cette force[64].

De plus, Hippolyte Castille n'est pas le seul à citer cet *apophtegme*. Dans son *Grand Dictionnaire Universel du* XIXe *siècle*, Pierre Larousse, qui qualifie Molé d'« homme d'État d'une capacité fort secondaire », le lui attribue également[65].

Le témoignage le plus ancien que j'aie trouvé de l'attribution de l'axiome au comte Molé figure dans le tome II de la *Galerie des contemporains illustres*[66], paru en 1840. L'auteur, Louis de Loménie, donne deux épigrammes au début de l'article qu'il consacre à l'homme politique. Les voici :

> Molé, ce beau nom de la magistrature, caractère appelé probablement à jouer un rôle dans les ministères futurs.
>
> NAPOLÉON. – *Mémorial de Sainte-Hélène*.
>
> À côté de l'avantage d'innover, il y a le danger de détruire.
>
> MOLÉ[67].

60. *Les Employés*, *CH*, t. VII, p. 998.

61. *Ibid*., p. 998-999.

62. « Balzac et Louis XVIII », *AB*, 1991, p. 111-134 ; surtout la page 113.

63. « '[Le] Besoin de définir' and 'le danger de s'embrouiller' : Balzac's Les Employés and the physiologies », *Dix-Neuf. Journal of the Society of Dix-Neuviémistes*, t. XX, 2, 2016, p. 162-175.

64. Hippolyte Castille, *Les Hommes et les mœurs en France sous le règne de Louis-Philippe*, Paris, Henneton, 1853, p. 103-104 ; c'est l'auteur qui souligne.

65. Voir t. XI, Paris, Administration du Grand Dictionnaire Universel, 1874, p. 398c.

66. *Galerie des contemporains illustres par un homme de rien*, t. II, Paris, Bureau central, 1840.

67. *Ibid*., p. 1 de l'article *M. le comte Molé*.

Pourtant, dans cet article de 36 pages, le futur Professeur au Collège de France et Académicien ne dit rien de précis sur la source d'où est prise cette phrase. Il n'empêche que, malgré cette absence, l'épigramme a apparemment connu un succès assez grand pour être reprise par Hippolyte Castille en 1853 et par Pierre Larousse en 1874. Serait-il possible de retrouver la source de la *Galerie des contemporains illustres*[68] ?

La source de cette fameuse phrase, si l'on suppose que le comte l'a prononcée lui-même, sera à chercher dans un de ses discours parlementaires. En effet, à la Chambre des pairs, lors de la séance du 29 décembre 1817 consacrée au projet de loi relatif aux journaux, Molé, alors ministre de la Marine, intervient longuement pour son adoption, et son discours contient dans son avant-dernier alinéa un morceau digne d'attirer notre attention :

> On a reproché aux ministres de priver la France de tous les biens qu'elle attendait de la révision des articles de la Charte, annoncée dans l'ordonnance du 13 juillet. Je n'avais pas l'honneur de faire partie du ministère lorsque l'ordonnance du 5 septembre fut rendue ; mais je le remerciai alors dans mon cœur, et je le remercie encore à cette tribune, d'avoir reconnu que la France était moins avide de perfectionnements que de stabilité et de repos, d'avoir reconnu qu'*à côté de l'avantage d'améliorer est le danger d'innover* sans cesse, d'avoir enfin permis que nos institutions vieillissent, de nous avoir rendu un guide immuable et un appui certain, d'avoir mis un terme en un mot à cette carrière inextricable de changements, où l'esprit humain, entraîné comme un vaisseau sur un [p. 180] océan sans rivage, menaçait de s'égarer encore, si on ne lui eût ouvert un port[69].

Bien que la phrase soulignée diffère un peu de celle qu'ont citée Louis de Loménie, Hippolyte Castille et Pierre Larousse, elle lui ressemble assez pour nous permettre, me semble-t-il, d'y voir une source. Reste à savoir si le comte Molé l'a inventée ou s'il l'a empruntée.

Si on jette un coup d'œil, un peu au hasard, dans les articles *améliorer* et *innover* de la septième édition du *Dictionnaire universel de la langue française* de Pierre-Claude-Victoire Boiste[70], parue en 1829, on y trouve

68. Sauf erreur de ma part, le marquis de Noailles ne me semble avoir rien dit sur cette question dans son ouvrage *Le comte Molé 1781-1855. Sa vie – ses mémoires*, Paris, Champion, 1922-1930, 6 vol.

69. Jules Mavidal et Émile Laurent (éd.), *Archives parlementaires de 1787 à 1860. Recueil complet des débats des Chambres françaises, Deuxième série (1800 à 1860)*, t. XX, *du 16 décembre 1817 au 18 février 1818*, Paris, Paul Dupont, 1870, p. 179-180

70. Pierre-Claude-Victoire Boiste, *Dictionnaire universel de la langue française, avec le latin et les étymologies, Septième édition, revue, corrigée et augmentée*, Paris, Verdière, 1829, p. 27b et 381c.

l'épigramme qui nous occupe : « À côté de l'avantage d'améliorer, est le danger d'innover. [Louis XVIII]. » Cette citation est une nouveauté dans la lignée des différentes versions de ce *Dictionnaire*, parce qu'elle ne s'y trouvait pas jusqu'à sa sixième édition, datée de 1823[71]. Si l'attribution de la phrase à Louis XVIII et non pas à Molé n'est pas fausse, on peut supposer que celui-ci a fait un emprunt au monarque et que Bixiou s'y référait dans sa réplique adressée à Poiret jeune. Serait-il possible de vérifier le bien-fondé de cette attribution ? Où est-ce que le roi aurait prononcé ce mot?

Au commencement est le discours que Louis XVIII a prononcé le 7 octobre 1815, lors de la séance d'ouverture de la session des deux Chambres. Le lendemain, la *Gazette officielle* donne un récit détaillé de la cérémonie et rapporte intégralement cette intervention royale qui commence par : « Messieurs, lorsque l'année dernière j'assemblai pour la première fois les deux chambres, je me félicitai d'avoir, par un traité honorable, rendu la paix à la France. » et dont le dernier alinéa nous intéresse plus particulièrement :

> C'est donc avec une douce joie et une pleine confiance que je vous vois rassemblés autour de moi, certain que vous ne perdrez jamais de vue les bases fondamentales de la félicité de l'État, union franche et loyale des chambres avec le Roi, et respect pour la Charte constitutionnelle. Cette Charte que j'ai méditée avec soin avant de la donner, à laquelle la réflexion m'attache tous les jours davantage, que j'ai juré de maintenir, et à laquelle vous tous, à commencer par ma famille, allez jurer d'obéir, est, sans doute comme toutes les institutions humaines, susceptible de perfectionnement : mais aucun de nous ne doit oublier qu'*auprès de l'avantage d'améliorer est le danger d'innover*[72].

Le discours fini, les princes de la famille royale et les princes du sang prêtèrent le serment, à commencer par Monsieur, qui dit : « Je jure d'être fidèle au Roi, d'obéir à la Charte constitutionnelle et aux lois du Royaume »[73]. La cérémonie se poursuivit avec la lecture, par le chancelier, de la formule du serment des pairs et des députés, suivie de leur appel nominal.

On me dira que l'axiome que Louis de Loménie, Hippolyte Castille et Pierre Larousse attribuent au comte de Molé (« À côté de l'avantage d'innover, il y a le danger de détruire ») est un peu différent puisqu'il contient le verbe *détruire* à la place d'*innover* et qu'il faut chercher la source

71. *Id.*, *Dictionnaire universel de la langue française, avec le latin et les étymologies, Sixième édition, revue, corrigée et augmentée par l'auteur*, Paris, Verdière, 1823, p. 26 et 370b.

72. *Gazette officielle*, le 8 octobre 1815, p. 2.

73. *Ibid.*

de cette variante. Or cette leçon se trouve dans une autre version du discours d'ouverture du monarque. Certains journaux qui rapportent la cérémonie du 7 octobre 1815 donnent en effet un texte qui diffère de celui que l'on vient de lire dans la *Gazette officielle*. Par exemple, dans le *Journal de Paris* du 8 octobre 1815, qui prétend qu'il imprimera « textuellement » « les passages les plus remarquables » du discours du roi, le début de l'extrait est déjà différent de celui que l'on a lu : « Messieurs, lorsque, l'année dernière, *je convoquai* pour la première fois *les chambres*, je me félicitai d'avoir *enfin* rendu la paix à la France »[74] et la phrase qui nous occupe y prend la forme suivante :

> Cette charte que j'ai *méditée,* à laquelle *je suis de plus en plus attaché*, que j'ai juré de maintenir, à laquelle vous tous, à commencer par *les membres de* ma famille, vous allez jurer d'obéir, *est* susceptible de perfectionnement ; mais *vous n'oublierez pas* qu'*à côté* de l'avantage d'améliorer est le danger de *détruire*[75].

Les variantes que j'ai soulignées sont ainsi très nombreuses, et la proposition subordonnée finale (« à côté de l'avantage d'améliorer est le danger de détruire ») est très proche de l'axiome que Louis de Loménie a cité comme épigramme de son article sur le comte Molé. Cette version a été reprise dans plusieurs journaux tels que le *Journal des Deux-Sèvres* du 14 octobre 1815 et, vingt ans plus tard, on en trouve un écho dans la « Notice biographique sur M. le Baron de Baert », que Louis de Givenchy publia dans les *Mémoires de la Société des Antiquaires de la Morinie*[76]. On en a un autre écho beaucoup plus tard, chez Dupont des Loges, évêque de Metz. D'après son biographe Félix Klein, quand il prononça en 1853 une exhortation à son clergé, il cita, à titre d'exemple de « salutaires maximes », le mot royal sous une forme proche de la version diffusée par le *Journal de Paris* : « auprès de l'avantage d'améliorer se trouve le danger de détruire »[77].

Pour revenir à la version de la *Gazette officielle* du discours d'ouverture, suivant son tempérament, chacun pourra approuver, admirer, réprouver ou railler, dans cette intervention, le talent de l'« auguste littérateur »[78], suivant

74. *Journal de Paris, politique, commercial et littéraire*, le 8 octobre 1815, p. 2 ; j'ai souligné les leçons différentes de celles de la *Gazette officielle*.

75. *Ibid.*, p. 3 ; j'ai souligné les leçons différentes de celles de la *Gazette officielle*.

76. Tome II, année 1834, Saint-Omer et Paris, 1835, p. 364-371.

77. Félix Klein, *L'Évêque de Metz. Vie de Mgr Dupont des Loges 1804-1886*, Paris, Poussielgue, 1899, p. 174.

78. Voir aussi Amédée Renée, « Louis XVIII littérateur », *Revue de Paris*, Nouvelle série, t. XXVII, 1841, p. 232-253.

l'expression de Balzac dans *Le Bal de Sceaux*[79], ou la « ruse » par laquelle il a « maintenu en France tous les partis », comme on le lit dans sa lettre à Zulma Carraud du 26 novembre 1830[80]. Certes, à la place de la locution prépositive *à côté de* que citait le *Dictionnaire* de Boiste, on y trouvait la locution *auprès de*. Pourtant, ce n'est pas le lexicographe qui a introduit la modification, car il s'appuie sur un autre texte. C'est le préambule de la fameuse ordonnance du 5 septembre 1816 portant dissolution de la Chambre des députés. Voici le texte :

> Depuis notre retour dans nos états, chaque jour nous a démontré cette vérité proclamée par nous dans une occasion solennelle, qu'*à côté de l'avantage d'améliorer est le danger d'innover*. Nous nous sommes convaincu que les besoins et les vœux de nos sujets se réunissaient pour conserver intacte cette charte constitutionnelle, base du droit public en France et garantie du repos général. Nous avons en conséquence jugé nécessaire de réduire la chambre des députés au nombre déterminé par la charte, et de n'y appeler que des hommes de l'âge de quarante ans. Mais, pour opérer légalement cette réduction, il est indispensable de convoquer de nouveau les colléges électoraux, afin de procéder à l'élection d'une nouvelle chambre des députés. À ces causes, nos ministres entendus, nous avons ordonné et ordonnons ce qui suit : [...][81]

On voit ainsi que d'une part, dans son discours du 29 décembre 1817, Molé a cité la phrase soulignée de cette ordonnance du 5 septembre 1816 et de l'autre que Boiste, qui l'attribue à Louis XVIII, l'emprunte à la même source plutôt qu'au discours du roi du 7 octobre 1815. En tout cas, malgré une petite divergence, le mot royal a fortement frappé les contemporains. En témoigne Chateaubriand qui, dans le *post-scriptum* explosif que tout de suite après la parution de l'ordonnance du 5 septembre 1816 il a rédigé[82] pour sa brochure *De la Monarchie selon la Charte*, écrit ceci :

> Je vais donc, conformément à la raison et aux principes constitutionnels, examiner sans scrupule l'ordonnance du 5 septembre.
>
> [...]

79. *Le Bal de Sceaux*, éd. par Anne-Marie Meininger, *CH*, t. I, p. 112.

80. *Corr.*, t. I, p. 318.

81. Charles-Antoine Lepec (éd.), *Bulletin annoté des lois, décrets et ordonnances, depuis le mois de juin 1789 jusqu'au mois d'août 1830*, t. XIV, Paris, Dupont, 1837, p. 105.

82. Chateaubriand, *Mémoires d'outre-tombe*, éd. par Jean-Claude Berchet, Deuxième édition revue et corrigée, Paris, Classiques Garnier et Librairie Générale Française, 2003-2004, Pochothèque, 2 vol., Livre XXV, chapitre 3, t. II, p. 18.

> Les ministres rappellent ces sages paroles de l'admirable discours du roi à l'ouverture de la dernière session : « Aucun de nous ne doit oublier qu'auprès de l'avantage d'améliorer, est le danger d'innover. »
>
> Il peut paroître d'abord un peu singulier que les ministres aient cité cette phrase ; car sur qui le reproche d'innovation tombe-t-il ? Ce n'est pas sur la chambre, qui n'a rien innové : c'est sur l'ordonnance du 13 juillet 1815, qui avoit changé quelques articles de la charte. C'est donc une querelle d'ordonnance à ordonnance, de ministère à ministère[83] ?

Naturellement Chateaubriand n'est pas le seul à faire écho à ce retentissement. Dans les discussions des Chambres dont les comptes rendus étaient assez familiers à Balzac pour qu'il les pastichât à plusieurs reprises[84], le mot de Louis XVIII a été souvent cité. Il serait fastidieux d'en relever des exemples[85]. Je me borne à rappeler que le romancier fait allusion à de tels débats parlementaires et à la phrase royale dans ses *Lettres sur Paris*[86].

Parmi d'autres témoins, on peut mentionner Louis de Bonald, qui en parla dans une note ajoutée à son discours « Sur les élections » prononcé à la séance du 30 décembre 1816[87], ou Auguste-Louis de Staël-Holstein, qui en 1819 en a proposé un amendement[88]. On peut enfin noter que la sentence du

83. *Id.*, *De la Monarchie selon la Charte*, dans *Id.*, *Écrits politiques (1814-1816)*, éd. par Colin Smethurst, Genève, Droz, 2002, p. 531.

84. Voir *La Rabouilleuse*, éd. par René Guise, *CH*, t. IV, p. 382 ; *Les Petits Bourgeois*, éd. par Anne-Marie Meininger, *CH*, t. VIII, p. 103 ; *Autre étude de femme*, éd. par Nicole Mozet, *CH*, t. III, p. 683.

85. Voir entre autres une intervention de Royer-Collard, le 21 novembre 1815 dans Jules Mavidal et Émile Laurent (éd.), *op. cit.*, t. XV, *du 8 juillet 1815 au 6 janvier 1816*, Paris, Paul Dupont, 1869, p. 268 ; celle de Charles Nicolas Cornet d'Incourt, le 28 décembre 1816, *ibid.*, t. XVII, *du 1er avril au 30 décembre 1816*, Paris, Paul Dupont, 1870, p. 747; celle du vicomte de Beaumont et de Jacques Mestadier, le 22 février 1826, *ibid.*, t. XLVI, *du 10 février 1826 au 7 avril 1826*, Paris, Paul Dupont, 1880, p. 93.

86. *Lettres sur Paris*, « Lettre V », le 8 novembre 1830, dans *OD*, t. II, p. 897 : « C'est donc faire acte de citoyen que de soutenir la Chambre toute vieille qu'elle soit, d'admirer les députés parlant toujours du char de l'État, du vaisseau battu par la tempête, du *danger d'innover*, et même d'absoudre le vieux M. de Lameth de prendre le rôle de M. de Peyronnet, quand ce dernier déclamait contre la presse. »

87. Dans cette note, tout en citant le préambule de l'ordonnance du 5 septembre 1816, il forge une nouvelle expression : « Sans doute à *côté de l'avantage d'améliorer se trouve le danger d'innover*, je le crois ; mais aussi, *à côté de l'obstination à maintenir, peut se trouver le danger de périr* : et remarquez d'ailleurs que, si la Charte ne permet qu'un mode de loi d'élection, il n'y a pas réellement matière à délibération : la loi est faite, et on peut abandonner tout le reste à des ordonnances d'exécution. » (Louis de Bonald, *Pensées sur divers sujets, et discours politiques*, t. II, Paris, Adrien Le Clere, 1817, p. 229).

88. Auguste-Louis de Staël-Holstein, *Du nombre et de l'âge des députés*, Paris, Dulaunay, 1819, p. 34-35.

monarque a été traduite même en latin : « Qui meliora petit, caveat peccare novando » dans l'épître dédicatoire de la *Bibliotheca classica Latina* de Nicolas-Éloi Lemaire[89] et qu'elle a franchi les frontières[90].

Pour revenir à Balzac et à son Bixiou, on se souvient que dans « À côté du besoin de définir, se trouve le danger de s'embrouiller », l'auteur a proposé une transformation de la phrase en y introduisant le substantif *besoin* à la place du mot *avantage* qu'on lit dans ces différentes versions. On peut se demander alors s'il est le seul ou le premier à le faire ou s'il se souvient d'une formule où se trouvait déjà le mot *besoin*. D'après mon enquête, il y a d'autres personnes qui, avant lui, gardaient dans la mémoire la maxime royale avec cette variante. Comme preuve, on peut se référer à Descordes qui, lors de la séance du 14 juin 1824 à la Chambre des députés, donne cette leçon :

> Non, Messieurs, aucun reproche de ce genre ne pourra vous être adressé, et lorsque vous aurez adopté la loi qui est soumise à votre délibération, on ne pourra point dire que vous avez oublié qu'*à côté du besoin d'améliorer est le danger d'innover*[91].

On en trouve d'autres occurrences dans la *Revue encyclopédique*[92] de 1827 ou *Le Spectateur militaire*[93] de 1830. Ainsi, même si l'on ne sait pas s'il a forgé cette variante en ignorant ces attestations ou s'il l'a empruntée sciemment, Balzac n'est ni le seul ni le premier à avoir employé le mot *besoin*.

89. *Caius Julius Cæsar ad codices parisinos recensitus cum varietate lectionum Julii Celsi Commentariis tabulis geographicis et selectissimis eruditorum notis quibus suas adjecerunt N. L. Achaintre et N. E. Lemaire*, t. I, Paris, 1819, p. XI. Sur cet hommage à Louis XVIII, voir Guillaume Flamerie de Lachapelle, « Quand Virgile, Horace et Claudien exaltent Louis XVIII. L'épître dédicatoire de la *Bibliotheca classica Latina* de Nicolas-Éloi Lemaire », *Humanistica Lovaniensia. Journal of Neo-latin Studies*, t. LXVIII, 1, 2019, p. 177-210.

90. Victor Yvart, *Notice historique sur l'origine et les progrès des assolemens raisonnés, suivie de l'examen des meilleurs moyens de perfectionner l'agriculture française, ou Introduction à la nouvelle édition du Traité des cultures et des assolemens les plus convenables à la diversité des sols, des climats, des usages et des débouchés de la France*, Paris, Huzard, 1821, p. 138.

91. Jules Mavidal et Émile Laurent (éd.), *op. cit.*, t. XLI, *du 28 mai 1824 au 6 juillet 1824*, Paris, Paul Dupont, 1878, p. 424.

92. *Revue encyclopédique ou Analyse raisonnée des productions les plus remarquables dans les sciences, les arts industriels, la littérature et les beaux-arts, par une réunion de membres de l'Institut et d'autres hommes de lettres*, t. XXXIII, 1827, p. 789.

93. *Le Spectateur militaire*, t. VIII, 1830, p. 266.

Bref, on ne pourra plus mettre en doute que Bixiou, qui connaissait si bien Louis XVIII qu'il l'a appelé « le plus grand railleur des temps modernes »[94], ait eu raison de se référer à lui en créant la phrase : « À côté du besoin de définir, se trouve le danger de s'embrouiller » et qu'il n'ait pas confondu le roi et Molé[95].

Il va sans dire que l'identification des quatre citations que j'ai proposée dans ce chapitre est hypothétique et qu'il faudrait vérifier mes hypothèses en procédant à un examen plus poussé. De plus, mes remarques sont toutes ponctuelles. Néanmoins elles contribueront peut-être à préciser la culture littéraire et politique de Balzac et, au lieu de les *embrouiller*, elles serviront éventuellement à *améliorer*, lors de leur retirage, les notes des éditions des *Employés*, de la *Physiologie de l'employé*, de la *Théorie de la démarche* et d'*Ursule Mirouët*.

94. *Les Employés*, *CH*, t. VII, p. 1104.

95. Quant au verbe *s'embrouiller*, on dirait que Bixiou anticipe sur le portrait du jeune Balzac tel qu'Alfred de Vigny le donnera dans sa lettre à la Vicomtesse du Plessis du 15 septembre 1850. Voir Marc Blanchard, *Témoignages et jugements sur Balzac, Essai bibliographique, recueil de jugements*, Paris, Champion, 1931, p. 22 ; *Balzac*, Préface et notices de Stéphane Vachon, Paris, Presses de l'Université de Paris-Sorbonne, 1999, p. 153 : « C'était un jeune homme très sale, très maigre, très bavard, *s'embrouillant* dans tout ce qu'il disait, [...]. »

17.
FAIRE DÉCANICHER BIROTTEAU DE MON LIT[1]

Dans le monde des balzaciens, l'édition Furne de *La Comédie humaine*, parue en dix-sept volumes de 1842 à 1848, et corrigée à la main par l'auteur, est appelée le « Furne corrigé ». Considérée comme le dernier et partant le meilleur état du texte, elle a été reproduite par Jean A. Ducourneau dans la publication des Bibliophiles de l'originale[2] – « LA SEULE à donner intégralement le texte voulu par Balzac » selon Roger Pierrot[3] – et elle a servi de base à l'édition dirigée par Pierre-Georges Castex (*CH*) avec la collaboration d'« une élite de balzacistes[4] ferrés à glace » pour reprendre l'expression de Marc Fumaroli[5]. Bien sûr, cette édition de la Bibliothèque de la Pléiade est pourvue d'un relevé assez étendu de variantes, mais puisqu'il lui était impossible d'être exhaustif, il me semble que parfois les éditeurs ont laissé échapper quelques cas remarquables. Dans le présent chapitre, je vais étudier deux mots que le romancier a utilisés dans des états antérieurs avant de les effacer plus tard et que la Pléiade n'a pas jugé nécessaire d'enregistrer parmi les principales leçons rejetées, quoiqu'ils me paraissent mériter d'attirer notre attention.

Dans l'*Histoire de la grandeur et de la décadence de César Birotteau*, dont l'édition originale a vu le jour en 1837, Ragon, « ancien parfumeur de Sa Majesté la reine Marie-Antoinette »[6], qui avait pris comme commis le héros débarqué de Touraine, a donné à ce dernier plusieurs leçons politiques, commerciales et morales qui l'ont marqué durablement. Entre autres, ses idées sur les faillites et les concordats sont évoquées avec la citation d'un

1. Version modifiée de l'article paru dans *Glaliceur* XXI, 2020, p. 1-6.
2. *BO*, t. I-XVII ; pour le tome XVII, l'exemplaire corrigé par Balzac n'a pas été retrouvé.
3. Roger Pierrot, « Les éditions de Balzac depuis 1950 », *AB*, 1999 (I), p. 420.
4. Sur ce dérivé du nom du romancier, voir ci-dessous le dernier chapitre.
5. Marc Fumaroli, « Balzac, La nature humaine mise à nu » (article initialement paru dans *Le Monde*, le 24 février 2006), dans *Id.*, *Partis pris. Littérature, esthétique, politique*, éd. par Paul-Victor Desarbres, Paris, Robert Laffont (Bouquins), 2019, p. 332.
6. *Histoire de la grandeur et de la décadence de César Birotteau*, éd. par René Guise, *CH*, t. VI, p. 57 ; voir aussi son portrait à la page 144.

discours direct, ce qui est naturellement destiné à rendre plus dramatique la catastrophe de César Birotteau qui se prépare :

> Ce système et son implacable mépris [= de César Birotteau] pour les faillis lui venaient de M. Ragon qui, dans le cours de sa vie commerciale, avait fini par apercevoir une si grande perte de temps dans les affaires litigieuses, qu'il regardait le maigre et incertain dividende donné par les concordats comme amplement regagné par l'emploi du temps qu'on ne perdait point à aller, venir, faire des démarches et courir après les excuses de l'improbité.
>
> « Si le failli est honnête homme *et se refait*, il vous payera, disait M. Ragon. S'il reste sans ressource et qu'il soit purement malheureux, pourquoi le tourmenter ? Si c'est un fripon, vous n'aurez jamais rien. Votre sévérité connue vous fait passer pour intraitable, et comme il est impossible de transiger avec vous, tant que l'on peut payer, c'est vous qu'on paye. »[7]

Dans la partie soulignée, le verbe pronominal *se refaire* signifie « regagner une partie de ce que l'on a perdu dans les affaires ». Ce sens, qui s'applique aussi au jeu, est donné sans date dans le *GrRobert* et daté de depuis le *Dictionnaire national* de Bescherelle en 1847 dans l'article *facĕre* (t. III, p. 348a) du *Französisches Etymologisches Wörterbuch* (*FEW*) et le *GrLarousse*, mais il est enregistré dès 1798 dans la cinquième édition du *Dictionnaire de l'Académie française*[8]. Selon la *BHVF* et l'article *refaire* du *TLF*, qui s'appuient sur le *Dictionnaire universel françois et latin* de Trévoux de 1752, sa première attestation se trouve chez Madame Dunoyer (morte en 1720) qui d'après celui-ci aurait écrit cette phrase : « Il ne continuoit de joüer que par complaisance, & pour donner le temps à l'Allemand de se refaire »[9]. En effet, on lit une phrase proche de la citation de Trévoux dans les *Lettres historiques et galantes* de cet écrivain, qui raconte les mésaventures d'un jeune Allemand à Paris :

> Cependant lorsqu'on crut l'avoir assez empaumé, on songea à profiter de la conjoncture, & notre maître fourbe donna rendez-vous à ses associez dans les endroits où ils avoient accoûtumé de joüer, & là, sans faire semblant de les connoître, il fit en sorte que [p. 388] l'Allemand proposa le premier une partie de *Pharaon*, dont par complaisance il voulut bien être le Banquier. Les autres se laisserent perdre d'abord, & l'Etranger qui étoit de moitié

7. *Ibid.*, p. 79 ; Ragon aura ailleurs l'occasion d'énoncer de nouveau ce qu'il pense des faillis, voir *ibid.*, p. 183.

8. *Dictionnaire de l'Académie françoise, Cinquième Édition*, Paris, Smits, 1798, t. II, p. 441b, s. v. *refaire* : « On dit aussi au jeu, *Commencer à se refaire*, pour dire, Perdre moins qu'on ne perdoit, ou commencer à regagner une partie de ce qu'on avoit perdu. »

9. *Dictionnaire universel françois et latin, Nouvelle édition corrigée et considerablement augmentée*, t. VI, Paris, La Compagnie des libraires associés, 1752, p. 729a, s. v. *refaire*.

> du gain prit goût à la chose, & pria les perdans de se retrouver encore le lendemain dans le même lieu pour avoir leur revanche. Ils n'eurent garde d'y manquer : ils regagnerent, reperdirent, & enfin voulant faire durer la chose, ils se bornerent à cinquante Pistoles que l'Etranger perdoit tous les jours, & dont la répartition se faisoit ensuite entr'eux, sans qu'il parût la moindre intelligence : au contraire le Chef des trompeurs paroissoit inconsolable de sa pretenduë perte ; il vouloit toûjours se retirer, & ce n'étoit, disoit il, que par complaisance & pour donner occasion à l'Allemand de *se refaire*, qu'il s'abîmoit tous les jours de nouveau[10].

Les deux dernières lignes sont assez proches de la phrase citée par Trévoux. On trouve une autre occurrence du verbe *se refaire* au sens qui nous intéresse dans les *Mémoires* du même auteur, qui nous apprend quels étaient les malheurs de son oncle :

> Dans cette rencontre il lui arriva ce qui arrive à la plûpart des gens qui sont en malheur : Ils attendent un heureux retour, ils ne demandent qu'à jouër, animez de l'espoir flatteur de *se refaire* ; mais ils se plongent insensiblement dans des pertes irréparables ; c'est ce dont mon oncle fit une triste expérience[11].

Ainsi il n'y a rien d'étonnant à ce que Ragon, qui a 70 ans en 1819[12] et qui est donc né en 1749, se serve du verbe *se refaire* dans ce sens quand il parle des collègues en faillite.

Ni l'édition de *César Birotteau* que René Guise a publiée pour la Pléiade ni les autres versions consultées[13] ne relèvent aucune variante de ce verbe, à l'exception de celle que Pierre Laubriet a procurée pour Garnier. Son apparat critique enregistre de précieuses leçons antérieures :

> se remplume *Ms* ; [vienne se ramicher] se refasse *E1* ; se refait *E2*[14].

Cette indication signifie que dans le manuscrit l'auteur écrivait : « Si le failli est honnête homme et *se remplume* », que les premières épreuves donnaient : « Si le failli est honnête homme et *vienne se ramicher* », leçon

10. *Lettres historiques et galantes de Madame Du Noyer, Nouvelle édition*, t. I, Londres, Jean Nourse, 1739, p. 387-388 ; c'est l'auteur qui souligne *Pharaon*, tandis que *se refaire* l'est par moi.

11. *Mémoires de Madame Du Noyer, écrits par elle-même pour servir de suite à ses lettres*, t. VI, Londres, Jean Nourse, 1739, p. 4.

12. *César Birotteau*, *CH*, t. VI, p. 286.

13. Voir Conard, *Études de mœurs : scènes de la vie parisienne*, t. II, p. 54 ; *Intégrale*, t. IV, p. 147 ; *CHH*, t. VIII, p. 435 ; *BO*, t. X, p. 230 ; éd. par Gérard Gengembre, Paris, Flammarion (GF Flammarion), 1995, p. 79 ; éd. par Stéphane Vachon, Paris, Librairie Générale Française (Le Livre de poche, Classiques), 2018, p. 153.

14. *Histoire de la grandeur et de la décadence de César Birotteau*, éd. par Pierre Laubriet, Paris, Garnier, 1964, p. 479.

que Balzac a corrigée en « Si le failli est honnête homme et *se refasse* », et qu'enfin sur les deuxièmes épreuves on trouve la leçon définitive : « Si le failli est honnête homme et *se refait* ».

Les variantes ainsi relevées, que sauf erreur de ma part l'éditeur de Garnier n'a pas commentées dans son chapitre sur « Le travail de la forme »[15], méritent d'attirer notre attention. La leçon du manuscrit est le verbe pronominal *se remplumer* au sens de « réparer ses pertes d'argent ». Cet emploi, absent du *GrRobert*, est ancien, puisque le *TLF*, s. v. *remplumer* et l'article *plūma* (t. IX, p. 88b) du *FEW* donnent comme première attestation une ballade d'Eustache Deschamps[16], datée d'environ 1400[17]. En français moderne, le *Dictionnaire de l'Académie française* le considère comme familier depuis sa quatrième édition de 1762[18] jusqu'à sa sixième édition de 1835[19] et il en va de même dans le *Dictionnaire de la langue française* de Littré[20]. Si donc Balzac[21] a renoncé à mettre ce verbe dans la bouche de Ragon, c'est sans doute parce qu'il s'est rendu compte que son caractère familier ne convenait pas à la personnalité de cet oncle d'Anselme Popinot.

Quant au verbe *se ramicher* des premières épreuves avant correction, il est moins fréquent[22]. Il est même si rare que Takayuki Kamada[23], qui a transcrit cet état du texte[24], lui a accolé « *sic* » en le prenant peut-être pour

15. *Ibid*., p. 451-456.

16. *Œuvres complètes de Eustache Deschamps*, éd. par le marquis de Queux de Saint-Hilaire, t. VI, Paris, Didot, 1899, Société des anciens textes français, p. 154, « Balade MCLXXXIX, Cy parle d'une fiction d'oyseaulx gentils, et par especial, de l'aigle, roy des oiseaulx, ramenée a moralité au gouvernement des princes », vers 211-214 : « Telz y vint desplumé et nu, Qui tantost *s'i est remplumé* ; Sa char et son sang ont humé Et sont com pere et mere eu. »

17. Date reprise par le *GrLarousse* sous forme de « début du XVe s. ».

18. *Dictionnaire de l'Académie françoise, Quatrième édition*, Paris, Brunet, 1762, 2 vol., t. II, p. 590b.

19. *Dictionnaire de l'Académie française, Sixième édition*, Paris, Didot, 1835, 2 vol., t. II, p. 616c.

20. Tome IV, p. 1602c, s. v. *remplumer*, où il cite Boisrobert, Guy Patin et Saint-Simon.

21. Dans *La Comédie humaine* telle qu'elle est imprimée dans *CH*, l'unique occurrence du verbe *se remplumer* se trouve dans la bouche de Goguelat quand il raconte l'histoire de Napoléon ; le verbe y signifie « reprendre des forces ». Voir *Le Médecin de campagne*, éd. par Rose Fortassier, *CH*, t. IX, p. 522 : « Voilà des troupes qui se remplument ».

22. Je n'ai pas trouvé d'autres occurrences du mot chez Balzac.

23. Takayuki Kamada, 「『セザール・ビロトー』生成資料転写版」 (« Transcription des premières épreuves avant correction de *César Birotteau* »), article sans date paru sur le site internet de l'Université de Shinshu (https://www.shinshu-u.ac.jp/faculty/arts/prof/kamada_1/docs/CB.pdf), p. 30.

24. Je remercie vivement Monsieur Fumisato Kondo de m'avoir signalé ce travail.

une erreur. Certes, le mot n'est ni chez Littré ni dans le *Grand Dictionnaire Universel du XIXe siècle* de Larousse ni dans les différentes éditions du *Dictionnaire de l'Académie française*. Il est absent aussi du *TLF*, de la *BHVF*, du *GrLarousse* et du *GrRobert*. Jacques Pignon et Robert Dagneaud ne le connaissent pas non plus dans leur travail sur « Les parlers régionaux dans *La Comédie humaine* »[25] et *Les Éléments populaires dans le lexique de La Comédie humaine d'Honoré de Balzac*[26]. Cependant, il est enregistré en 1808 dans le *Dictionnaire du bas-langage* de D'Hautel, qui l'explique ainsi :

> RAMICHER. *Se ramicher*. Terme d'écolier ; regagner au jeu ce que l'on y avoit perdu. *Ramicher son camarade*. Lui rendre une partie de ce qu'on lui avoit gagné, pour le mettre en état de s'engager dans une nouvelle partie[27].

Cette occurrence a été recueillie dans l'article *mīca* (t. VI, 2, p. 75b[28]) du *FEW*. Wartburg nous apprend de plus que le verbe pronominal *se ramicher* dans le sens qui nous occupe est attesté dans plusieurs dialectes modernes en Normandie, dans le Centre et en Champagne. Ainsi, il serait difficile de considérer *se ramicher* comme erroné dans le passage de *César Birotteau*. Mon hypothèse est qu'aux yeux de Balzac, qui l'a introduit à la place de *se remplumer*, la nouvelle leçon s'avérait sans doute peu heureuse dans la réplique de Ragon à cause de son caractère trop marqué socialement ou géographiquement. C'est pour cette raison qu'il l'a remplacée par le verbe plus répandu qu'est *se refaire*.

La suppression d'un mot trop spécial au cours de la rédaction n'est du reste pas un phénomène isolé chez notre auteur. Au début de *César Birotteau*, on assiste à une substitution du même ordre dans la réplique d'un autre personnage. Cette fois c'est Constance, femme du héros, qui parle un matin, effrayée de l'absence de ce dernier. Citons la version définitive, telle qu'elle est imprimée dans la Bibliothèque de la Pléiade :

> Il n'existe aucune raison qui puisse faire *sortir* Birotteau de mon lit ! Il a mangé tant de veau que peut-être est-il indisposé ? Mais s'il était malade, il m'aurait éveillée[29].

25. Article paru dans *Le français moderne*, t. XIV, 1946, p. 175-200 et 265-280.

26. Thèse publiée à Quimper, chez Ménez en 1954.

27. *Dictionnaire du bas-langage ou des manières de parler usitées parmi le peuple*, Paris, D'Hautel, 1808, 2 vol., t. II, p. 285-286.

28. L'argot *ramicher* que l'on y trouve pour le verbe transitif au sens de « réconcilier des gens fâchés » et pour le verbe pronominal au sens de « se reprendre après s'être quittés (d'amants) » est à mettre dans le *FEW*, t. XXIV, p. 448b, s. v. *amicus*.

29. *César Birotteau*, *CH*, t. VI, p. 38.

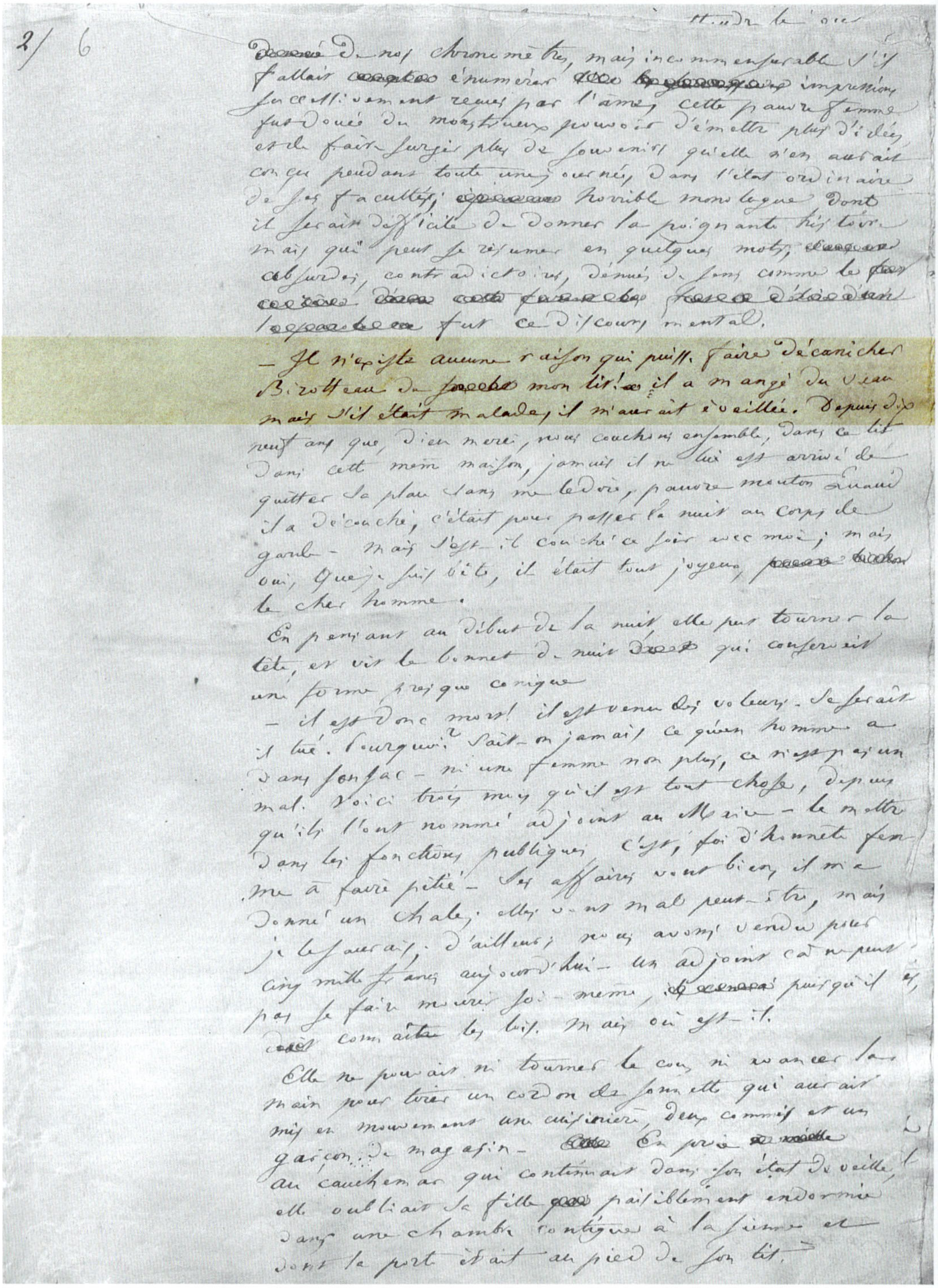

2/ 6

des chronomètres, mais incommensurable s'il fallait énumérer les impressions successivement reçues par l'âme; cette pauvre femme fut douée du monstrueux pouvoir d'émettre plus d'idées et de faire surgir plus de souvenirs qu'elle n'en aurait conçu pendant toute une journée dans l'état ordinaire de ses facultés; horrible monologue dont il serait difficile de donner la poignante histoire mais qui peut se résumer en quelques mots, absurdes, contradictoires, dénués de sens comme le fut ce discours mental.

— Il n'existe aucune raison qui puisse faire décanicher Birotteau de mon lit! il a mangé du veau mais s'il était malade, il m'aurait éveillée. Depuis dix-neuf ans que, Dieu merci, nous couchons ensemble, dans ce lit dans cette même maison, jamais il ne lui est arrivé de quitter sa place sans me le dire, pauvre mouton! quand il a découché, c'était pour passer la nuit au corps de garde. — Mais s'est-il couché ce soir avec moi; mais oui, que je suis bête, il était tout joyeux, le cher homme.

En pensant au début de la nuit elle put tourner la tête, et vit le bonnet de nuit qui conservait une forme presque conique.

— Il est donc mort! il est venu des voleurs. Se serait-il tué? Pourquoi? Sait-on jamais ce qu'un homme a dans son sac — ni une femme non plus, ce n'est pas un mal. Voici trois mois qu'il est tout chose, depuis qu'ils l'ont nommé adjoint au Maire — le mettre dans les fonctions publiques c'est, foi d'honnête femme à faire pitié — ses affaires vont bien, il m'a donné un châle; elles vont mal peut-être, mais je le saurais, d'ailleurs, nous avons vendu pour cinq mille francs aujourd'hui — un adjoint ça ne peut pas se faire mourir soi-même, puisqu'il connaît les lois. Mais où est-il.

Elle ne pouvait ni tourner le cou, ni avancer la main pour tirer un cordon de sonnette qui aurait mis en mouvement une cuisinière, deux commis et un garçon de magasin. En proie au cauchemar qui continuait dans son état de veille, elle oubliait sa fille paisiblement endormie dans une chambre contiguë à la sienne et dont la porte était au pied de son lit.

FIG. 17. – *César Birotteau*, manuscrit, Bibliothèque de l'Institut de France, Collection Spoelberch de Lovenjoul, ms Lov. A 92, fol. 6.

Dans la première phrase citée, le verbe *sortir* n'était pas présent au début de la rédaction. À sa place, on trouve sur le manuscrit le mot *décanicher* (voir fig. 17). Cette variante manque chez René Guise et les autres éditeurs, mais elle est relevée dans l'édition de Pierre Laubriet[30]. La transcription citée des premières épreuves avant correction de Takayuki Kamada[31] donne aussi cette leçon initiale. Or tandis que ce dernier ne le commente pas, l'éditeur de Garnier qualifie le mot de « populaire » et il pense que c'est pour ce caractère qu'il a été supprimé[32]. A-t-il raison ? Certes, le verbe *décanicher* est peu fréquent. Si je ne me trompe, il est absent de Littré, du *Grand Dictionnaire Universel du XIXe siècle* de Larousse, des différentes versions du *Dictionnaire de l'Académie française*, du *TLF*, de la *BHVF*, du *GrLarousse*, du *GrRobert*, de l'article cité de Jacques Pignon et de la thèse citée de Robert Dagneaud. Mais ce n'est pas un mot fantôme ni un mot « populaire ». Il suffit de se reporter à l'article **nīdĭcare* (t. VII, p. 116b) du *FEW* pour voir que c'est un régionalisme. En effet, Wartburg y cite différentes attestations dialectales du type *décanicher* qui signifie transitivement « faire sortir (quelqu'un) d'un lieu où il est blotti » et intransitivement « sortir d'un lieu où il est blotti ». Elles sont relevées en nantais, poitevin, bas-gâtinais, aunisien, saintongeais, tourangeau et blaisois. *Le Folklore de la Touraine* de Jacques-Marie Rougé[33] témoigne aussi de son existence dans le parler de Loches – lieu de naissance primitif de César Birotteau[34]. Ainsi, c'est un mot du pays natal de Balzac. Celui-ci, qui l'avait d'abord écrit dans le manuscrit de son roman, a dû ensuite se demander si le mot, qui convenait tout à fait au héros, n'était pas déplacé chez Constance Birotteau, nièce de Pillerault et donc sans doute parisienne. On ne s'étonnera donc pas que ce régionalisme qui aurait séduit l'écrivain par son caractère familier dans un premier temps ait disparu au cours de la rédaction pour faire place au mot *sortir*.

Bref, les deux variantes *se ramicher* et *décanicher* sont rares toutes les deux et elles sont marquées soit socialement soit géographiquement. Leurs occurrences dans *César Birotteau* sont dignes d'être ajoutées à nos instruments de travail. Il faudra rendre hommage à Pierre Laubriet de les avoir enregistrées dans son appendice critique et de nous avoir permis de les examiner. Son relevé de variantes est si large que chacun le relira avec

30. *Op. cit.*, p. 460.
31. *Op. cit.*, p. 4.
32. *Op. cit.*, p. 452.
33. Jacques-Marie Rougé, *Le Folklore de la Touraine*, sans lieu, C.L.D. Normand & Cie, 1975, p. 253.
34. Voir *César Birotteau*, éd. citée de Pierre Laubriet, p. 30, et variante, p. 467.

profit. Nous pourrons de cette façon compléter et éventuellement corriger l'édition de René Guise, tout en enrichissant notre connaissance du français. Le Furne corrigé ne devrait pas dissimuler les « audaces de vocabulaire » de Balzac, pour reprendre l'expression de Jean Pommier[35], que l'on peut exploiter dans les multiples leçons rejetées que recèle l'apparat critique.

35. Jean Pommier, « La Création littéraire chez H. de Balzac », dans *Id.*, *Créations en littérature*, Paris, Hachette, 1955, p. 34.

18.
LES ASTRONOMES VIVAIENT D'ARAIGNÉES

André Maurois considérait l'*Histoire de la grandeur et de la décadence de César Birotteau* comme « l'un des plus beaux et des plus terribles drames de *La Comédie humaine* »[1]. Ce roman, dont la première publication en volume chez Boulé date de 1837, contient, parmi bien d'autres, un passage savoureux sur les « intelligences bourgeoises »[2] que le héros partage avec ses amis. Puisqu'il préfigure, selon le mot de René Guise[3], un *Dictionnaire des idées reçues*, il méritera d'être rappelé :

> Il [=César Birotteau] épousa forcément le langage, les erreurs, les opinions du bourgeois de Paris qui admire Molière, Voltaire et Rousseau sur parole, qui achète leurs œuvres sans les lire ; qui soutient que l'on doit dire *ormoire*[4], parce que les femmes serraient dans ces meubles leur *or* et leurs robes autrefois presque toujours en moire, et que l'on a dit par corruption *armoire*. Potier, Talma, Mlle Mars, étaient dix fois millionnaires et ne vivaient pas comme les autres humains : le grand tragédien mangeait de la chair crue, Mlle Mars faisait parfois fricasser des perles, pour imiter une célèbre actrice égyptienne. L'Empereur avait dans ses gilets des poches en cuir pour pouvoir prendre son tabac par poignées, il montait à cheval au grand galop l'escalier de l'orangerie de Versailles. Les écrivains, les artistes mouraient à l'hôpital par suite de leurs originalités ; ils étaient d'ailleurs tous athées, il fallait bien se garder de les recevoir chez soi. Joseph Lebas citait avec effroi l'histoire du mariage de sa belle-sœur Augustine avec le peintre Sommervieux. *Les astronomes vivaient d'araignées*[5].

1. Préface pour *César Birotteau*, dans *CFL*, t. II, p. 11.
2. *Histoire de la grandeur et de la décadence de César Birotteau*, éd. par René Guise, *CH*, t. VI, p. 70.
3. *Ibid.*, p. 1152.
4. Sur cette prononciation attestée dès 1538 et répandue dans de nombreux parlers, voir le *FEW*, t. XXV, p. 258a, s. v. *armarium*.
5. *CH*, t. VI, p. 69-70 ; c'est moi qui souligne la dernière phrase ; les autres soulignages sont de l'auteur. Voir fig. 18A, B et C pour des états antérieurs de ce passage.

Fig. 18A et B. – *César Birotteau*, épreuves avec becquets, Bibliothèque de l'Institut de France, Collection Spoelberch de Lovenjoul, ms Lov. A 93, fol. 131 recto et verso.

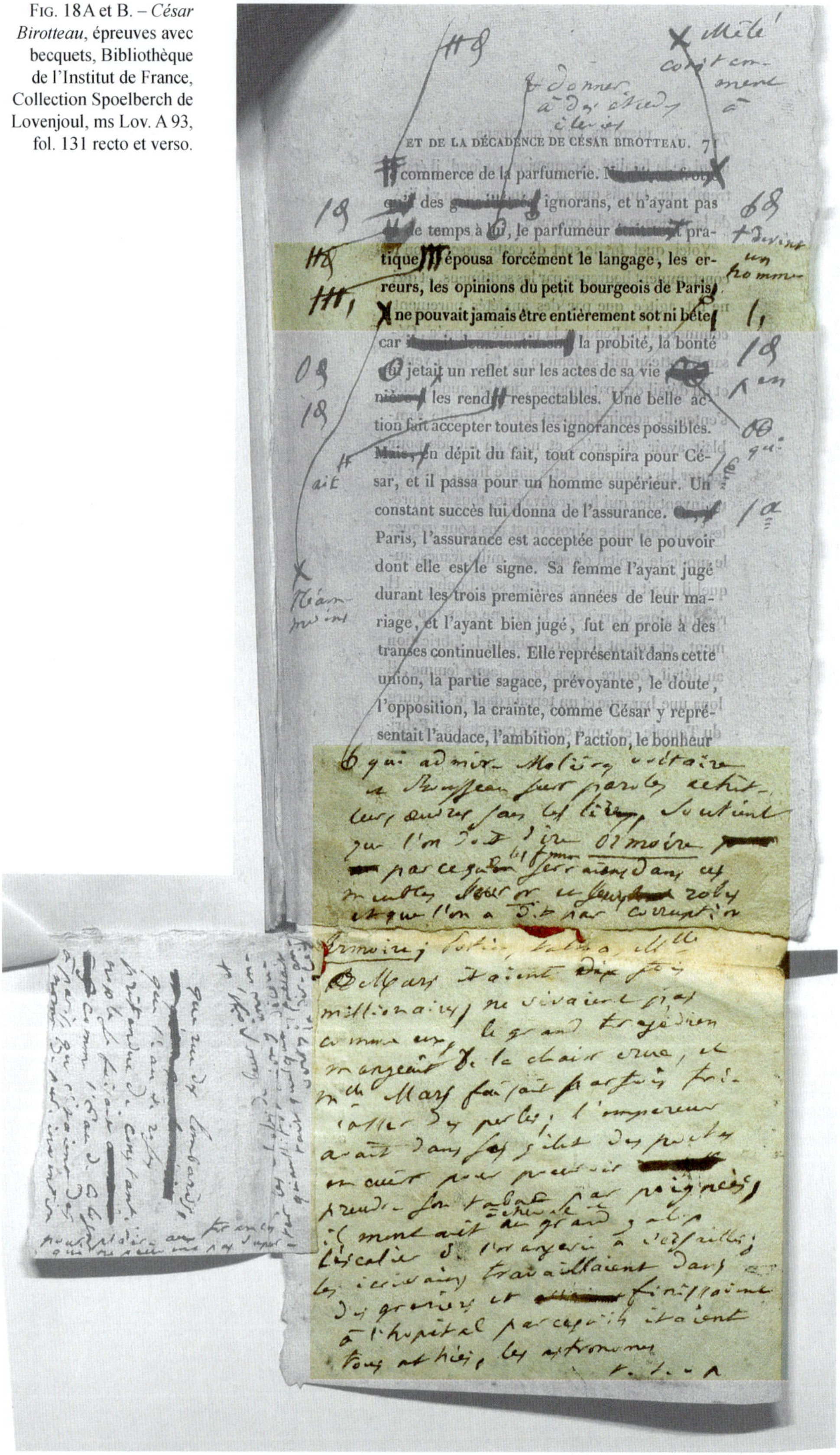

ET DE LA DÉCADENCE DE CÉSAR BIROTTEAU. 71

commerce de la parfumerie. N[illegible] fort
qu[illegible] des [illegible] ignorans, et n'ayant pas
le temps à lui, le parfumeur [illegible] pratique, épousa forcément le langage, les erreurs, les opinions du petit bourgeois de Paris,
ne pouvait jamais être entièrement sot ni bête,
car [illegible] la probité, la bonté
qui jetait un reflet sur les actes de sa vie
niè[illegible] les rend[illegible] respectables. Une belle action fait accepter toutes les ignorances possibles.
Mais, en dépit du fait, tout conspira pour César, et il passa pour un homme supérieur. Un
constant succès lui donna de l'assurance. [illegible]
Paris, l'assurance est acceptée pour le pouvoir
dont elle est le signe. Sa femme l'ayant jugé
durant les trois premières années de leur mariage, et l'ayant bien jugé, fut en proie à des
transes continuelles. Elle représentait dans cette
union, la partie sagace, prévoyante, le doute,
l'opposition, la crainte, comme César y représentait l'audace, l'ambition, l'action, le bonheur

inouï de la fatalité. Néanmoins, au fond, il était trembleur, tandis que sa femme avait en réalité de la patience et du courage.

Voici quel fut le sort de cette association, constamment heureuse par les sentimens, et qui ne fut agitée que par des anxiétés purement commerciales. Pendant la première année, César Birotteau mit sa femme au fait de la vente et du détail des parfumeries, métier auquel elle s'entendit admirablement bien, car elle semblait avoir été créée et mise au monde pour ganter les chalands. Cette année finie, César fit un inventaire qui lui prouva que, tous frais prélevés, il faudrait environ vingt ans pour gagner le modeste capital de soixante mille francs, auquel il avait chiffré le coût de son bonheur. Il résolut alors d'arriver à la fortune plus rapidement, et voulut d'abord joindre la fabrication au détail. Contre l'avis de sa jeune femme, il loua une baraque et un terrain dans le faubourg du Temple, et y mit en gros caractères : Fabri-

CÉSAR BIROTTEAU. 221

par lui, nécessitait de fortes dépenses. Ni le mari ni la femme ne regardaient à l'argent quand il s'agissait de faire plaisir à leur fille dont ils n'avaient pas voulu se séparer. Imaginez les jouissances du pauvre paysan parvenu, quand il entendait sa charmante Césarine répétant au piano une sonate de Steibelt ou chantant une romance; quand il la voyait écrire correctement la langue française, lire Racine père et fils, lui en expliquer les beautés, dessiner un paysage ou faire une sépia! revivre dans une fleur si belle, si pure, qui n'avait pas encore quitté la tige maternelle, un ange enfin dont les grâces naissantes, dont les premiers développements avaient été passionnément suivis, admirés! une fille unique, incapable de mépriser son père ou de se moquer de son défaut d'instruction, tant elle était vraiment *jeune fille*. En venant à Paris, César savait lire, écrire et compter, mais son instruction en était restée là, sa vie laborieuse l'avait empêché d'acquérir des idées et des connaissances étrangères au commerce de la parfumerie. Mêlé constamment des gens à qui les sciences, les lettres étaient indifférentes, et dont l'instruction n'embrassait que des spécialités; n'ayant pas de temps pour se livrer à des études élevées, le parfumeur devint un homme pratique. Il épousa forcément le langage, les erreurs, les opinions du bourgeois de Paris qui admire Molière, Voltaire et Rousseau sur parole, qui achète leurs œuvres sans les lire; qui soutient que l'on doit dire *ormoire*, parce que les femmes serraient dans ces meubles leur *or* et leurs robes autrefois presque toujours en moire, et que l'on a dit par corruption *armoire*. Potier, Talma, mademoiselle Mars, étaient dix fois millionnaires et ne vivaient pas comme les autres humains : le grand tragédien mangeait de la chair crue, mademoiselle Mars faisait parfois fricasser des perles, pour imiter une célèbre actrice égyptienne. L'Empereur avait dans ses gilets des poches en cuir pour pouvoir prendre son tabac par poignées, il montait à cheval au grand galop l'escalier de l'orangerie de Versailles. Les écrivains, les artistes mouraient à l'hôpital par suite de leurs originalités; ils étaient tous athées, il fallait bien se garder de les recevoir chez soi. Joseph Lebas citait avec effroi l'histoire du mariage de sa belle-sœur Augustine avec le peintre Sommervieux. Les astronomes vivaient d'araignées. Ces points lumineux de leurs connaissances en langue française, en art dramatique, en politique, en littérature, en science, expliquent la portée de ces intelligences bourgeoises. Un poète, qui passe rue

FIG. 18C. – *César Birotteau*, édition Furne corrigée, Bibliothèque de l'Institut de France, Collection Spoelberch de Lovenjoul, ms Lov. A 26, p. 221.

Parmi ces *idées reçues*, la dernière phrase que j'ai soulignée me paraît être assez curieuse pour demander une petite explication. Cependant, aucune des éditions que j'ai consultées[6] ne lui consacre de commentaire. S'agirait-il d'une fantaisie sans fondement ? Il me semble que non.

En effet, on se rappelle un passage des *Mémoires d'outre-tombe* de Chateaubriand. Il y parle d'un certain Lalande, auteur d'un *Voyage en Italie* et astronome :

> Le voyage de Lalande en Italie, en 1765 et 1766, est encore ce qu'il y a de mieux et de plus exact sur la Rome des arts et sur la Rome antique. « J'aime à lire les historiens et les poètes, dit-il, mais on ne saurait les lire avec plus de plaisir qu'en foulant la terre qui les portait, en se promenant sur les collines qu'ils décrivent, en voyant couler les fleuves qu'ils ont chantés. » Ce n'est pas trop mal pour *un astronome qui mangeait des araignées*[7].

L'auteur de ce *Voyage*[8] est Joseph-Jérôme Le Français de Lalande (1732-1807), célèbre astronome qui était membre de l'Académie des sciences, professeur au Collège de France et directeur de l'Observatoire de Paris[9]. Son athéisme était si notoire que Balzac le mentionne à ce titre dans *Les Martyrs ignorés*[10].

La remarque finale de Chateaubriand ne pourrait-elle donc pas expliquer l'*idée reçue* de César Birotteau et ses amis ? Il serait difficile d'y voir une coïncidence. Certes, le témoignage de Chateaubriand est tardif, puisque ses *Mémoires d'outre-tombe* n'ont vu le jour qu'entre 1848 et 1850, mais il n'a pas inventé ce trait étonnant. Depuis la fin du XVIIIe siècle, on en trouve plusieurs témoignages, qui ne viennent pas toujours de plaisantins.

6. Conard, *Études de mœurs : scènes de la vie parisienne*, t. II, p. 43 ; éd. par Pierre Laubriet, Paris, Garnier, 1964, p. 54 ; *Intégrale*, t. IV, p. 144 ; *CHH*, t. VIII, p. 426 ; *BO*, t. X, p. 221 ; éd. par Gérard Gengembre, Paris, Flammarion (GF Flammarion), 1995, p. 78 ; éd. par Stéphane Vachon, Paris, Librairie Générale Française (Le Livre de poche, Classiques), 2018, p. 137.

7. Chateaubriand, *Mémoires d'outre-tombe*, éd. par Jean-Claude Berchet, Deuxième édition revue et corrigée, Paris, Classiques Garnier et Librairie Générale Française, 2003-2004, 2 vol., Livre XXIX, chapitre 7, t. II, p. 213.

8. *Voyage d'un François en Italie, fait dans les années 1765-1766*, Venise et Paris, Desaint, 1769, 8 vol. et atlas. La citation de Chateaubriand correspond au t. III, p. 4 : « *J'aime à lire* Virgile, Cicéron, Horace, Juvenal, Tacite, Martial ; & *on ne sauroit les lire avec plus de plaisir, qu'en foulant la terre qui les portoit, en se promenant sur les collines qu'ils décrivent, en voyant couler les fleuves qu'ils ont chantés* ; [...]. »

9. Sur ce personnage, voir Simone Dumont, *Un astronome des Lumières. Jérôme Lalande*, Paris, Vuilbert, 2007.

10. *Les Martyrs ignorés*, éd. par Madeleine Ambrière, *CH*, t. XII, p. 722 : « Se croyant obligé d'être athée, parce qu'il a été lié avec M. de Lalande. » La note de l'éditrice (p. 1087) insiste aussi sur son athéisme.

Ainsi, le physicien Denis-Bernard Quatremère D'Isjonval parle de ce trait dans son ouvrage *De l'aranéologie* paru en 1797 et il rapporte l'opinion de Lalande sur le « goût de noisette » que l'on peut savourer en mangeant des araignées[11]. La *Biographie universelle ancienne et moderne* de Joseph-François Michaud a aussi consacré en 1819 un long article (signé D-L-E) à cet astronome, et dans une note l'on peut apprendre comment à celui-ci est venu ce goût curieux[12]. De son côté, dans son article *araignée* (1821) du *Dictionnaire de médecine* de Nicolas Philibert Adelon *et alii*, Hippolyte Cloquet fait mention de Lalande après avoir énuméré plusieurs personnes qui ont mangé des araignées malgré la mauvaise réputation selon laquelle celles-ci devaient être venimeuses[13].

En 1834, une autre *Biographie universelle*, due à François-Xavier de Feller, contient également un article *Lalande (Joseph-Jérôme Le Français de)*, dans lequel, après avoir retracé les principaux travaux de l'astronome, l'auteur résume ce que l'on savait sur son goût particulier et il cite une petite pièce composée par Pierre-Antoine-Augustin de Piis, qui méritera d'être connue :

> Tout le monde connaît son goût bizarre pour les chenilles et les araignées, qu'il avalait avec une affectation ridicule ; et il trouvait plaisant, lorsqu'il se trouvait en la compagnie des dames, de renouveler en leur présence ces dégoûtantes scènes de polyphagie. C'était là ce que Lalande appelait se mettre au-dessus des préjugés. Ayant dit un jour à madame Condorcet qu'il

11. Denis-Bernard Quatremère D'Isjonval, *De l'aranéologie*, Paris, J.-J. Fuchs, 1797, p. 141-142 : « Or, voici ce que j'écrivois à un Astronome d'Utrecht, dès l'année 1789. "Une chose à vous faire connoître avant tout, si vous ne le connoissez pas, c'est qu'un de nos Amis communs mange les Araignées, et comme ce n'est pas le seul Insecte dont il fait son régal, il sait même dire quel goût elles ont. Mr. DELALANDE qui pendant les premières années de mon séjour en France, venoit souper tous les samedis chez moi, et s'y rendoit souvent dès la sortie de l'Académie, ne trouvoit rien de plus à son gré, en attendant le service, que de manger des Chenilles lorsque c'en étoit la Saison. Comme mon appartement donnoit de plein pied sur un assez beau jardin, il trouvoit facilement de quoi passer sa première faim ; mais comme Mde. DISJONVAL aimoit à faire bien les choses, elle lui en amassoit le samedi pendant l'après dîner un certain nombre, et les lui faisoit servir aussi-tôt après son arrivée. Lui ayant toujours laissé ma part de ce ragoût, je ne puis vous parler que par oui dire de la différence de saveur qu'il y a entre une Araignée et une Chenille : la première dit notre Astronome, a un excellent gout de Noisette, et la seconde un véritable gout de Fruit à Noyau." »

12. *Biographie universelle ancienne et moderne*, t. XXIII, Paris, L. G. Michaud, 1819, p. 230.

13. Nicolas-Philibert Adelon *et alii*, *Dictionnaire de médecine*, t. II, Paris, Béchet jeune, 1821, p. 570 : « et, de nos jours même, comme pour confirmer tous ces anciens témoignages, le célèbre astronome Lalande avalait avec délices toutes les araignées qui lui tombaient sous la main. »

trouvait à cet étrange mets une saveur de noisette : – « Je comprends, répliqua cette dame ; c'est à peu près comme on peut trouver à l'athéisme une odeur de philosophie. » Le chevalier de Piis fit à ce sujet le couplet suivant :

Quand sur votre blanche assiette
La noire arachné courra,
Pour la croquer sans fourchette
Entre vos doigts prenez la :
Si non de vous, landerirette,
Monsieur de Lalande rira[14].

Si, comme le dit cette notice, « tout le monde » connaissait le « goût bizarre pour les chenilles et les araignées » de Lalande, Balzac n'aurait pas été une exception. Les ouvrages que je viens d'évoquer ou d'autres publications similaires devaient être à sa portée. Les lecteurs d'aujourd'hui qui ne partagent pas cette connaissance auraient besoin d'une petite note explicative. Autrement, il leur serait difficile de bien savourer ce *Dictionnaire* précurseur *des idées reçues* que constitue le morceau cité de *César Birotteau*.

On peut signaler qu'il y a un autre témoignage, contemporain de Balzac, qui a le mérite de résumer les caractéristiques de l'astronome en un surnom frappant et qui nous dirige vers une autre piste imprévue. Il s'agit des *Mémoires véridiques et ingénus de la vie privée, morale et politique d'un homme de bien, écrits par lui-même dans la 81e année de son âge*[15] que le vicomte Charles-Edme Gauthier de Brécy, « ex-doyen des lecteurs du cabinet » de Louis XVIII et de Charles X, fit paraître en 1834, soit deux ans avant de mourir. Racontant un dîner chez Madame Anson[16], il nous révèle comment l'astronome était appelé dans le monde :

> J'avais autrefois été lié avec M. Anson ; je fus rappelé au souvenir de sa veuve par des amis qui lui avaient peut-être trop vanté ma réputation de lecteur. J'acceptai son dîner, auquel je rencontrai des personnages marquants de l'époque du jour : c'était à la fin de 1802. Les principaux personnages que je citerai sont : M. Gaudin, depuis duc de Gaëte ; le fameux Cambon de Montpellier, financier rogneur de rentes ; M. de Volnay, l'astronome Lalande, et un M. Crozet homme d'esprit et poète. Ce dîner choisi pour d'aussi éminents personnages fut fort de mon goût. Après le café, madame Anson m'aborda, et me présenta M. Crozet, qui, un papier à la main, me dit :

14. François-Xavier de Feller, *Biographie universelle, ou Dictionnaire historique des hommes qui se sont fait un nom par leur génie, leurs talens, leurs vertus, leurs erreurs ou leurs crimes, Nouvelle édition augmentée de plus de 3 000 articles, rédigés par M. Pérennès*, t. VII, Paris, Gauthier Frères, 1834, p. 232-233.

15. Paris, Guiraudet, 1834.

16. Est-ce la femme de Pierre-Hubert Anson (1744-1810) ?

« Monsieur, vous m'obligeriez infiniment, de vouloir bien lire à la société de madame Anson des vers que j'ai composé[s] sur les *E* de l'alphabet. » Ce titre me parut extraordinaire ; cependant, après lui avoir avoué mes craintes de ne pas bien rendre ses expressions et ses pensées dans une lecture improvisée, je voulus lui faire l'essai de cette lecture, et je demandai quelques minutes de silence. Ces vers étaient très ingénieux, et par les félicitations que je reçus je pus juger du plaisir avec lequel j'avais été entendu ; madame Anson surtout me témoigna sa satisfaction de ma complaisance ; elle m'invita à passer dans son cabinet, où elle me fit voir [p. 302] une gravure qui représentait la constellation du chat, honneur accordé à cet animal familier par l'astronome Herschel et M. de Lalande, que l'on désignait alors comme *athée et mangeur d'araignées*. Je ne me permets de rappeler ici ces deux épithètes que parce que c'était alors le bruit public ; ce qui prouve que souvent l'homme qui a de l'esprit et du génie n'est pas toujours celui qui a le plus de raison[17].

Ce surnom *athée et mangeur d'araignées* n'indique-t-il pas précisément ce que Balzac a retenu comme traits distinctifs de Lalande dans *Les Martyrs ignorés* et *César Birotteau* ? Aurait-il lu les *Mémoires* de Gauthier de Brécy ? Ce n'est pas impossible, mais il serait difficile d'en avoir une certitude absolue.

Si j'ai cité cette longue description d'un dîner mondain, c'est parce que l'auteur, qui se présente dans un autre passage comme « un spectateur assidu »[18] de l'opéra, pourrait être le « colocataire » énigmatique qui a signé une lettre que Charles de Boigne a écrite au romancier le 10 juillet 1835. Voici cette lettre telle que Roger Pierrot et Hervé Yon l'ont imprimée dans leur édition :

Mon cher Monsieur de Balzac, nous venons vous demander si décidément vous conservez votre place. Dans l'affirmative, nous vous prions d'envoyer d'ici lundi payer votre part, sans quoi nous devrons vous regarder comme démissionnaire.

Agréez nos félicitations, si la fortune vous est favorable, nos regrets si elle vous est contraire.

Adieu notre cher et nous craignons de le dire, notre ex-colocataire.

Charles de Boigne.

17. *Ibid.*, p. 301-302 ; le premier soulignage est de l'auteur et le second, de moi.

18. Voir son récit du baptême du duc de Berry : « J'atteste pour mon compte que je n'ai de ma vie vu un spectacle plus imposant et plus merveilleux, préférable pour les cœurs religieux aux plaisirs mondains des grands théâtres, dont je n'ai cependant pas la prétention de blâmer les jouissances permises, puisque, ayant obtenu du roi mes entrées *à l'Opéra*, j'y étais *un spectateur assidu.* » (*ibid.*, p. 394-395).

En notre loge de l'Opéra.
Vendredi 10 juillet 1835.

[E. Gaulchier du Boutay *?*]

Lautour vous fait bien des compliments.

[F. M. *?*] Chegaray[19].

Les éditeurs[20] de la *Correspondance* ont bien identifié Charles de Boigne et Michel Charles Chégaray, tandis qu'ils n'ont pas réussi à résoudre l'énigme du deuxième signataire. Sa signature ne pourrait-elle pas être lue E[dme] Gauthier de Brécy ? Ce dernier a certes 82 ans et va mourir l'année suivante, mais il n'est pas exclu qu'il ait pu assister à l'opéra puisque l'année précédente il était assez vaillant pour publier ses *Mémoires* qu'il a *écrits lui-même* comme le précise le titre. La ressemblance des deux noms me paraît assez grande pour que cette hypothèse ne soit pas tout à fait invraisemblable. Et si Balzac avait occupé la même loge que lui, il aurait pu l'entendre raconter bien des anecdotes, dont celle d'un astronome surnommé *athée et mangeur d'araignées*.

Celui-ci se trouve évoqué en fait une autre fois dans *La Comédie humaine*. Cette mention se lit dans *La Peau de chagrin*, dont l'édition originale date de 1831. C'est le professeur Planchette, membre de l'Académie des sciences, qui parle de l'astronome dans la réplique suivante, adressée à Raphaël de Valentin :

> Monsieur, dit-il, les gens du monde traitent toujours la Science assez cavalièrement, tous nous disent à peu près ce qu'un incroyable disait à Lalande en lui amenant des dames après l'éclipse : « Ayez la bonté de recommencer. »[21]

Sur cette allusion, les éditeurs consultés[22] sont très discrets, sauf Marcel Bouteron et Henri Longnon[23], qui nous renseignent sur l'astronome, et Pierre Citron, qui dit franchement : « La source de cette anecdote n'a pas été retrouvée. »[24] L'énigme persiste jusque dans la récente édition de Nadine Satiat, qui elle aussi avoue son ignorance[25]. Pourrait-on proposer une hypothèse sur ce mystère ? Il me semble que c'est possible.

19. *Corr.*, t. I, p. 1107. Voir fig. 18D.
20. Voir leur note, *ibid.*, p. 1494.
21. *La Peau de chagrin*, éd. par Pierre Citron, *CH*, t. X, p. 243.
22. *Intégrale*, t. VI, p. 501 ; *CHH*, t. XIV, p. 248 ; *BO*, t. XIV, p. 176.
23. Conard, *Études philosophiques*, t. I, p. 491.
24. *CH*, t. X, p. 1330.
25. *La Peau de chagrin*, éd. par Nadine Satiat, Paris, Flammarion, 1996 ; mise à jour en 2013, GF Flammarion, p. 335.

Charles de Boigne 10 Juillet 1835 277

Mon cher Monsieur de Balzac, nous venons vous demander si décidemment vous conservez votre place. dans l'affirmative, nous vous prions d'envoyer d'ici Lundi payer votre part, sans quoi nous devons vous regarder comme démissionnaire.

Agréez nos félicitations si la fortune vous est favorable, nos regrets si elle vous est contraire.

Adieu notre cher et nous craignons de dire, votre ex-colocataire

En notre Loge de l'opéra Vendredi 10 juillet 1835

Lautour vous fait bien des compliments

Charles de Boigne

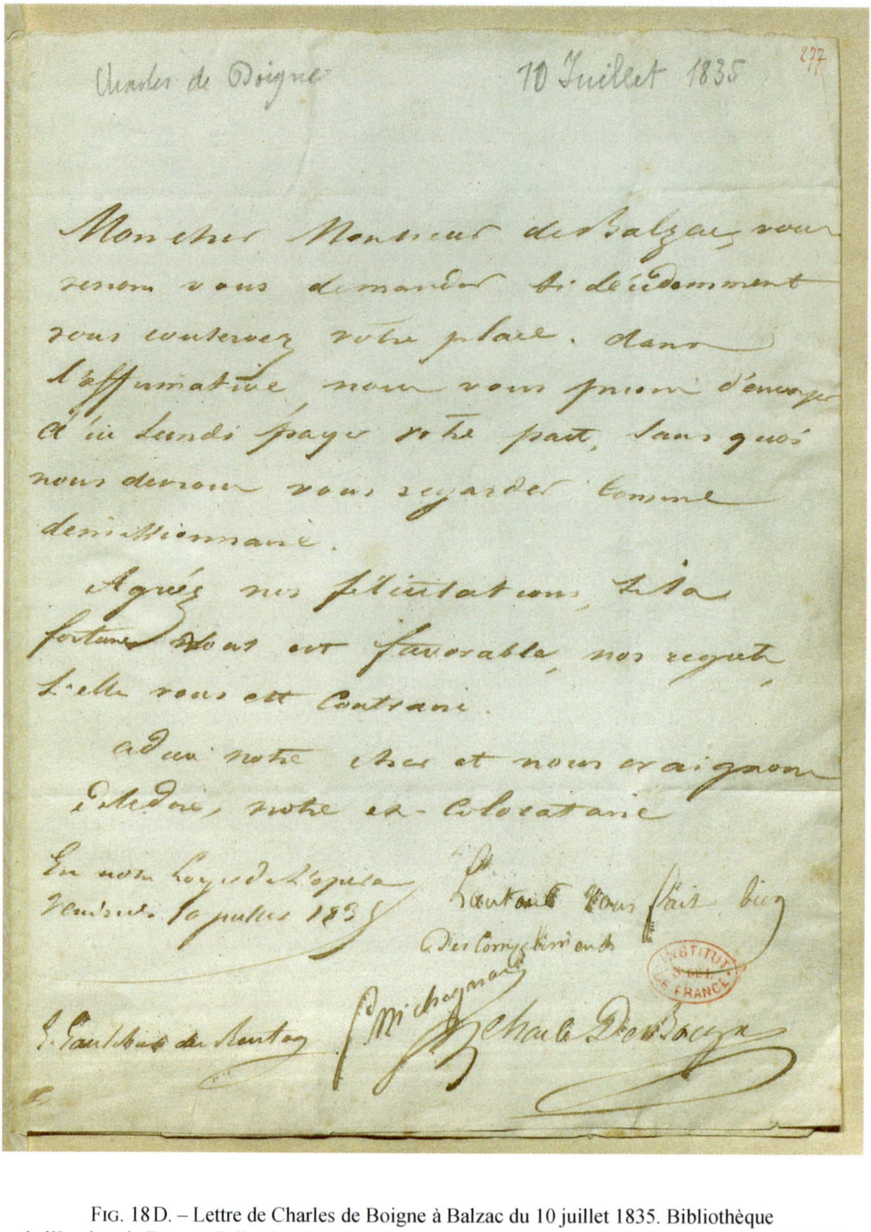

FIG. 18D. – Lettre de Charles de Boigne à Balzac du 10 juillet 1835. Bibliothèque de l'Institut de France, Collection Spoelberch de Lovenjoul, ms Lov. A 312, tome I (A-B), fol. 277.

Selon la tradition qui remonte au milieu du XVIIIe siècle, l'astronome à qui un mondain avait demandé de recommencer l'éclipse est non pas Lalande, mais Cassini[26]. Le premier auteur qui rapporte l'anecdote paraît être François-Louis-Claude Marin (1721-1809), qui publia à Paris en 1751 et à Amsterdam et Leipzig l'année suivante un ouvrage intitulé *L'Homme aimable, dédié à Monsieur le marquis de Rosen, avec des réflexions et des pensées sur divers sujets*. Citons le passage de ce livre où figure notre histoire :

> En-vérité il y a des gens bien sots ! Je ne fais cette réflexion que pour céder au plaisir de raconter une histoire dont il y a trente témoins. On examinoit à l'Observatoire une éclypse de Soleil. Bien du monde y étoit accouru. Un brillant Marquis qui accompagnoit deux Dames de distinction, apprit en arrivant que tout étoit fini. *N'importe*, répondit-il, *entrons toujours, Mesdames. Je connois M. Cassini ; c'est un galant-homme, il aura la complaisance de recommencer*[27].

Marin n'a pas donné le prénom de l'astronome. On peut se demander de quel membre de la famille Cassini il s'agit. Dans cette lignée qui compte quatre astronomes successifs – Jean-Dominique dit Cassini Ier (1625-1712), Jacques dit Cassini II (1677-1756), César-François dit Cassini III (1714-1784) et Jean-Dominique dit Cassini IV (1748-1845) – chronologiquement le plus probable par rapport à la date de publication de *L'Homme aimable* est Cassini III, mais rien n'empêcherait d'attribuer l'histoire à son grand-père ou à son père. Malheureusement, aucun des éloges académiques des trois premiers Cassini, dus successivement à Fontenelle[28], à Jean-Paul Grandjean de Foucy[29] et à Condorcet[30] ne fait allusion à cet épisode, jugé sans doute trop frivole. On ne peut donc pas savoir avec certitude lequel des quatre Cassini est le héros de l'histoire.

26. Lequel des quatre astronomes Cassini ? J'y reviens dans un instant.

27. *L'Homme aimable, dédié a Monsieur le marquis de Rosen, avec des réflexions et des pensées sur divers sujets, par M. Marin, Avocat au Parlement de Paris*, Amsterdam, Arkstée et Leipzig, Merkus, 1752, p. 102 ; c'est l'auteur qui souligne.

28. Fontenelle, « Éloge de Monsieur Cassini » (= Cassini Ier), in *Histoire de l'Académie royale des sciences en M. DC. XCIX et les éloges historiques de tous les Académiciens morts depuis ce Renouvellement*, Paris, Michel Brunet, 1724, p. 263-298.

29. Jean-Paul Grandjean de Foucy, « Éloge de M. Cassini » (= Cassini II), in *Histoire de l'Académie royale des sciences, Année M. DCCLVI Avec les Mémoires de Mathématiques & de Physique pour la même Année*, Paris, Imprimerie royale, 1762, p. 134-146.

30. Condorcet, « Éloge de M. Cassini » (= Cassini III), in *Histoire de l'Académie royale des sciences. Année M. DCCLXXXIV Avec les Mémoires de Mathématiques & de Physique pour la même Année*, Paris, Imprimerie royale, 1787, p. 54-63.

Quoi qu'il en soit, celle-ci a connu un grand succès, ainsi qu'en témoignent Voltaire, qui l'a consignée dans un de ses cahiers[31], ou François-Antoine Devaux, qui en fait mention dans la lettre d'avant le 25 mai 1751 qu'il a adressée à Madame de Graffigny[32]. Par la suite, plusieurs ouvrages la rapportent avec plus ou moins de détails. La liste en est longue, depuis le *Dictionnaire d'anecdotes* de 1766[33] jusqu'au *Rire* d'Henri Bergson[34] en passant par les *Éléments de littérature* de Marmontel[35], l'article *comique* du *Grand Dictionnaire Universel du XIXe siècle* de Pierre Larousse[36] et l'*Astronomie populaire* de Camille Flammarion[37].

Comme le dit ce dernier, au XIXe siècle plusieurs publications comme *Encyclopédiana*[38] ou *Les Bonnes bêtises du temps nouveau et du temps passé* de P.-J. Martin[39] ont attribué l'anecdote au physicien Arago, même

31. Il s'agit des Cahiers de Léningrad (appelés aussi « Sottisier »), datés d'entre 1735 et 1750 : voir *Les Œuvres complètes de Voltaire*, t. LXXXI, *Notebooks*, éd. par Theodore Besterman, Deuxième édition, Genève, Institut et Musée Voltaire et Toronto, University of Toronto Press, 1968, p. 29 sur la datation et p. 368 : « Mr Cassini est de mes amis, il fera recommencer l'éclipse. »

32. *Correspondance de Madame de Graffigny*, t. XI, *2 juillet 1750 – 19 juin 1751, Lettres 1570-1722*, Préparé par Dorothy P. Arthur avec la collaboration de J. Curtis, M.-P. Ducretet-Powell, E. Showalter et D. W. Smith, Directeur de l'édition J. A. Dainard, Oxford, Voltaire Foundation, 2007, p. 552, note 15 : « J'ay lu *Zoroastre* dont j'ay eté moins content que vous, *L'Aimable Homme* qui m'a encor moins plû, mais il y a un petit conte de Mr de Cassini qui m'a fait rire. » (souligné par l'auteur).

33. Attribué à Honoré Lacombe de Prezel ou à Jacques Lacombe. Voir *Dictionnaire d'anecdotes, de traits singuliers et caractéristiques, historiettes, bons mots, naïvetés, saillies, reparties ingenieuses, &c. &c.*, Paris, La Combe, 1766, p. 650.

34. Henri Bergson, *Le Rire. Essai sur la signification du comique*, Paris, Alcan, 1900, p. 45.

35. *Œuvres complètes de Marmontel, Nouvelle édition*, t. XIV, *Éléments de littérature*, t. III, Paris, Verdière, 1818, p. 575.

36. Tome IV, Paris, Administration du Grand Dictionnaire Universel, 1869, p. 701a-b.

37. Camille Flammarion, *Astronomie populaire. Description générale du ciel*, Paris, C. Marpon et E. Flammarion, 1881, p. 252-253 : « Il faut les saisir [= les éclipses] au vol, pour ainsi dire, et ne pas imiter ce trop présomptueux marquis du temps de Louis XV, qui, conduisant à l'Observatoire une élégante société féminine, un peu attardée par les petits soins de la toilette, arriva une demi-minute après la fin de l'éclipse. Comme les dames refusaient de descendre de leur carrosse, un peu fâchées contre les exigences de la coquetterie : Entrons toujours, mesdames, s'écria le petit maître avec la plus fière assurance, M. de Cassini est un de mes meilleurs amis, et il se fera un véritable plaisir de recommencer l'éclipse pour nous ! – Cette anecdote a été rééditée en notre siècle sur le compte d'Arago. »

38. *Encyclopédiana. Recueil d'anecdotes anciennes, modernes et contemporaines*, Paris, Paulin, 1843, p. 8 ; *Encyclopédiana. Recueil d'anecdotes anciennes, modernes et contemporaines, Nouvelle édition illustrée de 120 vignettes*, Paris, Jules Laisné, 1857, p. 12.

39. P.-J. Martin, *Les Bonnes bêtises du temps nouveau et du temps passé*, Paris, Magnin, Blanchard et compagnie, 1859, p. 125.

de son vivant. Quant à l'attribution de l'histoire à Lalande, Balzac paraît être le premier à la faire, et après la publication de *La Peau de chagrin* en 1831 on voit plusieurs auteurs suivre son exemple ; je pense par exemple à J. Lavallée et sa nouvelle « La Chasse posthume »[40] de 1839, J. Saint-Albin à qui l'on doit en 1849 l'*Alphabet de la malice des femmes*[41], ou Sophie Swetchine dans sa lettre à la duchesse d'Hamilton du 20 août 1855[42].

On peut naturellement se demander si Balzac s'est trompé par mégarde ou s'il a fait expressément commettre une erreur d'attribution par son personnage. La première possibilité est assez probable, puisqu'il confond parfois les noms propres, comme on l'a vu dans d'autres romans. Mais doit-on totalement écarter la deuxième possibilité ? Puisque Planchette est présenté comme un « véritable poète perdu dans une perpétuelle contemplation »[43], il ne serait pas inconcevable qu'il se détache de l'univers des anecdotes amusantes qui n'a aucune conséquence pour son travail scientifique et dont il se moque complètement. Peu lui importe la bêtise d'un esprit mondain ! Qu'un étourdi s'adresse à Cassini ou à Lalande, le résultat serait le même. Si l'on interprétait ainsi la réplique du savant dans *La Peau de chagrin*, il serait préférable de l'annoter dans ce sens pour faire comprendre aux lecteurs quelle était l'intention du romancier.

Bref, les remarques ponctuelles que j'ai proposées ici en parlant des deux astronomes pourraient peut-être servir à introduire une note d'éditeur sur la phrase « Les astronomes vivaient d'araignées » de *César Birotteau* et à améliorer le commentaire sur la réplique de Planchette dans *La Peau de chagrin*. Elles seraient également utiles pour corriger l'« Index des personnes réelles et des personnages historiques ou de la mythologie, de la littérature et des beaux-arts cités par Balzac dans "La Comédie humaine" » établi par Anne-Marie Meininger avec le concours de Pierre Citron pour la Pléiade, en y créant un article *Cassini* et en complétant son article *Lalande*[44].

40. J. Lavallée, « La Chasse posthume », *Journal des chasseurs. Sporting magazine*, IV, 1839, p. 155-166, surtout p. 158.

41. J. Saint-Albin, *Mulier Bonus. Alphabet de la malice des femmes, Répertoire alphabétique d'anecdotes, de traits et de témoignages sur les ruses, finesses, caprices, fantaisies, stratagèmes, malices, imperfections et faiblesses de la plus belle moitié du genre humain*, Plancy, Société de Saint-Victor, 1849, p. 31.

42. *Lettres de Madame Swetchine publiées par le comte de Falloux*, Cinquième édition, t. II, Paris, Didier, 1881, p. 474.

43. *La Peau de chagrin*, *CH*, t. X, p. 242.

44. *CH*, t. XII, p. 1728.

19.
TOUS LES NUNU *DE LA VIE DE MA CHÈRE ÈVE*

Dans cet avant-dernier chapitre, examinons brièvement le substantif masculin pluriel *nunu*, qui signifie « bagatelles ». C'est un mot rare[1], mais il n'a apparemment pas intéressé les balzaciens, quoiqu'il se rencontre deux fois chez Balzac.

Sa première occurrence se trouve dans l'*Histoire de la grandeur et de la décadence de César Birotteau* (1837), plus précisément dans un des monologues que prononce Constance Birotteau dans l'état mi-éveillé. Citons le contexte tel que René Guise l'a publié pour la Pléiade :

> « Aurait-il une maîtresse ? Il est trop bête, reprit-elle, et d'ailleurs, il m'aime trop pour cela. N'a-t-il pas dit à Mme Roguin qu'il ne m'avait jamais fait d'infidélité, même en pensée. C'est la probité venue sur terre, cet homme-là. Si quelqu'un mérite le paradis, n'est-ce pas lui ? De quoi peut-il s'accuser à son confesseur ? il lui dit des *nunu*. [...][2]. »

Dans ce passage où l'on voit la candeur de Madame Birotteau qui ne s'aperçoit pas de la naïveté de son mari qui maladroitement a vanté sa fidélité à celle à qui il ne fallait pas le dire – puisque Madame Roguin était la maîtresse de du Tillet ! –, si l'auteur a souligné le terme *nunu*, c'est sans doute parce qu'il le percevait comme un peu particulier. Cependant, si je ne m'abuse, ni René Guise ni les autres éditeurs que j'ai consultés[3] ne l'ont annoté. N'y auraient-ils vu aucune difficulté ? Cependant, le terme est absent du *Dictionnaire de la langue française* d'Émile Littré comme du *Grand Dictionnaire Universel du XIX*e *siècle* de Pierre Larousse. Plus près

1. Sur son absence de marque du pluriel, voir Maurice Grevisse et André Goosse, *Le Bon Usage*, 16e édition, Louvain-la-Neuve, De Boeck, 2016, § 520, R4, p. 745.

2. *Histoire de la grandeur et de la décadence de César Birotteau*, éd. par René Guise, *CH*, t. VI, p. 39 ; c'est l'auteur qui souligne. Voir fig. 19A et B.

3. Voir Conard, *Études de mœurs : scènes de la vie parisienne*, t. II, p. 6 ; éd. par Pierre Laubriet, Paris, Garnier, 1964, p. 7 ; *Intégrale*, t. IV, p. 133 ; *CHH*, t. VIII, p. 399; *BO*, t. X, p. 192 ; éd. par Gérard Gengembre, Paris, Flammarion (GF Flammarion), 1995, p. 43 ; éd. par Stéphane Vachon, Paris, Librairie Générale Française (Le Livre de poche, Classiques), 2018, p. 79.

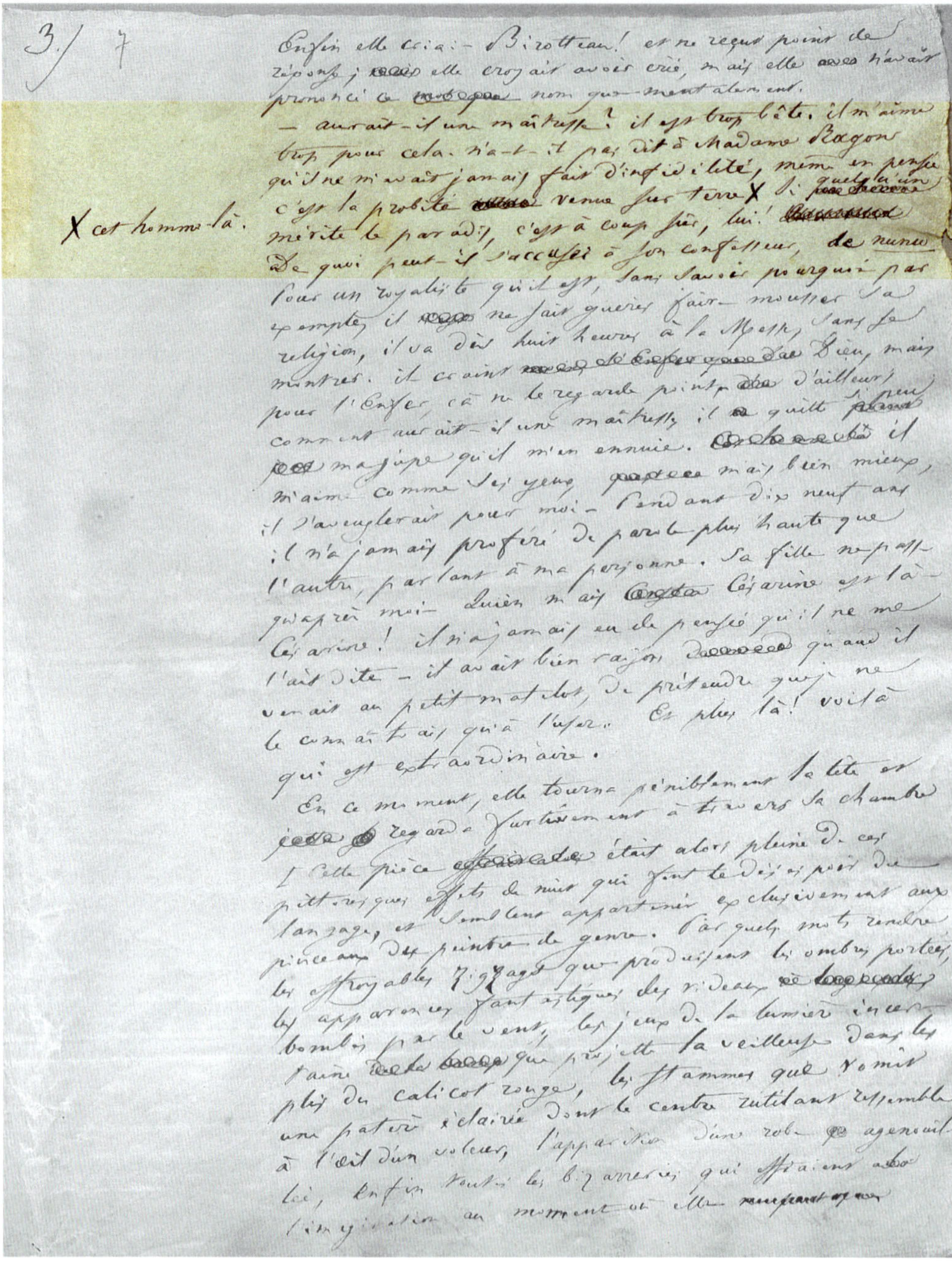

FIG. 19A. – *César Birotteau*, manuscrit, Bibliothèque de l'Institut de France, Collection Spoelberch de Lovenjoul, ms Lov. A 92, fol. 7.

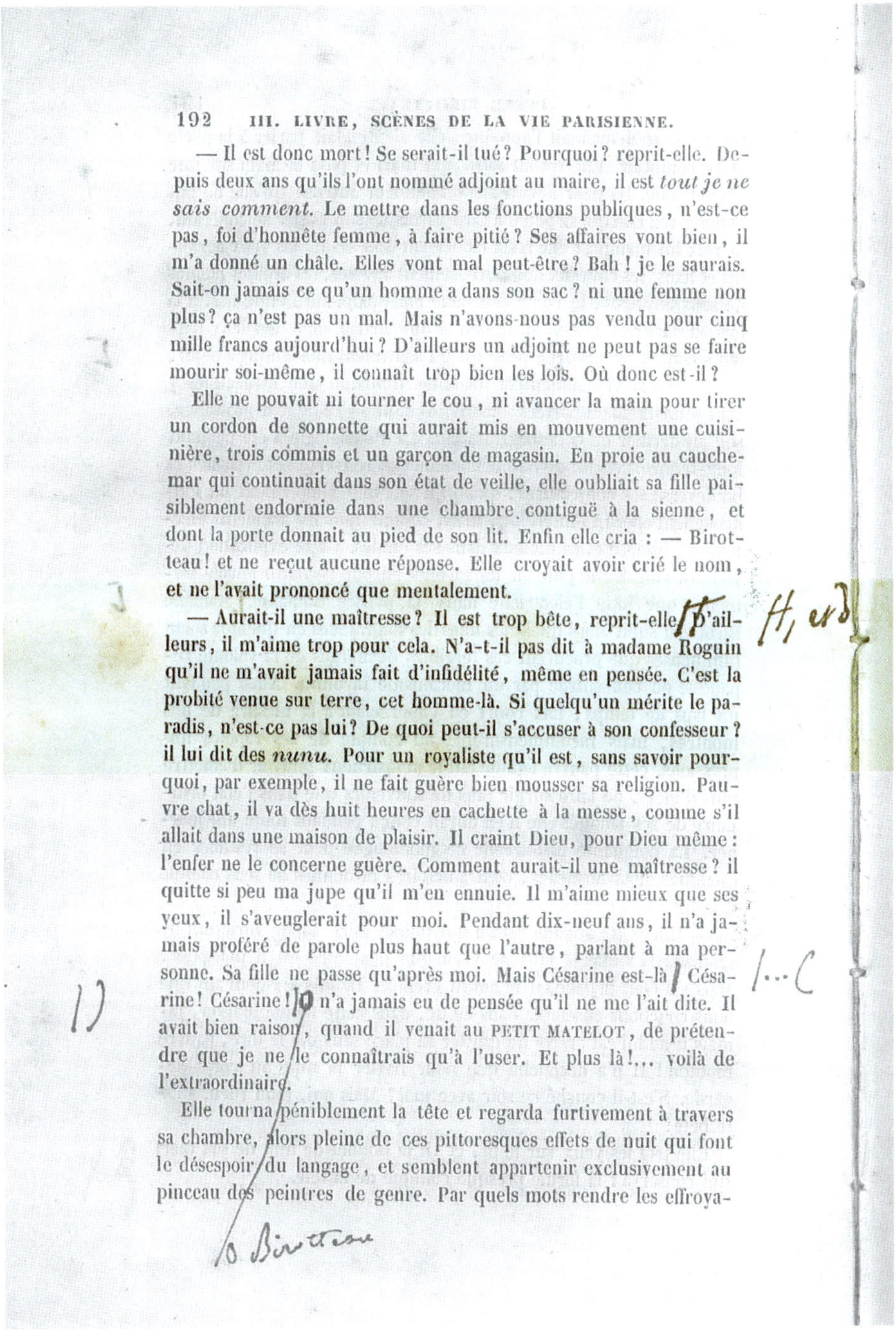

— Il est donc mort! Se serait-il tué? Pourquoi? reprit-elle. Depuis deux ans qu'ils l'ont nommé adjoint au maire, il est *tout je ne sais comment*. Le mettre dans les fonctions publiques, n'est-ce pas, foi d'honnête femme, à faire pitié? Ses affaires vont bien, il m'a donné un châle. Elles vont mal peut-être? Bah! je le saurais. Sait-on jamais ce qu'un homme a dans son sac? ni une femme non plus? ça n'est pas un mal. Mais n'avons-nous pas vendu pour cinq mille francs aujourd'hui? D'ailleurs un adjoint ne peut pas se faire mourir soi-même, il connaît trop bien les lois. Où donc est-il?

Elle ne pouvait ni tourner le cou, ni avancer la main pour tirer un cordon de sonnette qui aurait mis en mouvement une cuisinière, trois commis et un garçon de magasin. En proie au cauchemar qui continuait dans son état de veille, elle oubliait sa fille paisiblement endormie dans une chambre contiguë à la sienne, et dont la porte donnait au pied de son lit. Enfin elle cria: — Birotteau! et ne reçut aucune réponse. Elle croyait avoir crié le nom, et ne l'avait prononcé que mentalement.

— Aurait-il une maîtresse? Il est trop bête, reprit-elle. D'ailleurs, il m'aime trop pour cela. N'a-t-il pas dit à madame Roguin qu'il ne m'avait jamais fait d'infidélité, même en pensée. C'est la probité venue sur terre, cet homme-là. Si quelqu'un mérite le paradis, n'est-ce pas lui? De quoi peut-il s'accuser à son confesseur? il lui dit des *nunu*. Pour un royaliste qu'il est, sans savoir pourquoi, par exemple, il ne fait guère bien mousser sa religion. Pauvre chat, il va dès huit heures en cachette à la messe, comme s'il allait dans une maison de plaisir. Il craint Dieu, pour Dieu même: l'enfer ne le concerne guère. Comment aurait-il une maîtresse? il quitte si peu ma jupe qu'il m'en ennuie. Il m'aime mieux que ses yeux, il s'aveuglerait pour moi. Pendant dix-neuf ans, il n'a jamais proféré de parole plus haut que l'autre, parlant à ma personne. Sa fille ne passe qu'après moi. Mais Césarine est-là! Césarine! Césarine! Il n'a jamais eu de pensée qu'il ne me l'ait dite. Il avait bien raison, quand il venait au PETIT MATELOT, de prétendre que je ne le connaîtrais qu'à l'user. Et plus là!... voilà de l'extraordinaire.

Elle tourna péniblement la tête et regarda furtivement à travers sa chambre, alors pleine de ces pittoresques effets de nuit qui font le désespoir du langage, et semblent appartenir exclusivement au pinceau des peintres de genre. Par quels mots rendre les effroya-

FIG. 19 B. – *César Birotteau*, édition Furne corrigée, Bibliothèque de l'Institut de France, Collection Spoelberch de Lovenjoul, ms Lov. A 26, p. 192.

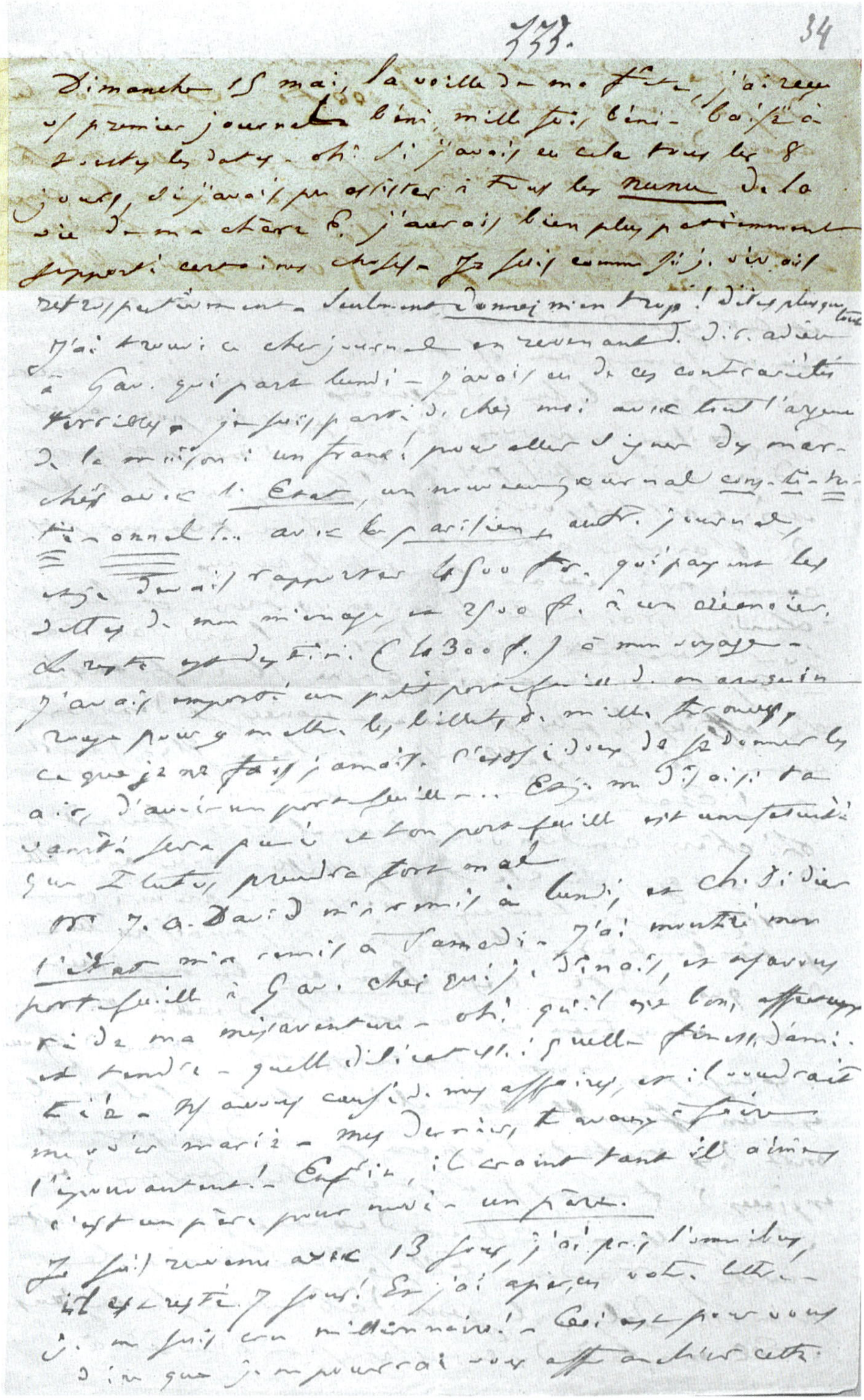

Fig. 19C – Lettre à Mme Hanska du 15 mai 1843,
Bibliothèque de l'Institut de France, Collection Spoelberch de Lovenjoul, ms Lov. A 302, fol. 34 recto.

de la publication de notre roman, la quatorzième édition du *Dictionnaire universel de la langue française* de Pierre-Claude-Victoire Boiste[4] et le *Complément du Dictionnaire de l'Académie française* de Louis Barré[5] l'ignorent également. Il manque aussi au *TLF*, au *GrLarousse*, au *GrRobert*, à l'article de Jacques Pignon sur « Les parlers régionaux dans *La Comédie Humaine* »[6] et à la thèse de Robert Dagneaud sur *Les Éléments populaires dans le lexique de La Comédie humaine d'Honoré de Balzac*[7]. Parmi nos instruments de travail habituels, seuls l'article *nūllus* (t. VII, p. 232b) du *Französisches Etymologisches Wörterbuch* (*FEW*) et la *BHVF* enregistrent le mot, résultat de la réduplication de la prononciation [ny] selon le premier, qu'ils traduisent par « bagatelles ». De plus, l'unique attestation qu'ils relèvent en français moderne est justement le monologue de Constance Birotteau que je viens de citer.

Quoique ni le *FEW* ni la *BHVF* ne la signalent, on a une deuxième occurrence de ce terme chez Balzac. Elle se lit au début de sa lettre à Madame Hanska du 15 mai 1843, où le romancier accuse réception d'un journal de sa correspondante. Là aussi il souligne *nunu* comme il l'a fait dans *César Birotteau*. Ce qui suggère sans doute qu'à ses yeux il s'agissait toujours d'un emploi peu commun (voir fig. 19C) :

> Dimanche 15 mai[8], la veille de ma fête, j'ai reçu v[otre] premier journal béni, mille fois béni, baisé à toutes les dates. Oh ! si j'avais eu cela tous les jours, si j'avais pu assister à tous les *nunu* de la vie de ma chère È[ve] j'aurais bien plus patiemment supporté certaines choses[9].

Pour cette occurrence non plus l'éditeur Roger Pierrot ne donne pas de note. Le mot lui était-il si évident ? En tout cas, on peut ajouter ce témoignage au maigre dossier du terme dans le dictionnaire de Wartburg.

Si l'on retourne ensuite à celui-ci, on y apprend que le mot a une diffusion géographique assez restreinte. Le sens de « bagatelles » est attesté dans quelques dialectes modernes : en Picardie, en Normandie et en Mayenne. Pour ces localisations, le *FEW* s'est basé sur différentes sources lexicographiques du XIXe siècle[10].

4. Paris, Didot, 1857.
5. Paris, Didot, 1842.
6. *Le français moderne*, t. XIV, 1946, p. 175-200 et 265-280.
7. Quimper, Ménez, 1954.
8. Lire plutôt « Lundi 15 mai » selon le calendrier, dit l'éditeur.
9. *LH*, t. I, p. 682-683 ; c'est l'auteur qui souligne.
10. Jules Corblet, *Glossaire étymologique et comparatif du patois picard ancien et moderne précédé de recherches philologiques et littéraires sur ce dialecte*, Paris, Dumoulin, Didron et Techener, 1851, p. 499 : « NUNUS. Babioles, riens, bagatelles, balivernes. », qui

Cet emploi local ne semble donc pas venir du pays natal de Balzac. Par quel chemin est-il parvenu jusqu'à lui? Peut-être à travers sa famille ou ses amis? Par exemple au cours d'un séjour à Bayeux en 1822 chez sa sœur Laure, où il aurait appris des *normanismes*[11] comme l'a fait Gaston de Nueil ? Ce n'est pas impossible. Et dans quelle intention notre auteur s'en est-il servi dans sa correspondance? Pour insister sur le caractère intime de ses relations avec sa destinataire ? En ce qui concerne le monologue de Constance Birotteau, cette apparition d'un mot rare suggère-t-elle un style familier que le personnage se permet dans son lit et non ailleurs? Apparemment, sa diffusion restreinte n'aurait pas rebuté le romancier[12], comme c'était le cas de *décanicher*[13].

Ainsi que l'a fait remarquer Marc Fumaroli, si l'entreprise de Balzac se situe dans la « perspective par l'écrit d'un bonheur oral français oublié »[14], ce que la femme de César Birotteau se disait dans son état mi-éveillé en employant le mot régional peu répandu devra probablement être considéré comme un bon spécimen du soin prodigué par son créateur. À ce titre, le mot *nunu* aurait pu faire l'objet d'une notule dans les éditions de *César Birotteau*. Autrement, les lecteurs d'aujourd'hui risqueraient de ne pas s'apercevoir de son existence même. Sans doute Mario Roques avait-il raison lorsqu'il observait, il y a plus d'un demi-siècle : « L'on n'appréciera bien son effort que lorsqu'on aura pu dresser un dictionnaire de la langue de Balzac »[15].

cite *L'Astrologue picard* de 1846 ; Louis-François Du Bois, *Glossaire du patois normand*, Caen, Hardel, 1856, p. 250 : « NU-NU (s. m.) : niaiserie ; bagatelle insignifiante. Il ne s'emploie guère qu'au pluriel. De *nuga*. » (étymologie que n'a pas adoptée Wartburg); Henri Moisy, *Dictionnaire de patois normand,* Caen, Delesques, 1887, p. 452b : « Nunus, *s. m. plur.*, bagatelles, frivolités, niaiseries. V. FOUTINETTE et les autres mots auxquels il est renvoyé à celui-ci. » ; Georges Dottin, *Glossaire des parlers du Bas-Maine,* Paris, Welter, 1899, p. 371b, qui localise le sens de « mirliton » dans des communes limitrophes de la Sarthe et celui de « bagatelle » à Hercé.

11. *La Femme abandonnée*, éd. par Madeleine Ambrière, *CH*, t. II, p. 467. Pour la chronologie, voir *Corr.*, t. I, p. XXXI.

12. De même, le substantif féminin *picheline* « fille dolente ou douillette » a une aire de diffusion qui ne convient pas au « vocabulaire Rogron » dans *Pierrette*, éd. par Jean-Louis Tritter, *CH*, t. IV, p. 89 ; voir la note de l'éditeur (p. 1146), à compléter par le *FEW*, t. VIII, p. 610b, s. v. *pitš-*.

13. Voir ci-dessus le chapitre 17.

14. Marc Fumaroli, « L'art de la conversation, ou le Forum du royaume », dans *Id.*, *La Diplomatie de l'esprit. De Montaigne à La Fontaine*, Paris, Hermann, 1994, p. 318.

15. Mario Roques, « La langue de Balzac », in *Balzac, Le Livre du centenaire*, Paris, Flammarion, 1952, p. 255.

20.
CERTAINS PASSENT LEUR VIE EN BALZACIE

La phrase choisie comme titre de ce dernier chapitre est tirée d'un article d'André Maurois. Le substantif féminin *balzacie* qui y figure est naturellement un dérivé du nom de notre romancier comme un Jean-Louis Vaudoyer et un Julien Gracq ont dit *Stendhalie*[1], et il signifie dans le contexte « ensemble des œuvres de Balzac, monde créé par Balzac ». À ma connaissance, sa première occurrence date de 1929 et elle se trouve dans l'ouvrage de Pierre Abraham, *Balzac, Recherches sur la création intellectuelle*[2]. Depuis, le terme a eu un succès durable et c'est ainsi que le futur Académicien s'en est servi en rendant compte, dans *Marianne* du 18 novembre 1936, d'une représentation de *La Rabouilleuse*, pièce d'Émile Fabre. Le contexte où il énumère des noms célèbres méritera d'être cité :

> Un roman tire l'autre ; tout le monument vient à vous d'un seul bloc ; si l'on ne s'enfuyait, on serait écrasé. En fait *certains passent leur vie en Balzacie.* Il y a des Balzaciens comme il y a des Norvégiens et des Lithuaniens, et qui connaissent les plus étroits sentiers du pays, non seulement Marcel Bouteron, mais Alain, mais André Gide, mais Marcel Prévost (qui me « colla » jadis sur le nom de la lionne[3] d'*Une Passion dans le Désert*) et Marcel Proust[4] qui

1. Ce mot, absent des dictionnaires consultés, signifie d'une part « ensemble des études sur Stendhal » d'après Jean-Louis Vaudoyer, « Depuis plus de cinquante ans », *Le Divan* 307, 1958, *Hommage à Henri Martineau 1882-1958*, p. 231-232 : « Je le revois [= Henri Martineau], révéremment entouré par toute l'équipe de la *Stendhalie* franco-italienne ; [...]. » (souligné par l'auteur) et de l'autre « monde créé par Stendhal » d'après Julien Gracq, *En lisant et écrivant* (1980), dans *Id.*, *Œuvres complètes*, éd. par Bernhild Boie, Paris, Gallimard (*Pl*), 1989-1995, 2 vol., t. II, p. 574 : « Mais si je pousse la porte d'un livre de Beyle, j'entre en *Stendhalie.* »

2. Paris, Rieder, 1929, p. 72 : « Tant que le code balzacien demeure appliqué à la *Balzacie* il conserve intacts ses caractères de nécessité et de vérité. »

3. C'est Mignonne, voir *Une passion dans le désert*, éd. par Patrick Berthier, *CH*, t. VIII, p. 1228.

4. Voir « John Ruskin », in *Pastiches et mélanges* (1919), repris dans Marcel Proust, *Contre Sainte-Beuve précédé de Pastiches et mélanges et suivis de Essais et articles*, éd. par Pierre Clarac avec la collaboration d'Yves Sandre, Paris, Gallimard (*Pl*), 1971, p. 135-136.

savait si bien décrire la robe portée par la princesse de Cadignan, le jour de sa première rencontre avec d'Arthez[5].

De nos jours encore les spécialistes utilisent ce terme[6] et ils lui donnent parfois une signification un peu plus étendue : « ensemble des études sur Balzac »[7]. Or malgré son histoire vénérable et sa vitalité actuelle, ce substantif manque à nos instruments de travail.

En effet, les dictionnaires ne sont pas très larges avec les dérivés du nom de Balzac. En réunissant les données qu'ils enregistrent[8], on n'a que cinq cas : *balzacien*, *balzaciennement*, *balzacisme*, *balzacoïde* et *balzacolâtre*. Et même pour ces cas relevés, ils ne nous donnent pas toujours une documentation satisfaisante. Quant à la thèse de Wolfgang Schweickard, *« Deonomastik ». Ableitungen auf der Basis von Eigennamen im Französischen*[9], elle n'y ajoute rien de nouveau. Dans le présent chapitre, je soumets à la sagacité des lecteurs une petite liste de dérivés que j'ai recueillis au hasard de la lecture. On verra que le nom de notre romancier a donné naissance à un nombre de termes beaucoup plus important.

Déjà la correspondance de Balzac nous fournit des informations précieuses. D'abord, dans sa lettre à Madame Hanska du 17 février 1844,

Sur la première rencontre des deux personnages balzaciens, voir *Les Secrets de la princesse de Cadignan*, éd. par Anne-Marie Meininger, *CH*, t. VI, p. 968.

5. André Maurois, « La Semaine Théâtrale. La Rabouilleuse de M. Émile Fabre à la Comédie-Française », *Marianne*, le 18 novembre 1936, p. 11 ; le premier soulignage est de moi, tandis que le titre de la nouvelle est souligné par l'auteur.

6. Voir par exemple Daniel Sangsue, « Balzac et les fantômes », *AB*, 2012, p. 143 : « C'est donc pour tenter de cerner les différentes formes qu'ils [= les fantômes] prennent que je m'aventure aujourd'hui en *Balzacie*, [...]. »

7. Voir entre autres Jean-François Richer, « Compte rendu d'Owen Heathcote, *Balzac and Violence. Representing History, Space, Sexuality and Death in* La Comédie humaine », *AB*, 2014, p. 440-441 : « En somme, c'est un bel ouvrage balzacien écrit pour les balzaciens que nous propose Owen Heathcote, dont la vaste culture critique prend ses appuis, et c'est rare, dans tous les recoins de la *balzacie* internationale, qu'elle soit anglo-saxonne, francophone, orientale, fondatrice ou plus récente. »

8. Le *FEW* n'a pas l'article *Balzac* ; dans ses articles *balzacien* (où l'attestation des *Jeunes France* de Théophile Gautier est à dater de 1833 et non pas de 1872 ; voir Gautier, *Les Jeunes France et autres récits humoristiques*, éd. par Patrick Berthier, Paris, Flammarion (GF Flammarion), 2013, p. 240 : « Les Janinphiles, les Janinlâtres, ou les Janiniens, car ces trois mots sont d'une composition également régulière, allèrent se placer à côté des Balzaciens. ») et *balzacisme*, le *TLF* relève, outre les mots vedettes, *balzacolâtre* et *balzacoïde* ; la *BHVF* y ajoute une occurrence précoce de l'adjectif *balzacien* et l'adverbe *balzaciennement* ; la neuvième édition du *Dictionnaire de l'Académie française* et le *GrLarousse* ne connaissent que *balzacien* ; le *GrRobert* reprend les deux articles du *TLF* en tenant compte de la datation de la *BHVF*.

9. Tübingen, Niemeyer, 1992.

notre auteur utilise l'adjectif *balzacien*[10] au sens de « relatif à Balzac » pour caractériser sa façon de travailler. Comme cette occurrence précède celle du *Journal* d'Amiel en 1857 que la lexicographie considérait jusqu'ici comme la plus ancienne des emplois adjectivés, elle devra être rappelée (voir fig. 20):

> Voici samedi gras ; il faut que je le passe à travailler, ainsi que mon dimanche, avec une furie non pas française, mais *Balzacienne*[11].

Cependant, cette attestation n'est pas la première que l'on connaisse. On a encore des exemples antérieurs, qui remontent au moins jusqu'à l'article « Le candidat de Chinon » paru dans le *Figaro* du 25 mai 1832[12]. Dans cet article, l'auteur anonyme énumère quatre dérivés du nom de notre romancier : « des œuvres *balzaciennes*, *ciques*, *chiques* ou *coises* ». Si le premier de ces adjectifs est largement attesté, les trois autres (*balzacique*, *balzachique*, *balzacois*) le sont beaucoup moins, mais ce ne sont pas des hapax[13].

À partir de cet adjectif *balzacien* ont été forgés plusieurs dérivés. Ainsi, l'adverbe *balzaciennement* « à la manière de Balzac », dont la *BHVF* a trouvé une occurrence de 1962 chez Georges Mounin, est attesté plus de

10. Sur différents sens du mot, voir l'analyse subtile que Jacques-Philippe Saint-Gérand a proposée en se basant sur *Frantext* dans son article « *Balzacien*... "Une façon de résumer des idées pour les rendre portatives..." ? », paru dans *Eidôlon* 52, 1999 (*« Balzacien ». Style des imaginaires*), p. 25-51.

11. *LH*, t. I, p. 809.

12. Anonyme, « Le candidat de Chinon », *Figaro*, le 25 mai 1832, p. 1 : « Balzac et Chinon ! / Ne croyez pas que ces deux noms se trouvent unis par le simple effet du hasard, ou plutôt que ce soit moi, faiseur de méchans jeux de mots, qui rapproche ainsi des syllabes insolites pour le seul plaisir de dérider les mélancoliques lecteurs des œuvres *balzaciennes*, *ciques*, *chiques* ou *coises*. »

13. Les adjectifs *balzacique* et *balzachique* se retrouvent dans un autre article du *Figaro*, paru le 18 juin 1833, sur lequel je reviendrai à la fin du chapitre, et le deuxième mot figurera plus tard chez Paul Lacroix, voir P. L. Jacob, bibliophile, « Simple histoire de mes relations littéraires avec Honoré de Balzac (extrait abrégé de mes *Mémoires inédits*), 3e et dernier article », *Le Livre. Revue du monde littéraire*, t. III, 1882, p. 282 : « M. le baron de Spoelberch, à qui nous devons une excellente Bibliographie sous le titre d'*Histoire des Œuvres de M. de Balzac*, s'étonnera certainement d'avoir oublié la préface de mon roman *balzachique*, dans la quatrième partie de son ouvrage, d'ailleurs si complet et si parfait. » (le premier soulignage est de l'auteur, le second de moi). Le mot *balzacois* se rencontre aussi dans « Deux voyages non d'agrément », article anonyme paru dans *Le Charivari* du 10 novembre 1845, p. 1 : « Que le journalisme se tienne sur ses gardes ; le feuilleton pourrait bien être mis sur le tapis impérial et *balzacois*. Dieu seul et le groom de l'auteur d'*Eugénie Grandet* sauront ce dont il sera question entre la poire littéraire et le fromage moscovite, l'entretien devant avoir lieu en gascon, et le valet de pied du prince n'entendant que le bas-breton. » (le premier soulignage est de moi, le second de l'auteur).

de chaise où il a peint la dernière désir du vieillard et celle de sa punition (l'aveuglement) il s'est surpassé lui-même — J'ai d'ailleurs écrit à Poirson que j'irais le voir vendredi pour nous entendre pour Prudhomme en bonne fortune.

Je vais dîner chez mon ennemie la duchesse de Castries qui redouble de caresses.

Jeudi.

[illegible] pour [illegible] Je dîne ce jour chez Lingay, celui qui voulait mettre à profit avec Guizot mon talent d'observateur. — J'ai à régler mon compte avec le Musée des familles à qui je dois encore quelques lignes.

Vendredi — Samedi.

Vendredi, je suis sorti pour beaucoup d'affaires — 1° il y a un acquéreur qui veut bien payer 10,000 fr. [illegible] mes deux meubles florentins pour les revendre 20,000 à [illegible] — il promet 1,000 fr. à Dufour, le marchand. Je ne veux vendre que la commode. On vient de toutes parts, même les marchands de curiosités [illegible] et il y a la plus ébouriffante admiration — vous n'avez pas [illegible] c'est l'article de [illegible] que vous verrez sans doute répété par les Débats qui a soulevé l'attention.

2° l'affaire des Petits Bourgeois reste aux Débats, mais le libraire qui en voulait va illustrer [illegible] physiologie [illegible] Grandville.

3° Poirson trouve la pièce excellente. Il me propose de me garder!... Et me fait l'exécution cependant [illegible]. Il m'assure tous les avantages que je puis désirer [illegible] adoptée. Chère, je comparaîtrai devant le public encore une fois d'ici au 1er avril.

Me voilà donc avec Prudhomme et les Petits Bourgeois sur le corps ! Et pas d'argent ! il faut en faire [illegible] à [illegible] de manière à [illegible] moi ! c'est effrayant. Voici samedi gras, il faut [illegible] à travailler, [illegible]

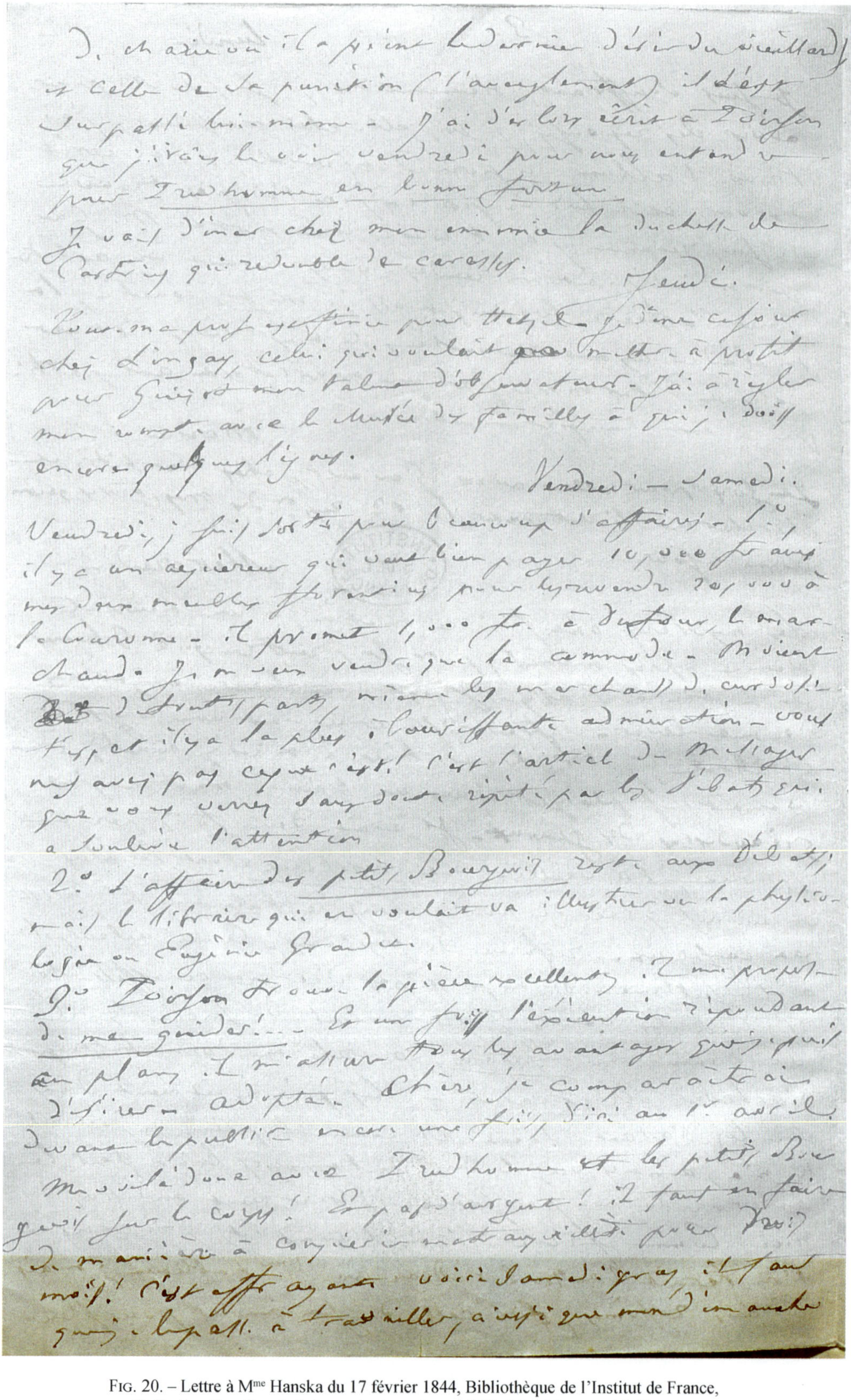

FIG. 20. – Lettre à Mme Hanska du 17 février 1844, Bibliothèque de l'Institut de France, Collection Spoelberch de Lovenjoul, ms Lov. A 302, fol. 142 verso et 143 recto.

avec une furie non pas française, mais balzacienne

Dimanche

Vous savez, chère, qu'il y a des jours où le cerveau devient inerte. Malgré toute ma bonne volonté, je suis resté pendant tout ce jour dans mon fauteuil, à feuilleter !... les... mu... dées... des... familles !... qu'en dites-vous ? à regarder de temps en temps Daffinger sans y trouver autre chose que la plus délicieuse et la plus désirée créature du monde, mais pas un mot de copie. Je voulais écrire Madame de la Chanterie et je n'ai fait 2 feuillets. Je vais dîner chez Poirson, mon directeur de spectacles.

Lundi.

Hier, j'ai dîné au dîner de 25 personnes — c'eût été bien 200 au restaurant — mais quel dîner. Il coûterait bien 3 mille [illegible]. Je sors ce matin pour terminer avec Bertin.

Ce soir.

Tout est conclu. 3,150 f. par volume semblable à ceux des Mystères — cela fera 9500 fr. Je me couche.

Mardi, à 6 h. du matin.

Mardi gras, 20 février ! Quel plaisir, j'ai trouvé votre n° 8 à mon réveil. Et je viens de le lire.

Et la lionette demande pourquoi je ne vais plus du côté de Versailles !... Mon Dieu ! croyez-vous que j'y aille plus, uniquement parce que j'y ai dernièrement [illegible] mais on a parlé !.. Tout cela fut un mauvais rêve. [illegible] pas une fibre de mon cœur, pas une fibrille de mon cerveau, pas une gouttelette de mon sang qui ne fût imprégnée de la senteur du loup, de l'âme du loup, mais je m'inquiète ma L. — Je suis comme dans mes autres lettres. — Oh ! je suis tranquille. Le travail excessif s'est rendu maître du Bengal — j'ai maintenant d'ici le 10 mars à corriger

soixante-dix ans auparavant, dans un article du *Figaro*, à propos de Paul Bourget :

> Comme au premier étage – c'était rue Guy-de-la-Brosse, dans ce paisible quartier du Jardin des Plantes si *balzaciennement* décrit dans les premières pages de ce très magistral roman : *le Disciple* – habitait un député, M. Paul Bert, je crois, dont la voiture restait ordinairement dans la cour, Sapeck s'y réfugia pour attendre l'aube en fumant des cigares ; [...][14].

Il n'y a rien d'étonnant à ce que l'auteur de cet article ait forgé l'adverbe en parlant de Paul Bourget quand on se rappelle combien celui-ci était imprégné des œuvres balzaciennes[15]. Avec cette attestation de 1889 on pourra améliorer la description de la *BHVF*. Quant à un autre dérivé qui est l'adjectif *balzaciennissime*, il est employé en 1950 substantivement au sens d'« éminent spécialiste des études sur Balzac » dans *Les Cent-Jours de Mr. de Balzac* de Pierre Descaves. En décrivant comment le récit de *Choses vues* de Victor Hugo sur les derniers moments de la vie du romancier a été déformé par la suite, l'auteur a inventé ce terme pour désigner Charles de Spoelberch de Lovenjoul :

> De Lovenjoul, cependant, avance que « la vieille femme » était « la mère de l'agonisant ». Là, notre *balzaciennissime* s'avance bien loin, car tout ce que l'on sait de Mme de Balzac, née Sallembier, vive et hardie, incite à penser (à condition qu'elle ne connût pas le poète) qu'elle se serait fait au moins identifier par son illustrissime visiteur[16].

Même si l'intention de l'auteur est plutôt polémique, son néologisme ne paraît pas trop déplacé pour qualifier le vicomte, « précurseur de la génétique des textes littéraires et premier archiviste des écrivains de son temps »[17].

Si l'on ajoute des préfixes à *balzacien*, on a *antibalzacien*, *néobalzacien*, *postbalzacien* et *pré-balzacien*. Le premier est employé adjectivement au sens de « hostile à Balzac ou à ses œuvres » depuis au

14. Félicien Champsaur, « Dix ans après », dans *Le Figaro*, le 26 octobre 1889 ; c'est moi qui souligne l'adverbe, tandis que l'auteur souligne le titre.

15. Voir l'article « Le Balzacien » que Marcel Bouteron lui a consacré dans *La Revue hebdomadaire*, le 15 décembre 1923, p. 343-352, et qui commence ainsi : « Être *balzacien* n'est pas seulement lire et goûter Balzac ; c'est s'en imprégner au point de tirer de lui aussi bien les préceptes moraux et sociaux pour la conduite de la vie, que les règles intellectuelles pour la direction de l'esprit, c'est aussi pratiquer le culte du héros avec la naïve dévotion du fidèle. Paul Bourget est *balzacien* ; [...]. » (p. 343).

16. Pierre Descaves, *Les Cent-Jours de Mr. de Balzac*, Paris, Calmann-Lévy, 1950, p. 107.

17. Gabriel de Broglie, préface pour *Lovenjoul (1836-1907). Une vie, une collection* de Catherine Faivre d'Arcier, Paris, Kimé, 2007, p. I.

moins 1933[18] et substantivement au sens de « personne hostile à Balzac ou à ses œuvres » depuis au moins 1921[19]. L'adjectif *néobalzacien* signifiant « qui imite le style de Balzac » se rencontre au moins depuis 1970[20]. Le troisième, l'adjectif *postbalzacien*, qui signifie « qui succède à Balzac », se trouve dès 1930[21] au moins, et le quatrième, l'adjectif *pré-balzacien*, qui signifie « qui précède Balzac », depuis 1957[22]. Ces mots pourraient être ajoutés au *TLF* dans son article *balzacien*.

Employé substantivement, *balzacien* signifie de nos jours « spécialiste ou amateur des œuvres de Balzac ». Il n'est pas le seul à avoir cette signification. Comme synonymes, on peut relever *balzacisant*, *balzaciste* et *balzacologue*. Le premier est employé comme adjectif ou substantif. Sa première occurrence remonte au moins à 1896. C'est Charles Maurras qui s'en sert à propos d'Anatole Cerfberr, auteur avec Jules Christophe du premier *Répertoire de La Comédie humaine* qui donnera naissance à deux autres dérivés comme on le verra dans un instant :

> En même temps que de Sainte-Beuve et de l'agréable ménage Musset-Sand-Pagello, il est beaucoup question, en ces après-midi d'un été nuageux et bizarre comme un automne, de deux autres grands hommes de l'époque du romantisme. L'un, Balzac, vient d'être éprouvé. Il a fait une perte qui ne paraît point réparable en la personne de son minutieux scoliaste M. Anatole Cerfberr, l'un des auteurs du *Répertoire de la Comédie humaine.* Ce juif *balzacisant* était un assez curieux homme[23].

18. René Derville, « Revue des revues », *Mercure universel*, avril 1933, p. 228-231, surtout p. 230 : « Lu dans... / *Les Amitiés* (15 octobre) la suite des intéressantes études de R. Martineau sur Léon Bloy. Il y a beaucoup à glaner dans ces rapprochements Bloy-Baudelaire sous le signe *antibalzacien*, comme dans les différenciations que Martineau relève avec sagacité. » (le titre est souligné par l'auteur, et l'adjectif l'est par moi).

19. Maurice Murret, « Balzac en Italie », *Journal des Débats politiques et littéraires*, le 19 août 1921, p. 3 : « Il semble bien, à les lire aujourd'hui, que Balzac ait moins gravement péché contre les lois de l'hospitalité et de la bienveillance que ne le prétendirent le comte Dandolo et les *antibalzaciens* de son espèce. »

20. Bernard Gros éd., *La Littérature*, Paris, Denoël, 1970, p. 259 : « [...] des romanciers allaient contester le roman satisfait, *néobalzacien*, [...]. »

21. Maurice Serval, « Autour de Balzac, "César Birotteau" (suite) », *Revue d'Histoire littéraire de la France*, t. XXXVII, 1930, p. 368-392, surtout p. 386 : « Le succès, les critiques, les "Birotteau" *postbalzaciens* » (titre d'un paragraphe).

22. Gita May, *Diderot et Baudelaire, Critiques d'art*, Genève et Paris, Droz et Minard, 1957, p. 115 : « La sensibilité de Diderot possède un clavier plus étendu, car il peut se révéler à la fois prosaïque et lyrique, artiste et savant, *pré-balzacien* dans sa vaste curiosité enthousiaste et sa "soif de connaissance universelle" et pré-baudelairien dans son intuition aiguë de la chose poétique. »

23. Charles Maurras, « La Vie littéraire. Têtes de mort assez touchantes », *Revue encyclopédique. Recueil documentaire universel et illustré*, 1896, p. 619 ; c'est l'auteur qui souligne le titre, tandis que le dernier soulignage est de moi.

On trouve une autre attestation du mot chez Philippe Bertault un demi-siècle plus tard[24]. Quant à *balzaciste*[25], on l'a vu chez Marc Fumaroli dans son article de 2006 cité ci-dessus au début du chapitre 17. À ma connaissance son attestation la plus ancienne date de 1888[26] et par la suite, des auteurs comme Hugues Delorme – surtout en parlant de Marcel Bouteron[27] – ou André Thérive[28] l'ont employé. Cependant, il est aussi rare que *balzacisant* et beaucoup moins courant que *balzacien*. En ce qui concerne *balzacologue*, lui aussi peu fréquent, on le rencontre chez Edmond Jaloux[29] en 1942 puis en 1974 chez un auteur anonyme qui annonce un travail sur l'éditeur Werdet[30]. Partant de *balzacologue*, on a l'adjectif *balzacologique*, « relatif aux études balzaciennes », qui figure en 2003 dans

24. Voir Philippe Bertault, *Introduction à Balzac*, Paris, Odilis, 1953, p. 118 : « Tous les *balzacisants* sauront gré au docteur Lotte pour ce chef-d'œuvre d'érudition patiente, "herculéenne" et de passion balzacienne. »

25. Peut-être avec une nuance supplémentaire de « qui adhère aux idées de Balzac » si l'on tient compte du suffixe *-iste* qui se trouve dans *calviniste*, *gaulliste*, *marxiste*, etc. ? Mais voir ci-dessus la définition de *balzacien* donnée par Marcel Bouteron.

26. Renée, « À bas, les statues ! », *Le Gaulois*, le 1er juillet 1888, p. 1 : « C'est pourquoi je suis triste pour Balzac en voyant qu'on ne l'insulte plus, et même qu'on le congratule. C'est pourquoi je trouve bêtas les *balzacistes* qui aident à statufier leur chef. »

27. Hugues Delorme, « Marcel Arnac », *Paris-Soir*, le 4 août 1924, p. 1 : « On ne manquera pas de rapprocher *Le Brelan de Joie* des *Contes Drôlatiques*. Au risque de contrister M. Marcel Bouteron, prince des *balzacistes*, j'avouerai ma préférence pour le livre de Marcel Arnac – qui, s'il fait songer au grand patron Rabelais, évoque aussi le Voltaire des contes. » (les deux titres sont soulignés par l'auteur, tandis que le dernier soulignage est de moi) ; *Id.*, « Balzac, épicier », *Le Figaro*, 20 octobre 1925, p. 1 : « L'érudition *balzaciste* / Montre une opiniâtreté / À laquelle rien ne résiste, / Et c'est ainsi que l'autre été / Un chercheur fit la découverte / Imprévue et qui déconcerte : [...]. » ; *Id.*, « Muses romantiques », *Le Figaro*, 11 décembre 1926, p. 1 : « Le plus acharné *balzaciste* / (Il a nom Marcel Bouteron) / Savamment et gaiment insiste / Pour blâmer ceux qui douteront / De la tendresse romantique. ».

28. André Thérive, « Coup d'œil sur l'histoire littéraire du dernier siècle (suite et fin) », *Les Nouvelles littéraires, artistiques et scientifiques*, 3 octobre 1925, p. 5 : « La *Comédie humaine* forme un tout dont on ne peut rien distraire et il n'y a plus de lecteurs accidentels de Balzac, il y a des *balzacistes* pour qui la vie est cette œuvre, et cette œuvre est aussi la vie. » (le titre est souligné par l'auteur, et le deuxième soulignage est de moi).

29. Edmond Jaloux, *Les Saisons littéraires*, t. I, *1896-1903*, Paris, Librairie de l'Université, 1942, p. 106 : « M. Marcel Bouteron, qui est un "balzacologue" infaillible, a découvert que Balzac, en créant son Eugène de Rastignac, avait pensé à Adolphe Thiers. »

30. Anonyme, « Publications reçues : Nicole Felkay, "Grandeur et décadence d'un libraire éditeur : Antoine, dit Edmond Werdet, 1793-1870" dans *AB*, 1974 », *La Gazette des archives*, t. LXXXVI, 1974, p. 217 : « Edmond Werdet, ou Verdet, est bien connu des *balzacologues*, [...]. »

la revue *Histoires littéraires*[31], encore que je n'aie trouvé aucun exemple de *balzacologie*.

Revenons à la correspondance de Balzac. Quoique l'on néglige parfois les lettres qu'il a reçues[32], il n'est pas inutile d'en tenir compte pour notre propos, parce qu'il y a au moins deux correspondants qui se sont amusés à jongler avec le nom du romancier. D'une part, c'est Charles Rabou qui, dans la lettre du 21 mai 1831 qu'il lui a adressée en tant que directeur de la *Revue de Paris*, crée le substantif féminin *balzaquerie* au sens de « texte écrit dans le style de Balzac » :

> Revenez bientôt bardé de volumes, de nouvelles, de contes, de fantasmagorie, de fantastiquerie, de Danterie[33], de *Balzaquerie*. Vous serez toujours reçu à bras ouverts ès-*Revue de Paris* qui finira par vous faire dresser une colonne et une statue sur la place de l'Observatoire au bout du Luxembourg[34].

Le directeur éphémère de la *Revue de Paris* se sert de ce néologisme, inconnu des dictionnaires, sans lui attribuer un sens péjoratif, alors que plus près de nous, un Jack Thieuloy le reprendra pour déprécier le style de Balzac[35].

De son côté, Joseph Fontémoing, condisciple de ce dernier au collège de Vendôme, lui écrit le 9 août 1831 pour le presser de lui envoyer *La Peau de chagrin* qui vient de sortir, car il est prêt à faire de la publicité autour de lui. À cette occasion, il invente le verbe intransitif *balzaquer* au sens de « parler élogieusement de Balzac » :

> Mon cher camarade de Collège, ta *peau* n'arrive pas et j'ai pour la célébrer tous les journaux du nord et du Pas de Calais ! *Le Courrier d'Arras*, à Arras, fondé en partie par notre ami de Chauvigny, *Le Mémorial artésien* à St-Omer, dont le rédacteur en chef est un de mes clients ; *Le Journal de Calais*, à Calais, dont je suis un des collaborateurs ; les 2 journaux de Dunkerque qui me sont dévoués ; *Le Mémorial de la Scarpe* à Douai, où j'ai des collègues

31. Anonyme, « Compte rendu : *L'Année balzacienne*, 2001, PUF, 2002 », *Histoires littéraires* 14, 2003 : « Le reste du volume est occupé par diverses études et documents, dont certains purement *balzacologiques* (rendons hommage à l'abnégation de Roger Pierrot, qui produit des tables alphabétiques et chronologiques des suppléments à la correspondance de Balzac initialement publiée chez Garnier dans les années 1960), dont l'habituelle bibliographie et des comptes rendus. »

32. On pense à leur absence dans *Frantext*.

33. Ce mot manque aux dictionnaires consultés. Le *FEW* n'a pas l'article *Dante*.

34. Lettre de Charles Rabou à Balzac, le 21 mai 1831, *Corr.*, t. I, p. 364 ; le premier soulignage est de moi, le second de l'auteur.

35. Voir par exemple *Claire Croix (1910-1944)*, Paris, Ramsay, 1986, p. 93 : « Les *balzaqueries* descriptives ne sont plus bonnes qu'à indigner un lecteur [...]. »

d'un rare mérite, *L'Écho du Nord* et *Le Journal de Valenciennes*, vont tous *balzaquer* à l'envi[36] !

Ce néologisme aussi manque à nos instruments de travail, mais ce n'est pas un hapax, puisque Jack Thieuloy y recourt en lui donnant le sens d'« écrire dans le style de Balzac » pour railler de nouveau ses longues descriptions[37].

Les dérivés commençant par *balzaq-* avec *q* ne sont pas nombreux[38]. Outre *balzaquerie* et *balzaquer*, je ne connais que[39] le substantif masculin *balzaquème* que Gérard Genette a forgé au sens de « performance balzacienne unique »[40], l'adverbe *balzaquement* qui apparaît parfois pour clore une lettre[41] et que l'on pourrait traduire par « à la manière de Balzac » ou « en pensant à Balzac », et le substantif féminin *balzaquie* qui signifie « espace géographique décrit dans les œuvres de Balzac ». Celui-ci apparaît en 1999 dans un article du *Monde*, dû à Alexis Boddaert[42] ; comme il est mis entre guillemets, c'était sans doute son invention.

La plupart des dérivés du nom de Balzac sont du type *balzac-* avec *c*. Si on les range dans l'ordre alphabétique, le premier venu est le substantif masculin *balzaciana* qui signifie « recueil d'anecdotes, de bons mots attribués à Balzac ou de remarques sur lui ». On se souvient que Marcel Bouteron donna ce titre en 1925 et 1927 à une collection composée de deux de ses articles initialement parus dans la *Revue des Deux Mondes*[43]. Il n'est pourtant pas le premier à l'utiliser. Dans *Gil Blas* du 12 mai 1899[44], pour le centenaire de la naissance du romancier George Vanor avait glissé un article

36. Lettre de Joseph Fontémoing à Balzac, le 9 août 1831, *Corr.*, t. I, p. 379 ; le dernier soulignage est de moi, les autres de l'auteur.

37. Voir *Diogène à Tarascon*, Paris, Balland, 1993, p. 160 : « On ne va pas *balzaquer* soixante pages à vous décrire la soirée par le menu. »

38. On se rappelle l'orthographe (*Monsieur Balsaque*) qui figure sur la facture émise par un mouleur pour le moulage de la main du romancier, voir Charles de Spoelberch de Lovenjoul, *Études balzaciennes. Un roman d'amour*, Paris, Calmann Lévy, 1896, p. 108.

39. J'évoquerai *balzaquin* et *balzaquiné* à la fin du chapitre.

40. Gérard Genette, *Palimpsestes. La littérature au second degré*, Paris, Le Seuil, 1982, p. 85.

41. Voir Jean Tenant, *Notre ami Benjamin*, Paris, Dumas, 1949, p. 90 : « Et je suis tout à vous, cher ami, le plus cordialement et le plus *balzaquement* du monde. René Benjamin. »

42. Alexis Boddaert, « Voyage en "Balzaquie" », *Le Monde des Livres*, le 25 juin 1999, p. 5 : « La "Balzaquie" est une Touraine très élargie qui s'étend vers la Normandie, la région parisienne, la Franche-Comté et la Charente. »

43. *Bedouck ou le Talisman de Balzac*, Paris, La Cité des Livres, 1925, et *Bettina ou le culte de Balzac*, Paris, Lapina, 1927.

44. Et non pas 1900, comme on le lit dans *Balzac*, Préface et notices de Stéphane Vachon, Paris, Presses de l'Université de Paris-Sorbonne, 1999, p. 548.

intitulé « Balzaciana » pour y raconter quelques anecdotes et bons mots qui lui sont attribués.

Les deux dérivés suivants sont plus récents : c'est d'abord le verbe transitif *balzacianiser* au sens de « donner (à quelqu'un ou à quelque chose) des traits propres à un personnage ou à une œuvre de Balzac, rendre balzacien », que Bernard Vouilloux semble avoir forgé dans un article de 1999 en parlant de Cézanne[45] ; le personnage balzacien en question est Frenhofer, héros du *Chef-d'œuvre inconnu*. En même temps, il a inventé un substantif féminin, *balzacianité*, qui désignerait les « traits distinctifs d'un personnage ou d'une œuvre de Balzac, caractère balzacien »[46]. Ce deuxième dérivé se retrouve en 2000 dans un article de Pierre Laforgue[47] sur Victor Hugo.

Selon l'ordre alphabétique, après ces inventions assez récentes on peut relever le mot *balzacide*. Comme l'élément formant *-ide* a des significations variées[48], il me paraît possible de lui attribuer trois emplois. Il est utilisé d'abord comme un substantif féminin signifiant « épopée à la gloire de Balzac » à la manière d'*Énéide*, *Héracléide*, etc. ; ensuite, en tant qu'un substantif au sens de « membre de la famille spirituelle de Balzac » à l'instar d'*Abasside* ou *Napoléonide* ; et enfin comme un substantif féminin désignant un « personnage féminin créé par Balzac » à l'exemple d'*Atlantide* ou *Danaïde*.

Le premier emploi de *balzacide* figure dans l'article « Le Rotin de M. de Balzac, Homme de lettres, À Mme É. de G., auteur de poésies légères », paru dans *L'Indépendant* du 31 juillet 1836. L'auteur anonyme demande à « Mme É. de G. » un petit service, qui consiste à composer plusieurs œuvres dont « *La Balzacide*, épopée en 470 chants »[49].

45. Bernard Vouilloux, « "Frenhofer, c'est moi". Postérité cézannienne du récit balzacien », *Eidôlon* 52, 1999 (*« Balzacien ». Style des imaginaires*), p. 221 : « Mais Gasquet n'est pas le seul à *balzacianiser* Césanne. »

46. *Ibid.*, p. 187 : « Physiologie de la "*balzacianité*" » (titre d'un paragraphe).

47. Pierre Laforgue, « Mort et transfiguration, ou Balzac, Hugo et le romantisme en 1850 », *AB*, 2000, p. 268 : « En l'espace de deux pages tout l'imaginaire balzacien de la mort est non seulement rassemblé, mais convoqué, avec pour conséquence un effet frappant de *balzacianité*. »

48. Voir le *TLF*, s. v. *-ide*.

49. *L'Indépendant*, le 31 juillet 1836, p. 2 ; souligné par l'auteur. Les autres titres sont : « *Une roupie de M. de Balzac* ; *La chaussette de M. de Balzac* ; *La culotte du grand Chinonais* ; *L'illustre Balzac* ; *Les tribulations de M. de Balzac* ; *Deux mots sur le génie du grand Balzac* ; *M. Honoré Balzac*, biographie burlesque en forme de parodie. »

Avec le sens de « membre de la famille spirituelle de Balzac », « écrivain se réclamant de Balzac », le même substantif apparaît dans une recension que dans *La Presse* du 15 mai 1885 Émile Goudeau – ami du jeune Georges Vicaire[50] – a consacrée à *Edel* de Paul Bourget. L'auteur insiste sur la balzacophilie de celui-ci :

> Paul Bourget croyait au travail solitaire, au cénobitisme du penseur, de l'analyste et du bibliophile. Grand admirateur, profond dévot de Balzac, il levait entre les Vivants et les Brutalistes, la bannière des *Balzacides*. Son balzacisme[51] allait très loin. [...] Tout le jour donc, Paul Bourget, non plus *Balzacide*, mais licencié ès-lettres, enseignait le latin et le grec à des aspirants au baccalauréat ; [...][52].

Aux yeux du recenseur, les *Balzacides* constitueraient une école ou une famille littéraire, qui s'oppose aux courants à la mode.

La signification du substantif féminin *balzacide* « personnage féminin créé par Balzac » se rencontre dans l'article d'un certain Lousteau (pseudonyme balzacien !) intitulé « Les femmes de Balzac, autour de sa statue », paru dans *La Vie parisienne* du 22 novembre 1902. Citons un passage qui, en nous renvoyant au *Lys dans la vallée*, nous apprend ce que le journaliste entendait par le mot en question :

> Lady Dudley traversa Paris, il y a cinq ou six ans. Et si elle ne rencontra point sur sa route quelque dame de Mortsauf, c'est que, de celles-ci, il n'y en a plus guère. Voilà peut-être, de toutes les *balzacides*, celle dont la race est le plus tôt éteinte[53].

Ces trois emplois de *balzacide* pourraient être ajoutés à l'article *-ide* du *TLF*. Dans l'ordre alphabétique des dérivés, *balzacide* est suivi de *balzacie* puis de *balzacien* et ses dérivés que l'on a vus plus haut. Après, on a le substantif féminin *balzacine* qui figure en 1936 dans une chronique théâtrale du *Temps* sur *La Servante sans gages* de Jean Yole à l'Odéon[54]. Le mot, peut-être un hapax créé par l'auteur, signifierait, à l'instar de *caféine*, « ce qui est extrait des œuvres de Balzac ».

50. Voir Marcel Bouteron, *Études balzaciennes*, Paris, Jouve, 1954, p. 255.

51. C'est une attestation précoce, voir ci-dessous.

52. Émile Goudeau, « La jeune littérature (1875-1885). Le poème "Edel" de Paul Bourget », *La Presse*, 15 mai 1885, p. 1.

53. *La Vie parisienne*, le 22 novembre 1902, p. 653.

54. F. D., « Théâtres. La Soirée théâtrale. "La Servante sans gages" à l'Odéon », *Le Temps*, 23 avril 1936, p. 5 : « Mais, de même que le café sans caféine, il y a du Balzac, si l'on peut dire, sans *balzacine*. »

On peut évoquer ensuite le verbe *balzaciser*, mieux attesté, qui a différents emplois. Il est d'abord utilisé intransitivement au sens de « devenir balzacien, écrire dans le style de Balzac ». Il y a cent ans il retentit sous la Coupole de l'Institut de France, dans la *Réponse au discours de réception d'Henry Bordeaux* qu'Henri de Régnier prononça le 27 mai 1920 :

> Tout écrivain qui veut peindre les mœurs de son temps et les milieux sociaux où elles se produisent relève plus ou moins de Balzac, et vous-même dans votre *Lac Noir*, par exemple, n'avez-vous pas quelque peu *balzacisé*[55] ?

Ce discours a été diffusé largement et on le trouve reproduit dans différents journaux de l'époque. Malgré sa notoriété, le terme n'a cependant pris place dans aucun des dictionnaires consultés. Le deuxième emploi du verbe *balzaciser* est transitif, au sens de « donner un caractère balzacien (à quelque chose) ». Il est attesté au moins depuis 1950 dans des publications sur notre romancier, comme la préface que Charles Plisnier a donnée à la *Physiologie du mariage*[56] ou le compte rendu par Guy Sagnes d'une édition de *La Maison Nucingen* et de *Melmoth réconcilié*[57]. Et son troisième emploi est pronominal, au sens de « faire comme Balzac, devenir balzacien », qui figure par exemple dans un article de Franc Schuerewegen paru en 1998[58].

Avec préfixe de la négation *de-*, on a le verbe *débalzaciser*. Employé transitivement, il signifie « débarrasser du caractère balzacien » et cet emploi est attesté depuis 1929[59] au moins. Le verbe est aussi employé

55. Voir le site : http://www.academie-francaise.fr/reponse-au-discours-de-reception-de-henry-bordeaux ; le titre est souligné par l'auteur, tandis que le deuxième soulignage est de moi.

56. Charles Plisnier, Préface pour *Physiologie du mariage*, dans *CFL*, t. XII, p. 845 : « En fait, une chose lue, vue, entendue, à l'instant même où il la lisait, la voyait, l'entendait se trouvait introduite dans un canton de son esprit, déformée, réduite, pensée ou repensée, assimilée, transformée en "autre chose qu'elle-même", *balzacisée*, faite chair de Balzac. »

57. Guy Sagnes, « Compte rendu de Balzac, *La Maison Nucingen, Melmoth réconcilié*, éd. par Anne-Marie Meininger, Gallimard, 1989 », *Littératures*, t. XXIV, 1991, p. 222 : « L'histoire de Castanier, de ce Faust moderne et *balzacisé*, caissier chez Nucingen, un moment possesseur du pacte de Melmoth puis le bradant en bourse, a pourtant son intérêt. »

58. Franc Schuerewegen, « De l'inexistence de l'art. Genèse des *Fleurs du mal* », *Poétique* 114, 1998, p. 131-132 : « Au commencement, il y a Balzac. [...] Pour bien écrire [...], il ne faut donc surtout pas *faire comme Balzac*. [...] quand les portes du temple vont s'ouvrir pour lui, Baudelaire, brusquement, *se balzacise*. » (le premier soulignage est de l'auteur, le second de moi).

59. Gabriel Marcel, « "La mort du père" de M. Roger Martin du Gard », *L'Europe nouvelle*, 11 mai 1929, p. 600 : « J'admire par contre sans réserves l'art viril avec lequel M. Martin du Gard est parvenu à conférer les touches décisives au personnage de M. Thibault, bien plus, à le nuancer d'une façon qui l'humanise en le "*débalzacisant*". »

pronominalement au sens de « se débarrasser du caractère balzacien » et, à ma connaissance, son attestation remonte à 1889[60].

Alors que *balzaciser* et *débalzaciser* manquent aux dictionnaires consultés, le substantif masculin *balzacisme* figure dans le *TLF* avec le sens de « doctrine ou tendance littéraire inspirée des romans de Balzac ». Ce dictionnaire donne comme l'attestation la plus ancienne le premier volume de *La Vie littéraire* d'Anatole France qu'il date de 1888. On peut préciser que le passage qu'il cite provient de l'article paru dans *Le Temps* du 29 mai 1887 et intitulé « La Vie littéraire. Balzac, *Répertoire de la Comédie humaine de H. de Balzac*, par Anatole Cerfberr et Jules Christophe, avec une introduction de Paul Bourget, (in-8°). – *Histoire des œuvres de H. de Balzac*, par le vicomte de Spoelberch de Lovenjoul (Charles de Lovenjoul) ; deuxième édition, in-8°. » :

> Je me sens, pour le moment, d'humeur à renchérir de *balzacisme* sur MM. Cerfberr et Christophe eux-mêmes.

En fait, on peut faire remonter la première apparition du mot jusqu'à 1885 avec un article d'Émile Goudeau[61] et un autre de Jean-Jacques Weiss[62]. Par la suite, le terme a pris quatre autres significations : si on les range chronologiquement, on a d'abord celle de « mot particulier à Balzac » dans *Cent mots nouveaux ne figurant pas dans les Dictionnaires de Langue ou d'Argot français. Modernismes en -isme et en -iste* de Carl Wahlund[63], ensuite celle d'« ensemble des traits caractéristiques des romans de Balzac »

60. Gérôme, « Courrier de Paris », *L'Univers illustré*, 7 décembre 1889, p. 771 : « Bref, on se *débalzacise*... pour se *zolatiser*... » (souligné par l'auteur). Le verbe pronominal *zolatiser* « parler ou écrire comme Zola » qui figure dans cet article est attesté comme verbe intransitif dès le 18 janvier 1879 dans *Le Monde illustré*, p. 35 : « Or, il paraîtrait qu'un certain nombre de lectrices, s'imaginant candidement que c'était là le nouveau jargon à la mode chez les Parisiens, se sont mises à *zolatiser* dans la vie privée de la façon la plus réjouissante du monde. » ; le mot est absent des dictionnaires consultés.

61. Article de *La Presse* du 15 mai 1885, cité ci-dessus à propos de *balzacide*.

62. Jean-Jacques Weiss, « La Semaine dramatique. Théâtre de l'Odéon : *Henriette Maréchal*, drame en trois actes, en prose, de MM. Edmond et Jules Goncourt. (Reprise) », *Journal des Débats politiques et littéraires*, 16 mars 1885, p. 1 : « C'est un ouvrage sur lequel s'arrêteront toujours les historiens de la période littéraire qui s'est ouverte en 1850. Il a ceci d'intéressant qu'il est mixte quant aux écoles d'où il procède ; il forme comme un point d'intersection, au théâtre, du romantisme, du réalisme, et, comment dirais-je ? du *balzacisme*, du sandisme et de la scriberie. » Le substantif *sandisme*, créé sans doute par Balzac dans *La Muse du département*, éd. par Anne-Marie Meininger, *CH*, t. IV, p. 632, manque aux dictionnaires consultés ; le *FEW* n'a pas l'article *Sand*. Sur *scriberie*, voir ci-dessous à la fin du chapitre.

63. Uppsala, Almqvist & Wiksells, 1898, p. 7 : « Qui d'autre que l'encenseur de la "femme de trente ans" aurait produit un "*balzacisme*" tel que gynaïsme ? »

dans l'*Histoire de la littérature française de 1789 à nos jours* d'Albert Thibaudet[64], et puis celle de « locution idiomatique dont les performances se dispersent et se diversifient dans le texte balzacien » selon Gérard Genette[65], et enfin celle d'« ensemble des études sur Balzac ». Ce dernier sens figure par exemple dans une nécrologie que Bernard Guyon a publiée en 1974 :

> À vrai dire, lorsque ce petit livre[66] parut, chez Droz en 1947, il y avait longtemps que Jean Pommier était devenu, sans rien publier d'important, un maître en *Balzacisme*[67].

Ainsi, le substantif *balzacisme* peut être synonyme de *balzacie* dans son sens récent que l'on a vu au début du chapitre.

Si l'on continue à relever les dérivés du nom de Balzac, tandis que l'adjectif substantivé *balzacoïde* – sans doute un hapax – au sens de « genre inspiré des œuvres de Balzac » se lit dans la lettre que le 5 juillet 1914 Paul Valéry écrivit à André Gide en parlant du *Démon de Midi* de Paul Bourget[68] comme nous l'apprennent la *BHVF* et l'article *balzacisme* du *TLF*, l'article *balzacien* de celui-ci indique qu'il existe un substantif *balzacolâtre* « fervent amateur des œuvres de Balzac » et que Colette l'a utilisé pour la première fois en 1954. Quoique cette date soit passée telle quelle dans la thèse citée de Wolfgang Schweickard[69], on peut compléter leur documentation en faisant remarquer d'abord que le témoignage de Colette remonte à 1952 puisqu'elle a publié ses « Souvenirs balzaciens » dans une publication de cette année-là (*Balzac, Le Livre du centenaire*[70]) en y mettant la phrase : « Je redresse les erreurs des *balzacolâtres* passionnés... » qui a attiré l'attention des rédacteurs du *TLF*. Ensuite, on observera que le terme en question est en fait

64. Paris, Stock, 1936, p. 219-220 : « Balzac en effet ne devient lui-même, ne naît au *balzacisme*, qu'après avoir mis en roman à la Scott le sujet le plus scottien de l'histoire de France, la guerre de l'Ouest sous la Révolution, avec *le Dernier Chouan*, qu'il s'en va écrire à Fougères même, dans son décor, en 1827, et qui lui met la palette et le ciseau en main, l'assure de sa technique, l'établit dans la peinture des milieux et dans la concurrence à l'état civil. » L'adjectif *scottien* est absent des dictionnaires consultés.

65. *Op. cit.*, p. 85.

66. Il s'agit d'Honoré de Balzac, *L'Église*, éd. par Jean Pommier, Paris, Droz, 1947.

67. Bernard Guyon, « Jean Pommier », *AB*, 1974, p. 9.

68. Voir André Gide, Paul Valéry, *Correspondance 1890-1942*, éd. par Peter Fawcett, Paris, Gallimard, 2009, p. 734 : « Et malgré tout le mépris possible pour le misérable auteur, l'impureté, le bric-à-brac intellectuel, où le médical, le théologique, le *balzacoïde s'ensaladent*, malgré l'ignominie toujours présente, toutefois cela est son meilleur livre. » Cette occurrence du verbe pronominal *s'ensalader* « se mélanger » est relevée dans la *BHVF* ; mot absent du *TLF* et du *FEW*, t. XI, p. 82a, s. v. *sal*.

69. *Op. cit.*, p. 174.

70. Paris, Flammarion, 1952, p. 16-18.

attesté depuis 1887 au moins, dans un article[71] qu'Octave Uzanne a consacré à l'*Histoire des Œuvres de Honoré de Balzac* de Charles de Spoelberch de Lovenjoul et enfin qu'il accompagne deux synonymes dans une dédicace manuscrite de *Créatures chez Balzac*[72] que Pierre Abraham a adressée en 1931 à André Monglond. Cette dédicace est conçue ainsi :

> pour André Monglond
> balzacophile, balzacolâtre,
> avec l'amitié du
> balzacomane
> Pierre Abraham[73].

On a dans cette citation la première attestation du substantif *balzacomane* que je connaisse, alors que le mot *balzacophile* avait déjà presque cent ans d'existence. On trouve des occurrences de l'emploi substantivé au moins depuis 1836[74] et celles de l'emploi adjectivé au moins depuis 1879 chez Edmond Werdet dans ses *Souvenirs de la vie littéraire, Portraits intimes*[75].

Qu'en est-il des substantifs qui désignent l'adoration des œuvres de Balzac ? On en a au moins trois : *balzacolâtrie*, *balzacomanie* et *balzacophilie*. Ce petit groupe paraît devoir sa naissance au début des études méthodiques de la fin du XIXe siècle. Le plus précoce est *balzacolâtrie*, que dès 1887 Paul Bourget a employé dans son Introduction pour le *Répertoire de La Comédie humaine* d'Anatole Cerfberr et Jules Christophe. C'est à propos d'Honoré Granoux que l'écrivain s'en est servi :

> C'était un négociant de Marseille, d'aspect un peu chétif et déjà bien souffrant, lorsque je l'ai connu ; mais il revivait en parlant de Balzac ; et avec quelle vénération mystérieuse de conspirateur il prononçait ces mots : "le Vicomte"..., désignant par là, pour les initiés suprêmes en *Balzacolâtrie*,

71. « Zigzags littéraires à travers l'œuvre de Honoré de Balzac », *Le Livre. Bibliographie moderne*, 10 août 1887, p. 407 : « Enfin, un autre monument élevé à Balzac, chapelle exquise pour l'adoration perpétuelle des *Balzacolâtres*, c'est bien cette *Histoire des Œuvres de Honoré de Balzac*, faite par le vicomte de Spoelberch de Lovenjoul, dont la seconde édition, revue et augmentée d'un appendice, a été mise en vente tout récemment encore. ».

72. Paris, Gallimard, 1931.

73. Dédicace reproduite dans *Correspondance (1921-1939) de Jean-Richard Bloch et André Monglond*, éd. par Tivadar Gorilovics, t. II, Debrecen, Kossuth Lajos Tudomanyegyetem, 1989, p. 90.

74. Dans un article de *Vert-Vert*, que je citerai ci-dessous.

75. Paris, Dentu, 1879, p. 38 : « Il s'est pourtant rencontré un jour un jeune écrivain d'esprit et de talent, qui, dans un accès d'enthousiasme *balzacophile*, s'est écrié : / "Les éditeurs sont faits pour être ruinés par des hommes tels que Balzac. [...]." » (souligné par l'auteur).

l'incomparable bibliophile auquel nous devons l'histoire des œuvres du romancier, M. de Spoelberch de Lovenjoul[76] !

De même que le mot *balzacolâtrie* apparaît ainsi à propos du vicomte, le substantif féminin *balzacophilie* désigne, selon Pierre Descaves qui l'a utilisé en 1950 dans *Les Cent-Jours de Mr. de Balzac*, un certain état d'esprit qui, à la suite de Charles de Spoelberch de Lovenjoul, s'efforce de cacher les documents compromettant la réputation du romancier :

> Les dispositions arrêtées par le Vicomte et appliquées selon ses volontés prouvent et illustrent certaine et incontestable tendance de la *balzacophilie* orthodoxe, celle-ci veillant jalousement sur on ne sait quelles caisses de dynamite intellectuelle, admettant les « petits travers » du dieu, mais établissant la conspiration du silence autour de quelques tares secrètes[77].

Quant à *balzacomanie*, Michel Mansuy a appliqué le terme à Paul Bourget dans sa thèse consacrée à cet écrivain :

> Il communique sa *balzacomanie* à son frère Félix qui économise sou par sou de quoi acheter toute la *Comédie humaine* ; [...][78].

Par contre, lexicalement l'aversion pour les œuvres de Balzac est née plus tôt. Elle est représentée d'abord par le substantif féminin *balzacophobie* qu'en 1857 Henri Murger[79] a employé en parlant d'Armand de Pontmartin, qui avait publié l'année précédente deux longs articles peu amènes sur notre romancier[80]. Ensuite, on trouve le substantif *balzacophobe* au sens de « personne qui déteste les œuvres de Balzac » depuis au moins 1879 chez Edmond Werdet dans ses *Souvenirs de la vie littéraire*[81].

76. Paul Bourget, « Introduction » pour Anatole Cerfberr et Jules Christophe, *Répertoire de La Comédie humaine de H. de Balzac*, Paris, Calmann Lévy, 1887, p. IV.

77. *Op. cit.*, p. 77.

78. Michel Mansuy, *Un Moderne. Paul Bourget. De l'enfance au Disciple*, Paris, Les Belles Lettres, 1960, p. 57.

79. Schaunard, « Nouvelles variations », *Le Figaro*, 9 juillet 1857, p. 6 : « M. de Pontmartin vient de terminer un roman intitulé *l'Ecu de six francs ou la Sûreté des familles*. Comme il lisait cet ouvrage à un de ses amis et lui demandait son opinion, l'ami, qui ne partage pas sa *balzacophobie*, lui aurait répondu : / – Vous avez beau manger du Balzac, votre nourriture ne vous profite pas. » (souligné par l'auteur). L'auteur est Henri Murger d'après Charles Buet, *J. Barbey d'Aurevilly, Impressions et souvenirs*, Paris, Savine, 1891, p. 234.

80. Voir Armand de Pontmartin, « Les fétiches littéraires. M. de Balzac », *Le Correspondant*, t. XXXIX, 1856, p. 311-329 et 521-548. Sur ce critique, voir Jean Malavié, « Balzac sous le feu d'un légitimiste avignonnais, Armand de Pontmartin », *AB*, 1980, p. 209-237.

81. *Op. cit.*, p. 26 : « M. Charles Monselet, l'homme spirituel, l'élégant écrivain, qui certes n'est pas un *Balzacophobe* à tous crins, mais un *Balzacophile*, admirateur de l'illustre romancier disait un jour, dans le *Figaro*, "qu'il serait bien à désirer, qu'afin de *compléter*

À cet ensemble des dérivés du nom de notre romancier, on peut ajouter un hapax assez récent : *balzacolecte*, au sens de « langage particulier à Balzac ». C'est Jacques-Philippe Saint-Gérand qui l'a inventé dans son étude sur différentes significations du mot *balzacien*[82]. Deux autres mots assez récents, peut-être des canadianismes, sont aussi dignes d'intérêt : le substantif féminin *débalzaciénisation* au sens d'« action de se débarrasser de la technique romanesque de Balzac » et le verbe pronominal *se débalzaciéniser*, qui signifie « se débarrasser de la technique romanesque de Balzac ». Le premier est dû à Graham Falconer, qui l'a forgé en 1988 pour caractériser la « modernité » de Flaubert[83], et le second à Stéphane Vachon qui présente dans son *Balzac* ce travail du professeur à l'Université de Toronto[84].

Au total, au lieu de cinq cas enregistrés dans nos instruments de travail, on a plus d'une trentaine de dérivés du nom de Balzac, qu'ont inventés ou utilisés des écrivains d'horizons divers. De plus, la liste n'est pas close. On pourrait y ajouter encore d'autres mots si l'on cherchait un peu. Pour terminer, citons deux extraits où leur auteur s'amuse à fabriquer des dérivés en imitant le style de Rabelais. Le premier est tiré d'un compte rendu du *Prosne du ioyeulx curé de Meudon*[85], un des *Cent Contes drolatiques* :

> Rabelais parle ; mais Rabelais *Balzacé*, Rabelais *Balzacéen*, *balzacique*, *Balzachique*, *Balzachine*, *Balzachinon*, *Balzaquiné*, *Balzacifié*, *Balzacifique*, Rabelais *Balzaquin*, *Balzacile*, *Balzacius*, *Balzaciuscule*, *Balzacynogire*, Rabelais devenu ombre, reflet, domestique, groom de M. de Balzac[86].

la *Comédie humaine*, on publiât les articles *omis* ou *retranchés volontairement* dans cet ouvrage ;" [...]. » (souligné par l'auteur).

82. *Op. cit.*, p. 46 : « "*balzacien*" devient alors le moteur d'une reconstruction du langage romanesque – le "*balzacolecte*" – grâce auquel l'illusion de réalité accède au statut de référent poétique plénier. » (souligné par l'auteur).

83. Graham Falconer, « Le travail de "débalzaciénisation" dans la rédaction de *Madame Bovary* », *Revue des Lettres modernes, Gustave Flaubert 3, Mythes et religion 2*, 1988, p. 123-156, voir surtout p. 125 : « Notre hypothèse, c'est qu'en rejetant progressivement certaines "tentations" balzaciennes, Flaubert aurait modernisé son texte : et que cette *débalzaciénisation* pourrait servir sinon d'explication, tout au moins de justification de certaines lectures post-modernistes récentes. »

84. *Op. cit.*, p. 31 : « Contre sa technique assimiliée à la technique romanesque, la stratégie consista pour certains, comme Flaubert, à se "débalzaciéniser", à ne pas "faire du Balzac Chateaubrianisé". »

85. Voir dans *Les Cent Contes drolatiques*, éd. par Roland Chollet et Nicole Mozet, *OD*, t. I, p. 237-251.

86. Anonyme, « Bagatelle, journal de France. Rabelais et M. de Balzac, ou plutôt, M. de Balzac et Rabelais » (compte rendu du *Prosne du ioyeulx curé de Meudon*, huitième conte drolatique du deuxième dixain, paru dans *Bagatelle*, le 13 juin 1833), *Figaro*, le 18 juin 1833, p. 2.

Ce court passage nous fournit ainsi quatorze dérivés du nom du romancier. Plus modestement, l'article « Les Vieux habits de M. de Balzac » paru dans *Vert-vert* en 1836 propose cinq dérivés :

> Attelez vos tilburyz ; *Chronique de Paris*, monte sur ton chariot d'or, pique tes coursiers drôlatiques ; et vous tous, *balzachiens*, *balzochiens*, *balzachiques*, *balzacophiles*, *balzacophages*, allez-vous en rue Cassini féliciter le père suprême de l'in 8° qui, pour satisfaire l'avidité des dévorans des cabinets de lecture, vient de trouver une idée plus mirifique, plus diabolique, plus fantasmagorique qu'aucune des cent-et-une nouvelles nouvelles qui ont mirifié, stupéfié et mystifié la France entière et ses quatre-vingt-six départemens[87].

Toute cette moisson serait-elle digne de figurer dans les dictionnaires ? Certaines des inventions étant sans doute trop barbares, les rigoristes la rejetteraient toute ou presque. Néanmoins, un lexicographe ne devrait-il pas s'efforcer d'enregistrer le résultat éphémère ou durable de la déonomastique ? Puisque le *FEW* a des articles de noms propres comme *Mazarin* (t. VI, 1, p. 564b) où il relève *mazarinade*, *mazariniste*, *mazarinisme*, *se mazariner*, etc.[88] ou *Scribe* (t. XI, p. 331) avec seul le substantif *scribouillage*[89], il pourrait créer, dans la refonte de la lettre *B* qu'il poursuit depuis plusieurs années, l'article *Balzac* pour y ranger tous les termes que j'ai notés dans ce chapitre et bien d'autres que chacun trouvera guidé par ses centres d'intérêt.

87. Anonyme, « Les Vieux habits de M. de Balzac », *Vert-vert*, 14 janvier 1836, p. 1 ; le titre est souligné par l'auteur, le reste par moi.

88. Que l'on pourrait compléter par mon article « Sur quelques dérivés du nom *Mazarin* », sur le site de *Recherches internationales sur les Mazarinades* : http://mazarinades.org/2019/06/colloque-tokyo-2016-takeshi- matsumura/.

89. Où l'on pourrait ajouter l'adjectif *scribolâtre* qui figure dans Émile Bergerat, *Figarismes de Caliban*, Paris, Lemerre, 1888, p. 260 : « Et qu'on ne m'accuse pas d'ingratitude, je n'oublie pas la *Part du Diable*, ni Asmodée, ni mon enfance scribolâtre. » (souligné par l'auteur) et le substantif féminin *scriberie*, voir ci-dessus l'article de Jean-Jacques Weiss dans le *Journal des débats politiques et littéraires* du 16 mars 1885.

BIBLIOGRAPHIE

1) Œuvres de Balzac

I) *Œuvres complètes*

Œuvres complètes de Honoré de Balzac, Texte révisé et annoté par Marcel Bouteron et Henri Longnon, Paris, Louis Conard, 1912-1940, 40 vol. (= Conard).

L'Œuvre de Balzac, publiée dans un ordre nouveau sous la direction d'Albert Béguin et de Jean A. Ducourneau, Paris, Formes et reflets, 1950-1963, 16 vol. ; réimpression, Paris, Le Club français du livre, 1965, 16 vol. (= *CFL*).

Œuvres complètes de Balzac, Édition nouvelle établie par la Société des Études Balzaciennes, Paris, Club de l'Honnête homme, 1955-1963, 28 vol. ; nouvelle édition, 1968-1971, 24 vol. (= *CHH*).

Œuvres complètes illustrées de Balzac, dirigées par Jean A. Ducourneau, Paris, Les Bibliophiles de l'originale, 1965-1976, 30 vol. (= *BO*).

II) *La Comédie humaine*

La Comédie humaine, Préface de Pierre-Georges Castex, Présentation et notes de Pierre Citron, Paris, Le Seuil (L'Intégrale), 1965-1966, 7 vol. (= *Intégrale*).

La Comédie humaine, Édition publiée sous la direction de Pierre-Georges Castex, Paris, Gallimard (*Pl*), 1976-1981, 12 vol. (= *CH*)[1].

III) *Œuvres diverses*

Œuvres diverses, Édition publiée sous la direction de Pierre-Georges Castex, Paris, Gallimard (*Pl*), 1990-1996, 2 vol. parus (= *OD*).

IV) *Correspondance*

Correspondance, Édition établie, présentée et annotée par Roger Pierrot et Hervé Yon, Paris, Gallimard (*Pl*), 2006-2017, 3 vol. (= *Corr.*).

1. Pour chaque volume, j'utilise son retirage récent afin de tenir compte des corrections introduites au cours des réimpressions (sur ce point, voir *Corr.*, t. I, p. LXVI) : t. I, mai 2013 ; t. II, février 2012 ; t. III, octobre 2015 ; t. IV, juin 2014 ; t. V, août 2011 ; t. VI, février 2013 ; t. VII, novembre 2017 ; t. VIII, novembre 2017 ; t. IX, novembre 2016 ; t. X, juin 2008 ; t. XI, août 2016 ; t. XII, février 2007.

Lettres à Madame Hanska, Édition établie par Roger Pierrot, Paris, Robert Laffont (Bouquins), 1990, 2 vol. (= *LH*).

v) Éditions séparées

Béatrix, Introduction, notes et appendice critique par Maurice Regard, Paris, Garnier, 1962.

Béatrix, Édition préfacée, commentée et annotée par Michel Lichtlé, Paris, Librairie Générale Française (Le Livre de poche, Classiques), 2012.

César Birotteau, Édition établie par Gérard Gengembre, Chronologie par Nadine Satiat, Paris, Flammarion (GF Flammarion), 1995 (tirage de 2015).

César Birotteau, Édition préfacée, commentée et annotée par Stéphane Vachon, Paris, Librairie Générale Française (Le Livre de poche, Classiques), 2018.

Histoire de la grandeur et de la décadence de César Birotteau, Introduction, notes, bibliographie et choix de variantes par Pierre Laubriet, Paris, Garnier, 1964.

Histoire des Treize, Ferragus, chef des Dévorants, Édition présentée, établie et annotée par Roger Borderie, Paris, Gallimard (Folio classique), 2001 (tirage de 2018).

Histoire des Treize, Premier et troisième épisodes, Ferragus, La Fille aux yeux d'or, Présentation, notes, annexes, chronologie et bibliographie mises à jour (2014) par Michel Lichtlé, Paris, Flammarion (GF Flammarion), 1988 ; 2014.

Histoire des Treize, 1. Ferragus, 2. La Duchesse de Langeais, 3. La Fille aux yeux d'or, Introduction, notes et choix de variantes par Pierre-Georges Castex, Paris, Garnier, 1956.

L'Église, Édition critique publiée par Jean Pommier, Paris, Droz, 1947.

L'Illustre Gaudissart, La Muse du département, Sommaire biographique, introduction, notes, choix de variantes par Bernard Guyon, Paris, Garnier, 1970.

La Maison du chat-qui-pelote suivi de Le Bal de Sceaux, La Vendetta, La Bourse, Introduction, notes, documents, bibliographie et chronologie par Anne-Marie Baron, Paris, Flammarion (GF Flammarion), 1985 (tirage de 2016).

La Maison Nucingen précédé de Melmoth réconcilié, Édition présentée, établie et annotée par Anne-Marie Meininger, Paris, Gallimard (Folio classique), 1989 (tirage de 2018).

La Muse du département, Un prince de la bohème, Édition présentée, établie et annotée par Patrick Berthier, Deuxième édition revue, Paris, Gallimard (Folio classique), 1984 (tirage de 2007).

La Peau de chagrin, Présentation, notes, annexes, chronologie et bibliographie mise à jour en 2013 par Nadine Satiat, Paris, Flammarion (GF Flammarion), 1996 ; 2013.

La Rabouilleuse, Introduction, notes, bibliographie et choix de variantes par Pierre Citron, Paris, Garnier, 1966 ; réimpression, Paris, Classiques Garnier, 2019.

La Recherche de l'Absolu, Introduction, notes et dossier par Éric Bordas, Paris, Librairie Générale Française (Le Livre de poche, Classiques), 1999 (tirage de 2015).

Le Colonel Chabert, Edited by H. W. Preston, Oxford, The Clarendon Press, 1907.

Le Colonel Chabert, Édition critique avec une introduction, des variantes et des notes par Pierre Citron, Paris, Didier, 1961.

Le Colonel Chabert, Préface de Pierre Barbéris, Édition établie et annotée par Patrick Berthier, Paris, Gallimard (Folio classique), 1974 ; 1976 ; 1999 (tirage de 2019).

Le Colonel Chabert, Présentation, notes, dossier, chronologie, bibliographie par Nadine Satiat, Paris, Flammarion (GF Flammarion), 2009.

Le Lys dans la vallée, Introduction, notes, bibliographie et choix de variantes par Moïse Le Yaouanc, Paris, Garnier, 1966.

Le Lys dans la vallée, Préface de Paul Morand, Édition d'Anne-Marie Meininger, Paris, Gallimard (Folio classique), 1972 ; 2004 (tirage de 2017).

Le Lys dans la vallée, Présentation, notes et chronologie par Nicole Mozet, Bibliographie mise à jour (2010) par Hella Straubel, Paris, Flammarion (GF Flammarion), 1972 ; 2010.

Le Lys dans la vallée, Introduction, commentaires et notes de Gisèle Séginger, Paris, Librairie Générale Française (Le Livre de poche, Classiques), 1995 (tirage de 2010).

Le Médecin de campagne, Introduction, bibliographie, et dossier de l'œuvre par Pierre Barbéris, Notes et relevés de variantes par Maurice Allem, Paris, Garnier, 1976.

Le Père Goriot, Introduction, notes et appendice critique par Pierre-Georges Castex, Paris, Garnier, 1960 ; 1986.

Le Père Goriot, Préface de Félicien Marceau, Notice et notes de Thierry Bodin, Paris, Gallimard (Folio classique), 1971 (tirage de 2019).

Le Père Goriot, Introduction, notes, anthologie critique et bibliographie mise à jour (2006) par Philippe Berthier, Chronologie par Nadine Satiat, Paris, Flammarion (GF Flammarion), 1995 ; 2006.

Le Père Goriot, Introduction, notes et dossier de Stéphane Vachon, Paris, Librairie Générale Française (Le Livre de poche, Classiques), 1995 ; 2018.

Les Employés, Édition établie et présentée par Anne-Marie Meininger, Paris, Gallimard (Folio classique), 1985 (tirage de 2016).

Les Petits Bourgeois, Texte établi, avec introduction, notes et relevé de variantes par Raymond Picard, Paris, Garnier, 1960.

Modeste Mignon, Édition établie, présentée et annotée par Anne-Marie Meininger, Paris, Gallimard (Folio classique), 1982 ; 2017.

Nouvelles, Présentation, notices, notes et bibliographie par Philippe Berthier, Paris, Flammarion (GF Flammarion), 2005.

Nouvelles et contes, Édition établie, présentée et annotée par Isabelle Tournier, Paris, Gallimard (Quarto), 2005-2006, 2 vol. (= *Quarto*).

Pensées, sujet, fragmens, Édition originale avec une préface et des notes de Jacques Crépet, Paris, Blaizot, 1910.

Splendeurs et misères des courtisanes, Introduction, notes et choix de variantes par Antoine Adam, Paris, Garnier, 1958.

Splendeurs et misères des courtisanes, Présentation, notes et bibliographie par Philippe Berthier, Paris, Flammarion (GF Flammarion), 2006 (tirage de 2018).

Splendeurs et misères des courtisanes, Édition présentée, préfacée et annotée par Patrick Berthier, Paris, Librairie Générale Française (Le Livre de poche, Classiques), 2008 (tirage de 2018).

Un début dans la vie, Introduction et variantes de Guy Robert, Notes et index de Georges Matoré, Genève, Droz et Lille, Giard, 1950.

Ursule Mirouët, Édition présentée, établie et annotée par Madeleine Ambrière, Paris, Gallimard (Folio classique), 1981 (tirage de 2019).

Ursule Mirouët, Présentation, notes, bibliographie et annexes par Philippe Berthier, Chronologie par André Lorant, Paris, Flammarion (GF Flammarion), 2013.

2) Ouvrages et articles

Abraham (Pierre), *Balzac, Recherches sur la création intellectuelle*, Paris, Rieder, 1929.

Abraham (Pierre), *Créatures chez Balzac*, Paris, Gallimard, 1931.

Alain, *Avec Balzac*, dans *Id.*, *Les Arts et les Dieux*, Préface par André Bridoux, Édition établie et présentée par Georges Bénézé, Paris, Gallimard (*Pl*), 1958 (tirage de 2002), p. 929-1021.

Alhoy (Maurice) et Huart (Louis), *Les Cent et un Robert-Macaire, composés et dessinés par M. H. Daumier sur les Avis et les Légendes de M. Ch. Philipon, réduits et lithographiés par MM. *** : Texte par MM. Maurice Alhoy et Louis Huart*, Paris, Aubert, 1839.

Alhoy (Maurice), Huart (Louis) et Philipon (Charles), *Le Musée pour rire*, t. I, Paris, Aubert, 1839.

Ambrière (Madeleine), « Dans le sillage des grands romantiques : Samuel-Henry Berthoud », *AB*, 1962, p. 213-243.

Ambrière (Madeleine), *Balzac et La Recherche de l'Absolu*, Paris, Hachette, 1968.

Ambrière (Madeleine), « Balzac, le commerce et la publicité », *AB*, 1974, p. 187-198.

Auger (Louis-Simon), « Vie de La Fontaine », dans *Œuvres complettes de J. La Fontaine, précédées d'une nouvelle notice sur sa Vie, Fables*, t. I, Paris, Lefèvre, 1814.

« Bagatelle, journal de France. Rabelais et M. de Balzac, ou plutôt, M. de Balzac et Rabelais », *Figaro*, le 18 juin 1833, p. 2.

Baldinger (Kurt), « Splendeurs et misères des glossaires (À propos de nouvelles recherches rabelaisiennes) », dans *Id.*, *Études autour de Rabelais*, Genève, Droz, 1990, p. 19-39.

Balzac, Préface et notices de Stéphane Vachon, Paris, Presses de l'Université de Paris-Sorbonne, 1999.

Balzac, Le Livre du centenaire, Paris, Flammarion, 1952.

Barbey d'Aurevilly, *Œuvres romanesques complètes*, Textes présentés, établis et annotés par Jacques Petit, Paris, Gallimard (*Pl*), 1964, 2 vol.

Bardèche (Maurice), *Balzac, romancier. La Formation de l'art du roman chez Balzac jusqu'à la publication du « Père Goriot » (1820-1835)*, Paris, Plon, 1940.

Baron (Anne-Marie), *Balzac cinéaste*, Paris, Klincksieck, 1990.

Bayard (Jean-François-Alfred) et Dumanoir, *Les Premières armes de Richelieu, Comédie en deux actes, mêlée de couplets, Représentée, pour la première fois, à Paris, sur le théâtre du Palais-Royal, le 3 décembre 1839*, Paris, Mifliez, 1839.

Bazar parisien, ou Annuaire raisonné de l'industrie des premiers artistes et fabricans de Paris, offrant l'examen de leurs travaux, fabrications, découvertes, produits, inventions, etc. ; Ouvrage utile à toutes les classes de la société, Paris, Bureau du Bazar parisien, 1821.

Benjamin, Saint-Amant et Paulyanthe, *L'Auberge des Adrets, Mélodrame en trois actes à spectacle, musique de M. Adrien, ballets de M. Maximien, décorations de MM. Joannis et Défontaines, Représenté pour la première fois à Paris, sur le théâtre de l'Ambigu-Comique, le 2 juillet 1823*, Paris, Pollet, 1823.

Benjamin, Saint-Amand et Polyanthe, *L'Auberge des Adrets, Mélodrame en trois actes à spectacle, musique de M. Adrien, ballets de M. Maximien, décors de MM. Joannis et Desfontaines, Représenté pour la première fois à Paris sur le théâtre de l'Ambigu-Comique, le 6 décembre 1823, Deuxième édition conforme à la représentation*, Paris, Pollet, 1823.

Benjamin, Saint-Amant et Paulyanthe, *L'Auberge des Adrets, Drame en trois actes, à spectacle, musique de M. Adrien, ballets de M. Maximien, décorations de MM. Joannis et Défontaines, Représenté pour la première fois, à Paris, sur le théâtre de l'Ambigu-Comique, le 2 juillet 1823 et repris sur le théâtre de la Porte-Saint-Martin, le 28 janvier 1832*, Paris, Jules Didot, sans date.

Bergès (Louis), « Balzac et l'argot : enjeux littéraires autour du roman populaire », *in* Bernadette Cabouret éd., *La Communication littéraire et ses outils : écrits publics, écrits privés*, Paris, Éditions du Comité des travaux historiques et scientifiques, 2018, p. 41-61.

Bergson (Henri), *Le Rire. Essai sur la signification du comique*, Paris, Alcan, 1900.

Bertault (Philippe), *Introduction à Balzac*, Paris, Odilis, 1953.

Berthier (Patrick), « Balzac lecteur de Gautier », *AB*, 1971, p. 282-285.

Berthier (Patrick), « Balzac et l'employé aux trognons de pomme », *Revue belge de Philologie et d'Histoire*, t. LXXII, 1994, p. 575-578.

Berthier (Patrick), « Le spectateur balzacien », *AB*, 2000, p. 279-299.

Berthier (Patrick), « Compte rendu : *Béatrix, Édition préfacée, commentée et annotée par Michel Lichtlé*, Paris, Librairie Générale Française, 2012 », *AB*, 2013, p. 402-408.

Biancolelli (Pierre-François) et Romagnesi (Jean-Antoine), *La Sylphide, comedie par les Srs. Dominique et Romagnesi*, La Haye, Antoine van Dole, 1733.

Bibliothèque pour rire, Première série, *Les Physiologies parisiennes*, Paris, Aubert et Barba, 1842.

Biographie universelle ancienne et moderne, t. XXIII, Paris, L. G. Michaud, 1819.

Blanchard (Marc), *Témoignages et jugements sur Balzac, Essai bibliographique, recueil de jugements*, Paris, Champion, 1931.

Boddaert (Alexis), « Voyage en "Balzaquie" », *Le Monde des Livres*, le 25 juin 1999, p. 5.

Bodin (Thierry), « Anne-Marie Meininger », *AB*, 2016, p. 441-445.

Bonald (Louis de), *Pensées sur divers sujets, et discours politiques*, t. II, Paris, Adrien Le Clere, 1817.

Bordas (Éric), *Balzac, discours et détours. Pour une stylistique de l'énonciation romanesque*, Toulouse, Presses universitaires du Mirail, 1997.

Bordas (Éric) éd., *Balzac et la langue*, Paris, Kimé, 2019.

Bordelon (Laurent), *Theatre philosophique sur lequel on represente par des dialogues dans les Champs Elisées les philosophes anciens & modernes, et où l'on rapporte ensuite leurs opinions, leurs reparties, leurs sentences, & les plus remarquables actions de leur vie*, Paris, Claude Barbin et Jean Musier, 1692.

Bordelon (Laurent), *Diversitez curieuses pour servir de recreation à l'esprit*, t. IV, Amsterdam, André de Hoogenhuysen, 1699.

Bouillon-Mateos (Christine), « Balzac et Frédérick Lemaître. Histoire d'une collaboration malheureuse », *AB*, 2001, p. 69-80.

Bourdon (Isidore), *La Physiognomonie ou l'art de connaître les hommes d'après les traits du visage et les manifestations extérieures selon les systèmes de Gall, Porta, Lavater, etc.*, Paris, Werdet, 1830.

Bouteron (Marcel), « Apologie pour Madame Hanska », *Revue des Deux Mondes*, 1924, p. 811-829.

Bouteron (Marcel), *Bedouck ou le Talisman de Balzac*, Paris, La Cité des Livres, 1925.

Bouteron (Marcel), *Bettina ou le culte de Balzac*, Paris, Lapina, 1927.

Bouteron (Marcel), *Études balzaciennes*, Paris, Jouve, 1954.

Bruneau (Charles), *La Langue de Balzac*, Paris, Centre de documentation universitaire, 1954.

Brunot (Ferdinand), « La langue française. De 1815 à nos jours », *in* Louis Petit de Julleville éd., *Histoire de la langue et de la littérature française des origines à 1900*, t. VIII, *Dix-neuvième siècle, Période contemporaine (1850-1900)*, Paris, Armand Colin, 1899, p. 704-884.

Brunot (Ferdinand), *Histoire de la langue française des origines à nos jours*, Paris, Armand Colin, 1905-1979, 13 vol.

Buet (Charles), *J. Barbey d'Aurevilly, Impressions et souvenirs*, Paris, Savine, 1891.

Bulletin de la Société Théophile Gautier, t. XXXVII, 2015, *Gautier/Balzac : parcours croisés*, Dossier élaboré sous la direction d'Anne Geisler-Szmulewicz.

Bulletin de la Société Théophile Gautier, t. XXXIX, 2017, *Gautier et la langue*, Textes réunis par Anne Geisler-Szmulewicz et Marie-Hélène Girard.

Bulwer (Henry Lytton), *Essai sur Talleyrand, Traduit de l'anglais avec l'autorisation de l'auteur par Georges Perrot*, Paris, Reinwald, 1868.

Bulwer (Henry Lytton), *Historical Characters. Talleyrand, Cobbett, Mackintosh, Canning*, Londres, Richard Bentley, 1868, 2 vol.

Butler (Ronnie), « Balzac et Louis XVIII », *AB*, 1991, p. 111-134.

Caius Julius Cæsar ad codices parisinos recensitus cum varietate lectionum Julii Celsi Commentariis tabulis geographicis et selectissimis eruditorum notis quibus suas adjecerunt N. L. Achaintre et N. E. Lemaire, t. I, Paris, 1819.

Carpentier (L. J. M.), *Le Gradus français, ou Dictionnaire de la langue poétique*, Paris, Johanneau, 1822.

Carré (Guillaume-Louis-Julien), *Les Lois de la procédure civile, Deuxième édition*, t. I, Paris, Madame Charles-Béchet, 1829.

Castille (Hippolyte), *Les Hommes et les mœurs en France sous le règne de Louis-Philippe*, Paris, Henneton, 1853.

Cellier (Léon), *Fabre d'Olivet. Contribution à l'étude des aspects religieux du romantisme*, Paris, Nizet, 1953.

Cerfberr (Anatole) et Christophe (Jules), *Répertoire de La Comédie humaine de H. de Balzac avec une introduction de Paul Bourget*, Paris, Calmann Lévy, 1888.

Chamfort (Nicolas), *Œuvres complètes*, Édition présentée par Lionel Dax, Paris, Sandre, 2015-2016, 2 vol.

Champfleury, *Les Vignettes romantiques, Histoire de la littérature et de l'art 1825-1840*, Paris, Dentu, 1883.

Champsaur (Félicien), « Dix ans après », *Le Figaro*, le 26 octobre 1889.

Chansons inédites de M. P. J. de Béranger, Paris, Baudouin, 1828.

Charron (Pierre), *De la Sagesse, livres trois*, Bourdeaus, Simon Millanges, 1601.

Charron (Pierre), *De la Sagesse, trois livres, Nouvelle édition publiée avec des sommaires et des notes explicatives, historiques et philosophiques par* Amaury Duval, t. II, Paris, Chassériau, 1824.

Chateaubriand, *Écrits politiques (1814-1816)*, Édition critique par Colin Smethurst, Genève, Droz, 2002.

Chateaubriand, *Mémoires d'outre-tombe précédés de Mémoires de ma vie*, Édition critique par Jean-Claude Berchet, Deuxième édition revue et corrigée, Paris, Classiques Garnier et Librairie Générale Française (Pochothèque), 2003-2004, 2 vol.

Chateaubriand, *Œuvres complètes*, sous la direction de Béatrice Didier, t. XXVI (1), *Écrits politiques (octobre 1818-mars 1820), Le Conservateur*, Édition critique par Colin Smethurst, Paris, Champion, 2016.

Chollet (Roland), *Balzac journaliste. Le tournant de 1830*, Paris, Klincksieck, 1983.

Citron (Pierre), « Balzac lecteur de Chamfort », *AB*, 1969, p. 293-301.

Cogniard frères, *Au Rideau ! ou Les singeries dramatiques, Revue-prologue à grand spectacle, Représenté pour la première fois sur le théâtre du Cirque-Olympique, le 9 Décembre 1834*, Paris, Marchant, 1834.

Cormeau (Henry), *Terroirs mauges, miettes d'une vie provinciale*, Paris, Crès, 1912, 2 vol.

Correspondance de Béranger recueillie par Paul Boiteau, Paris, Perrotin, 1860, 4 vol.

Correspondance de Madame de Graffigny, t. XI, *2 juillet 1750 – 19 juin 1751, Lettres 1570-1722*, Préparé par Dorothy P. Arthur avec la collaboration de J. Curtis, M.-P. Ducretet-Powell, E. Showalter et D. W. Smith, Directeur de l'édition J. A. Dainard, Oxford, Voltaire Foundation, 2007.

Correspondance de Napoléon Ier publiée par ordre de l'empereur Napoléon III, t. XIV, Paris, Imprimerie impériale, 1863.

Correspondance (1921-1939) de Jean-Richard Bloch et André Monglond, Édition établie et annotée par Tivadar Gorilovics, t. II, Debrecen, Kossuth Lajos Tudomanyegyetem, 1989.

Cujas (Jacques), *Opera*, Prati, Giachetti, 1836-1844, 13 vol.

Dagneaud (Robert), *Les Éléments populaires dans le lexique de La Comédie humaine d'Honoré de Balzac*, Quimper, Ménez, 1954.

Darmesteter (Arsène), *De la création actuelle de mots nouveaux dans la langue française et des lois qui la régissent*, Paris, Vieweg, 1877.

Debauve (Bernard-Simon-Laurent), *Le Gouvernement légitime de Louis XVIII peut seul sauver la France et l'Europe*, Paris, Gueffier jeune, Belin et Delaunay, 1816.

Dédéyan (Charles), « Balzac et Béranger », *AB*, 1995, p. 363-390.

Delattre (Geneviève), *Les Opinions littéraires de Balzac*, Paris, Presses universitaires de France, 1961.

Delorme (Hugues), « Balzac, épicier », *Le Figaro*, le 20 octobre 1925, p. 1.

Delorme (Hugues), « Marcel Arnac », *Paris-Soir*, le 4 août 1924, p. 1.

Delorme (Hugues), « Muses romantiques », *Le Figaro*, le 11 décembre 1926, p. 1.

D'Ennery et Grangé (Eugène), *Le Dernier oncle d'Amérique, Vaudeville en un acte, Représenté pour la première fois, à Paris, sur le théâtre du Panthéon, le 1er février 1840*, in *Répertoire dramatique des auteurs contemporains*, nº XLVIII, Paris, Bureau central, 1840.

Descaves (Pierre), *Les Cent-Jours de Mr. de Balzac*, Paris, Calmann Lévy, 1950.

Descotes (Maurice), *L'image de Louis XVIII dans La Comédie humaine*, Paris, Lettres modernes, 1994.

Des Loges (Stéphanie), *L'art structural de la narration dans la nouvelle de Balzac*, Wroclaw, 1967.

Desmares, *Roxelane. Tragi-comédie*, Paris, Antoine de Sommaville et Augustin Courbé, 1643.

D'Holbach, *La Morale universelle ou les Devoirs de l'homme fondés sur sa nature*, t. II, *Pratique de la morale*, Amsterdam, Marc-Michel Rey, 1776.

Diaz (José-Luis), « Mots nouveaux, mots à la mode : Balzac théoricien et praticien du néologisme », *in* Éric Bordas éd., *Balzac et la langue*, Paris, Kimé, 2019, p. 105-136.

Dictionnaire d'anecdotes, de traits singuliers et caractéristiques, historiettes, bons mots, naïvetés, saillies, reparties ingenieuses, &c. &c., Paris, La Combe, 1766.

Dictionnaire des sciences médicales par une société de médecins et de chirurgiens, t. LV, Paris, C. L. F. Panckoucke, 1821.

Diderot (Denis), *Le Père de famille*, avec un Discours sur la poésie dramatique, Édition critique et annotée, présentée par Jacques Chouillet et Anne-Marie Chouillet, dans *Id.*, *Œuvres complètes* sous la direction de Herbert Dieckmann, Jacques Proust et Jean Varloot, t. X, Paris, Hermann, 1980.

Diderot (Denis), *Œuvres philosophiques*, Édition publiée sous la direction de Michel Delon, Paris, Gallimard (*Pl*), 2010.

Diethelm (Marie-Bénédicte), « Voyager avec Balzac. La route en France au début du XIXe siècle », *AB*, 2005, p. 201-240.

Diog. Laert. de vitis, dogm. et apophth. clarorum philosophorum libri X, sans lieu, Henri Estienne, 1593.

*Diogene Laërce, De la Vie des philosophes, Traduction nouvelle par Monsieur B*******, t. I, Paris, Charles de Sercy, 1668.

Diogenes Laertius, *De vita et moribus philosophorum*, Venise, Ottaviano Scotto, 1490.

Diogenes Laertius, *Vitae philosophorum, Ambrosius Traversarius Camaldulensis Ordinis interpres*, Bibliothèque nationale de France, fonds latin 6069A.

Dorandi (Tiziano), « Diogène Laërce du Moyen Âge à la Renaissance », dans Thomas Ricklin éd., *Exempla docent. Les exemples des philosophes de l'Antiquité à la Renaissance.* Actes du colloque international 23-25 octobre 2003, Université de Neuchâtel, Paris, Vrin, 2006, p. 35-48.

Dumas (Alexandre) et Maquet (Auguste), *La jeunesse des Mousquetaires, pièce en 14 tableaux*, Paris, Dufour et Mulat, 1849.

Dumont (Simone), *Un astronome des Lumières. Jérôme Lalande*, Paris, Vuilbert, 2007.

Dumoulin (Pierre), *Heraclite ou De la vanité et misere de la vie humaine*, Quevilly, Claude Le Villain, 1609.

Dupin (André-Marie-Jean-Jacques), *Manuel des étudians en droit et des jeunes avocats. Recueil d'opuscules de jurisprudence*, Paris, Joubert, 1835.

Dupin (Jean-Henri) et Sauvage (Thomas), *Les Trois Sultanes, Comédie en vers libres de Favart, mise en un acte et en vaudeville par MM.* ***, *Représentée pour la première fois, à Paris, sur le théâtre de Madame, par les comédiens ordinaires de S. A. R. le 2 décembre 1825*, Paris, Barba, 1826.

Eidôlon, n° 52, 1999, *« Balzacien ». Style des imaginaires*, Textes réunis par Éric Bordas.

Encyclopédiana. Recueil d'anecdotes anciennes, modernes et contemporaines, Paris, Jules Laisné, 1842.

Encyclopédiana. Recueil d'anecdotes anciennes, modernes et contemporaines, Paris, Paulin, 1843.

Encyclopédiana. Recueil d'anecdotes anciennes, modernes et contemporaines, Nouvelle édition illustrée de 120 vignettes, Paris, Jules Laisné, 1857.

Essais de Montaigne, Nouvelle édition publiée d'après l'édition la plus authentique et avec des sommaires analytiques et de nouvelles notes par Amaury Duval, t. IV, Paris, Chassériau et Dondey-Dupré, 1824.

F. D., « Théâtres. La Soirée théâtrale. "La Servante sans gages" à l'Odéon », *Le Temps*, le 23 avril 1936, p. 5.

Faivre d'Arcier (Catherine), *Lovenjoul (1836-1907). Une vie, une collection*, Préface de Monsieur Gabriel de Broglie, Paris, Kimé, 2007.

Falconer (Graham), « Le travail de "débalzaciénisation" dans la rédaction de *Madame Bovary* », *La Revue des lettres modernes, Gustave Flaubert 3, Mythes et religion (2)*, Textes réunis par Bernard Masson, 1988, p. 123-156.

Favart (Charles-Simon), *Soliman second ou Les Trois Sultanes*, in *Théâtre du XVIII*e *siècle*, éd. par Jacques Truchet, Paris, Gallimard (*Pl*), 1972-1974, 2 vol., t. II, p. 285-363.

Felkay (Nicole), « Grandeur et décadence d'un libraire éditeur : Antoine, dit Edmond Werdet (1793-1870) », *AB*, 1974, p. 153-186.

Felkay (Nicole), *Balzac et ses éditeurs, 1822-1837, Essai sur la librairie romantique*, Paris, Éditions du Cercle de la Librairie, 1987.

Feller (François-Xavier de), *Biographie universelle, ou Dictionnaire historique des hommes qui se sont fait un nom par leur génie, leurs talens, leurs vertus, leurs erreurs ou leurs crimes, Nouvelle édition augmentée de plus de 3 000 articles, rédigés par M. Pérennès*, t. VII, Paris, Gauthier Frères, 1834.

Fénelon, *Œuvres*, Édition présentée, établie et annotée par Jacques Le Brun, Paris, Gallimard (*Pl*), 1983-1997, 2 vol.

Flamerie de Lachapelle (Guillaume), « Quand Virgile, Horace et Claudien exaltent Louis XVIII. L'épître dédicatoire de la *Bibliotheca classica Latina* de Nicolas-Éloi Lemaire », *Humanistica Lovaniensia. Journal of Neo-latin Studies*, t. LXVIII, 1, 2019, p. 177-210.

Flammarion (Camille), *Astronomie populaire. Description générale du ciel*, Paris, C. Marpon et E. Flammarion, 1881.

Fortia de Piles et Guys de Saint-Charles, *Nouveau recueil d'anecdotes inédites, ou Suite des souvenirs de deux anciens militaires des mêmes auteurs*, Paris, Porthmann, 1814.

Fortin (Damien), *La Fontaine devant ses biographes. Deux siècles de lecture critique indirecte (1650-1850)*, Paris, Classiques Garnier, 2019.

Fourcroy (Antoine-François), *Encyclopédie méthodique. Chimie et métallurgie*, t. V, Paris, H. Agasse, 1808.

Fourcroy (Antoine-François), *Système des connaissances chimiques et de leurs applications aux phénomènes de la nature et de l'art*, t. VI, Paris, Baudouin, Brumaire an IX [1800].

Fournel (Victor), *Dictionnaire encyclopédique d'anecdotes modernes, anciennes, françaises et étrangères*, t. I, Paris, Didot, 1872.

Frappier-Mazur (Lucienne), *L'Expression métaphorique dans La Comédie humaine*, Paris, Klincksieck, 1976.

Fumaroli (Marc), *La Diplomatie de l'esprit. De Montaigne à La Fontaine*, Paris, Hermann, 1994.

Fumaroli (Marc), *Partis pris. Littérature, esthétique, politique*, Édition établie et présentée par Paul-Victor Desarbres, Introduction de Maxence Caron, Paris, Robert Laffont (Bouquins), 2019.

Gaillard (Gabriel-Henri), *Encyclopédie méthodique. Histoire*, t. II, Paris, Panckoucke, 1786.

Galerie de l'ancienne Cour ou Mémoires anecdotes pour servir à l'Histoire des règnes de Louis XIV et de Louis XV, T. II, Maestricht, Dufour et Roux, 1787.

Gauthier de Brécy (Charles-Edme), *Mémoires véridiques et ingénus de la vie privée, morale et politique d'un homme de bien, écrits par lui-même dans la 81e année de son âge*, Paris, Guiraudet, 1834.

Gautier (Théophile), *Correspondance générale*, éditée par Claudine Lacoste-Veysseyre, Sous la direction de Pierre Laubriet, Genève-Paris, Droz, 1985-2000, 12 vol.

Gautier (Théophile), *Fortunio*, Paris, Desessart, 1838.

Gautier (Théophile), *Honoré de Balzac*, Édition revue et augmentée, Paris, Poulet-Malassis et de Broise, 1859.

Gautier (Théophile), *Les Jeunes France et autres récits humoristiques*, Présentation, notes, chronologie et bibliographie par Patrick Berthier, Paris, Flammarion (GF Flammarion), 2013 (tirage de 2018).

Gautier (Théophile), *Les Jeunes France, romans goguenards*, Paris, Eugène Renduel, 1833.

Gautier (Théophile), *L'Orient*, Édition présentée, établie et annotée par Sophie Basch, Paris, Gallimard (Folio classique), 2013.

Gautier (Théophile), *Œuvres complètes*, sous la direction d'Alain Montandon, *Critique théâtrale*, t. II, *1839-1840*, Texte établi, présenté et annoté par Patrick Berthier avec la collaboration de Claudine Lacoste-Veysseyre et d'Hélène Laplace-Claverie, Paris, Champion, 2008.

Gautier (Théophile), *Œuvres complètes*, sous la direction d'Alain Montandon, *Romans, contes et nouvelles*, t. VI, *Contes et nouvelles*, t. I, Textes établis, présentés et annotés par Alain Montandon, Anne Geisler-Szmulewicz, Françoise Court-Perez et François Brunet, Paris, Champion, 2017.

Gautier (Théophile), *Œuvres complètes*, sous la direction d'Alain Montandon, *Théâtre et ballets*, Édition établie par Claudine Lacoste-Veysseyre et Hélène Laplace-Claverie avec la collaboration de Sarah Mombert, Paris, Champion, 2003.

Gautier (Théophile), *Romans, contes et nouvelles*, Édition établie sous la direction de Pierre Laubriet, Paris, Gallimard (*Pl*), 2002, 2 vol.

Gautier journaliste, Articles et chroniques, Choix de textes, présentation, notes, chronologie, bibliographie et index par Patrick Berthier, Paris, Flammarion (GF Flammarion), 2011.

Gendzier (Stephen J.), « Balzac's changing Attitudes toward Diderot », *French Studies*, t. XIX, 1965, p. 125-143.

Genette (Gérard), *Palimpsestes. La littérature au second degré*, Paris, Seuil, 1982.

Gide (André), Valéry (Paul), *Correspondance 1890-1942*, Nouvelle édition établie, présentée et annotée par Peter Fawcett, Paris, Gallimard, 2009.

Gille (Philippe) et Busnach (William), *Robert-Macaire, Drame burlesque en quatre actes précédé de L'Auberge des Adrets, prologue en deux parties de MM. Benjamin Antier, St-Amand, Frédérick-Lemaître et Paulyante, remanié par MM. Philippe Gille & William Busnach*, Paris, Stock, 1896.

Görlich (Ewald), *Die nordwestlichen Dialekte der Langue d'oïl. Bretagne, Anjou, Maine, Touraine*, Heilbronn, Henninger, 1886.

Goudeau (Émile), « La jeune littérature (1875-1885). Le poème "Edel" de Paul Bourget », *La Presse*, le 15 mai 1885, p. 1.

Gracq (Julien), *Œuvres complètes*, Édition établie par Bernhild Boie, Paris, Gallimard (*Pl*), 1989-1995, 2 vol.

Grevisse (Maurice) et Goosse (André), *Le Bon Usage, 16e édition*, Louvain-la-Neuve, De Boeck, 2016.

Grise-Aile, in *Musée Philipon. Album de tout le monde*, 9e livraison, sans date [1841].

Guyon (Bernard), « Jean Pommier », *AB*, 1974, p. 7-12.

Histoire du cas-de-conscience signé par quarante docteurs de Sorbonne, contenant les Brefs du Pape, les Ordonnances Episcopales, Censures, Deliberations de la Faculté de Paris, Lettres & autres Ecrits pour & contre ce Cas, avec des reflexions sur plusieurs de ces piéces, t. VI, sans lieu, 1710.

Huart (Louis), « Le Désagrément du petit frère », in *Le Musée pour rire, Dessins par tous les caricaturistes de Paris, Texte par MM. Maurice Alhoy, Louis Huart et Ch. Philipon*, t. I, Paris, Aubert, 1839, sans pagination.

Jaubert (Pierre), *Vocabulaire technique, ou Dictionnaire raisonné de tous les termes usités dans les arts et métiers*, t. V, *servant de suite au Dictionnaire des arts et métiers*, Paris, Didot, 1773.

Jugie (Sophie), « "Le duc d'Antin ou le parfait courtisan" : réexamen d'une réputation », *Bibliothèque de l'École des Chartes*, t. CXLIX, 1991, p. 349-404.

Kamada (Takayuki), « 『セザール・ビロトー』生成資料転写版 » (« Transcription des premières épreuves avant correction de *César Birotteau* »), article sans date paru sur le site internet de l'Université de Shinshu (https://www.shinshu-u.ac.jp/faculty/arts/prof/ kamada_1/docs/CB.pdf).

Klein (Jean René), *Le Vocabulaire des mœurs de la « Vie parisienne » sous le Second Empire, Introduction à l'étude du langage boulevardier*, Louvain, Bibliothèque de l'Université et Éditions Nauwelaerts, 1976.

La Bruyère, *Œuvres complètes*, Édition établie et annotée par Julien Benda, Paris, Gallimard (*Pl*), 1951.

Lacretelle (Pierre Louis de), *Encyclopédie méthodique. Logique et métaphysique*, Paris et Liège, Panckoucke et Plompteux, 1786-1791, 4 vol.

Lacroix (Paul), « Simple histoire de mes relations littéraires avec Honoré de Balzac (extrait abrégé de mes *Mémoires inédits*), 3e et dernier article », *Le Livre. Revue du Monde littéraire*, t. III, 1882, p. 270-287.

Laertii Diogenis de vita et moribus philosophorum libri X, Anvers, Christophe Plantin, 1566.

Laforgue (Pierre), « Mort et transfiguration, ou Balzac, Hugo et le romantisme en 1850 », *AB*, 2000, p. 265-275.

La Gente poitevinrie, recueil de textes en patois poitevin du XVIe siècle, Édition avec Introduction, Notes et Glossaire par Jacques Pignon, Paris, D'Artrey, 1960

Lallemant (Jacques-Philippe), *Journal historique des assemblées, tenues en Sorbonne, pour condamner les Memoires de la Chine, &c.*, sans lieu, 1701.

Lamartellière, *Robert, chef de brigands, Drame en cinq actes en prose imité de l'allemand*, Paris, Maradan, 1793.

La Place (Pierre-Antoine de), *Pièces intéressantes et peu connues pour servir à l'histoire et à la littérature*, T. VII, Maestricht, Roux, 1790.

Laubriet (Pierre), *L'Intelligence de l'art chez Balzac, D'une esthétique balzacienne*, Paris, Didier, 1961.

Launay (Robert), *Barère, l'Anacréon de la guillotine*, Préface de Jean Tulard, Paris, Tallandier, 1989.

Lavater (Gaspard), *L'art de connaître les hommes par la physionomie, Nouvelle édition, corrigée et disposée dans un ordre plus méthodique*, t. III, Paris, Depélafol, 1820.

« Le candidat de Chinon », *Figaro*, le 25 mai 1832, p. 1.

Le Diogene françois tiré du grec, ou Diogene Laertien touchant les vies, doctrines, & notables propos des plus illustres Philosophes compris en dix Livres, traduit et paraphrasé sur le grec par M. François de Fougerolles, Lyon, Jean Ant. Huguetan, 1601.

Legouvé (Ernest), *La Lecture en famille*, Paris, Hetzel, 1882.

Lemaire (Marion), *Robert Macaire : la construction d'un mythe. Du personnage théâtral au type social 1823-1848*, Paris, Champion, 2018.

Lemesle (Charles), *Misophilanthropopanutopies*, Paris, Madame Charles-Béchet, 1833.

Lemesle (Charles), *Misophilanthropopanutopies, Tablettes d'un sceptique, précédées d'une introduction par M. Tissot, Deuxième édition*, Paris, E. Albert, 1845.

Lepec (Charles-Antoine) éd., *Bulletin annoté des lois, décrets et ordonnances, depuis le mois de juin 1789 jusqu'au mois d'août 1830*, t. XIV, Paris, Dupont, 1837.

« Le Rotin de M. de Balzac, Homme de lettres, À Mme É. de G., auteur de poésies légères », *L'Indépendant*, le 31 juillet 1836, p. 2.

Les Belles femmes de Paris et de la Province, [...], *Deuxième série*, Paris, Au bureau, 1840.

Les Français peints par eux-mêmes, t. II, Paris, L. Curmer, 1840.

Les Français peints par eux-mêmes. Types et portraits humoristiques à la plume et au crayon. Mœurs contemporaines, t. II, Paris, J. Philippart, sans date.

Les Œuvres complètes de Voltaire, t. LXXXI, *Notebooks edited in large part for the first time by Theodore Besterman, Second edition revised and much enlarged*, Genève, Institut et Musée Voltaire et Toronto, University of Toronto Press, 1968.

« Les Vieux habits de M. de Balzac », *Vert-vert*, le 14 janvier 1836, p. 1.

Le Thiec (Guy), « Le complot de Roxelane. *La Soltane* de Gabriel Bounin (1561) et *Il Solimano* de Prospero Bonarelli (1619) : deux tragédies politiques à la cour de France et dans la Florence des Médicis », in *Complots et conjurations dans l'Europe moderne* (Publications de l'École Française de Rome, t. CCXX), 1996, p. 137-161.

Lettres historiques et galantes de Madame Du Noyer, Nouvelle édition, t. I, Londres, Jean Nourse, 1739.

Lévesque (Pierre-Charles), « Premier mémoire sur la constitution de la république d'Athènes. Lu le 22 nivose an 7 », in *Mémoires de l'Institut national des sciences et arts. Sciences morales et politiques*, t. IV, Paris, Baudouin, an XI [= 1802], p. 113-211.

Loménie (Louis de), *Galerie des contemporains illustres par un homme de rien*, t. II, Paris, Bureau central, 1840.

Lotte (Fernand), *Dictionnaire biographique des personnages fictifs de La Comédie humaine*, avant-propos de Marcel Bouteron, Paris, José Corti, 1952.

Lotte (Fernand), « Index des personnes réelles et des allusions littéraires » et « Index des personnages fictifs de *La Comédie humaine* », *in* Balzac, *Contes drolatiques précédés de La Comédie humaine (Œuvres ébauchées, II. Préfaces)*, Établissement du texte, notices et notes par Roger Pierrot, Paris, Gallimard (*Pl*), 1959, p. 1123-1708.

Lousteau, « Les femmes de Balzac, autour de sa statue », *La Vie parisienne*, le 22 novembre 1902, p. 652-654.

Malavié (Jean), « Balzac sous le feu d'un légitimiste avignonnais, Armand de Pontmartin », *AB*, 1980, p. 209-237.

Malherbe, *Œuvres*, Édition présentée, établie et annotée par Antoine Adam, Paris, Gallimard (*Pl*), 1971.

Manoli (Ion), « Balzac et son vocabulaire néologique », *Intertext* 1/2, 2017, p. 94-102.

Mansuy (Michel), *Un Moderne. Paul Bourget. De l'enfance au Disciple*, Paris, Les Belles Lettres, 1960.

Marceau (Félicien), *Balzac et son monde*, Paris, Gallimard, 1955.

Maréchal (Sylvain), *Voyages de Pythagore en Égypte, dans la Chaldée, dans l'Inde, en Crète, à Sparte, en Sicile, à Rome, à Carthage, à Marseille et dans les Gaules ; suivis de ses lois politiques et morales*, Paris, Deterville, 1799, 6 vol.

Marin (François-Louis-Claude), *L'Homme aimable, dédié a Monsieur le marquis de Rosen, avec des réflexions et des pensées sur divers sujets*, Amsterdam, Arkstée et Leipzig, Merkus, 1752.

Marmontel, *Contes moraux*, t. I, Amsterdam, 1761.

Martin (P.-J.), *Les Bonnes bêtises du temps nouveau et du temps passé*, Paris, Magnin, Blanchard et compagnie, 1859.

Martin-Maillefer (Pierre-Daniel), *Les Fiancés de Caracas, poème éclectique en deux chants, Suivi de notes ou considérations politiques et morales sur plusieurs États du Nouveau Monde*, Paris, Delaforest, 1829.

Matoré (Georges), *Le Vocabulaire et la société sous Louis Philippe*, Paris-Lille, Droz, 1951.

Maurois (André), « La Semaine Théâtrale. La Rabouilleuse de M. Émile Fabre à la Comédie-Française », *Marianne*, le 18 novembre 1936, p. 11.

Maurras (Charles), « La Vie littéraire. Têtes de mort assez touchantes », *Revue encyclopédique. Recueil documentaire universel et illustré*, 1896, p. 618-620.

Mautouchet (Paul), *Le conventionnel Philippeaux*, Paris, Belais, 1900.

Mavidal (Jules) et Laurent (Émile), *Archives parlementaires de 1787 à 1860. Recueil complet des débats des Chambres françaises, Deuxième série (1800 à 1860)*, t. XV-XLVI, Paris, Paul Dupont, 1869-1880.

Meininger (Anne-Marie), *Honoré de Balzac, Les Employés, édition critique et commentée*, Paris, Thèse d'université, Lettres, 1967, 3 vol.

Mémoires de Madame Du Noyer, écrits par elle-même pour servir de suite à ses lettres, t. VI, Londres, Jean Nourse, 1739.

Mémoires de Marie-Françoise Dumesnil, en réponse aux Mémoires d'Hyppolite Clairon, Paris, Dentu et Carteret, an VII.

Ménard (Maurice), *Balzac et le comique dans La Comédie humaine*, Paris, Presses universitaires de France, 1983.

Mercier (Louis-Sébastien), *Tableau de Paris*, Édition établie sous la direction de Jean-Claude Bonnet, Paris, Mercure de France, 1994, 2 vol.

Molé (Mathieu-Louis), *Réponse au discours de réception d'Alfred de Vigny*, le 29 janvier 1846, Académie française : http://www.academie-francaise.fr/reponse-au-discours-de- reception-dalfred-de-vigny.

Molière, *Œuvres complètes*, Édition dirigée par Georges Forestier avec Claude Bourqui, Paris, Gallimard (*Pl*), 2010, 2 vol.

Montaigne, *Les Essais*, Édition établie par Jean Balsamo, Michel Magnien et Catherine Magnien-Simonin, Paris, Gallimard (*Pl*), 2007.

Montesquieu, *Pensées, Le Spicilège*, Édition établie par Louis Desgraves, Paris, Robert Laffont (Bouquins), 1991.

Muret (Théodore) et Cogniard frères, *Les Coulisses, Tableau-vaudeville en deux actes*, Paris, Marchant, 1839.

Nerval (Gérard de), *Œuvres complètes*, Édition publiée sous la direction de Jean Guillaume et Claude Pichois, Paris, Gallimard (*Pl*), 1989-1993, 3 vol.

Nerval (Gérard de) éd., *La Couronne poétique de Béranger*, Paris, Chaumerot jeune, 1829.

Nodier (Charles), *Apothéoses et imprécations de Pythagore*, Besançon, 1808.

Nouveau Tableau de Paris au XIX*e siècle*, t. IV, Paris, Madame Charles-Béchet, 1834.

Nouvelle relation en forme de lettre de toutes les assemblées de Sorbonne sur le sujet de la Constitution Unigenitus, *jusqu'à la fin de Janvier 1716, Où l'on découvre toutes les intrigues du Sindic & de ceux de son Parti*, sans lieu, 1716.

Œuvres de feu M. Cochin, écuyer, avocat au Parlement, contenant le recueil de ses mémoires et consultations, Paris, De Nully, 1751-1757, 6 vol.

Œuvres de J. B. Rousseau, Nouvelle édition avec un commentaire historique et littéraire, précédé d'un nouvel essai sur la vie et les écrits de l'auteur, Paris, Lefèvre, 1820, 5 vol.

Œuvres de J. Racine, Nouvelle édition revue sur les plus anciennes impressions et les autographes et augmentée de morceaux inédits, des variantes, de notices, de notes, d'un lexique des mots et locutions remarquables, d'un portrait, de fac-simile, etc. par M. Paul Mesnard, Paris, Hachette, 1865-1873, Les Grands Écrivains de la France, 10 vol.

Œuvres diverses de M. de La Fontaine, de l'Académie Françoise, t. I, La Haye, Isaac van der Kloot, 1729.

O'Neil-Henry (Anne), « '[Le] Besoin de définir' and 'le danger de s'embrouiller': Balzac's Les Employés and the physiologies », *Dix-Neuf. Journal of the Society of Dix-Neuviémistes*, t. XX, 2, 2016, p. 162-175.

Pensées secrettes, et observations critiques attribuées à feu M. de Saint-Hyacinte, Londres, 1769.

Philolaus, *Vote populaire, ou Plaintes adressées aux 40 signataires de l'acte (de Schonen) du 30 juillet 1830, par L********, citoyen français, membre du Gouvernement populaire, protecteur des lois*, Paris, chez l'auteur, 1830.

Pidansat de Mairobert (Mathieu-François), *L'Espion anglois, ou Correspondance secrète entre Milord All'Eye et Milord Alle'Ar*, t. I, Londres, John Adamson, 1779.

Pidansat de Mairobert (Mathieu-François) et Mouffle d'Angerville (Barthélemy-François-Joseph), *Journal historique de la révolution opérée dans la Constitution de la monarchie françoise par M. de Maupeou, chancelier de France*, t. II, Londres, 1774.

Pierrot (Roger), « Les éditions de Balzac depuis 1950 », *AB*, 1999 (I), p. 417-426.

Pigeau (Eustache-Nicolas), *La Procédure civile du Châtelet de Paris et de toutes les jurisdictions ordinaires du royaume, démontrée par principes & mise en action par des formules*, t. I, Paris, Desaint, 1779.

Pignon (Jacques), « Les parlers régionaux dans *La Comédie humaine* », *Le français moderne*, t. XIV, 1946, p. 175-200 et 265-280.

Pommier (Jean), *Créations en littérature*, Paris, Hachette, 1955.

Pontmartin (Armand de), « Les fétiches littéraires. M. de Balzac », *Le Correspondant*, t. XXXIX, 1856, p. 311-329 et 521-548.

Proust (Marcel), *Contre Sainte-Beuve précédé de Pastiches et mélanges et suivis de Essais et articles*, Édition établie par Pierre Clarac avec la collaboration d'Yves Sandre, Paris, Gallimard (*Pl*), 1971.

Quatremère D'Isjonval (Denis-Bernard), *De l'aranéologie*, Paris, J.-J. Fuchs, 1797.

Quemada (Bernard), *Les Dictionnaires du français moderne (1589-1863)*, Paris, Didier, 1967.

Quérard (Joseph-Marie), *La France littéraire ou Dictionnaire bibliographique des savants, historiens et gens de lettres de la France, ainsi que des littérateurs étrangers qui ont écrit en français, plus particulièrement pendant les* XVIIIe *et* XIXe *siècles*, t. V, Paris, Didot, 1833.

Racine, *Œuvres complètes*, t. I, *Théâtre-Poésie*, Édition présentée, établie et annotée par Georges Forestier, Paris, Gallimard (*Pl*), 1999 (tirage de 2012).

Racine, *Œuvres complètes*, t. II, Texte établi, annoté et commenté par Raymond Picard, Paris, Gallimard (*Pl*), 1960.

Rao (Anna Maria), « Bertrand Barère, Vincenzo Cuoco et le patriotisme », in *En hommage à Claude Mazauric. Pour la Révolution française.* Recueil d'études réunies par Christine Le Bozec et Éric Wauters, Rouen, Publications de l'Université de Rouen, 1998, p. 489-494.

Régnier (Henri de), *Réponse au discours de réception d'Henry Bordeaux*, le 27 mai 1920, Académie française, http://www.academie-francaise.fr/reponse-au-discours-de-reception-de-henry-bordeaux.

Renée, « À bas, les statues ! », *Le Gaulois*, le 1er juillet 1888, p. 1.

Renée (Amédée), « Louis XVIII littérateur », *Revue de Paris*, Nouvelle série, t. XXVII, 1841, p. 232-253.

Rézeau (Pierre), *Le « Vocabulaire poitevin » (1808-1825) de Lubin Mauduyt*, Tübingen, Niemeyer, 1994.

Rézeau (Pierre), *Un patois de Vendée. Le parler rural de Vouvant*, Paris, Klincksieck, 1976.

Richer (Jean-François), « Compte rendu d'Owen Heathcote, *Balzac and Violence. Representing History, Space, Sexuality and Death in* La Comédie humaine », *AB*, 2014, p. 435-441.

Rolland (Eugène), *Recueil de chansons populaires*, t. I, Paris, Maisonneuve, 1883.

Roques (Gilles), « Vingt nouvelles datations de mots à partir d'une lecture de *La Comédie humaine* », *Travaux de Linguistique et de Littérature*, t. X, 1, 1972, p. 137-139.

Roques (Mario), « La langue de Balzac », dans *Balzac, Le Livre du centenaire*, Paris, Flammarion, 1952, p. 246-257.

Rougé (Jacques-Marie), *Le Folklore de la Touraine*, sans lieu, C.L.D. Normand & Cie, 1975.

Rousseau (James), *Physiologie du viveur*, Paris, Aubert et Lavigne, 1842.

Sablayrolles (Jean-François), *La néologie en français contemporain. Examen du concept et analyse de productions néologiques récentes*, Paris, Champion, 2000.

Sagnes (Guy), « Compte rendu de Balzac, *La Maison Nucingen, Melmoth réconcilié*, éd. par Anne-Marie Meininger, Gallimard, 1989 », *Littératures*, t. XXIV, 1991, p. 222-223.

Saint-Amand, Antier et Lemaître (Frédéric), *Robert Macaire, Pièce en quatre actes et en six tableaux, Représenté pour la première fois, à Paris, sur le théâtre des Folies Dramatiques, en 1834 et 1835 et reprise sur le théâtre de la Porte-Saint-Martin, au commencement de septembre 1835*, Paris, Jules Didot, 1835.

Saint-Gérand (Jacques-Philippe), « Balzacien... "Une façon de résumer des idées pour les rendre portatives..."? », *Eidôlon* 52 (*« Balzacien ». Style des imaginaires*), 1999, p. 25-51.

Saint-Simon, *Mémoires, Additions au Journal de Dangeau*, Édition établie par Yves Coirault, Paris, Gallimard (*Pl*), 1983-1988, 8 vol.

Sainte-Beuve, *Causeries du lundi*, *Seconde édition*, t. VI, Paris, Garnier, 1853.

Sangsue (Daniel), « Balzac et les fantômes », *AB*, 2012, p. 143-160.

Schaunard, « Nouvelles variations », *Le Figaro*, le 9 juillet 1857, p. 5-6.

Schweickard (Wolfgang), *« Deonomastik ». Ableitungen auf der Basis von Eigennamen im Französischen*, Tübingen, Niemeyer, 1992.

Scribe (Eugène), « Le Tête-à-tête, ou Trente lieues en poste », *Revue de Paris*, t. XVI, 1830, p. 18-63.

Scribe (Eugène), *Proverbes et nouvelles*, Paris, Charles Gosselin, 1840.

Scribe (Eugène), *Tonadillas ou Historiettes en action*, Paris, Dumont, 1838, 2 vol.

Scribe (Eugène) et Alphonse, *Une chaumière et son cœur, Comédie-vaudeville en deux actes et trois parties, Représentée pour la première fois, à Paris, sur le théâtre du Gymnase-Dramatique, le 12 mai 1835, Le Magasin théâtral*, sans date.

Scribe (Eugène) et Delavigne (G.), *Robert-le-Diable, Opéra en cinq actes, Représenté pour la première fois sur le théâtre de l'Académie royale de musique, le 21 novembre 1831, et repris le 20 juillet 1832, musique de M. J. Meyerbeer*, *in* Scribe, *Théâtre complet*, Seconde édition, t. XIV, Paris, Aimé André, 1835.

Scribe (Eugène) et Delestre-Poirson, *L'Auberge ou les brigands sans le savoir, Comédie en un acte et en vaudevilles, Représentée, pour la première fois, à Paris, sur le théâtre du Vaudeville, le 19 Mai 1812*, Paris, Barba, 1812.

Scribe (Eugène) et Delestre-Poirson, *Encore un Pourceaugnac, Folie-vaudeville en un acte, Représentée pour la première fois sur le théâtre du Vaudeville, le 18 février 1817*, Paris, Feugueray, 1817.

Scribe (Eugène) et Delestre-Poirson, *Le Nouveau Pourceaugnac*, *in* Scribe, *Théâtre complet*, Seconde édition, t. I, Paris, Aimé André, 1834.

Scribe (Eugène) et Mélesville, *L'Étudiant et la grande dame, Comédie-vaudeville en deux actes, Représentée pour la première fois, sur le théâtre des Variétés, le 30 mars 1837*, in *Magasin théâtral. Choix de pièces nouvelles jouées sur tous les théâtres de Paris*, t. XVII, 1837.

Scribe (Eugène) et Xavier, *L'Ours et le pacha, Folie-vaudeville en un acte, Représentée pour la première fois, sur le théâtre des Variétés, le 10 février 1820*, Paris, Huet, 1820.

Schuerewegen (Franc), « De l'inexistence de l'art. Genèse des *Fleurs du mal* », *Poétique* 114, 1998, p. 131-140.

Spitzer (Leo), *Die Wortbildung als stilistisches Mittel exemplifiziert an Rabelais. Nebst einem Anhang über die Wortbildung bei Balzac in seinen Contes drolatiques*, Halle, Niemeyer, 1910.

Spoelberch de Lovenjoul (Charles de), *Études balzaciennes. Un roman d'amour*, Paris, Calmann Lévy, 1896.

Spoelberch de Lovenjoul (Charles de) et Lévy (Michel), *Correspondance (1865-1875)*, Édition présentée, établie et annotée par Catherine Gaviglio-Faivre d'Arcier, Paris, Champion, 2005.

Staël-Holstein (Auguste-Louis de), *Du nombre et de l'âge des députés*, Paris, Dulaunay, 1819.

Swahn (Sigbrit), « Balzac et la littérature révolutionnaire », *AB*, 1990, p. 403-420.

Tenant (Jean), *Notre ami Benjamin*, Paris, Dumas, 1949.

Théâtre complet de Jean Racine, Édition nouvelle par Napoléon-Maurice Bernardin, Paris, Delagrave, 1882, 4 vol.

Théâtre du XVIIIe *siècle*, Textes choisis, établis, présentés et annotés par Jacques Truchet, Paris, Gallimard (*Pl*), 1972-1974, 2 vol.

Thérive (André), « Coup d'œil sur l'histoire littéraire du dernier siècle (suite et fin) », *Les Nouvelles littéraires, artistiques et scientifiques*, le 3 octobre 1925, p. 5.

Thibaudet (Albert), *Histoire de la littérature française de 1789 à nos jours*, Paris, Stock, 1936.

Tissot (Pierre-François), « La jeunesse depuis cinquante ans », in *Les Français peints par eux-mêmes*, t. II, Paris, L. Curmer, 1840, p. I-XVIII.

Uzanne (Octave), « Zigzags littéraires à travers l'œuvre de Honoré de Balzac », in *Le Livre. Bibliographie moderne*, le 10 août 1887, p. 393-407.

Vachon (Stéphane), *Les Travaux et les jours d'Honoré de Balzac. Chronologie de la création balzacienne*, Paris, Presses universitaires de Vincennes, 1992.

Vachon (Stéphane), *1850, tombeau d'Honoré de Balzac*, Montréal, XYZ éditeur et Saint-Denis, Presses universitaires de Vincennes, 2007.

Vachon (Stéphane), « "1850. Tombeau d'Honoré de Balzac" Supplément », *AB*, 2008, p. 345-359.

Vadé (Jean-Joseph), *Les Quatre bouquets poissards, Troisième édition*, La Haye, Pierre Gosse, 1760.

Vanor (George), « *Balzaciana* », *Gil Blas*, le 12 mai 1899, p. 1.

Vaudoyer (Jean-Louis), « Depuis plus de cinquante ans », *Le Divan* 307 (*Hommage à Henri Martineau 1882-1958*), 1958, p. 223-232.

Venturi (Franco), « Addition aux "Pensées philosophiques" », *Revue d'Histoire littéraire de la France*, t. XLV, 1938, p. 23-42 et 289-308.

Vicaire (Georges), *Manuel de l'amateur de livres du XIXe siècle, 1801-1893*, Paris, Rouquette, 1894-1920, 8 vol.

Vittorini (Valerio), *L'image du monde arabe dans la littérature française et italienne du XIXe siècle : analogies, différences, possibles influences*, Gênes, Université Nice Sophia Antipolis et Università degli studi, 2015.

Voltaire, *Œuvres historiques*, Édition présentée, établie et annotée par René Pomeau, Paris, Gallimard (*Pl*), 1957 (tirage de 2010).

Vouilloux (Bernard), « "Frenhofer, c'est moi". Postérité cézannienne du récit balzacien », *Eidôlon* 52 (*« Balzacien ». Style des imaginaires*), 1999, p. 187-233.

Wahlund (Carl), *Cent mots nouveaux ne figurant pas dans les Dictionnaires de Langue ou d'Argot français. Modernismes en -isme et en -iste*, Uppsala, Almqvist & Wiksells, 1898.

Walckenaer (Charles-Athanase), *Histoire de la vie et des ouvrages de J. de La Fontaine*, 3e édition, Paris, Nepven, 1820.

Weiss (Jean-Jacques), « La Semaine dramatique. Théâtre de l'Odéon : *Henriette Maréchal*, drame en trois actes, en prose, de MM. Edmond et Jules Goncourt. (Reprise) », *Journal des Débats politiques et littéraires*, le 16 mars 1885, p. 1.

Werdet (Edmond), *Portrait intime de Balzac. Sa vie, son humeur et son caractère*, Paris, Dentu, 1859.

Werdet (Edmond), *Souvenirs de la vie littéraire. Portraits intimes*, Paris, Dentu, 1879.

Yermolenko (Galina I.) éd., *Roxolana in European Literature, History and Culture*, Burlington, Ashgate, 2010.

Yon (Jean-Claude), « Balzac et Scribe. “Scène de la vie théâtrale” », *AB*, 1999, p. 439-449.

Yon (Jean-Claude), *Eugène Scribe. La fortune et la liberté*, Paris, Nizet, 2000.

3) Dictionnaires, atlas et bases de données

Barré (Louis) éd., *Complément du Dictionnaire de l'Académie française*, Paris, Didot, 1842.

Base historique du vocabulaire français, site internet : https://www.cnrtl.fr/definition/bhvf/ (= *BHVF*).

Bescherelle aîné, *Dictionnaire national ou grand dictionnaire classique de la langue française*, Paris, Simon, 1845-1846, 2 vol.

Bescherelle aîné, *Dictionnaire national ou grand dictionnaire classique de la langue française, Septième édition*, Paris, Garnier, 1858.

Boiste (Pierre-Claude-Victoire), *Dictionnaire des Belles-Lettres, contenant Les élémens de la littérature théorique et pratique d'après un seul principe, applicable à toutes les langues, l'association des idées opérée dans le langage ou le style, par le bon emploi des quatre élémens littéraires, les faits, les images, les pensées et les sentimens, fournis par l'Esprit, l'Imagination ou la Mémoire et le Génie nourris par l'Etude ; Elémens choisis par le bon Goût, appréciés par le bon Sens, et disposés par l'Ordre pour atteindre au noble but des Belles-Lettres, l'association des idées de Bonheur et de Vertu*, Paris, Verdière, 1821-1824, 5 vol.

Boiste (Pierre-Claude-Victoire), *Dictionnaire universel de la langue française, avec le latin et les étymologies*, Sixième édition, Paris, Verdière, 1823.

Boiste (Pierre-Claude-Victoire), *Dictionnaire universel de la langue française, avec le latin et les étymologies*, Septième édition, Paris, Verdière, 1829.

Boiste (Pierre-Claude-Victoire), *Dictionnaire universel de la langue française, avec le latin et les étymologies*, Huitième édition, Paris, Didot, 1836.

Boiste (Pierre-Claude-Victoire), *Dictionnaire universel de la langue française, avec le latin et l'étymologie*, Quatorzième édition par Charles Nodier et Louis Barré, Paris, Didot, 1857.

Corblet (Jules), *Glossaire étymologique et comparatif du patois picard ancien et moderne précédé de recherches philologiques et littéraires sur ce dialecte*, Paris, Dumoulin, Didron et Techener, 1851.

Dictionnaire angevin et françois (1746-1748) de Gabriel-Joseph Du Pineau, Édition critique d'après Paris, Bibl. nat., nouv. acq. fr. 22097, par Pierre Rézeau avec la collaboration de Jean-Paul Chauveau, Paris, Klincksieck, 1989.

Dictionnaire de l'Académie françoise, Paris, Coignard, 1694, 2 vol.

Dictionnaire de l'Académie françoise, Troisième édition, Paris, Coignard, 1740, 2 vol.

Dictionnaire de l'Académie françoise, Quatrième édition, Paris, Brunet, 1762, 2 vol.

Dictionnaire de l'Académie françoise, Cinquième édition, Paris, Smits, 1798, 2 vol.

Dictionnaire de l'Académie française, Sixième édition, Paris, Didot, 1835, 2 vol.

Dictionnaire de l'Académie française, Septième édition, Paris, Didot, 1878, 2 vol.

Dictionnaire de l'Académie française, Huitième édition, Paris, Hachette, 1932-1935, 2 vol.

Dictionnaire de l'Académie française, Neuvième édition, Paris, Imprimerie nationale et Fayard, 1986-.

Dictionnaire du bas-langage ou des manières de parler usitées parmi le peuple, Paris, D'Hautel, 1808, 2 vol.

Dictionnaire universel françois et latin, Trévoux, Ganeau, 1704, 3 vol.

Dictionnaire universel françois et latin, Nouvelle Édition revûe, corrigée & augmentée, Trévoux et Paris, Delaulne, etc., 1721, 5 vol.

Dictionnaire universel françois et latin, Nouvelle édition corrigée et considerablement augmentée, Paris, La Compagnie des libraires associés, 1752, 8 vol.

Dottin (Georges), *Glossaire des parlers du Bas-Maine*, Paris, Welter, 1899.

Du Bois (Louis-François), *Glossaire du patois normand*, Caen, Hardel, 1856.

Dubuisson (Pierrette), *Atlas linguistique et ethnographique du Centre*, Paris, CNRS, 1971-1982, 3 vol.

Enckell (Pierre), *Dictionnaire des jurons*, Paris, Presses universitaires de France, 2004.

Enckell (Pierre), *Dictionnaire historique et philologique du français non conventionnel*, Paris, Classiques Garnier, 2017.

Encyclopédie ou Dictionnaire raisonné des sciences, des arts et des métiers, Paris, etc., Briasson, etc., 1751-1772, 28 vol. ; site internet : http://enccre.academie-sciences.fr/encyclopedie/.

Frantext, site internet : https://www.frantext.fr/.

Frisch (Johan Leonhard) et Mauvillon, *Nouveau dictionnaire des passagers françois-allemand et allemand-françois*, Leipzig, 1763.

Furetière (Antoine), *Dictionnaire universel, Contenant generalement tous les mots françois, tant vieux que modernes, & les Termes des sciences & des arts, [...] Recueilli & compilé premierement par Mre. Antoine Furetiere, abbé de Chalivoi, de l'Académie françoise : Ensuite corrigé & augmenté par M. Basnage de Beauval : et en cette nouvelle edition, Revû, corrigé, & considerablement augmenté par M. Brutel de La Riviere*, La Haye, 1727, 4 vol.

Gilliéron (Jules) et Edmont (Edmond), *Atlas linguistique de la France*, Paris, Champion, 1903-1910.

Guilbert (Louis), Lagane (Robert) et Niobey (Georges) éd., *Grand Larousse de la langue française en sept volumes*, Paris, Larousse, 1971-1978, 7 vol. (= *GrLarousse*).

Hatzfeld (Adolphe), Darmesteter (Arsène) et Thomas (Antoine), *Dictionnaire général de la langue française du commencement du XVII*[e] *siècle jusqu'à nos jours*, Paris, Delagrave, 1890-1900, 2 vol.

Hécart (Gabriel-Antoine-Joseph), *Dictionnaire rouchi-français*, Troisième édition, Valenciennes, Lemaitre, 1834.

Imbs (Paul) éd., *Trésor de la langue française*, Paris, CNRS et Gallimard, 1971-1994, 16 vol. (= *TLF*).

Jaubert (Hippolyte-François), *Glossaire du centre de la France*, Deuxième édition, Paris, Chaix, 1864.

Jaubert (Hippolyte-François), *Glossaire du centre de la France, Supplément*, Paris, Chaix, 1869.

Landais (Napoléon), *Dictionnaire général et grammatical des dictionnaires français*, Dixième édition, Paris, Didier, 1849, 2 vol.

Larousse (Pierre), *Grand Dictionnaire Universel du XIX*[e] *siècle*, Paris, Administration du Grand Dictionnaire Universel, 1866-1876, 15 vol.

Larousse (Pierre), *Grand Dictionnaire Universel du XIX*[e] *siècle*, t. XVI, *Supplément*, Paris, Larousse, 1878.

Lévrier (Gabriel), *Dictionnaire étymologique du patois poitevin*, Niort, Mercier, 1867.

Littré (Émile), *Dictionnaire de la langue française*, Paris, Hachette, 1873, 4 vol. (= *Littré*).

Massignon (Geneviève) et Horiot (Brigitte), *Atlas linguistique et ethnographique de l'Ouest*, Paris, CNRS, 1971-1983, 3 vol.

Moisy (Henri), *Dictionnaire de patois normand*, Caen, Delesques, 1887.

Musset (Georges), *Glossaire des patois et des parlers de l'Aunis et de la Saintonge*, La Rochelle, Masson, 1929-1948, 5 vol.

Nouveau Dictionnaire de l'Académie françoise [Deuxième édition], Paris, Coignard, 1718, 2 vol.

Nouveau dictionnaire françois-allemand et allemand-françois, Troisième édition, Strasbourg, Armand König, 1782, 2 vol.

Nouveau dictionnaire françois-allemand et allemand-françois, Cinquième édition, Strasbourg et Paris, Armand Koenig, 1800, 2 vol.

Nouveau dictionnaire françois-allemand et allemand-françois, Bâle, S. Flick, 1802, 2 vol.

Oudin (Antoine), *Curiositez françoises*, Paris, Sommaville, 1640.

Raymond (François), *Dictionnaire général de la langue française et vocabulaire universel des sciences, des arts et des métiers*, Paris, André, Crochard et Levrault, 1832, 2 vol.

Raymond (François), *Supplément au Dictionnaire de l'Académie française, Sixième édition*, Paris, Barba, 1836.

Rey (Alain) éd., *Grand Robert de la langue française, Deuxième édition* [...] *du Dictionnaire alphabétique et analogique de la langue française de Paul Robert*, Paris, Le Robert, 2001, 6 vol. (= *GrRobert*).

Rey (Alain) et Chantreau (Sophie), *Dictionnaire des expressions et locutions*, Paris, Le Robert, 1984 ; nouvelle édition, 1988.

Rézeau (Pierre), *Dictionnaire des régionalismes de France. Géographie et histoire d'un patrimoine linguistique*, Bruxelles, Duculot, 2001.

Richelet (Pierre), *Dictionnaire françois*, Genève, Widerhold, 1680, 2 vol.

Richelet (Pierre), *Dictionnaire de la langue françoise, ancienne et moderne, de Pierre Richelet, augmenté de plusieurs additions d'histoire, de grammaire, de critique, de jurisprudence, et d'un nouvel abregé de la vie des auteurs citez dans tout l'ouvrage*, Paris, 1728, 3 vol.

Rousseau (Pierre), *Glossaire poitevin*, Seconde édition, Niort, Clouzot, 1869.

Simon (Jean-Pascal) et Simoni-Aurembou (Marie-Rose), *Dictionnaire du français régional de Touraine*, Paris, Bonneton, 1995.

Verrier (Anatole-Joseph) et Onillon (René), *Glossaire étymologique et historique des patois et des parlers de l'Anjou*, Angers, Germain et Grassin, 1908, 2 vol.

Wartburg (Walther von) éd., *Französisches Etymologisches Wörterbuch*, Bâle, etc., Zbinden, etc., 1922-2002, 25 vol. (= *FEW*).

INDEX LEXICAL

Les chiffres renvoient à la page.

INDEX DES NOMS PROPRES

Les chiffres renvoient à la page.

TABLE DES ILLUSTRATIONS

Chapitre 16 (p. 162) : *Album* de Balzac, Bibliothèque de l'Institut de France, Collection Spoelberch de Lovenjoul, ms Lov. A 180, fol. 61 recto.

Chapitre 17 (p. 186) : *César Birotteau*, manuscrit, Bibliothèque de l'Institut de France, Collection Spoelberch de Lovenjoul, ms Lov. A 92, fol. 6.

Chapitre 18 :

A et B (p. 190-191) : *César Birotteau*, épreuves avec becquets, Bibliothèque de l'Institut de France, Collection Spoelberch de Lovenjoul, ms Lov. A 93, fol. 131 recto et verso.

C (p. 192) : *César Birotteau*, édition Furne corrigée, Bibliothèque de l'Institut de France, Collection Spoelberch de Lovenjoul, ms Lov. A 26, p. 221.

D (p. 198) : Lettre de Charles de Boigne à Balzac du 10 juillet 1835, Bibliothèque de l'Institut de France, Collection Spoelberch de Lovenjoul, ms Lov. A 312, tome I (A-B), fol. 277.

Chapitre 19 :

A (p. 204) : *César Birotteau*, manuscrit, Bibliothèque de l'Institut de France, Collection Spoelberch de Lovenjoul, ms Lov. A 92, fol. 7.

B (p. 205) : *César Birotteau*, édition Furne corrigée, Bibliothèque de l'Institut de France, Collection Spoelberch de Lovenjoul, ms Lov. A 26, p. 192.

C (p. 206) : Lettre à Mme Hanska du 15 mai 1843, Bibliothèque de l'Institut de France, Collection Spoelberch de Lovenjoul, ms Lov. A 302, fol. 34 recto.

Chapitre 20 (p. 212-213) : Lettre à Mme Hanska du 17 février 1844, Bibliothèque de l'Institut de France, Collection Spoelberch de Lovenjoul, ms Lov. A 302, fol. 142 verso et 143 recto.

TABLE DES MATIÈRES

Imprimé en Belgique
Imprimerie PEETERS
Warotstraat 50, B-3020 Herent

Achevé d'imprimer en mai 2022
Dépôt légal : 2ème trimestre 2022

N° ISBN : 978-2-87754-682-9